UN MODELO ECONÓMICO
JUSTO Y EXITOSO

LUIS ALBERTO ARCE CATACORA

Un modelo económico justo y exitoso

LA ECONOMÍA BOLIVIANA, 2006-2019

Prólogo de
JOSÉ VALENZUELA FEIJÓO

Primera edición,   2020
  Primera reimpresión, 2021
  Primera impresión
  en Bolivia,   2023

[Primera edición en libro electrónico, 2020]

Arce Catacora, Luis Alberto
    Un modelo económico justo y exitoso. La economía boliviana, 2006-2019/
Luis Alberto Arce Catacora — México : FCE, 2020
    413 p. ; 21 × 14 cm — (Sección de Obras de Economía)
    ISBN 978-607-16-6890-5

    1. Economía – Bolivia – 2006-2019 2. Economía – Historia – Bolivia – 1985-
2005 3. Economía – Modelo neoliberal – Bolivia 4. Economía – Bolivia – Políticas
públicas I. Valenzuela Feijóo, José, pról. II. Ser. III. t.

LC HC182   Dewey 030.983 A767m

Distribución mundial

Parte de esta obra se publicó originalmente de manera independiente
en 2015, cuenta con una segunda edición de 2016 y la edición del FCE
se basa en esta última.

D. R. © 2020, Fondo de Cultura Económica
Carretera Picacho-Ajusco, 227; 14738 Ciudad de México
www.fondodeculturaeconomica.com
Comentarios: editorial@fondodeculturaeconomica.com
Tel.: 55-5227-4672

Publicado por acuerdo con
© Editorial del Estado Plurinacional de Bolivia

Diseño de portada: Laura Esponda Aguilar

ISBN 978-607-16-6890-5 (rústico)
ISBN 978-607-16-6972-8 (electrónico-pdf)

Impreso en Bolivia • *Printed in Bolivia*

A mi mamá Olga y a mi esposa y compañera Lourdes, a quienes obligué a sacrificar muchos fines de semana para escribir este libro. A mis hijos Luis Marcelo, Rafael Ernesto y Camila Daniela para que les sirva de estímulo y para que siempre actúen bajo los valores y principios enseñados con el ejemplo. A mis nietos Matías, Lucas, Nicolás y Aneli Bolivia.

SUMARIO

Tercera parte
Principales resultados económicos y sociales del MESCP

AGRADECIMIENTOS

Mis más profundos agradecimientos a mi amiga y compañera María Nela Prada, quien me insistió incansablemente para que este libro se concluyera; a Denise Paz, Lucila Tarqui, Pamela Troche, Mabel Lara, Giovana Lopez, Ángel Cuter, Elio Alberto, Alejandra Franco, Rosángela Cruz, Osmar Bolivar, Darwin Ugarte, David Quiroz, Juan Carlos Rossel, Leyla Medinaceli, Helory Soria y a todas y todos quienes contribuyeron desinteresadamente de una u otra forma para la realización de este libro.

SIGLAS Y ACRÓNIMOS

ABE	Agencia Boliviana Espacial
ADN	Acción Democrática Nacionalista
AFP	Administradoras de fondos de pensiones
ASFI	Autoridad de Supervisión del Sistema Financiero
Azucarbol	Azúcar de Bolivia-Bermejo
BCB	Banco Central de Bolivia
BDP	Banco de Desarrollo Productivo
BID	Banco Interamericano de Desarrollo
Bidesa	Banco Internacional de Desarrollo
Boa	Boliviana de Aviación
Boltur	Boliviana de Turismo
CAF	Corporación Andina de Fomento
Cartonbol	Empresa Pública Productiva Cartones de Bolivia
CBF	Corporación Boliviana de Fomento
CD	Certificados de Depósito
CIN	Crédito interno neto
COB	Central Obrera de Bolivia
Cofadena	Corporación de las Fuerzas Armadas para el Desarrollo Nacional
COMA	Comité de Operaciones de Mercado Abierto
Comibol	Corporación Minera de Bolivia
COR	Central Obrera Regional
Cossmil	Corporación del Seguro Social Militar
CPE	Constitución Política del Estado
CPI	Complejos productivos integrales
CRA	Certificado de Reintegro Arancelario
CSUTCB	Confederación Sindical Única de Trabajadores Campesinos de Bolivia
CUODE	Clasificación uso o destino económico
DAB	Depósitos Aduaneros Bolivianos
DPF	Depósitos a plazo fijo
DS	Decreto Supremo
Easba	Empresa Azucarera San Buenaventura
EBA	Empresa Boliviana de Almendras y Derivados

13

EBIH	Empresa Boliviana de Industrialización de Hidrocarburos
Ecebol	Empresa Pública Productiva Cementos de Bolivia
EEC-GVN	Entidad Ejecutora de Conversión a GNV
EEPAF	Empresa Estratégica de Producción de Abonos y Fertilizantes
EEPS	Empresa Estratégica de Producción de Semillas
Emagua	Entidad Ejecutora de Medio Ambiente y Agua
Emapa	Empresa de Apoyo a la Producción de Alimentos
EMV	Empresa Metalúrgica Vinto
Enabol	Empresa Naviera Boliviana
Enaf	Empresa Nacional de Fundiciones
Enavi	Empresa Nacional de Envases de Vidrio
ENDE	Empresa Nacional de Electricidad
Enfe	Empresa Nacional de Ferrocarriles
ENTA	Empresa Nacional de Transporte Automotor
Entel	Empresa Nacional de Telecomunicaciones
EPNE	Empresa Pública Nacional Estratégica
EPP	Empresas públicas productivas
FBKF	Formación bruta de capital fijo
FCC	Fondo Crediticio Comunitario
FED	Fondo de Estabilización y Desarrollo
Fejuve	Federación de Juntas Vecinales
FERE	Fondo Especial de Reactivación Económica
FES	Función Económico Social
Finpro	Fondo para la Revolución Industrial Productiva
FMI	Fondo Monetario Internacional
Fondesif	Fondo de Desarrollo del Sistema Financiero y Apoyo al Sector Productivo
Fondo RAL	Fondo de Requerimientos de Activos Líquidos
FSTMB	Federación Sindical de Trabajadores Mineros de Bolivia
Fundemos	Capacitación Democrática y la Investigación
GA	Gravamen arancelario
GAC	Gravamen aduanero consolidado
GLP	Gas licuado de petróleo
GNL	Gas natural licuado
GNV	Gas natural vehicular
GSA	Gas Supply Agreement

HIPC   Países Pobres Altamente Endeudados (Heavily Indebted Poor Countries)

ICE   Impuesto a los consumos específicos

ICM   Impuesto complementario de la minería

IDH   Impuesto directo a los hidrocarburos

IED   Inversión extranjera directa

IEHD   Impuesto especial a los hidrocarburos y sus derivados

ILDIS   Instituto Latinoamericano de Investigaciones Sociales

INE   Instituto Nacional de Estadística

IRPE   Impuesto a la renta presunta de las empresas

IT   Impuesto a las transacciones

ITF   Impuesto a las transacciones financieras

IUE   Impuesto a las utilidades de las empresas

IVA   Impuesto al valor agregado

IVME   Impuesto a la venta de moneda extranjera

LAB   Lloyd Aéreo Boliviano

Lacteosbol   Empresa de Lácteos de Bolivia

LT   Letras del Tesoro

MAS-IPSP   Movimiento al Socialismo-Instrumento Político por la Soberanía de los Pueblos

MESCP   Modelo económico social comunitario productivo

MNR   Movimiento Nacionalista Revolucionario

Nafibo   Nacional Financiera Boliviana

NFR   Nueva Fuerza Republicana

NIM   Número de identificación minera

NPE   Nueva política económica

ODA   Asistencia Oficial al Desarrollo (por sus siglas en inglés)

Oecas   Organizaciones Económicas Campesinas

Oecom   Organizaciones Económicas Comunitarias

OMA   Operaciones de mercado abierto

PAE   Programa de Ajuste Estructural

Papelbol   Empresa Pública Productiva Papeles de Bolivia

PGE   Presupuesto General del Estado

PND   Plan Nacional de Desarrollo

Profop   Programa de Fortalecimiento Patrimonial

Proleche   Fondo de Apoyo al Complejo Productivo Lácteo

Promiel   Empresa Pública Productiva Apícola

RIN   Reservas internacionales netas
RM   Minería por la Regalía Minera
Sedem   Servicio de Desarrollo de las Empresas Públicas
         Productivas
Semapa   Servicio Municipal de Agua Potable
         y Alcantarillado
SIN   Sistema Interconectado Nacional
Sinafid Sistema Nacional de Financiamiento para
         el Desarrollo Productivo
SMN   Salario mínimo nacional
SPNF   Sector público no financiero
TAB   Transportes Aéreos Bolivianos
TGN   Tesoro General de la Nación
UCS   Unidad Cívica Solidaridad
UDAPE   Unidad de Análisis de Políticas Sociales
         y Económicas
UDP   Unidad Democrática y Popular
UFV   Unidad de Fomento de Vivienda
UPEA   Universidad Pública de El Alto
YPFB   Yacimientos Petrolíferos Fiscales Bolivianos

PRÓLOGO
Bolivia: ¿una tragedia sempiterna?

Hoy otra vez, aquí me tienes, compañero:
atado a ti, a tu suerte, a tu congoja.
PABLO NERUDA

BALANCE DE RESULTADOS

Breve vistazo a un pasado convulso

Nominada así en homenaje al gran Simón Bolívar, la de Bolivia es la historia de un drama. Así como los sueños bolivarianos de una América Latina unida y poderosa se derrumbaron, la de Bolivia (el Alto Perú de la Colonia) es la historia de un destino cuasitrágico: en vez de forjar un gran país (por ejemplo, con Perú y Ecuador) se vio pronto aislada, a merced de un Chile rapaz y de una oligarquía (la "rosca") entreguista y ultrarracista. En 1825, cuando Bolivia emergía como república independiente, tenía una extensión de más de tres millones de kilómetros cuadrados. Luego de las guerras con Chile (siglo XIX) y la del Chaco (siglo XX) su superficie se había reducido a poco más de un millón de kilómetros cuadrados. Amén de que perdió sus territorios que daban al Pacífico. El país se repartía (poder y riqueza) entre grandes latifundistas de corte feudal y unos pocos capitalistas ligados a la exportación de plata, estaño, etc. Junto a ellos, el grueso de la población (básicamente indígena) vivía en condiciones de miseria extrema. Hacia la segunda Guerra Mundial o antes, Bolivia tenía el ingreso per cápita más bajo de la región. También portaba una impresionante historia de levantamientos militares y golpes de Estado, los cuales, en todo caso, dejaban indemnes a las alturas del poder.

Al terminar la Guerra del Chaco y durante la segunda Guerra Mundial se incuban factores en pos del cambio. Surgen movimientos políticos radicales, señaladamente el Movimiento

Nacionalista Revolucionario (MNR), partido clave, de Paz Estenssoro, Siles y Lechín, fundado en la década de los cuarenta, en junio de 1942, que fueron años especialmente turbulentos. Según su máximo dirigente, Paz Estenssoro, "el MNR se enraizó rápidamente en los sectores más importantes de la clase obrera, las capas medias, el campesinado y ciertos núcleos de la burguesía nativa, al configurarse claramente como el caudillo natural de la nacionalidad oprimida". En la década de los cuarenta se suceden varios gobiernos y la inestabilidad se acentúa. En diciembre de 1943 sube al mando (mediante un "golpe pacífico") el mayor Villarroel, un personaje singular, un tanto émulo del Perón de la época y, para algunos, simpatizante de los nazis y enemigo de los Estados Unidos. De él se cita una frase famosa: "No soy enemigo de los ricos, pero soy más amigo de los pobres". Al cabo, Villarroel fue asesinado y colgado en la plaza Murillo.[1] Reemplazado luego por una dictadura de derecha: los dirigentes del MNR se asilan o entran en la clandestinidad.[2] En los años que siguen se suceden gobiernos militares, motines populares, periodos de represión abierta y otros en que se busca legitimar el sistema. Incluso por medio de la llamada a elecciones, para las cuales la ultraderecha señalaba: "Ganaremos las elecciones con plata, pisco, palo y prensa". Así se fijan elecciones presidenciales para 1951. Para el caso, Paz Estenssoro, apuntaba:

> las elecciones son un mecanismo de solución de los problemas políticos por la vía pacífica. Si el MNR se presenta a ellas con un programa sólido que interprete los anhelos de las grandes mayorías nacionales, triunfa y su victoria le es negada, se dan las condiciones necesarias —objetivas y subjetivas— que justifiquen la insurrección [Bedregal, 1999: 312].

Este juicio fue profético: el 6 de mayo de 1951 Paz, encabezando el MNR, gana las elecciones presidenciales por un amplio margen. El 16 de mayo, Urriolagoitia las desconoce y nombra a Ballivián como presidente y jefe de una nueva Junta Militar. La turbulencia política se agudiza y entre el 9 y el 11 de

---

[1] La derecha boliviana, históricamente, ha seguido el lema de Macbeth: "Mientras me quede un soplo de vida, no dejaré de amontonar cadáveres" (Shakespeare, 1990: 38).

[2] Curiosamente, Lora y su movimiento trotskista (el POR) apoyaron el golpe.

abril de 1952 irrumpe el levantamiento popular del que nace la gran revolución boliviana. Ese fue un momento bello y estelar de la historia latinoamericana. ¿Por qué ese gran triunfo? Obviamente, no se puede tratar en tres líneas un fenómeno tan complejo, pero al menos habría que indicar que por el lado militar: *a)* las fuerzas armadas se dividieron: la policía de carabineros apoyó el levantamiento, *b)* en las fuerzas que seguían el viejo orden también surgieron divisiones, *c)* el pueblo, los obreros y las clases medias urbanas se movilizaron armados: "ese 9 de abril, el MNR era el pueblo en armas" (Bedregal, 1999: 358), y *d)* los campesinos, en ese momento, desempeñaron un papel algo menor: apoyaron, pero después se incorporarían en pleno al movimiento, cuando este proclama la reforma agraria.

Junto con la mexicana, la de Bolivia en 1952 es la única revolución popular y burguesa que triunfa en el continente. No obstante, si se consolidó en México, en Bolivia terminó por sucumbir. El 29 de agosto de 1985 el presidente Paz Estenssoro apuntaba: "Bolivia se nos muere" y, para evitarlo, anuncia una nueva política económica (NPE), la cual, de hecho, inauguraba el modelo neoliberal en Bolivia. En breve, el gran impulsor de la revolución de 1952 terminó por promover lo contrario: "La esencia del neoliberalismo es elevar la tasa de ganancia y transferir los excedentes al exterior" (Arce Catacora, 2016: 27).[3] Voltereta que no sólo sintetiza el drama boliviano, sino el de muchos otros procesos en la región.

Aquí ya emerge un problema crucial: ¿por qué gobiernos progresistas (incluso de corte revolucionario) no son capaces de consolidarse e, incluso, desembocan en regímenes autoritarios —dictaduras— de derecha?

En la fase neoliberal la economía boliviana mostró los resultados que tipifican al patrón: bajos ritmos de crecimiento, una distribución del ingreso más desigual, mayor dependencia externa y mayor inestabilidad, lo cual, en un país de por sí pobre, agravó enormemente las condiciones de vida del pueblo, en las ciudades y en el campo. El gobierno de Sánchez Losada, un

---

[3] O bien: "La característica fundamental del proceso neoliberal fue la privatización de la generación, apropiación y distribución del excedente económico a favor de las empresas extranjeras y las nacionales vinculadas a éstas" (Arce Catacora, 2016: 140).

ladrón transnacional, desemboca en el triunfo electoral de Evo Morales (en 2005).

Las metas centrales

La caracterización de todo proceso de cambio radical (revolución) se puede hacer en términos de: *a)* las transformaciones que busca cumplir la revolución, *b)* las fuerzas impulsoras (clases, fracciones de clase): la dirigente y las aliadas, *c)* los métodos de lucha, y *d)* las fuerzas opositoras.

Según Arce, "lo que se busca es liberar al país de la dependencia de la exportación de materias primas, para abandonar el modelo primario-exportador y construir una Bolivia industrializada y productiva" (Arce Catacora, 2016: 205).[4] Esta meta exige captar el grueso del excedente y reorientar drásticamente su uso, en lo cual la responsabilidad del Estado es crucial. Según Arce, el nuevo patrón identifica

> tres sectores estratégicos que tiene nuestro país para generar excedentes económicos para los bolivianos: hidrocarburos, minería y electricidad [...] El funcionamiento del modelo consiste en que el Estado boliviano debe trasladar los excedentes económicos que se generan en los tres sectores estratégicos hacia la construcción de la nueva Bolivia [Arce Catacora, 2016: 204].

También se apunta: "Lo que se pretende con el nuevo modelo económico es que la apropiación del excedente económico sea realizada por los propios bolivianos, representados por el Estado" (Arce Catacora, 2016: 203). En este marco, también se deben subrayar dos rasgos decisivos: el proceso será relativamente lento y se moverá en un contexto capitalista. No busca llegar al socialismo, cuando más, preparar las condiciones para intentarlo más adelante. En consecuencia, estaríamos en presencia de un proyecto que apunta a consolidar un *sólido capitalismo de Estado*, con afanes *industrializantes, democráticos* (mejorar la distribución del ingreso) y *nacionales* (busca reducir la dependencia externa).

---

[4] Luis Arce Catacora fue ministro de Economía y Finanzas Públicas durante el gobierno de Evo Morales, el cerebro y ejecutor de un desempeño económico espectacular.

Al lado del sector estatal dominante, el nuevo curso considera la existencia de otros tres grandes sectores: *1)* el capitalista privado, extranjero y nacional, *2)* el cooperativo, y *3)* el comunitario, básicamente rural y ligado a comunidades indígenas (o "pueblos originarios").

Por el lado de los agentes impulsores se tendría: *a)* los capitalistas medianos y pequeños, que trabajan para el mercado interno, *b)* la pequeña burguesía independiente urbana (pequeños comerciantes, artesanos, servicios, etc.), *c)* los pequeños campesinos y las comunidades indígenas, la clase obrera industrial —hoy bastante debilitada— y la pequeña burguesía asalariada (o capas medias): técnicos, profesionales, burócratas del sector privado y del gobierno.

¿Cuál de esos agentes funcionaría como fuerza dirigente? En principio, dados los propósitos del modelo, se podría señalar a la burguesía nacional; pero: *a)* si también se habla de avanzar, ulteriormente, al socialismo, la duda es clara: ¿una burguesía que se propone avanzar al socialismo?, ¿una clase que se suicida?, *b)* en países como Bolivia, la misma existencia de una burguesía nacional resulta dudosa (algo que los teóricos de la dependencia como Theotonio dos Santos señalaron con gran fuerza) y *c)* si la burguesía nacional no encabeza (hasta por ser inexistente), ¿cuál es, entonces, la fuerza clasista dirigente del proceso? Más adelante intentamos retomar esta problemática. Antes recordemos lo que es clave: cuál fue la *evolución efectiva* del proceso encabezado por Evo Morales.

La economía

Junto con las metas básicas (de orden cualitativo) ya señaladas, las más concretas en el plano económico, según Arce, son: *1)* estabilidad económica, *2)* crecimiento sostenido y *3)* redistribución del ingreso. Las tres se han satisfecho en un grado relativamente elevado.

En términos agregados, el desempeño económico ha sido bastante satisfactorio. Entre 2005 y 2018 el PIB creció 5.2% anual. El porcentaje de la población que vive en condiciones de pobreza extrema pasó de 36.7% en 2005 a 16.8% en 2016. Por el lado de la distribución del ingreso, se sostiene que el coeficiente de Gini pasó desde 0.60 en 2005 a 0.47 en 2016. La inflación giró en torno a 5%-6% anual.

En las ramas primarias y extractivas: hidrocarburos, minería, electricidad, etc., el gobierno procedió a nacionalizar (estatizar) la explotación de los correspondientes recursos. En ocasiones, mediante el impulso de empresas mixtas con el capital privado. Como ya se indicó, el propósito era acceder al excedente económico allí concentrado, posibilitar un alto crecimiento, mejorar la distribución del ingreso y reducir la dependencia externa. En el sector de hidrocarburos y otros se evitó la usual caída en los niveles de producción que provoca el cambio en la forma de propiedad. De hecho, la producción de gas natural se elevó 52.5% entre 2006 y 2014 (5.4% promedio anual). La minería también funcionó muy bien: creció a 9.6% promedio anual en el mismo periodo.

Por el lado de la industria de transformación el panorama es menos favorable: el sector creció 4.9% en el periodo (menos que el crecimiento global). Amén de que el sector genera sólo 16.8% del PIB global y de ese monto 52.5% proviene de alimentos, bebidas y tabaco. O sea, la composición del PIB industrial siguió siendo muy subdesarrollada. Lo cual, valga indicarlo, también repercute en el crecimiento y la composición de la ocupación obrera. No se debe olvidar que una clase obrera fuerte debe estar anclada en empresas industriales de gran tamaño y tecnológicamente avanzadas.

Otro dato de interés se refiere al número de empresas del sector manufacturero: pasaron de 8 856 en 2005 a 28 277 en 2014. Creció 219% (más de 9% promedio anual). De aquí también se puede deducir que en el periodo el tamaño medio de los establecimientos industriales se redujo bastante. Algo que pudiera ser bueno para la pequeña burguesía independiente, pero no para la productividad del trabajo.

En 2018, según la Comisión Económica para América Latina y el Caribe (CEPAL), para la composición del PIB se tenía: manufactura (11.9%), agricultura (12.56%), minería (12.6%). Por el lado de la ocupación, la tasa de desempleo era baja: 3.5%. Pero el sector informal urbano llegaba a un alto 63.1%. La ocupación urbana según categoría ocupacional era: empleadores (3.2%), asalariados (33.7%), por cuenta propia (46.3%)

y servicio doméstico (1.8%). Además, entre 2010 y 2018 el salario real medio anual creció casi 15 por ciento.

En términos globales los resultados son muy buenos, máxime si los comparamos con el resto de América Latina. Aquí, la Bolivia de Evo Morales y de Arce aparece en la parte más alta del *ranking*. Si pasamos de la consideración de los indicadores económicos más convencionales a otros de orden más cualitativo y políticamente condicionados,[5] emergen algunos problemas que giran básicamente en torno al desarrollo industrial (ritmos y composición) y al crecimiento de la clase obrera, en especial la localizada en grandes establecimientos. Más precisamente, se trata de las condiciones económicas que permitirían *acercarse* algo a lo que serían los prerrequisitos mínimos para un eventual proceso de transición al socialismo. Para el caso se puede señalar: *a)* el acercamiento no se ha dado, por lo menos no con la fuerza necesaria, y *b)* muy probablemente, lograr tal avance era prácticamente imposible y de intentarlo habría provocado desequilibrios inmanejables.

El libro de Arce se concentra en la dimensión económica del proceso. Y no alcanzó a cubrir el golpe, sus causas y consecuencias. Este golpe de Estado, de fines de 2019, torna urgente la referencia a la variable política.[6] En lo que sigue intentaremos un mínimo alcance. Lo haremos en términos muy generales y buscando discernir algunas de las grandes *interrogantes* que plantea el proceso.[7]

Algunas grandes interrogantes

La meta del socialismo y sus dificultades

Empecemos recordando lo básico: Bolivia es un país pequeño en población y PIB global (mercado interno). Luego, opera con

---

[5] La referencia apunta a las condiciones económicas que pudieran tornar más o menos viable una posible transición al socialismo.

[6] El compañero Arce se tuvo que exiliar. Nos prometió un capítulo sobre el tema. Pero ha logrado volver a Bolivia y es candidato a la presidencia por el Movimiento al Socialismo (MAS). Confiamos en que triunfará y si por ello no puede enviarnos el capítulo estaremos muy felices.

[7] Enfatizaremos las carencias. Los procesos revolucionarios derrotados obligan a empezar de nuevo. Se trata, como pedía Engels, de estudiar a fondo tanto las causas que provocaron el estallido revolucionario como las de su ulterior derrota.

una pequeña base industrial y con una débil clase obrera industrial y, en consecuencia, están casi ausentes los requisitos mínimos que exige el socialismo: base de producción a gran escala, alto grado de socialización de las fuerzas productivas y fuerte peso de la clase obrera industrial. De aquí sale una obvia deducción: el capitalismo de Estado debe desarrollar vigorosamente esos requisitos.

La correlación internacional de fuerzas también hoy es brutalmente desfavorable: *1)* en América Latina, los regímenes progresistas o simplemente no intervencionistas se debilitan o desaparecen, *2)* en la región el peso y agresividad de los Estados Unidos se mantiene e incluso recrudece, *3)* no hay un campo socialista que pudiera ayudar a un país débil y "recién llegado".

A la vez, todavía opera con singular fuerza, a nivel de la conciencia social, la noción de un socialismo imposible. Amén de que hoy por hoy las simpatías por un régimen socialista (aunque el capitalismo se deteriora y degrada) son casi nulas.

Si aceptamos lo señalado tendríamos que los problemas *reales* para un país como Bolivia serían: cómo fortalecer y preservar el capitalismo de Estado y cómo, en este periodo, preparar las condiciones para el socialismo.

Insistamos: las posibilidades de que un país como Bolivia pueda avanzar hoy al socialismo son mínimas, por no decir nulas. A lo más, se puede esperar que el avance a un capitalismo de Estado dinámico, democrático y nacional funcione relativamente bien. Si esto tiene lugar y se da un cambio favorable en la correlación internacional de fuerzas, se podría abrir alguna posibilidad para una ruta al socialismo. Ahora bien, en el caso de Bolivia durante el gobierno de Evo, el desempeño económico, en el plano cuantitativo, fue muy bueno; sin embargo, en el plano de las transformaciones estructurales (de orden cualitativo) las cosas no parecen tan claras. De hecho, tenemos que las bases del poder económico tradicional se debilitaron mas no se disolvieron, pero el déficit mayor se sitúa en el nivel de la política. En este marco, insistamos en un punto clave: el papel de la clase obrera.

Sabemos que el efecto de aglomeración y de número eleva considerablemente el poder de la clase obrera, pero de aquí no se deduce que, necesariamente, ese poder se oriente para avanzar al socialismo. De hecho, en la mayoría de los casos, lo que emerge es una conducta conservadora con el estilo de la "aristocracia obrera", siendo esto más fuerte en economías con muy alta heterogeneidad estructural. Por ejemplo, si una parte importante de la población (25-30% o más) vive en una agricultura de subsistencia y/o el segmento informal urbano es muy elevado (40% o más). En estos casos, la clase obrera se aleja del fondo u "hoyo" económico y opera, aproximadamente, como una especie de "clase media". Digamos también que tal actitud conservadora y, en ocasiones reformista, ha tenido sus excepciones. Por ejemplo, nada menos que en la Rusia de 1917, donde la clase encabezó la gran Revolución de Octubre, en lo cual de seguro el factor político desempeñó un papel clave: *1)* la tremenda lucidez de la dirección bolchevique y *2)* la ceguera y tozudez de la clase en el poder, incapaz de asumir un camino reformista.

Como sea, hay verdades elementales que no se deben olvidar: *1)* el desarrollo económico implica un fuerte proceso de industrialización,[8] *2)* en la medida de lo posible deben crecer la industria pesada y los procesos asociados a fuertes economías de escala, para lo cual el capitalismo de Estado pudiera ser funcional, *3)* lo anterior debería asegurar un muy alto peso de la clase obrera en la ocupación total[9] y que la clase esté muy concentrada en grandes establecimientos industriales.

Si tales requisitos no se cumplen, los intentos por avanzar al socialismo serían como la "crónica de una muerte anunciada". Pero si se cumplen, nada aseguran: operan como *condición necesaria* mas no suficiente. La clave, como siempre, radica en la variable política, en el rol que pudiera desempeñar. En breve, si se cumplen las condiciones objetivas y necesarias, una eficaz organización y conducción política pasan a funcionar como

[8] O sea, se trata de elevar el "grado de industrialización" (PIB industrial sobre PIB total).

[9] Las estadísticas contemporáneas suelen no aprobar este planteamiento, pero olvidan al menos dos factores clave: *1)* por razones convencionales, aparecen en servicios y no en manufacturas trabajos como servicios de ingeniería industrial, de diseño, a veces de investigación y desarrollo (I&D), etc. Estas actividades, claramente, son propias de la rama industrial; *2)* el modelo neoliberal imperante en los últimos 40 años o más provoca un impacto de estancamiento y desindustrialización que nada tiene que ver con las tendencias de largo plazo del proceso de desarrollo.

condición suficiente. La desgracia que hoy afecta a tales propósitos es la terrible pérdida de la memoria histórica que hoy padece la izquierda potencial. Como sea, la tarea está allí: *estudiar a fondo la política*, tomar en serio la íntima articulación que debe darse entre práctica y teoría.

El problema del Estado y las FFAA

Inicialmente y sólo para efectos de aclarar el argumento suponemos que el proceso busca avanzar al socialismo. Así las cosas, recordamos algunas hipótesis clave: *a)* "la clase obrera no puede limitarse simplemente a tomar posesión de la máquina del Estado tal como está y a servirse de ella para sus propios fines" (Marx, 1978: 67), *b)* la clase obrera,

> al llegar al poder, no puede seguir gobernando con la vieja máquina del Estado; que, para no perder de nuevo su dominación recién conquistada, la clase obrera, tiene, de una parte, que barrer toda la vieja máquina represiva utilizada hasta entonces, contra ella, y, por otra parte, precaverse contra sus propios diputados y funcionarios, declarándolos a todos, sin excepción, revocables en cualquier momento [Engels, en Marx, 1978: 15];

y *c)* "el Estado no es más que una máquina para la opresión de una clase por otra" (Engels, en Marx, 1978: 18).

En lo indicado se subrayan dos aspectos medulares: el Estado es una *institución social*, o sea, un *conjunto de normas o relaciones sociales* organizadas en torno al cumplimiento de determinadas *funciones sociales* básicas: las de preservar el régimen vigente. O sea, la estructura organizacional es dependiente de los fines que con ella se persiguen. Para el Estado capitalista, es la forma burocrático-formal la que funciona como factor clave e insustituible.

En la institución estatal, el núcleo central viene dado por los aparatos armados. Y aquí, las reglas del orden burocrático operan con la mayor fuerza y rigidez. Recordemos:

> burocracia [...] es una jerarquía de funcionarios rentados en la que cada componente del grupo es controlado únicamente por

sus funcionarios superiores y en la que el trabajo del grupo está dividido y centralizado como en una fábrica [...] La caracterización básica de la organización burocrática, que la conducta de todo el grupo está determinada no por las decisiones de la mayoría de sus miembros, sino por las decisiones de sus funcionarios superiores, militares o civiles [Moore, 1974: 94-95].

En una sociedad capitalista bien ordenada (o sea, la que opera con instituciones sólidas, con normas sociales fuertemente interiorizadas), la intervención de los aparatos armados es poco visible y también poco frecuente.[10] Asimismo, cuando el régimen capitalista pasa, por ejemplo, de un patrón de acumulación a otro, no intervienen (al menos explícitamente). Se reservan, para intervenir masivamente sólo cuando emerge el peligro de un cambio que sepulte al capitalismo. Un buen ejemplo de esta modalidad la encontramos en los Estados Unidos.[11] En el otro extremo, las fuerzas armadas (FFAA) intervienen hasta en cambios relativamente menores, por ejemplo, cuando una fracción del capital desplaza a otra en la dirección del bloque de poder. Inclusive, en el caso de rencillas cuasifamiliares. Todo lo cual refleja una muy débil (o hasta nula) institucionalización de las instituciones políticas. Como ejemplo paradigmático de esta variante tenemos a Bolivia. Aquí, históricamente, la intervención armada ha sido casi cotidiana. En consecuencia, para un gobierno como el de Evo Morales, aunque no se propusiera avanzar al socialismo, resultaba vital introducir fuertes cambios en las FFAA y también crear algo así como las milicias populares; de igual modo, desligar a los aparatos armados (la alta oficialidad en especial) de la muy fuerte conexión dependiente respecto a los Estados Unidos. Hubo intentos que fallaron y, por lo mismo, posibilitaron el golpe de Estado. En suma, incluso para los gobiernos que sólo postulan un capitalismo progresista, el problema de los aparatos armados debe ser replanteado y estudiado con especial cuidado.

[10] Hablamos del orden interno, mismo que puede presentar una situación muy diferente del internacional, sobremanera en el caso de la fase imperialista.

[11] Esto no elimina la fuerte represión que sufren sindicatos, activistas de izquierda y partidos políticos como el Partido Comunista y otros de orientación antisistema.

En cuanto a los métodos de lucha, repitamos que con el MAS y Evo se privilegiaron los métodos electorales y pacíficos. Se buscó una reforma en los institutos armados la que, a fin de cuentas, es evidente que no funcionó; por eso es preferible una transición pacífica (no violenta). Es muy obvio, pero los buenos deseos no se deben confundir con la realidad de los procesos objetivos, o sea, a fin de cuentas, con las *leyes objetivas* del cambio económico y social. Para el caso, Marat indicaba: "la libertad se consigue por medio de la violencia, ha llegado el momento de establecer temporalmente el despotismo de la libertad" (Bouloiseau, 1980: 53). Robespierre, ante las críticas que algunos hacían sobre el uso de la violencia, indicaba que "todas esas cosas eran ilegales, tan ilegales como la revolución" y preguntaba: "¿querías una revolución sin revolución? ¿Acaso la fuerza está hecha sólo para proteger el crimen?" (Soboul, 1987: 14-15). Moore, por su lado, nos entrega una buena síntesis: "los métodos dictatoriales son necesarios en el momento en que se establece el dominio de una clase y en todos los momentos en los que este dominio esté seriamente amenazado" (Moore, 1974: 31).

Hay tareas que se deducen con claridad: *1)* dividir a las fuerzas armadas tradicionales, ganar una parte de la oficialidad joven, con capacidad técnica y de mando, y asegurar que, como mínimo, un tercio del ejército se pase a las filas del pueblo, *2)* generar milicias populares lúcidas y bien entrenadas (de aquí el papel clave de la oficialidad joven) y que cubran los grandes centros industriales, *3)* en la medida de lo posible, neutralizar la incidencia de los Estados Unidos,[12] y *4)* contar con servicios de inteligencia muy eficaces y a prueba de corruptos. Lo indicado es obviamente muy esquemático: debe ser concretizado, llevado al detalle y, sobremanera, estudiado a fondo: recuperando la rica experiencia histórica acumulada (más de fracasos que de victorias) y sabiendo in-

---

[12] El secretario de la actual presidenta, una señora con baja dotación neuronal, fue empleado de la embajada de los Estados Unidos en La Paz por siete u ocho años. Volvió a los Estados Unidos para mejor adiestrarse y ahora, con el golpe, prácticamente dirige la política interna del país. Hoy por hoy, el imperialismo actúa sin el menor recato en el uso de la violencia y hace uso de los *yanaconas* de siempre: caso de Almagro, su testaferro en la Organización de los Estados Americanos (OEA).

dagar en las *nuevas realidades* que hoy operan en este crucial aspecto.

El poder mediático

En un régimen político sólido el poder no sólo depende del factor *coerción*. Este suele operar como factor de última instancia. Antes opera el poder ideológico (en otros tiempos ejercido por los curas) y que en el mundo de hoy asume la forma de *poder mediático*. El cual, en la actualidad, se concentra en los medios de comunicación de masas, como la televisión, el cine, la radio y similares. Este poder mediático tiene una capacidad enorme para moldear gustos, valores, estilos de vida, preferencias políticas, etc. Se hace, como regla, no tanto por programas explícitamente políticos (foros, noticieros, etc.) sino por mecanismos indirectos, menos evidentes. Por ejemplo, por la vía de telenovelas, películas, canciones, incluso por la transmisión y comentarios de partidos de futbol y otros deportes masivos. En suma, existe una enorme capacidad para moldear la conciencia de la población y esta capacidad está superconcentrada en poquísimas personas o consorcios,[13] muchos de estos, pertenecientes a grandes corporaciones transnacionales.

Frente a estas realidades, la izquierda o progresismo contemporáneo no tiene respuestas eficaces. A veces, por temor al calificativo de "dictadura" no hace nada y, por consiguiente, acepta la dictadura de los monopolios privados. Otras veces logra algún cupo, uno o dos canales de televisión, que suelen ser mal producidos, aburridos y hasta ¡"apolíticos"! En general, hay una tremenda incapacidad para manejar con eficacia los medios modernos. Faltan capacidad técnica y creatividad (aunque en Bolivia han surgido muy grandes cineastas), capacidad de discusión y racionalidad; también se suele confundir el apoyo con la simple sumisión y falta de autocrítica.

En el caso boliviano es evidente que la política comunicacional fue deficiente. Al cabo, permitió que se fuera alimentando el rechazo al gobierno por una parte de las "capas medias" urbanas. En estos grupos, que operan con un arribismo de ca-

---

[13] En este segmento el grado de monopolio es elevadísimo. No obstante, predican las bondades de la libre competencia con total impudicia.

ricatura —pequeños y medianos comerciantes, segmentos de profesionales independientes—, el rechazo al gobierno se fue acentuando y ha devenido en apoyo a golpistas y ultrarreaccionarios, y manejó una componente racista propia de la vieja "rosca". La moraleja es clara: el progresismo no se puede consolidar si no maneja una política eficaz en el espacio de los medios de comunicación.

¿Quién dirige el proceso, la burguesía nacional,
la pequeña burguesía asalariada o la clase obrera?

En el capitalismo periférico (o "tercer mundo") se suelen dar condiciones para revoluciones encabezadas por la "burguesía nacional". En estos casos se buscan cambios de orden estructural que, siendo muy selectivos, pasamos a mencionar:

a) *Romper el latifundio feudal y modernizar la agricultura.* Si se eleva la productividad del trabajo en la agricultura, baja el valor unitario de alimentos y similares. Por lo mismo y a igualdad de otras circunstancias, se reduce el valor de la fuerza de trabajo y se eleva la tasa de plusvalía. Incluso, los salarios reales pueden subir y si suben menos que la productividad, también se eleva la tasa de plusvalía. Asimismo, sube la tasa de ganancia industrial. A la vez, tenemos que una agricultura moderna libera fuerza de trabajo necesaria para la industria y engendra un buen mercado de ventas para la industria urbana. En breve, el desarrollo capitalista exige romper con las estructuras agrarias tradicionales, papel que le correspondería a la burguesía nacional.

b) *Impulsar al capitalismo nacional, ampliando y privilegiando el mercado interno.* La industria naciente difícilmente puede acceder, en un primer momento, a los mercados externos. Para ello, debe atravesar por un largo periodo de desarrollo. Por lo mismo, debe apoyarse ineludiblemente en el mercado interno. ¿Cómo? Lo más usual pudiera ser: lo que antes se importaba (por ejemplo, ciertos alimentos y vestuario, utensilios de cocina, herramientas básicas como martillos y palas, aparatos de radio, etc.)

ahora se pasa a producir por capitalistas nacionales, lo que exige protección (altos aranceles, prohibiciones) y apoyo estatal (subsidios, rebajas impositivas, infraestructura, etc.). Estas medidas perjudican al capital extranjero que usualmente se opone, incluso, por la vía de golpes de Estado.

c) *Reducir (negociar) la dependencia externa.* En las economías periféricas, por ejemplo, durante la vigencia del patrón primario exportador, una buena parte del excedente generado en el país se traslada a los países centrales (al "centro imperial"), por las vías de remisión de utilidades, intereses, intercambio desigual, etc. Se trata de reducir estos flujos para aplicarlos al financiamiento del crecimiento del país.

El programa del MNR inicial, el de 1952, apuntaba en tal sentido, pero no se consolidó. Además, cuando tales procesos tuvieron éxito —como en algunos países (México y el Cono Sur) que abordaron con fuerza el "desarrollo hacia adentro"— se generó un mercado interno no despreciable.[14] Ante lo cual, el capital extranjero respondió olvidando sus antiguas fobias y pasó a invertir en el ramo industrial, a veces asociándose con capitales nacionales y otras simplemente eliminándolos. En breve, se engulló a la burguesía nacional.[15]

En procesos como los esbozados muchas veces surge una duda: la presencia de miembros de la burguesía nacional es mínima y hasta casi inexistente. En cambio, lo que emerge es el muy público activismo de segmentos de la pequeña burguesía asalariada (dirigentes políticos, profesionales, técnicos, intelectuales, etc.). Por lo mismo, a veces se ha hablado de *procesos que "crean" o "forjan" a la clase dirigente del proceso.* Por lo menos, se trata la clase que más se beneficia. Siendo este un resultado frecuente, no se debe confundir con una explicación.

Para entender el fenómeno, resulta útil preguntar qué puede y debe hacer la pequeña burguesía asalariada si llega

[14] En la Argentina de Perón, en el Brasil de Getulio Vargas, en el México de Cárdenas, en la Bolivia del MNR de 1952, en el Egipto de Nasser y en otros países se dieron procesos semejantes con un grado de éxito variable.

[15] Para el enfoque de la dependencia (Dos Santos *et al.*) esto eliminaba el potencial revolucionario de los capitalistas periféricos.

a ocupar posiciones de poder. ¿Qué tipo de desarrollo puede impulsar? Para el caso, podemos recordar algunos conceptos básicos: *a) situación de clase:* se refiere a la *posición objetiva* que ocupan personas y grupos en la estructura social; *b) interés objetivo de clase:* son los intereses económicos y políticos que se deducen, objetivamente, de la situación de clase; *c) postura clasista* (o "postura política"): se refiere a los intereses de clase objetivos que defiende la persona o grupo. En consecuencia, si cotejamos la postura clasista con el interés objetivo de clase, podemos hablar del tipo de conciencia de clase que pudiera estar operando. Por lo tanto, podemos hablar de: *d) conciencia de clase adecuada:* en este caso, la postura de clase se corresponde con el interés objetivo de la clase, si esto se cumple para la gran mayoría de los miembros de la clase, hablamos de *clase para sí,* de una clase que está consciente de sus intereses objetivos; *e)* la alternativa opuesta es aquella en que la clase defiende intereses que no son los suyos, se habla de *conciencia alienada* ("falsa conciencia" o "conciencia equivocada") y, en consecuencia, de una *clase en sí,* es decir, la clase existe como fenómeno objetivo, pero el modo en que sus miembros se perciben (su subjetividad) no corresponde con esa objetividad; *f)* de lo indicado se desprende que *la estabilidad de un sistema social clasista supone que la clase explotada y dominada funcione en lo fundamental como una* "clase en sí", es decir, con una falsa conciencia de clase, que no reconozca sus intereses objetivos y que actúe en consecuencia. Lo cual, también supone que la ideología de la clase dominante funcione como ideología dominante a escala del conjunto de la sociedad, en especial, al nivel de la clase dominada y explotada.

Cuando se trata de clases explotadoras (en lo económico) y dominantes (en lo político), su interés objetivo debe radicar en preservar su situación de clase; sucede lo contrario si se trata de clases explotadas y dominadas. Veamos otro caso: el de la *pequeña burguesía independiente* (PBI) (artesanos, pequeños campesinos propietarios, pequeños comerciantes, etc.). En este caso, el campesino pobre querrá ascender a la condición de campesino medio y luego a la de acomodado. Pero aquí no para el ascenso buscado: en todo pequeño burgués opera el deseo (o sueño) de ascender a la condición de capitalista. O sea, no busca preservar su condición de clase sino incorporarse a otra, cualitativamente diferente. Veamos ahora el caso de la llamada *pequeña burguesía asalariada* (PBA) (empleados y burócratas del sector público y del privado). Este segmento no es propietario de medios de producción y vende su fuerza de trabajo a cambio de un salario; en este sentido, es parte de la clase trabajadora. Pero, a la vez, suele funcionar con niveles de salarios y de vida más elevados y con preferencias políticas, valores y estilos de vida diferentes a los de la clase obrera tradicional (los *blue collar*). Por ello, se ha considerado pertinente hablar de "pequeña burguesía asalariada", la que suele operar escindida: su parte superior (gerentes, alta tecnoburocracia) suele estar asimilada a la alta clase capitalista. Valga agregar, la pequeña burguesía asalariada, incluso parte de su alto segmento, en épocas de cambio radical se acerca a la clase obrera.

¿Qué persigue este segmento? Primero, lo obvio: mejorar sus salarios y niveles de vida. Segundo, ¿busca, a semejanza de la pequeña burguesía independiente, ascender al estatus de capitalista? A primera vista, el eventual deseo no parece factible (salvo para su capa más alta y muy delgada, de gerentes y similares). Con todo, podemos ensayar una hipótesis, algo o mucho aventurada: *a)* Como ya se apuntó, en el "tercer mundo" a veces emergen oleadas de nacionalismo. En estos proyectos se hace un fuerte uso de las palancas estatales: políticas económicas *ad-hoc* e incluso impulso de grandes empresas estatales y mixtas. En breve, se suele crear un fuerte sector económico estatal. *b)* Estos procesos (revoluciones demoburguesas y nacionalistas) suelen concitar un apoyo masivo de la pequeña burguesía asalariada de la cual, además, surgen buena parte de su dirigencia política e ideológica (sus "intelectuales orgánicos"), y bien se puede afirmar que muchas veces llegan a funcionar como fuerza dirigente. O sea, reemplazan a la burguesía nacional. *c)* Esta fuerza, a veces apunta al socialismo (con las dificultades ya indicadas); otras veces, sólo a un capitalismo de Estado democrático y nacionalista.

En el ascenso de la PBA podemos distinguir dos rutas gruesas. Si el proceso desemboca en la creación de un fuerte sector industrial estatal, la PBA suele asumir los cargos más altos en el sector. En principio operan como alta tecnoburocracia (gerentes, *managers*). Luego experimentan una mutación social (clasista) y pasan a funcionar como "burguesía burocrática de Estado". Más adelante, con un sector industrial consolidado, suelen darse procesos de privatización y la advenediza nueva burguesía asume a plenitud el poder patrimonial (es decir, la propiedad) de dichas empresas. Así corona su carrera de acenso social.

Sin embargo, hay otra ruta. En este caso, el bloque social que impulsa el cambio tiene a la clase obrera como fuerza dirigente. Aquí, el subdesarrollo del país no permite hablar de metas plenamente socialistas. Pero, por el carácter de la fuerza dirigente (que es la clase obrera), las transformaciones buscadas determinan —o abren el paso a— la posibilidad de un *proceso de transición al socialismo*. Es lo que los chinos de Mao Tse-Tung definían como "revolución de nueva democracia".[16] En este caso, también se crea un fuerte sector estatal y en la gestión económica global se introducen elementos de planificación global o "macroeconómica". En algunas empresas estatales se preserva una gestión de tipo capitalista y, en otras, se buscan introducir principios de tipo socialista sobremanera, que los trabajadores asuman la dirección del proceso productivo y que, a la vez, las decisiones económicas básicas sean coherentes con las metas del plan económico nacional. O sea, que la *clase obrera parcial*, a nivel de fábrica, empiece a dirigir (por ejemplo, vía los Consejos Obreros de Fábrica, herramienta que es vital). Asimismo, que la *clase obrera conjunta*, a nivel del Estado, tome en sus manos la dirección del sector socialista y, por esta vía, incida en el desarrollo global; en lo cual, valga el recuerdo, se expresa la contradicción entre mercado (y ley

---

[16] En un texto de 1939 Mao Tse-Tung escribía: "¿Cuál es el carácter de la revolución china en la presente etapa? ¿Es una revolución democrático-burguesa o una revolución socialista proletaria? Desde luego, es la primera y no la segunda". Agrega que "no obstante, la revolución democrático-burguesa en la China de hoy ya no es del tipo viejo, corriente, ya anticuado, sino un tipo nuevo, particular [...] La revolución de nueva democracia forma parte de la revolución socialista proletaria mundial, pues se opone resueltamente al imperialismo o capitalismo internacional [...] no conduce a la dictadura de la burguesía sino a la dictadura de frente único de las diversas clases revolucionarias bajo la dirección del proletariado". O bien: "la revolución de nueva democracia [...] difiere de la revolución socialista; sólo procura derrocar la dominación de los imperialistas, los colaboracionistas y los reaccionarios en China, pero no elimina a ningún sector del capitalismo que pueda contribuir a la lucha antiimperialista y antifeudal" (Mao, 1971: 338-339).

del valor) y plan (asignación planificada de los recursos). En este marco, es vital distinguir entre: un capitalismo de Estado que busca forjar una burguesía industrial nacional, o sea, crear las condiciones para un desarrollo capitalista dinámico y relativamente autónomo (no tan dependiente), y un capitalismo de Estado que opera en el marco de un Estado controlado por un amplio frente popular bajo la dirección de la clase obra. En este caso, este "capitalismo de Estado" funciona como *peldaño* hacia una fase superior, socialista; o sea, es un momento *transicional*.

En términos generales, en tiempos proclives al cambio, la PBA tiende a apoyar mayoritariamente un proceso como el descrito. Incluso, una parte de ella, asume una *posición de clase* que difiere de su *situación objetiva de clase*. En breve, asume las posturas de la clase obrera.[17] Lo hace en la gestión y administración del sector económico estatal (ingenieros, técnicos, proyectistas, etc.) e incluso en las filas del partido obrero. Este "cambio de piel" no es nada sencillo y dista de ser un proceso suave y que dependa de los buenos deseos, de la voluntad, de la "capacidad franciscana de sacrificio", etc. Lo subjetivo, recordemos el abecé, depende básicamente de las condiciones objetivas de vida. Y si se busca modificar la conciencia, la clave reside en el cambio de las condiciones objetivas de vida.

Consideremos el sector de empresas estatales. En un primer momento se integra con las grandes empresas que fueron nacionalizadas: desaparecen los antiguos dueños, incluso sus altos gerentes y ejecutivos. Todo pudiera parecer ejemplar, aunque emerge un "pero": las pautas de división y organización del trabajo de la fábrica capitalista se reproducen en la fábrica "socialista", sólo que ahora un obrero ocupa el puesto del antiguo ejecutivo. Al poco andar, el nuevo "jefe" se da cuenta de que, para ser eficiente, debe desplegar la conducta o rol que su cargo prescribe. Es decir, debe conducirse como un gerente burgués. Al cabo, el resultado es ineludible: el obrero asume los estilos y hasta valores que el cargo le exige. Abreviando: se transforma en un burgués, algo que no es un problema personal sino del sistema social que regula el trabajo en la fábrica.

---

[17] Mientras más fuerte el movimiento obrero, mayor será la parte de la PBA que apoya al socialismo.

A nivel de la administración pública y del mismo partido dirigente surgen fenómenos análogos: los de arriba empiezan a distanciarse primero y luego a separarse de los de abajo y, en vez de delegados-representantes se transforman en burócratas, en dirigentes que les dan órdenes a los de abajo en vez de "mandar obedeciendo". Si este proceso prosigue y se ahonda, se pasa de una fase de *burocratización de las capas dirigentes* a otra en que ya se debe hablar de una *burguesía burocrática de Estado*, en que esta figura social funcionaría como forma o sueño social (algo inconsciente) de la pequeña burguesía asalariada.

Procesos como el descrito son complejos, zigzagueantes, a veces poco visibles, no fáciles de identificar y menos de corregir. En estos casos se sigue hablando de "socialismo", pero ya no hay tal. Lo que existe es un "capitalismo burocrático de Estado", pero este sistema no es de larga duración. Al cabo, desemboca en un capitalismo monopólico, con una regulación estatal no menor (casos de China y de Rusia).

Intentemos resumir: la PBA, a semejanza de la PBI, busca realizarse ascendiendo a la condición de capitalista, pero sigue una ruta muy diferente y alambicada. Primero, impulsando la lucha por el socialismo; luego, descomponiendo a este desde adentro, por la vía de su burocratización y, al cabo, realizándose como *burguesía burocrática de Estado*.

El tema, insistamos, es complejo y exige un análisis que excede ampliamente los límites de un prólogo. Para nuestros propósitos, nos limitamos a advertir: *a)* En un país subdesarrollado y pequeño, el avance al desarrollo pasa por el capitalismo de Estado. *b)* Si se va a ir más allá, al socialismo, esto dependerá del peso y lucidez de la clase obrera, amén de la correlación internacional de fuerzas. La posibilidad dependerá, en muy alto grado, de la eventual capacidad de la clase para liquidar los modos burocráticos y desarrollar un efectivo poder popular, a nivel de fábricas (consejos obreros) y al nivel político estatal (¿se manda obedeciendo?); lo cual, subrayemos, no significa *decretar* la vigencia de la fase comunista y suprimir de un plumazo al capitalismo de Estado. El punto es otro: aceptar lo inevitable del capitalismo de Estado (los saltos mortales sólo conducen a debacles), preservar en la clase obrera y sus direcciones, los valores *congruentes* con el ideal de largo plazo. *c)* Lo indicado también significa que el ideal de largo plazo debe pasar a regular en muy alto grado la conducta moral de la clase trabajadora y, muy especialmente, de sus dirigentes. Por eso se suele señalar que la utopía funciona como reguladora de las conductas en el presente. *d)* La contradicción entre las realidades objetivas (básicamente capitalistas) y la moral y valores más congruentes con los objetivos del largo-largo plazo, es evidente y no se debe ocultar. También, se debe reconocer que, en dicha contradicción, el aspecto realidad capitalista lleva todas las de ganar.

¿Es posible escapar de este destino? Se han propuesto, por dirigentes como Lenin y Mao, medidas como: *1)* los dirigentes no pueden ganar más que un salario similar al de los obreros calificados, *2)* los dirigentes deben, obligadamente, pasar mínimo un mes por año desplegando actividades productivas, *3)* deben ser revocables en todo momento por las bases que representan, y *4)* no deben ser reelegibles, o sea, no eternizarse en cargos de dirección: nadie es imprescindible y las direcciones eficaces deben ser las colectivas. Estas medidas nunca han sido aplicadas a plenitud y lo que la experiencia histórica nos muestra (en China y en la URSS) es muy claro: no han impedido las desviaciones ni la degeneración de los segmentos dirigentes. La izquierda, que poco se ha preocupado de la psicología social, debería insistir y profundizar en el tema.

En fin, avanzar y consolidar incluso un capitalismo dinámico y democrático, no es sencillo. Resistir los golpes del imperio y evitar el infantilismo de izquierda, tampoco. Y ni hablar si la búsqueda es por el socialismo. Para países como Bolivia, y en casi todo el tercer mundo, el cambio de las condiciones políticas en el primer mundo es vital. Si allá la izquierda avanza, América Latina podrá respirar mejor.

El punto llega a ser dramático: el capitalismo mundial viene cayendo en una crisis cada vez mayor. El neoliberalismo provoca estancamiento y desigualdades enormes: el poder económico y político se concentra en unos pocos grandes monopolios, y unas pocas familias deciden el destino de prácticamente toda la humanidad. La crisis o catástrofe ecológica se acentúa más y más y el sistema no es capaz de impulsar las respuestas necesarias. Las probabilidades de una guerra nuclear por la repartición de los mercados y esferas de influencia se elevan. Actualmente —abril de 2020—, la feroz pandemia del coronavirus (Covid-19) siega vidas y pone al desnudo las miserias del sistema. Éste, con sus actuales capacidades científicas y tecnológicas, si hubiera un manejo y uso racional de los recursos, podría perfectamente resolver esos problemas. Incluso podría quedar instalado en la vecindad ¡de la misma fase comunista! Tal es la posibilidad. El drama viene por otro lado, por la insuficiencia de las condiciones subjetivas que exige la lucha contra el capital. Bien se podría decir que el esfuerzo por conseguir esas capacidades políticas ha pasado a ser condición de la misma sobrevivencia de la raza humana.

En la medida de sus fuerzas, nuestra América Latina debe impulsar esta lucha por la vida en la cual, con esa hondura afilada y dulce de las quenas andinas, de seguro tendremos la fuerza, la guía y el apoyo del noble pueblo boliviano.

José Valenzuela Feijóo,
abril de 2020

INTRODUCCIÓN

El modelo económico neoliberal implantado en Bolivia a partir de la denominada "nueva política económica", con la aplicación del DS núm. 21060 de 29 de agosto de 1985, fue un modelo importado que encontró rápidamente adherentes y profetas en el país; incluso gente que empuñaba la ideología de izquierda fue seducida por toda la literatura de este viejo modelo que venía principalmente de las universidades norteamericanas. Aun viejos amigos y compañeros del Partido Socialista 1 (PS 1), en el que milité, abandonaron la literatura marxista y gradualmente fueron abrazando la ideología pragmática del neoliberalismo.

La doctrina del libre mercado —que no es nueva en la historia del pensamiento económico— reinó desde 1985 no sólo en la inspiración de las medidas de política económica de los diferentes gobiernos en turno que la aplicaron, sino sobre todo en la academia, en las universidades públicas y privadas y entre la intelectualidad de esos años.

Así se entiende cómo profesores universitarios, fundaciones, organizaciones no gubernamentales, medios de comunicación, la clase política, autoridades gubernamentales y parlamentarias de esos años defendían a ultranza las bases ideológicas y las medidas de corte neoliberal que adoptaron esos gobiernos. Contaban, además, con jugoso fianciamiento extranjero y pudieron acceder a ingresos personales antes no soñados. Libros, artículos en medios de comunicación, conferencias, seminarios y otros vehículos eran utilizados para difundir su doctrina y sus supuestos resultados favorables para la población. Tal es el caso de publicaciones como *Bolivia: la nueva política económica y las elecciones de 1989* de Javier Nogales, *Estabilización y desarrollo: importantes lecciones del programa económico de Bolivia* de Juan Cariaga, *En defensa de la racionalidad* de la Fundación Milenio y otros trabajos. Asimismo, fueron innumerables las visitas de varios gurús extranjeros al país en otros tantos eventos y conferencias para difundir esta doctrina neoliberal.

En ese entorno y situación era muy difícil pensar que pudiera existir una forma diferente de ver la economía que no fuera aquella correspondiente a la doctrina de "moda" y que no pecara de ser calificada de absurda o simplemente de "dinosaurios", o perteneciente al parque jurásico. Aún en nuestros días hay muchos que, pese la crisis de "exceso de mercado" en los Estados Unidos de 2008 y la actual crisis económica internacional del sistema capitalista, siguen creyendo y recetando políticas con base en la economía de mercado, es decir, políticas neoliberales tanto a países del primer mundo como del resto de países; y, como se sabe, hasta la fecha de publicación de este libro no se han visto resultados positivos.

Tampoco el pueblo boliviano sintió los efectos positivos que supuestamente traería la aplicación del modelo neoliberal, aunque lo soportó durante 20 años. Por el contrario, lo que ha quedado en la mente de las bolivianas y bolivianos es el miedo y la realidad de ese entonces: el desempleo masivo, la marginación social y económica de los estratos más pobres de nuestra sociedad, el paulatino empobrecimiento de la clase media, la falta de oportunidades y movilidad social, la incertidumbre sobre lo que sucederá mañana y la consecuente búsqueda de oportunidades en otros países desmembrando a las familias bolivianas.

Algunos economistas neoliberales han querido justificar el fracaso de la economía de mercado para resolver los problemas económicos de muchos países latinoamericanos. Culpan a la poca experiencia o juventud de muchas de las autoridades económicas de estos países para llevar adelante el modelo neoliberal; incluso hay quienes han afirmado que este modelo no es malo, sino que la realidad no se acomoda a la teoría. Otros economistas neoliberales que hinchaban el pecho de ser profetas de esa doctrina, que inclusive ocuparon importantes puestos de decisión en los gobiernos neoliberales, ahora se han convertido hacia la corriente keynesiana y ya leen y citan a Marx y a Lenin.

Una de las razones por las que el modelo neoliberal fracasó en Bolivia es que se importaron las ideas y en su aplicación no se tomaron en cuenta para nada la realidad económica y social del país; es decir, la coexistencia de modos precapitalistas de producción, y el rezago tecnológico en el que nos encontrábamos, que difería enormemente del escenario que establecía el recetario del viejo modelo neoliberal.

Sin embargo, mucho de lo que pasó durante la aplicación del modelo neoliberal de 1985 a 2005 en Bolivia no se conoce por los jóvenes bolivianos que despertaron ya con el actual modelo económico social comunitario productivo (MESCP) que está vigente desde 2006; incluso muchos jóvenes bolivianos desconocen quiénes fueron los artífices y representantes de la política neoliberal de nuestro país, muchos de los cuales todavía se encuentran en los medios de comunicación y quieren figurar como independientes o ajenos al viejo modelo neoliberal.

Por esta razón, en la primera parte de este libro se realiza una breve explicación de la concepción teórica del viejo modelo neoliberal; se trata de combinar tanto los aspectos netamente de política económica con los elementos sociales y políticos de esa etapa de la historia del país. Estos elementos servirán de base para entender el diagnóstico y la necesidad de formular el nuevo MESCP que se presenta en la segunda parte.

La lógica económica del nuevo MESCP es la apropiación social del excedente que origina una reproducción ampliada de la sociedad. La perspectiva del modelo económico es social, no sólo considera al destinatario y beneficiario del excedente sino también el carácter social de la producción.

En la segunda parte se explican las bases, principios y funcionamiento del nuevo MESCP y se ensaya una formalización del mismo. Para esta última parte debo agradecer el valioso aporte de mi alumno, luego colega y compañero, David Quiroz, con quien escribimos un trabajo —antes de que se fuera a la República Argentina a concluir su maestría— publicado en la revista especializada *Cuadernos de Investigación Económica Boliviana*.

Finalmente, en la tercera parte se hace una breve evaluación de los resultados que trajo la implantación del MESCP en Bolivia desde 2006, en la cual se repasan los resultados económicos, pero fundamentalmente los resultados sociales del modelo desde 2006 hasta 2014.

El objetivo que nos planteamos al escribir este libro fue el de llenar un vacío muy importante: una ausencia de la verdadera explicación del nuevo MESCP. En los últimos años hemos observado varios intentos de explicar el modelo económico boliviano, por parte de intelectuales tanto nacionales como extranjeros, por lo que se hace necesaria esta publicación para la cabal y correcta comprensión de lo realizado en materia de política económica en Bolivia.

Se ha escrito bastante sobre el nuevo MESCP boliviano, especialmente en el país, por parte de aquellas personas que no lo conocen y, sin embargo, lo critican; generalmente son aquellos que siguen viendo a través del cristal neoliberal para elaborar su visión e ideología; también son aquellas personas que creen conocerlo, incluso coadyuvaron en su administración, pero todavía no logran entenderlo, nuevamente por su concepción socialdemócrata y tecnócrata de la economía. Otros economistas neoliberales han calificado de políticas keynesianas a las adoptadas por el nuevo MESCP, lo que demuestra una vez más la miopía intelectual de que sólo existe en su imaginario el monetarismo o keynesianismo y no hay lugar para nuevas alternativas.

Algunos trabajos han incorporado equivocadamente el modelo boliviano en el grupo de modelos primario-exportadores cuando en realidad promueve un modelo altamente industrializador, pero en consonancia y respeto hacia la madre tierra. Otros trabajos de economistas neoliberales han calificado al MESCP como populista, sin tomar en cuenta los resultados obtenidos en el periodo 2006-2014 con alta responsabilidad fiscal y estabilidad macroeconómica.

Por otra parte, muchos han querido apropiarse y figurar como los padres del nuevo MESCP, pero sólo quedaron en intentos de convertirse en sus padrastros, sin mencionar a sus verdaderos ascendientes.

Los resultados del nuevo MESCP han sido positivamente reconocidos por organismos internacionales como la Comisión Económica para América Latina (CEPAL), el Banco Mundial (BM), el Fondo Monetario Internacional (FMI), el Banco Interamericano de Desarrollo (BID) y la Corporación Andina de Fomento (CAF). Asimismo, revistas internacionales especializadas y medios de comunicación de otros países han resaltado los cambios estructurales registrados en Bolivia, habiendo recibido calificativos como el "milagro boliviano" o "Evonomics". Este último, sin duda, refleja al ejecutor y al que tomó la decisión política de hacer un cambio en la política económica en Bolivia como lo hizo el presidente Evo Morales, en la magnitud y dimensión que significó desechar el viejo modelo neoliberal e implantar uno "hecho en Bolivia" para beneficio de todas las bolivianas y los bolivianos. El modelo boliviano se inspiró en la lucha de los movimientos sociales y sus propuestas fueron plasmadas e incorporadas en el nuevo MESCP.

La constante y permanente atención que requiere la administración de la economía boliviana imposibilitó al autor de este libro de concluirlo antes, y debo confesar en honor a la verdad que ha sido muy difícil mantener la concentración que se requiere para articular cada una las partes del texto y simultáneamente atender el trabajo cotidiano, por lo que esta obra tomó más de tres años en prepararse, no porque no se tengan las ideas claras, sino por la falta del tiempo necesario para realizarla. Además, parafraseando al viejo Lenin, "es más agradable y provechoso vivir 'la experiencia de la revolución' que escribir acerca de ella".[1]

---

[1] V. I. Lenin, palabras finales a la primera edición de *El Estado y la revolución*, 30 de noviembre de 1917.

Primera parte

LA FASE NEOLIBERAL Y LAS LUCHAS POPULARES: BREVE ALCANCE

I. LA PLAGA NEOLIBERAL:
LO MÁS ESENCIAL

EN BOLIVIA el modelo neoliberal se extiende desde agosto de 1985 con la "Nueva Política Económica" decretada por Paz Estenssoro hasta el ascenso de Evo Morales.

El desempeño económico neoliberal, desde 1985 hasta 2005, fue el que se podía esperar dada la naturaleza de este patrón de acumulación. También, en términos generales, semejante en sus resultados a los conocidos en otros países tanto del primer mundo como del tercero. Con un agravante: la extendida pobreza que afectaba al país tornó más devastador el impacto neoliberal.

El crecimiento económico fue magro: la media aritmética del crecimiento anual del PIB, entre 1999 y 2004, fue de un magro 2.3% anual. Lo que, si le restamos el crecimiento de la población, nos señala una situación de cuasi estancamiento.[1] La distribución del ingreso se tornó más regresiva: se elevó la parte que fue a un pequeño núcleo privilegiado y cayó la de la población más pobre. En 1993 el 20% más rico de los hogares captaba 58.4% del ingreso nacional. En 1999 ese estrato más rico concentraba 60.5% del ingreso. Entretanto, 20% de la población —la más pobre— captó 3.7% en 1993 y un terrible 1.3% del ingreso nacional en 1999. Según el Banco Mundial, en 1989, 28.1% de la población vivía en condiciones de extrema pobreza y, en 1993, aumentó a 29.3% de pobres extremos.

También tuvo lugar una fuerte desnacionalización económica: se privatizaron sectores clave que cayeron en manos del capital extranjero y, en general, se agudizó la muy fuerte dependencia externa del país.[2] En especial, respecto a los Estados Unidos. También se observa un desmantelamiento del sector

---

[1] Entre 1985 y 2004 el PIB creció 3.1% anual. Con Evo Morales, entre 2005 y 2018, creció 4.9 por ciento.

[2] El caso del presidente Sánchez Losada es demostrativo y grotesco: hablaba un inglés perfecto y, a la vez, su dominio del español era mínimo. Se parecía a un turista gringo proveniente de Texas.

estatal y de los instrumentos de política económica que podía utilizar el Estado para regular el comportamiento de la economía. La ideología neoliberal habla de sustituir el Estado por el "libre mercado". Pero lo que sucede en realidad es que se reemplaza la regulación estatal por la regulación monopólica privada —extranjera en especial— de la economía. Se debe subrayar que no hay tal libre mercado. Lo que sí existe es la regulación monopólica de la economía.

El patrón neoliberal, en términos de clase y bloque de poder, provocó la liquidación de la burguesía estatal que impulsó la revolución de 1952; la recuperación de la burguesía compradora o intermediaria —es decir, la ligada al comercio exterior, a la banca y al capital extranjero—, y la devolución al capital extranjero, especialmente el de los Estados Unidos, su papel dominante en la economía nacional. En otras palabras y como síntesis, se tiene que la característica central del proceso neoliberal fue la *privatización* de la generación, la *apropiación* y la *distribución* del *excedente económico en favor de las empresas extranjeras y las nacionales vinculadas a estas.*

Un problema a recalcar es el del uso de ese excedente, el que en su mayor parte se remitió al extranjero o se aplicó a usos improductivos (finanzas, comercio, publicidad, etc.). Por consiguiente, aunque el excedente relativo se elevó, la acumulación productiva no lo hizo y, por lo mismo, la tasa de crecimiento de la economía no subió. El fenómeno fue perverso: la mayor explotación y pobreza de los trabajadores se asoció con el despilfarro y el estancamiento. Por eso también se habla de una economía parasitaria que fomenta la riqueza de los que no producen.

La peor distribución del ingreso y las privatizaciones afectaron de manera especial a la clase obrera en su núcleo central y más combativo. En este caso, no sólo se trató de elevar la tasa de explotación vía la reducción de los salarios reales. El ataque sufrido fue tan violento que casi elimina a la clase en su núcleo minero. Otros sectores populares también sufrieron el embate neoliberal. Todo lo cual llevó a una resistencia popular más y más extendida. En estos movimientos hay peculiaridades que llaman la atención: como el proletariado clásico casi fue eliminado, se elevó el peso de otros componentes populares: campesinos, comunidades indígenas, etc. Por lo mismo, se nutrieron las formas de lucha y, a la vez, se presentó un gran desafío: cómo armonizar y unificar esas luchas en que participan grupos heterogéneos. En lo que sigue, examinamos algunos hitos básicos de estas luchas y la evolución política que tuvo lugar.

II. LUCHA Y DERROTA
DE LA CLASE OBRERA

Antecedentes: Decreto Supremo 21060

El 29 de agosto de 1985, con la frase "Bolivia se nos muere" el presidente Víctor Paz Estenssoro anunciaba la aplicación de la denominada nueva política económica (NPE) que comenzaría a implementarse con el Decreto Supremo núm. 21060. Paz Estenssoro, en un mensaje a la nación, después de describir los desastrosos indicadores económicos de la coyuntura, señalaba:

> La patria se nos está muriendo y es preciso no eludir ningún recurso para un tratamiento de emergencia que detenga el desenlace. La persuasiva elocuencia de las cifras precedentes, nos revela que no podemos, proponer al país medidas cosméticas para arreglar la situación actual. O tenemos el valor moral, con su secuela de sacrificios, para plantear de modo radical una nueva política o, sencillamente, con gran dolor para todos, Bolivia se nos muere.

Asimismo, decía: "Podemos asegurar que no servirá de nada vivir en democracia, si en ella la nación se muere de hambre"; quizá por este razonamiento, para la aplicación de la NPE, tuvo que decretar un "estado de sitio" con la suspensión de libertades y derechos democráticos, el apresamiento de dirigentes sindicales a nivel nacional, entre ellos el propio secretario ejecutivo de la Central Obrera Boliviana, Juan Lechín Oquendo; y el confinamiento en el noreste del país de decenas de líderes sindicales que se oponían a las medidas lanzadas por el gobierno del Movimiento Nacionalista Revolucionario (MNR) de esa época.

Ya en su discurso de posesión del 6 de agosto de 1985 había anunciado que gobernaría con "autoridad" y ese era el tipo de autoridad política que entendía el presidente Paz Estenssoro.

El DS núm. 21060 expresaba algo más que un instrumento corriente de política económica, se trataba en realidad de un proyecto de reordenamiento de la economía, de la sociedad y del Estado boliviano bajo los marcos del neoliberalismo y en función de los intereses de la burguesía criolla y las empresas transnacionales.

Se pretendía modificar sustancialmente los rasgos del modelo de capitalismo de Estado que estaba vigente desde la revolución nacional de abril de 1952, orientarlos hacia un modelo de capitalismo neoliberal de libre mercado, de libre oferta y libre demanda, en el que se atribuye al "mercado" la tarea de la asignación supuestamente eficiente de los recursos. Estábamos ante un intento de refundación del capitalismo en Bolivia en función de los intereses de la burguesía intermediaria que, no habiendo perdido el poder económico en el periodo de reinstitucionalización democrática del país, recobraba el poder y el protagonismo político.

La NPE tuvo básicamente dos componentes: *1)* un plan de estabilización y *2)* un conjunto de medidas orientadas a la reforma estructural. El primero estaba fundado, como en todas las crisis del capitalismo, en la gestión del empleo y del salario como variables de ajuste; el segundo consistió en la liberalización de los mercados de bienes y servicios (internos y externos), del dinero y del trabajo.

La determinación de la libre contratación, en el artículo 55 del DS núm. 21060 significaba autorizar al sector privado el despido indiscriminado de trabajadores, esto implicaba ampliar el ejército industrial de reserva, es decir, la masa de desocupados y, por consiguiente, generar una presión natural sobre la reducción de los salarios y la precarización del empleo.

Asimismo, el congelamiento salarial dispuesto ante el ajuste de precios a niveles del mercado interno y externo significaba, en los hechos, la pérdida del poder adquisitivo de los salarios, es decir, la disminución del salario real de los trabajadores, una verdadera confiscación de salarios.

Con la libre contratación y el congelamiento de salarios lo que se buscaba era reducir los costos de producción de los bienes y servicios que habían sido puestos al libre mercado, fortaleciendo el capital privado y la tasa de ganancia. Pero los trabajadores no solamente subvencionaban los costos de los propietarios de los medios de producción, sino que se veían obligados a generar mayor plusvalía absoluta, elevándose la tasa de explotación mediante la prolongación de la jornada de trabajo, como en los viejos tiempos de la acumulación originaria del capital, es decir, en el nacimiento del capitalismo.

Otro de los ejes fundamentales de la NPE fue la privatización absoluta e irrestricta de la economía, que significaba el desmantelamiento y desmontaje de las empresas del sector público. A ese objetivo apuntó la disolución de la Corporación Boliviana de Fomento (CBF), de la Empresa Nacional de Fundiciones (Enaf), del Complejo Minero Karachipampa y de la Empresa Nacional de Transporte Automotor (ENTA), además de la forma en que se pretendía descentralizar Yacimientos Petrolíferos Fiscales Bolivianos (YPFB) y la Corporación Minera de Bolivia (Comibol).

El sector empresarial, es decir, el capital privado, recibía todas las ventajas y estímulos para su crecimiento y desarrollo, la liberalización de precios, la libertad de comercio, la liberalización del mercado de trabajo, la libre importación y exportación, las libertades en la intermediación del dinero, el levantamiento de las reservas fiscales en la minería, entre otros. Así, Juan Antonio Morales, en su libro *Informe escrito de un economista boliviano* (2002) nos informa que en el DS núm. 21060 se ofrecía un "canastón de golosinas" al sector privado y una "amarga medicina" que se hacía engullir a los asalariados en términos de salarios y empleo. En resumen, el programa de ajuste significó severos sacrificios para la clase trabajadora y beneficios altamente ventajosos para los empresarios privados.

Las disposiciones más relevantes del DS núm. 21060 fueron las siguientes:

1. En el régimen cambiario se determinó un tipo de cambio único, real y flexible, que operaría a través de un sistema de subasta de dólares en el Banco Central de Bolivia (BCB) mediante el "Bolsín". También se autorizó a la banca operar libremente con moneda extranjera, y al banco central a convertir el oro físico en oro comercial de libre transacción en los mercados internacionales

para que pudiera, a su vez, ser convertido en divisas que permitan reforzar las reservas internacionales en caso de necesidad o de uso extraordinario.

2. En el régimen bancario se autorizó a la banca a realizar todo tipo de operaciones, en moneda nacional y extranjera, y en moneda nacional con mantenimiento de valor; se liberalizaron las tasas de intereses activas y pasivas, se determinó la reducción de las tasas de encaje legal en moneda nacional y la exención de encaje a los depósitos en moneda extranjera y en moneda nacional con mantenimiento de valor (un incentivo a la dolarización). Asimismo, se estableció el otorgamiento de prestamos en moneda nacional, moneda extranjera y en moneda nacional con mantenimiento de valor, con la libertad de fijar las tasas de interés, y se permitió a la banca realizar operaciones de comercio exterior, de compra-venta de divisas y de contraer deuda en moneda nacional y extranjera.

3. En el régimen de importaciones y exportaciones, se determinó su completa liberalización, eliminación de restricciones y gravámenes, y la nivelación de aranceles de importación.

4. En cuanto al empleo, se estableció la libre contratación en las empresas públicas y privadas.

5. Respecto a los precios y el abastecimiento, se determinó la libertad de precios de bienes y servicios y se autorizó al Ministerio de Industria y Comercio de esa época la importación de artículos de primera necesidad; es decir, se estableció que la comercialización de productos de la canasta familiar sea libre e irrestricta. Asimismo, se determinó la libertad del transporte interdepartamental e interprovincial, dejando la fijación de tarifas al "acuerdo entre partes".

6. Las tarifas de energía eléctrica fueron indizadas al dólar.

7. En las empresas y entidades del sector público se estableció la obligatoriedad de presentar programas de racionalización de personal y la prohibición de créditos del BCB a estas instituciones sin el aval del Consejo Nacional de Economía y Planificación (Coneplan) para casos extraordinarios.

8. En hidrocarburos y minería, se determinó la descentralización de YPFB y Comibol, y el levantamiento parcial de las reservas fiscales en la minería.
9. Se determinó la disolución de la CBF, de la Empresa Nacional de Fundiciones (Enaf), de la Sociedad Complejo Metalúrgico Karachipampa y de la Empresa Nacional de Transporte Automotor (ENTA).
10. También se dispuso la presentación de los proyectos de Ley de Reforma Monetaria y de Reforma Tributaria.

El plan de estabilización se orientó fundamentalmente al control de la hiperinflación tomando el tipo de cambio como ancla de la estabilidad de precios, además de una rígida política monetaria y fiscal con un alto carácter contractivo, pues lo que se buscaba era contraer la demanda interna para garantizar la estabilidad de precios.

Tomar el tipo de cambio como ancla para estabilizar los precios se decidió porque en la época de hiperinflación la mayor parte de los precios de bienes y servicios habían sido indizados al dólar estadunidense. Adicionalmente, esta moneda constituyó un refugio ante la hiperinflación y una gran parte de las transacciones económicas se había dolarizado. La alta dolarización de la economía boliviana limitaba la política monetaria. Además, se generó una brecha muy grande entre el tipo de cambio oficial y el tipo de cambio del mercado paralelo.

Dentro la liberalización del mercado de dinero se estableció la libre compra y venta de dólares a través del "Bolsín" del BCB, mecanismo que permitió la venta indiscriminada de dólares al Banco Central sin determinar su origen, lo que dio paso al "blanqueo de dólares del narcotráfico", aspecto fundamental para el éxito del programa de estabilización. Así se construyó un verdadero colchón financiero que soportó el *shock* de la devaluación monetaria y la posterior estabilidad del tipo de cambio.

Recordemos que en esta época de terrible recesión económica en el país, de una verdadera desestructuración productiva, el único sector económico capitalista que estaba en auge era la economía coca-cocaína. Este sector fue seguramente el único con altísimas tasas de ganancia, con una gran capacidad de generación de excedentes y de acumulación de capital, también de generación de empleo (60 000 productores de coca, que considerando un promedio de cinco personas por familia, implicaba alrededor de 300 000 personas que dependían del cultivo de coca en esa época), con el sector asalariado ("pisacocas") seguramente mejor pagado en esos años (10 dólares por día) y con una capacidad de generar efectos multiplicadores importantes en otros sectores de la economía boliviana, por ejemplo, el comercio, el transporte, la construcción y las finanzas formales e informales.

Según estimaciones de esos años la economía de la coca-cocaína generaba entre 3 000 millones y 3 500 millones de dólares anuales, que eran iguales o mayores al PIB oficial del país (3 000 millones de dólares) de esos años; se estima también que solamente una menor parte se quedaba al interior de la economía boliviana (500 millones de dólares), monto que era significativo para esa época.

En este contexto la NPE definida por Paz Estenssoro como "realista y pragmática" demostró que, en forma deliberada o no, creaba condiciones para incentivar la más importante actividad capitalista de la época, la producción de coca-cocaína.

Por otro lado, la liberalización del mercado de dinero significó otorgar a la banca los mayores estímulos para su crecimiento y, por ende, para la generación y acumulación de ganancias. Dejar a la libre oferta y demanda la determinación de las tasas de interés activas y pasivas era una falacia, los bancos imponían esas tasas a los prestatarios. La libertad irrestricta para la concesión de créditos, sin ninguna orientación estatal a la reactivación productiva de la economía nacional, ni a la resolución del problema de la vivienda propia, privilegió los créditos al comercio y al consumo.

Respecto a la liberación del comercio exterior, la libertad de importaciones que se dirigió a apoyar el abastecimiento principalmente de alimentos, terminó inundando el mercado interno con productos importados y se tradujo en un duro golpe a la débil industria nacional y a la agricultura campesina productora de alimentos, con graves consecuencias sobre el empleo en estos sectores. Asimismo, el abandono por parte del Estado de la problemática agraria campesina y sus condiciones de vida cada vez más precarias impulsaron fuertemente los flujos migratorios campo-ciudad y también la incursión campesina en la economía coca-cocaína (migración por la extrema pobreza en provincias del norte de Potosí, Chuquisaca, Oruro y valles de Cochabamba).

Las medidas antinacionales y antipopulares aplicadas a través del DS núm. 21060 y otras medidas neoliberales adoptadas por los gobiernos en turno requerían el cumplimiento de una condición: doblegar a la clase obrera boliviana, fundamentalmente al proletariado minero organizado en la Federación Sindical de Trabajadores Mineros de Bolivia (FSTMB), columna vertebral de la Central Obrera de Bolivia (COB).

Para el cumplimiento de este objetivo el decreto dispuso la descentralización de Comibol, la libre contratación laboral, que aparte de debilitar la fuerza de los sindicatos en la negociación de contratos colectivos, permitió el despido indiscriminado de los dirigentes sindicales sin respetar el fuero sindical establecido en la Ley General del Trabajo. Esta medida apuntaba a la desestructuración física de la clase obrera, fundamentalmente de su vanguardia política, el proletariado minero.

Asimismo, se determinó el congelamiento salarial, la reducción de personal en las instituciones y empresas del sector público, la eliminación de las pulperías. No quedaba ninguna duda de la ferocidad con la que se arremetió contra los trabajadores.

En 1986, bajo la denominación de "relocalización", se desvincularon de la empresa minera estatal alrededor de 27 000 trabajadores y aproximadamente 10 000 trabajadores de la minería privada, miles de fabriles despedidos en la industria manufacturera (que no pudo soportar la competencia con la libre importación) y otros miles de trabajadores despedidos en el sector público y privado, este fue el panorama del desempleo generado por el neoliberalismo en Bolivia, que se tradujo en un aumento considerable del ejército industrial de reserva.

La liberalización de los precios de los productos controlados, principalmente alimentos, la libertad de comercio y la libre importación estaban orientados a garantizar el abastecimiento de productos de primera necesidad y terminar con la especulación, el agio y el ocultamiento de los productos de la canasta familiar. Este hecho junto con la represión de la demanda agregada, por todo lo apuntado líneas arriba, disipó el problema del desabastecimiento y la elevación sostenida de los precios de alimentos. El ajuste de los precios se dio por la contracción de la demanda antes que por el incremento de la producción y la oferta.

El saneamiento fiscal de las empresas estatales se enfrentó al eliminar los subsidios, lo que ubicó a nivel del mercado nacional e internacional los precios de los bienes y servicios producidos en el sector público, se indizaron al dólar los precios de estos productos, reduciendo y despidiendo trabajadores, y prohibiendo créditos del Banco Central a estas empresas.

Este saneamiento fiscal tenía como objetivo disminuir el déficit fiscal global del Estado, que además de reducir gastos por salarios con el despido de trabajadores en las entidades públicas, disminuyó los gastos en educación y salud, y principalmente redujo al máximo la inversión pública en infraestructura, además de introducir un fuerte mecanismo de transferencias de YPFB al Tesoro General de la Nación mediante un impuesto a la gasolina, cuyo precio también se ajustó al nivel de los precios internacionales.

Finalmente, como parte de las reformas estructurales, se inició el proceso de desmantelamiento de las empresas del Estado, se disolvieron la CBF, la Enaf, la ENTA, el Complejo Minero Karachipampa y se descentralizaron los YPFB y la Comibol, instituciones que más adelante fueron privatizadas y entregadas al capital privado transnacional.

LA DERROTA DE LA CLASE OBRERA

El proyecto neoliberal iniciado en agosto de 1985 necesitaba derrotar al movimiento obrero boliviano para ser implementado y desarrollado en todas sus fases, porque la clase trabajadora era la única que podía oponerse a la aplicación del recetario neoliberal, principalmente a la privatización de las empresas estratégicas del Estado y de los recursos naturales para entregarlos al capital transnacional. Lo hizo combinando medidas de fuerza como el estado de sitio, apresamientos y confinamientos de dirigentes sindicales, así como otras medidas que habían sido previstas en el DS núm. 21060, como la libre contratación, es decir, la libertad de las entidades públicas y privadas de despedir a los trabajadores. La aplicación de estas medidas y en particular la "relocalización" de 27 000 de los 30 000 trabajadores mineros significaron la muerte física de la vanguardia obrera boliviana.

El movimiento sindical boliviano se había desbordado durante el gobierno de Hernán Siles Zuazo, después de largos años de dictadura militar se habían acumulado las reivindicaciones laborales, que después de la reconquista política de la democracia, volcaban sus demandas sobre temas económicos, principalmente salariales. Luego de casi tres años de movilizaciones callejeras y huelgas, los instrumentos de lucha y las direcciones sindicales se fueron desgastando.

En marzo de 1985 más de 10 000 mineros armados con dinamita ocuparon la ciudad de La Paz, pero tuvieron que regresar a sus centros con más compromisos que conquistas.

Después de la emisión del DS núm. 21060, en septiembre de 1985 la Central Obrera Boliviana convocó a una movilización de resistencia a las medidas económicas y declaró la huelga general indefinida, instruyó la apertura de piquetes de huelga de hambre de dirigentes y trabajadores de base. El gobierno de Paz Estenssoro decretó el estado de sitio el 19 de septiembre de 1985 y más de 2 000 huelguistas fueron apresados en los piquetes de huelga de hambre y centenares de ellos fueron enviados al confinamiento en el noreste del país, incluido el secretario ejecutivo de la COB de esa época, Juan Lechín; es decir, el gobierno había derrotado este primer levantamiento sindical.

En los primeros meses de 1986 estalló la crisis internacional del estaño que facilitó y dio el argumento al gobierno para justificar la aplicación de la denominada "relocalización" de 27 000 trabajadores de la minería nacionalizada, que en realidad era una forma directa de despido de los trabajadores con el pago adicional de "extralegales" a los paupérrimos beneficios sociales.

En marzo de 1986 los trabajadores mineros convocaron al XXI Congreso de la Federación Sindical de Trabajadores Mineros de Bolivia que se realizó en Oruro. El congreso minero elaboró un plan de emergencia para la minería y encomendó al Comité Ejecutivo Nacional de la FSTMB plantear al gobierno la ejecución de este plan. La dirigencia fracasó en sus intentos de convencer al gobierno sobre la viabilidad del plan propuesto por los trabajadores mineros y el gobierno aprovechó la inmejorable situación para deshacerse físicamente de la vanguardia obrera del país: el proletariado minero.

En agosto de 1986, en un "Ampliado" de la FSTMB en Oruro los mineros aprobaron la realización de una marcha hacia la ciudad de La Paz; un trabajador minero señaló: "Sabemos que el cierre de las minas ocasionaría el desempleo. Tenemos que llegar hasta La Paz, compañeros, no importa si es caminando, en una gran marcha que simbolice nuestra lucha, una marcha por la vida de los mineros". Comenzó en medio de una gran expectativa la preparación de la marcha denominada "La marcha por la vida", que partió desde Oruro teniendo como principal bandera la oposición al cierre de las minas. Se hicieron campañas para recolectar vituallas, medicamentos y otros enseres, se organizaron brigadas médicas para el apoyo de los marchistas. Los Comités Cívicos de Oruro y Potosí declararon paros para apoyar la marcha minera y resistir al cierre de las minas.

En los distintos pueblos por los que pasaba la marcha, que estaba integrada por miles de mineros, amas de casa de las minas, trabajadores de otros sectores y estudiantes, la población los recibía en un ambiente casi de fiesta, con alimentos y cobijo para el descanso. Nuevamente, los mineros expresaban y representaban el sentimiento popular.

Sin embargo, en plena marcha, en la madrugada del 28 de agosto de ese año, en la localidad de Calamarca, los marchistas amanecieron rodeados por el ejército, con soldados, tanques y tanquetas de guerra y aviones de guerra que sobrevolaban amenazadoramente el lugar. El presidente Paz Estenssoro decretó por segunda vez en su gobierno el estado de sitio.

La dirigencia minera, según se dice, para evitar la masacre, negoció el retorno de los mineros a sus centros mineros que más pronto o más tarde serían vaciados por la política de relocalización. Fue una marcha histórica que marcó el acto final de la derrota de la clase obrera boliviana frente al neoliberalismo, para después ingresar en un largo periodo de reflujo obrero que duraría por lo menos 15 años. El gobierno había asestado la puñalada final para provocar la muerte física de la vanguardia de la clase obrera boliviana, para ya sin obstáculos aplicar el ajuste estructural y la entrega de nuestras empresas públicas y recursos naturales a la explotación de transnacionales.

La historia de la clase obrera boliviana es la historia del proletariado minero. Desde su fundación la FSTMB y los mineros fueron la columna vertebral de la COB, vanguardia de las luchas sociales y políticas en Bolivia.

El proletariado minero se había forjado en las masacres de los años cuarenta —la resistencia a las aventuras militares golpistas de Barrientos, Banzer, Natusch Busch y García Meza— y soportó estoicamente la agresión brutal de las fuerzas represivas del Estado. Fue el principal protagonista social de la insurrección popular del 9 de abril de 1952, de la revolución nacional, de la recuperación de la democracia en 1978 y después en 1982. Los mineros encarnaban las aspiraciones y los sueños obreros y populares de una sociedad nueva, declaraban en sus tesis políticas la lucha por el socialismo. Álvaro García Linera reflexionaba sobre el tema en su texto *La potencia plebeya* (2015: 212-215):

> La marcha minera por la vida significó la muerte de la condición obrera del siglo XX, la marcha por la vida de agosto de 1986 es uno de esos sucesos que parte la historia social boliviana en dos segmentos distintos. Constructores de sueños colectivos, con belicosidad en su lenguaje, los mineros irradiaron el temperamento del siglo XX en Bolivia. Con el abandono productivo de los centros mineros, el cierre de operaciones y, con ello, la muerte del fundamento material de la condición obrera minera más importante de los últimos cien años, se está decretando la extinción del fundamento material de la historia de una clase que se había construido en sesenta años y con él se derrumban los sueños en un porvenir de la revolución en Bolivia. El proletariado minero murió junto al capitalismo de Estado, pero es la muerte de un tipo de proletariado y empezará un tortuoso proceso de formación, de nacimiento de una nueva condición obrera para el siglo XXI.

III. LA GUERRA DEL GAS

El Alto fue la ciudad donde germinó la insurrección popular en octubre de 2003, con un costo de 68 muertos y más de 450 heridos entre los que había muchas personas con distintos grados de invalidez. La chispa que encendió la hoguera insurreccional fue la intención de Gonzalo Sánchez de Lozada, que en realidad fue un proyecto iniciado por Jorge Quiroga su predecesor, de exportar gas a los Estados Unidos por un puerto chileno, donde se instalaría una planta para licuar el gas y exportarlo en barcos metaneros a las costas norteamericanas.

En principio la movilización rechazaba el proyecto *gonista* de exportar el gas por Chile, posteriormente se planteó la industrialización del gas en territorio nacional y después de la cadena de muertes se terminó exigiendo la renuncia del presidente Sánchez de Lozada.

La movilización de la Federación de Juntas Vecinales (Fejuve) de El Alto se articuló con la movilización de la CSUTCB, que inicialmente pedía la liberación del dirigente Edwin Huampo, que se encontraba preso en la cárcel de San Pedro por participar en un presunto acto de justicia comunitaria y por el cumplimiento de los acuerdos de la Isla del Sol de 2002, en busca de indemnización para los familiares de los campesinos muertos y heridos, y por la dotación de tractores, educación, salud, mercados, declarándose luego en huelga de hambre.

La movilización indígena campesina evolucionó sumándose a la demanda por el gas, rechazando la venta del gas a través de Chile. El 17 de septiembre de 2003, la Fejuve de El Alto y la Central Obrera Regional (COR) habían declarado paro cívico general en rechazo a la intención de la alcaldía de aplicar los formularios Maya y Paya que tenían que ver con ciertos trámites municipales. La contundencia del paro cívico demostraba el grado de organización social que habían alcanzado las citadas organizaciones sociales de la ciudad más joven y con la población más pobre del país, población principalmente

de origen indígena-campesino y de obreros. Estos anteceden-
tes y su experiencia de organización indígena, campesina y
obrera fueron fundamentales para comprender las particularidades de los mecanismos y la potencia de su organización.
García Linera (2004: 135) menciona:

> Los alteños están en sublevación; es una sublevación con palos,
> con banderas y piedras que enfrentan a tanques, fusiles automá-
> ticos y helicópteros. Militarmente es una masacre; políticamente
> es la acción más contundente y dramática del fin de una época;
> históricamente es la más grande señal de soberanía que los más
> pobres y excluidos de este país dan a una sociedad y para toda
> una sociedad.

El sábado 20 de septiembre del mismo año, en la masacre
de Warisata, se habían producido seis muertes de indígenas
campesinos.

El lunes 6 de octubre de 2003 se originó una marcha desde
El Alto a la ciudad de La Paz, que rechazaba la venta del gas y
planteaba su industrialización.

El 8 de octubre de 2003, a un mes del bloqueo de caminos
de los indígenas aymaras, la Fejuve alteña con el apoyo de la
COR y la Federación de Trabajadores Gremiales lanzaron el paro
cívico indefinido, bajo la consigna: "No se vende el gas ni por
Chile ni a Chile; el gas es para los bolivianos". El paro fue total, el tráfico quedó cortado y el cierre de mercados fue general. Se produjeron enfrentamientos en la Ceja de El Alto, entre
estudiantes de la Universidad Pública de El Alto (UPEA) y otros
grupos de vecinos y trabajadores, con las fuerzas policiales
que gasificaron intensamente la zona y ocasionaron los primeros heridos de bala.

El jueves 9 de octubre de 2003 el paro siguió contundente,
en los barrios la gente quemó llantas y construyó barricadas;
dirigentes y delegados de base vigilaron el cumplimiento del
paro. La Central Obrera Boliviana (COB) había convocado a una
huelga general indefinida, en línea con esta medida trabajadores mineros de Huanuni marcharon desde Oruro con rumbo a
la ciudad de La Paz para fortalecer la movilización.

La columna minera de más de 500 trabajadores llegó a Ven-
tilla (a 10 kilómetros de El Alto), donde se produjo un ataque

de los militares, intentando frenar la marcha de los mineros e iniciando una escalada de muertes, con un saldo de dos muertos y varios heridos de bala.

Por la noche el presidente Sánchez de Lozada emitió un breve mensaje indicando que no existía ningún contrato de venta del gas a ningún país y aludiendo que "una minoría quiere dividir a Bolivia", sin referirse a las muertes acaecidas por los enfrentamientos.

El viernes 10 de octubre de 2003 continuó el paro en medio de una tensa calma; empezó a sentirse la escasez de gasolina y de gas. En varias zonas se produjeron enfrentamientos de estudiantes de la UPEA y trabajadores con la policía, jóvenes apostados en las alturas de La Portada y Villa Ballivián arrojaban piedras a los vehículos que todavía transitaban por la autopista La Paz-El Alto.

El dominio territorial de la movilización descubrió el poder sobre el control de carburantes, que desde una planta ubicada en Senkata en El Alto distribuía gas licuado, gasolina y diesel a las ciudades de El Alto y La Paz. Los movilizados organizaron un cerco a estas instalaciones para impedir la provisión de carburantes.

El sábado 11 de octubre de 2003 el gobierno central, ante la escasez de carburantes, llevó a la práctica una operación para trasladar combustible desde la planta de Senkata hasta la ciudad de La Paz. Una caravana de carros cisterna escoltada por tanques y militares pretendió cruzar El Alto, produciéndose graves enfrentamientos y una fuerte resistencia de la población, que con piedras y palos impedía el avance de la caravana la cual terminó refugiándose en el cuartel del Regimiento Ingavi. Se causaron dos muertes, la de un niño de cinco años en la terraza de su casa y la de un padre de familia.

Un helicóptero sobrevolaba la ciudad, la zona de Santiago II donde vivían extrabajadores mineros relocalizados se convirtió en campo de batalla; por la noche el gobierno central anunció la militarización de El Alto y denunció al diputado y dirigente del MAS, Evo Morales, de encabezar un proceso sedicioso para interrumpir el proceso democrático.

El domingo 12 de octubre de 2003 fue fatal. Las tropas militares intentaron tomar el control de la planta de Senkata, distintas zonas de El Alto y la autopista, y continuar la marcha de la caravana de cisternas con combustibles con destino a La Paz. Fue el día en que se produjo la mayor cantidad de muertos, fue el precio que el gobierno cobró por la resistencia popular a la venta del gas a los Estados Unidos, fue el precio que las familias alteñas pagaron por la dignidad nacional.

Una mujer de pollera corrió detrás de un tanque con una piedra en la mano, gritando: "Que nos maten también ahora a nosotros", en un gesto dramático y heroico de la lucha del pueblo enfrentado a un Estado que manda tanques, helicópteros y militares a masacrar a un pueblo que defiende la soberanía nacional sobre sus recursos naturales, particularmente los hidrocarburos. La población alteña levantó el eslogan: "El Alto de pie nunca de rodillas"; infinidad de fogatas se encendieron de día y en la noche. Radio Pachamama recibió amenazas por convertirse en la voz de los vecinos alteños.

El lunes 13 de octubre de 2003 continuaron los enfrentamientos, barrios populares de las laderas de La Paz bajaron al centro para protestar por la masacre y fueron violentamente reprimidos por las fuerzas militares y policiales; el país vivió un estado de convulsión, protestas en Cochabamba, Oruro, Chuquisaca, Potosí; y otros lugares se fueron plegando al pedido nacional de la recuperación de los hidrocarburos.

El vicepresidente Carlos Mesa Gisbert se alejó del gobierno sin renunciar al cargo; dijo que nada puede justificar la muerte de tantos bolivianos. Los bancos en el país estuvieron cerrados, los cajeros automáticos ya no tenían dinero para distribuir, empezaron a renunciar algunos ministros.

Los Estados Unidos declararon que no tolerarían un "gobierno no democrático" y presionaban a los políticos de derecha para continuar apoyando a Sánchez de Lozada, y se oponían a la sucesión constitucional en la rutina de injerencia en temas internos. Comunarios de Chasquipampa, Ovejuyo y La Palca se movilizaron al centro paceño y fueron reprimidos violentamente, ocasionando seis muertos: cuatro civiles y dos soldados.

Hubo graves enfrentamientos en la Garita de Lima de la ciudad de La Paz, heridos en enfrentamientos en las colonias de San Julián en Santa Cruz. Por su parte, Sánchez de Lozada recibió el apoyo de su socio Jaime Paz Zamora y de Manfred Reyes Villa.

El martes 14 de octubre de 2003 cooperativistas mineros de Huanuni (alrededor de 2 500) que marchaban hacia La Paz fueron reprimidos en la localidad de Patacamaya, murieron dos trabajadores. Cocaleros de los Yungas, mineros de Oruro y Potosí, campesinos de Achacachi marcharon hacia La Paz. Jaime Paz Zamora y Manfred Reyes Villa, cuyos partidos políticos conformaron la megacoalición, ratificaron nuevamente su apoyo a Sánchez de Lozada.

El miércoles 15 de octubre de 2003 se inició una huelga de hambre en la ciudad de La Paz a la cabeza de la exdefensora del pueblo, Ana María Romero de Campero, con personalidades culturales, sociales y políticas y con el respaldo de la Iglesia católica, que abrió los templos para esta medida y se sumó al pedido de renuncia del presidente Sánchez de Lozada.

Comenzó la censura de prensa, *El Diario* y el semanario *Pulso* fueron retirados de circulación, hubo amenazas sobre las radios Pachamama, Libertad e Integración y el sistema RTP, renunciaron periodistas de los medios estatales por ser forzados a distorsionar la información. "Abajo los masacradores" fue el título de un comunicado de la Federación de Periodistas de La Paz. El clamor popular era: "Que se vaya el presidente".

El jueves 16 de octubre de 2003 miles de manifestantes llegaron a La Paz desde las provincias, las minas, las colonias, departamentos, pidiendo la renuncia de Sánchez de Lozada. El gobierno acusó de narcosindicalistas a los dirigentes de la movilización popular.

El viernes 17 de octubre de 2003 Goni llamó al diálogo, pero el pueblo insistía en su renuncia. Las huelgas de hambre se masificaron en el país y en el exterior (Suecia, España, México y otros lugares). Mineros llegaron en forma masiva a la sede de gobierno. Manfred Reyes Villa y los ministros abandonaron el gobierno, Jaime Paz Zamora y el MIR hicieron lo propio. Por la tarde, Gonzalo Sánchez de Lozada abandonó la residencia presidencial rumbo al Colegio Militar, donde abordó un helicóptero que lo trasladó al aeropuerto militar para luego trasladarse en avión a Santa Cruz y desde ahí emprendió la fuga hacia los Estados Unidos, dejando su carta de renuncia al Congreso Nacional.

La insurrección popular dejó la llamada agenda de octubre, que básicamente era:

1. Asamblea Constituyente.
2. Nacionalización de los hidrocarburos.
3. Industrialización de los hidrocarburos.

La Agenda de Octubre de 2003 representó el programa que definió el pueblo boliviano en una insurrección popular, destrozando el orden político-partidario, la entrega de recursos naturales, provocando la huida del representante más conspicuo del neoliberalismo, rompiendo el sometimiento al FMI y al Banco Mundial, abriendo así un momento de disponibilidad social hacia la construcción de un nuevo proyecto de país y de vida social y política.

Ese 17 de octubre de 2003 coincidía casualmente con el 17 de octubre de 1969, declarado como el Día de la Dignidad Nacional por la nacionalización de la empresa norteamericana que explotaba el gas en Bolivia, la Gulf Oil Company, impulsada por Marcelo Quiroga Santa Cruz, patriota defensor de los recursos naturales, particularmente los hidrocarburos, quien sostenía que sin soberanía del Estado sobre los recursos naturales no existía posibilidad alguna de desarrollo económico y social para los bolivianos.

Aquel 17 de octubre de 1969 retumbaban las siguientes frases: "ha concluido para los bolivianos el tiempo del desprecio", "asegurar la soberanía de la nación sobre las fuentes de producción del país", "la recuperación de las riquezas naturales enajenadas en condiciones lesivas al interés nacional", "no aceptaremos una migaja más", "no retrocederemos un paso en la defensa del interés nacional, amenazado por quienes consideran todavía a Bolivia como una colonia capaz de contentarse con las migajas del festín de la explotación petrolera", "la sangre derramada en las arenas del chaco y la que corrió buscando un camino de liberación para el pueblo boliviano no fue derramada en vano".

Después de 34 años la historia se repetía, esta vez con nuevos actores sociales.

IV. LA EVOLUCIÓN POLÍTICA
Y LA CRISIS DEL SISTEMA

LA EXPERIENCIA del gobierno de Hernán Siles Zuazo y la UDP demostró que no es posible gobernar sin mayoría parlamentaria; los gobiernos elegidos en los 20 años de neoliberalismo recogieron estas lecciones e implantaron un sistema de gobernabilidad denominado "democracia pactada", porque ninguno accedió al gobierno ganando elecciones con mayoría absoluta y, por lo tanto, contando con mayoría parlamentaria; el sistema de gobierno consistía en acuerdos políticos que permitieran tener mayoría parlamentaria y un cogobierno que fuera en cierta manera proporcional a su representación parlamentaria, significaba también una distribución de instituciones y puestos públicos, es decir, "cuotas" del aparato del Estado.

El Movimiento Nacionalista Revolucionario (MNR) de Paz Estenssoro, en 1985, para la aplicación de la NPE estableció con Acción Democrática Nacionalista (ADN) el "Pacto por la Democracia" y cogobernaron entre 1985 y principios de 1989.

En las elecciones de 1989, astutamente, se habló de un triple empate entre el MNR, ADN y el Movimiento de Izquierda Revolucionaria (MIR). El MIR y ADN establecieron el llamado "Acuerdo Patriótico" en el que las víctimas de ayer se aliaron con los victimarios, pacto político éticamente muy cuestionado. Jaime Paz Zamora había declarado anteriormente que "un río de sangre separa al general Banzer del MIR"; sin embargo, con un pragmatismo cínico Paz Zamora y el MIR cruzaron ese río de sangre metafórico a título de dar gobernabilidad al país.

En las elecciones de 1993, en las que tampoco hubo ganador por mayoría absoluta, el MNR con Gonzalo Sánchez de Lozada —quien tuvo la mayoría relativa— pactó con el Movimiento Bolivia Libre (MBL) de Antonio Aranibar (expresión socialdemócrata), con el Movimiento Revolucionario Túpak Katari (MRTK) de Víctor Hugo Cárdenas (una de las corrientes

67

kataristas) y con la Unidad Cívica Solidaridad (UCS) de Max Fernández. Víctor Hugo Cárdenas fue el vicepresidente de Sánchez de Lozada. El dirigente emenerrista desarrolló una política de alianzas en la que logró reclutar a una parte de la izquierda, a una corriente indigenista y al populismo de UCS. Este gobierno también logró reclutar a intelectuales con un pasado de izquierda, analistas políticos, creadores de opinión pública y principalmente medios de comunicación con puestos públicos, consultorías muy bien remuneradas y otras prebendas.

En las elecciones de 1997 el MIR le devolvió favores a ADN, haciendo presidente al exdictador Banzer, que constituyó una "megacoalición" integrada por ADN, MIR, Nueva Fuerza Republicana (NFR), UCS, Conciencia de Patria (Condepa), donde los dos primeros hegemonizaban el gobierno en la distribución de puestos públicos.

En las elecciones de 2002, que fueron ganadas precariamente por Gonzalo Sánchez de Lozada, se constituyó un pacto político denominado "Plan Bolivia de Responsabilidad Nacional", pasando por alto antiguas enemistades más personales que ideológicas y programáticas, integrado por el MNR, MIR Y NFR.

En estos años los partidos políticos se habían convertido en máquinas electorales de prebenda, no cumplían su papel de mediadores entre la sociedad y el Estado y solamente servían a los intereses de las élites políticas, cada vez más alejadas de los sentimientos de la sociedad, contribuyendo a la crisis política que se vivió a partir de 2000 y que se profundizaría entre 2003 y 2005. Las elecciones constituían solamente un traspaso del poder entre las élites políticas.

Las duras medidas económicas implementadas a partir del DS núm. 21060 de 29 de agosto de 1985, las privatizaciones, la llamada capitalización no fueron más que otra forma de privatización; y, en general, la administración del modelo neoliberal, con grandes ventajas y beneficios para el sector privado nacional y el capital extranjero en perjuicio de la clase trabajadora, y enajenador del patrimonio de los bolivianos, para frenar y enfrentar la resistencia del movimiento obrero y popular tuvo que recurrir a otras medidas de fuerza como los estados de sitio que fueron aplicados desde Paz Estenssoro, en septiembre de 1985, hasta abril de 2000 por Banzer, apresando dirigentes sindicales y populares y confinándolos en el noreste del país.

Entre otros actores políticos no partidarios encontramos a la jerarquía de la Iglesia católica, con una participación importante en la consolidación del neoliberalismo en Bolivia.

En noviembre de 1984, con apoyo de la Iglesia, se desarrolló el denominado "Diálogo por la democracia", propiciado por la Confederación de Empresarios Privados de Bolivia y los partidos políticos de derecha, que planteó el acortamiento del periodo constitucional del presidente Hernán Siles Suazo a tres años y la habilitación de la candidatura de Jaime Paz Zamora. De ese pacto político emergió el sistema político neoliberal que gobernó el país 20 años y en 1989 promovió consensos para introducir reformas a la Corte Nacional Electoral (banda de los cuatro), acusada de fraude electoral para impedir el ascenso al gobierno de Sánchez de Lozada. Más adelante, propició nuevos cambios en la Corte Nacional Electoral, como la nueva elección de sus miembros. En 1992 promovió el "Acuerdo por la Modernización del Estado y el Fortalecimiento de la Democracia", que impulsaba una serie de reformas que servirían para preparar un escenario de consenso para las políticas de privatización de las empresas estatales estratégicas. Finalmente, en medio de la crisis política y social que vivía el país en 2003 se propuso un acuerdo de los partidos políticos del sistema, denominado "Por el Reencuentro de los Bolivianos", documento elaborado por intelectuales y asesores afines al sistema, como Jorge Lazarte, Carlos Toranzo, Fernando Calderón y Roberto Laserna; propuesta que fracasó rotundamente por la emergencia de nuevos actores políticos como el MAS de Evo Morales y el Movimiento Indígena Pachakuti (MIP) de Felipe Quispe, con una postura contraria a la continuidad de las políticas neoliberales impulsada por la jerarquía eclesiástica. Las fidelidades y lealtades entre los partidos de derecha, la Iglesia, los empresarios y los medios de comunicación resultaron insuficientes; la credibilidad e influencia en la sociedad de sus ideólogos y las instituciones afines como el Instituto Latinoamericano de Investigaciones Sociales (ILDIS), la Fundación para la Capacitación Democrática y las Investigaciones (Fundemos), la Fundación Milenio, la Universidad Católica, entre otros, que habían reducido su capacidad y aparecieron nuevos liderazgos políticos y movimientos sociales que no estaban en la línea de la recomposición neoliberal y más bien proclamaban el cambio de las políticas.

La imposición del neoliberalismo necesitó del trabajo intelectual de politólogos, asesores de comunicación, líderes de opinión, periodistas y otros (muchos haciendo *transfugio* desde la izquierda); sin embargo, su cooptación en la defensa del neoliberalismo y la entrega de la patria no fue gratuita, de por medio circuló mucho dinero mediante consultorías muy bien pagadas. El Sindicato de la Prensa había denunciado, por ejemplo, a Cayetano Llobet, furibundo defensor del gonismo y las privatizaciones, y a otros opinadores análogos como "enemigos del periodismo honesto y ético al ser simples mercenarios de la información".

Estas cooptaciones fueron millonarias y onerosas para el Estado; por otro lado, se instituyó un sistema de sobresueldos denominados "pluses" para autoridades jerárquicas de distintos órganos del Estado, pagados con recursos de créditos de organismos multilaterales, donaciones de distintas agencias como USAID, GTZ, y otras, canalizados también por la vía de los gastos reservados en los distintos gobiernos neoliberales. Estos sobresueldos se pagaban para mantener la adhesión al régimen por parte de autoridades de toda naturaleza, civiles y militares, en una conducta antiética que, por ejemplo, llevó al presidente del Banco Central de Bolivia, Juan Antonio Morales, no solamente a admitir sin tapujos el cobro de estos "pluses", sino a declarar "que se sentía como una prostituta cada que cobraba su plus".

Estos recursos también fueron utilizados en la compra de votos en el Parlamento; cada vez que se votaban leyes fundamentales para la consolidación del neoliberalismo y la entrega de las empresas estratégicas al capital transnacional, era difundida la denuncia de la circulación de maletines negros —en el Parlamento— con el pago de deudas políticas. Ministros de Defensa y comandantes de las Fuerzas Armadas recibieron 21 millones de dólares entre 1985 y 1997 por gastos reservados para pagos de sobresueldos, en fin, pagos para tener satisfechos a políticos e intelectuales bajo el discurso de la gobernabilidad democrática. Tantas cosas que se hicieron en nombre de la democracia.

En las dos estrategias de desarrollo, capitalismo de Estado y neoliberalismo, vigentes sucesivamente desde la década de los 1950, se consolidó el modelo primario-exportador en el país. La característica fundamental de este proceso gira en torno a la privatización de la generación, apropiación y distribución del excedente económico a favor de los intereses de las empresas privadas nacionales y principalmente extranjeras. Se observó la producción y salida del excedente económico sin control por parte del Estado y sin beneficio para las regiones y los bolivianos.

El neoliberalismo se planteó como objetivo central reorientar el aparato productivo nacional hacia la exportación, diversificando la producción y los mercados de exportación. Sin embargo, después de 20 años el perfil y composición de las exportaciones no mejoró, pues se continúan exportando materias primas.

La postura neoliberal propugnaba que los empresarios tuvieran como base fundamental la productividad y la competitividad, la flexibilización o precarización laboral que consiste en la inestabilidad del trabajo, la prolongación de la jornada laboral, el trabajo eventual, la elevación de la tasa laboral de participación familiar (madre e hijos) y el aumento del desempleo.

En 20 años de neoliberalismo los distintos gobiernos y los organismos multilaterales fomentaron un culto a la estabilidad económica y financiera en detrimento del crecimiento, la reestructuración productiva, la generación de empleo y la mejora de las condiciones sociales, ya que la estabilidad económica no logró generar condiciones propicias para el crecimiento. Las políticas neoliberales sirvieron para la estabilización y no para los aspectos fundamentales de la sociedad, reestructuración productiva, acceso a servicios básicos, salud, educación y empleo. Además, si bien, los indicadores macroeconómicos mostraban estabilidad, tuvieron poco impacto en las condiciones de vida de la población, que no estaba satisfecha porque sus principales preocupaciones no eran subsanadas.

Entre 2003 y 2005 se llegó al punto más alto de una crisis general del Estado en Bolivia, es decir, crisis política, económica, social y cultural que se manifestó con la caída del gobierno de Sánchez de Lozada y la instauración de los gobiernos transitorios de Carlos Mesa y Rodríguez Beltzé.

Los resultados de la crisis y el horizonte que empezó a cobrar el proceso político pusieron en evidencia el fracaso del

Estado republicano fundado en 1825, en sus versiones republicana, liberal-oligárquica, nacionalista y neoliberal. El Estado fundado en 1825 bajo la conducción de una élite que representaba los resabios coloniales de mineros y terratenientes nació de espaldas a la realidad social de un país mayoritariamente indígena, en el que los pueblos originarios fueron excluidos de este proceso fundacional.

Pero el Estado republicano no solamente excluyó, desconoció y promovió la exacción tributaria a los pueblos indígenas, sino que a lo largo del siglo XIX y parte del siglo XX los agredió despiadadamente, en especial con la expropiación de las tierras comunales y el trabajo gratuito, bajo el argumento racista de que las tierras en manos de los indios eran improductivas y, por lo tanto, debían pasar a manos de los blancos.

El Estado republicano fue un Estado colonial, excluyente, racista y explotador de indios, además, entreguista y vendepatrias. Las clases que gobernaron el país nunca construyeron la base material del Estado, fueron una clase dominante patrimonialista y subordinada a poderes externos, por lo que el excedente económico generado en la explotación principalmente de los recursos naturales, fue distribuido entre quienes detentaban el poder político y económico local, y el capital transnacional que exportaba sus ganancias. No obstante, el viejo Estado republicano había llegado a su fin y con él el poder político de las clases dominantes y explotadoras.

El proceso político denominado "proceso de cambio" fue el remate histórico de una profunda crisis estatal política y económica, que puso a la sociedad "en un momento constitutivo, en un estado de disponibilidad social, en el que la sociedad está dispuesta a asumir nuevas creencias colectivas", en términos de René Zavaleta.

Distintas líneas de acumulación histórica concurrieron a este momento constitutivo, vivimos la apertura de un nuevo tiempo histórico. Estamos viviendo, también, una coyuntura de transición histórica, de cambio sustantivo en la relación de fuerzas sociales cuyo rasgo central consiste en que el viejo bloque político-económico dominante fue expulsado electoralmente del poder político.

SEGUNDA PARTE

EL MODELO ECONÓMICO SOCIAL COMUNITARIO PRODUCTIVO, 2006-2014

V. ANTECEDENTES

Introducción

Como se conoce, tras la huida del expresidente Gonzalo Sánchez de Lozada, en octubre de 2003 asumió la presidencia Carlos Mesa Gisbert (vicepresidente de ese entonces); y luego hizo lo propio Eduardo Rodríguez Veltze, a partir de junio de 2005, como consecuencia de la renuncia del primero. Este último gobierno de transición convocó a elecciones generales para el mes de diciembre del mismo año.

Junto con Carlos Villegas Quiroga y otros valiosos profesionales bolivianos, el autor de este libro participó en la redacción del programa económico que presentó el Movimiento al Socialismo-Instrumento Político por la Soberanía de los Pueblos (MAS-IPSP) en su plan de gobierno para las elecciones de 2005. En ese trabajo confluyeron valiosas investigaciones que cada uno realizó por separado inicialmente, las cuales tenían varios aspectos en común, por lo que fácilmente pudimos armonizar las ideas y el contenido de ese programa de gobierno.

Fue en este periodo en el que se empezaron a construir los elementos más importantes del modelo económico social comunitario productivo (MESCP), a la luz de los trabajos de investigación que realizamos durante varios años de estudio y análisis, los cuales se encuentran publicados en la revista *Umbrales* del CIDES-UMSA y la revista *Economía Dinámica* de la carrera de Economía de la UMSA, en La Paz, y otras investigaciones publicadas.

El citado programa económico de gobierno comienza con un diagnóstico resumido de la aplicación del modelo neoliberal durante más de 20 años y la consecuente exclusión del Estado tanto del control del aparato productivo como de su participación en la economía.

Con base en la lectura de planteamientos de los diferentes movimientos sociales activos de la sociedad boliviana, sus reivindicaciones y nuestros sueños por construir un nuevo país, planteamos ingresar a una nueva era estatal, recuperando, industrializando y aprovechando para los propios bolivianos los recursos naturales renovables y no renovables, con la definición de una explotación sustentable de estos recursos con la madre tierra y la búsqueda de que los beneficios lleguen directamente a la población boliviana.

Trazamos como base del desarrollo económico del país la construcción de una nueva matriz productiva con capacidad de generar ahorro e inversión, empleo estable e ingresos, y producción destinada al mercado interno y externo. Todo esto con base en el control soberano del excedente económico y el protagonismo de los actores económicos y sociales nacionales, en especial los pequeños, medianos y microempresarios en el ámbito urbano, y pequeños productores, campesinos y unidades familiares en el área rural, que fueron excluidos por el modelo neoliberal.

Asimismo, se propuso la conformación de un Estado solidario y productivo que permitiera la convivencia con las empresas privadas en torno a la materialización de los objetivos del nuevo patrón de desarrollo industrializador y la aplicación de una estrategia de desarrollo para la construcción de una economía solidaria, complementaria y comunitaria.

DIAGNÓSTICO

Crisis de dominación y crisis estructural

En los últimos años del neoliberalismo hasta 2005 Bolivia vivió dos tipos de crisis: una de dominación y otra estructural en los planos económico y social. La crisis de dominación, o del sistema político, se refiere a la inexistencia de una hegemonía nacional clara en el orden político y económico, y debido a esa situación las decisiones fundamentales acerca de la dinámica social, económica y política recaían en fuerzas externas, organismos multilaterales y empresas transnacionales.

Simultáneamente, en esos últimos años de neoliberalismo emergieron los movimientos sociales que cuestionaban dos hechos históricos fundamentales. Primero la historia larga, es decir, la forma en que se construyó Bolivia a lo largo de su vida republicana, dejando saldos tales como la discriminación, el racismo y la exclusión económica, política, social y cultural, afectando, por supuesto, a la mayoría de la población indígena originariamente campesina. Segundo, la historia corta, esto es, la democracia representativa y el neoliberalismo que acentuaron y profundizaron los rasgos anteriores.

Consolidación del patrón
de desarrollo primario-exportador

En las dos estrategias de desarrollo vigentes sucesivamente desde la década de los cincuenta —capitalismo de Estado (1952-1985) y neoliberalismo (1985-2005)— se consolidó el modelo primario-exportador; la diferencia fue el desplazamiento de las exportaciones de la minería hacia los hidrocarburos. Es decir, la producción, la explotación y la exportación de recursos naturales no renovables fueron la base que permitió la construcción de las relaciones económicas, políticas y sociales en nuestro país. Asimismo, como parte de ese enfoque, se constituyó un eje de crecimiento asentado en las ventajas comparativas estáticas, cuyos pilares centrales fueron el aprovechamiento de las actividades primarias proveedoras de materias primas y la explotación de la fuerza laboral.

El modelo primario-exportador generó una economía dual; por una parte un segmento moderno constituido por empresas transnacionales y algunas empresas nacionales grandes, cuyas características fueron la presencia de un nivel tecnológico importante, alta productividad, vinculación con el mercado internacional, uso intensivo en capital, poca generación de empleo y apropiación del excedente económico para sus propios intereses —cabe señalar que las políticas estatales de los gobiernos neoliberales alentaron prioritariamente este sector— y, por otra parte, un segmento atrasado conformado por empresarios nacionales y unidades de pequeña y microescala, con las siguientes particularidades: un fuerte rezago tecnológico, baja productividad, inaccesibilidad al capital debido a las altas tasas de interés fijadas por el oligopolio financiero, bajos márgenes de ganancia, niveles de sobrevivencia, vinculación al mercado interno, pero con capacidad de generar la mayor cantidad de empleo. Este sector, a lo largo de la historia, ha estado excluido y relegado de las políticas estatales.

Privatización de la generación y el uso del excedente económico

La característica fundamental del proceso neoliberal fue la privatización de la generación, apropiación y distribución del excedente económico a favor de las empresas extranjeras y las nacionales vinculadas a estas. Las medidas aplicadas, desde el DS núm. 21060 en 1985, la Ley núm. 1182 de Inversiones en 1990, la Ley núm. 1330 de Privatización en 1992 y la Ley núm. 1544 de Capitalización en 1994, principalmente, fueron los instrumentos creados para este objetivo. En efecto, en la década de los noventa, las principales empresas estratégicas del país como YPFB, Entel, ENDE y las minas de Comibol fueron entregadas a precio de "gallina muerta" a empresas extranjeras transnacionales, así el Estado perdió totalmente el control del ciclo generador de excedente y Bolivia se convirtió en exportadora de capitales a los países desarrollados.

Desestructuración productiva y empresarial

El ciclo primario-exportador, en el marco del neoliberalismo, se caracterizó por presentar dos elementos centrales que permiten explicar la dinámica del aparato productivo. Por un lado, la conformación de una economía dual, un segmento moderno y otro tradicional y, por otro lado, la profundización de una visión de enclave.

Se acentuó la economía de enclave, especialmente, por la importancia que toman los hidrocarburos. El enclave se resume en la producción y salida del excedente económico sin control por parte del Estado y sin beneficio para las regiones y la sociedad; asimismo, por la concentración del excedente en manos de las empresas transnacionales y ciertos grupos sociales, profundizando la desigual distribución del ingreso en el país.

Estancamiento del sector externo

El neoliberalismo se planteó como objetivo central el reorientar el aparato productivo nacional hacia la exportación, diversificando la producción y los mercados de exportación, habiendo establecido la consigna de "exportar o morir". Después de 20 años, el perfil y composición de las exportaciones no mejoró ni se diversificó como se prometió, se continuaron exportando materias primas, a las que sólo se añadió la producción y exportación de soya.

Pobreza, empleo e ingresos

La estructura del mercado de trabajo urbano estaba conformada por un 68% del empleo en el sector informal urbano y 32% en el Estado y las empresas privadas. La postura neoliberal propugnaba que los empresarios aumentaron la productividad y la competitividad fundamentalmente con la flexibilización o precarización laboral, que consistía en la inestabilidad del trabajo, la prolongación de la jornada laboral, el trabajo eventual, reducción o eliminación de la seguridad social, la elevación de la tasa de participación familiar y el aumento del desempleo abierto.

Estas condiciones laborales contribuyeron en gran medida a mantener o acentuar la pobreza de las familias, porque los ingresos que obtenían no cubrían la canasta mínima de consumo, obligando a la fuerza de trabajo a venderse por magros salarios.

Finanzas públicas

En los 20 años de neoliberalismo los distintos gobiernos y los organismos multilaterales fomentaron un culto a la estabilidad económica y financiera en detrimento del crecimiento, el desarrollo, la reestructuración productiva y la generación de empleo, ya que el primero no logró generar condiciones propicias para el crecimiento. Por lo tanto, esta constatación permite señalar que las políticas neoliberales se concentraron en la estabilización y no en los aspectos fundamentales de la sociedad, la reestructuración productiva y la creación de empleo.

Además, la salud macroeconómica, si bien fue estable, tuvo poco impacto en las condiciones de vida de la población. Mientras los indicadores macroeconómicos expresaban cierta estabilidad, la población no estaba satisfecha porque sus principales preocupaciones no fueron subsanadas, ni sembraba esperanzas que, bajo ese modelo, pudiera alcanzarlas algún día. Las finanzas públicas mostraban una situación extremadamente vulnerable, el déficit fiscal crónico provocó la presencia de una deuda pública explosiva, generando una dependencia extrema de los organismos multilaterales.

Por otro lado, la privatización de la seguridad social de largo plazo provocó una fuerte elevación de la deuda interna del TGN, cuyo financiamiento provino de los recursos que gestionaban las Administradoras de Fondos de Pensiones y del sistema bancario.

NUEVO PATRÓN DE DESARROLLO PARA UNA BOLIVIA DIGNA, SOBERANA Y PRODUCTIVA
(industrialización del gas natural, soberanía alimentaria y desarrollo productivo con generación de empleo)

El programa de gobierno del MAS en 2005 planteaba la culminación de la trayectoria histórica basada en la producción y exportación de materias primas. Se debe ingresar a una nueva era estatal mediante la industrialización de los recursos naturales renovables y no renovables, y definiendo una explotación sostenible de estos recursos.

Construcción de una matriz productiva

La reversión de la economía dual, asentada en la explotación y aprovechamiento de los recursos naturales, será posible a través de la constitución de una matriz productiva que tenga capacidad de asegurar la generación, apropiación y uso sostenido del excedente económico para la generación de empleo estable y mejorar las condiciones de vida de la población.

El objetivo central de la nueva matriz productiva es impulsar el desarrollo productivo y la industrialización de los recursos naturales. Las actividades productivas que integrarán la matriz son: hidrocarburos, minería, electricidad, desarrollo rural, industria manufacturera, turismo, vivienda y transporte.

Los actores fundamentales de la nueva matriz productiva son: el Estado, las empresas nacionales y las unidades económicas de pequeña escala, así como las empresas privadas extranjeras que deben reinvertir sus excedentes económicos en el país.

La consigna histórica de la nacionalización de los hidrocarburos se ha convertido definitivamente en un imperativo histórico si queremos hablar de dignidad, de soberanía y de desarrollo productivo del país, por ello el pueblo boliviano decidió recuperar la propiedad de los hidrocarburos y el control y la dirección de este sector estratégico.

Un Estado y un gobierno fuertes permitirán a Bolivia enfrentar a los grandes poderes e intereses transnacionales, regionales e internacionales. Un gobierno que represente y canalice la voluntad del pueblo boliviano —expresada en las jornadas históricas de octubre de 2003 y julio de 2005— será un gobierno fuerte.

En la política minera se debe establecer el principio de que los recursos minerales pertenecen al Estado boliviano, de manera que así se contribuya a mantener la unidad nacional. Las concesiones mineras deben ser adjudicadas para que cumplan su propósito generador de divisas, excedentes que deberán ser redistribuidos para el desarrollo nacional y crear fuentes de trabajo para los trabajadores bolivianos.

Desarrollo rural productivo

La premisa para el desarrollo agropecuario y rural es el cambio del modelo neoliberal; construir una matriz productiva que tenga capacidad para asegurar la generación, apropiación y uso sostenido del excedente económico para suscitar empleo estable y brindar condiciones para el *vivir bien* de la población.

El control soberano del excedente económico, el ahorro y la inversión, el empleo, los ingresos y la producción permitirán destinar recursos hacia al mercado interno y, de manera alternativa y excedentaria, al mercado externo.

El apoyo a la producción agropecuaria para alcanzar la seguridad alimentaria con soberanía es una estrategia —elemento clave de la seguridad nacional— que busca lograr la autosuficiencia alimentaria de la población nacional con base en la producción interna de alimentos naturales e industrializados en el país, para evitar la dependencia de las importaciones de alimentos, incluyendo las donaciones y los condicionantes externos que traen aparejados.

Industria manufacturera

Heredamos una industria manufacturera caracterizada por la obsolescencia tecnológica, a excepción de algunos sectores como los de oleaginosas, textiles y alimentos, porque la maquinaria y el equipo del sector industrial tienen en promedio una antigüedad de 50 años. Cerca de 80% de los establecimientos manufactureros son artesanales.

La estrategia de desarrollo productivo manufacturero debe considerar la integración vertical de la economía, la potencialización de cadenas productivas para la industrialización de recursos naturales, estimular los eslabones más débiles en las cadenas productivas; fomentar el tejido productivo local, la participación estatal, la articulación de esfuerzos productivos, la de inversión pública y privada, y el desarrollo tecnológico y la innovación.

Turismo sostenible

Entendemos el turismo sostenible como una actividad productiva, integral, multidisciplinaria y multisectorial, componente importante de una estrategia de desarrollo orientada fundamentalmente a la superación de las condiciones de pobreza. Esta actividad se desarrollará a partir de una estrategia productiva sostenible, incluyente, dinamizadora, respetuosa del medio ambiente y promotora de la diversidad cultural, como su mayor fortaleza.

Vivienda social

La vivienda como núcleo principal de la sociedad, asentamiento o albergue de la familia, representa el bienestar del desarrollo humano. Por esto, creemos que es importante plantear medidas para una real y atractiva forma de adquisición de una vivienda, que esté dentro las posibilidades económicas de las familias más desprotegidas, que presentan, asimismo, bajos recursos económicos.

Políticas de empleo productivo e inclusión social

La política de empleo debe, sin duda, estar articulada a la política de desarrollo productivo, posibilitando desmantelar las distorsiones creadas por el libre mercado, que han impedido promover el desarrollo por la vía del crecimiento económico productivo con inclusión laboral y, por ende, erradicar la pobreza.

Finanzas públicas
y estabilidad económica

La actividad financiera debe estar orientada a una justa redistribución de los excedentes económicos, es decir, de las riquezas producto de la explotación de los recursos naturales y los servicios. La actividad financiera del Estado se enfoca en generar recursos y utilizar el gasto público (corriente y de inversión) como promotor del desarrollo, atribuyéndole la función de productor de servicios públicos, inversionista y redistribuidor de riquezas.

Los gastos corrientes merecerán la atención y tratamiento especiales en la propuesta de austeridad, por ser, algunos de estos superfluos, por no estimular el desarrollo productivo y porque contribuyen a la concentración de excedentes económicos en pocas personas que gozaban de privilegios.

Equilibrios macroeconómicos

La política económica se orienta a mantener y consolidar los equilibrios macroeconómicos, evita que estos provoquen o conduzcan a desequilibrios sociales inaceptables. En este sentido, se procurará una correspondencia entre equilibrios económicos y equilibrios sociales. La estabilidad es un bien colectivo que debemos mantener y precautelar, pues esta se alcanzó con el sacrificio de los trabajadores y del pueblo boliviano en general.

En el ejercicio gubernamental se generaron las condiciones apropiadas para que la estabilización no sólo sea una condición suficiente sino necesaria para el desarrollo productivo con generación de empleo. Hasta el momento la estabilización tuvo objetivos en sí y para sí, asociados al equilibrio externo e interno, empero se demostró que es totalmente insuficiente ya que no aportó ni se constituyó en base fundamental para apuntalar el crecimiento económico sostenible. En la propuesta del desarrollo productivo con generación de empleo este reto mantendrá la estabilidad de las variables macroeconómicas.

Se aplicaron medidas de incentivo para que la moneda boliviana recupere paulatinamente sus funciones como medio de pago, medio de acumulación y unidad de cuenta. La mayor confianza en nuestro signo monetario derivará de mantener su poder adquisitivo y en mayores grados de libertad para la política monetaria y la recuperación de esta como instrumento de política económica.

VI. RECUPERACIÓN DE LA SOBERANÍA NACIONAL EN LAS DECISIONES DE POLÍTICA ECONÓMICA

MARCELO Quiroga Santa Cruz afirmaba que la dependencia de Bolivia no era resultado de una circunstancia histórica accidental, explicable por el predominio político transitorio de un Estado sobre otro, sino consecuencia de la conformación estructural, determinada, impuesta y concertada, desde fuera y dentro, para asegurar su condición de país sometido. Dicha condición es el resultado del régimen interno de explotación capitalista; y esta, a su vez, es una expresión del régimen impuesto por el sistema imperialista de explotación internacional como modelo de desarrollo y modo de producción. La particularidad de la dominación externa e interna, combinadas, determinan un tipo de desarrollo capitalista, atrasado y dependiente. Nuestra dependencia no es efecto sino causa de la miseria popular y nacional. No somos dependientes por ser pobres. Somos pobres porque somos dependientes (PS-1; Quiroga, 2010: 1).

Las clases sociales que gobernaron el país nunca construyeron la base material del Estado, fueron una clase dominante patrimonialista y subordinada a poderes e intereses externos, por lo que el excedente económico —generado en la explotación principalmente de los recursos naturales— fue compartido entre quienes detentaban el poder político y económico local y el capital transnacional que exportaba sus ganancias; ese excedente no era reinvertido en la economía boliviana, por lo que el país nunca tuvo soberanía económica.

En la crisis de los años ochenta los poderes económicos mundiales (G-7, OCDE) definieron políticas económicas que fueron aplicadas a través de los programas de ajuste estructural (PAE) del FMI y de las instituciones del Consenso de Washington, estas políticas estuvieron orientadas principalmente a la privatización de las empresas estatales, a la apertura total del sector externo y la flexibilización laboral. La globalización neoliberal fue el paradigma impuesto a los países de América Latina.

En esta crisis el FMI comenzó a adquirir un papel preponderante, no sólo para otorgar financiamiento adicional al soporte del programa de ajuste estructural, sino para la supervisión y auditoría de las políticas económicas y financieras de los países en crisis, aduciendo el cumplimiento de las funciones establecidas en su Convenio Constitutivo en relación con la supervisión de la política cambiaria de los países miembros, a fin de velar por el eficaz funcionamiento del sistema monetario internacional.

Esta función de auditor fue convalidada por el mercado y por los gobiernos de los países industrializados, al punto que, para acceder a los sucesivos mecanismos de refinanciamiento que se iban configurando, se establecía como una condición que el país involucrado previamente llegue a un acuerdo con el FMI.

Los países deudores, entre ellos Bolivia, debían asistir periódicamente a reuniones con el denominado Grupo Consultivo de París, que era una instancia de la cooperación internacional que se reunía periódicamente para evaluar a cada país, bajo la presidencia del Banco Mundial y con la participación de las principales agencias de cooperación multilateral y bilateral. En esta reunión, el país presentaba su plan nacional de desarrollo económico y social, y la cooperación internacional —luego de la evaluación y aprobación del plan mencionado— definía el alcance de su apoyo al financiamiento a través de préstamos y donaciones.

Al principio, los acreedores internacionales creyeron que la crisis de la deuda se trataba de una crisis de liquidez, cuando en realidad era una crisis de insolvencia. En consecuencia, las soluciones propuestas que tenían un enfoque de reprogramación tradicional con capitalización de intereses corrientes y moratorios no resolvieron los problemas, sino que, en el mediano plazo, los profundizaban. Por supuesto que el nuevo financiamiento era fuertemente condicionado a los programas económicos aplicados por el FMI y el Banco Mundial.

A nivel nacional, estos programas fueron formalizados con la suscripción de los "Memorándums de Entendimiento" por parte de autoridades nacionales y el FMI, en los cuales las autoridades asumían compromisos orientados al cumplimiento de los postulados neoliberales en los Programas de Ajuste Estructural del FMI y el Consenso de Washington.

Nuestros países estuvieron bajo relaciones neocoloniales con las potencias económicas, un neocolonialismo entendido como una dependencia económica y política casi colonial sobre los países con menor desarrollo. El Estado en teoría es independiente y tiene la soberanía internacional, pero en realidad su sistema económico y político estaba dirigido desde fuera con un enfoque neoliberal.

Rafael Bautista (2009: 184) señala:

> Una sociedad es colonial cuando asume como propio un ideal que no le corresponde, es decir, cuando lo que proyecta es un modelo que no se deduce de sus propias contradicciones, cuando persigue propósitos que no resuelven nada sino agudizan una desestabilización como consecuencia de la adopción de modelos ajenos. Una sociedad colonial provoca entonces su propia dependencia.

Bolivia, en el gobierno del MAS-IPSP, bajo la conducción del presidente Evo Morales, recuperó la soberanía nacional en las decisiones de política económica. Esta fue una de las conquistas fundamentales de la actual gestión de gobierno que marcó un hito importante en la formulación de la política económica en nuestro país.

Las nacionalizaciones, el fortalecimiento económico y político del Estado, la creación de empresas públicas, la ruptura de la dependencia con organismos internacionales —como el FMI—, la toma de decisiones en instancias estatales sobre la actividad económica nacional son signos de la recuperación de la soberanía sobre las decisiones de política económica por parte del Estado Plurinacional de Bolivia.

En este ámbito, ahora el Ministerio de Economía y Finanzas Públicas y el Banco Central de Bolivia suscriben anualmente, desde 2006, un Programa Fiscal-Financiero soberano para la conducción de la política económica de corto plazo, en reemplazo de los Memorándums de Entendimiento que anteriores administraciones gubernamentales suscribían con el FMI, cuyas medidas eran lejanas para solucionar los problemas económicos del país y, por el contrario, sólo los empeoraron.

En este programa se determinan anualmente metas macroeconómicas que apuntan a mantener la estabilidad y el crecimiento económico. En él se fijan metas de crecimiento del PIB, la inflación y se establecen las principales variables macroeconómicas y financieras a las cuales debe tender la economía nacional. Por lo tanto, el gobierno nacional desde hace 10 años maneja la economía de manera soberana y al margen de las recetas de organismos internacionales como el FMI.

Antes de 2006 los gobiernos neoliberales consultaban con el FMI para definir las metas macroeconómicas del país y esperaban la "bendición" de dicho organismo; a partir de ese año se tomó la decisión de llevar adelante un programa soberano en función de la experiencia negativa del pasado.

Una nota del periódico *La Razón*, del 15 de enero de 2005, titulaba "Bolivia aprobó metas con el FMI"; otra publicación de *El Diario*, del 5 de noviembre de 2002, exponía "La misión del FMI llega a La Paz para definir programa financiero"; y una tercera nota, esta vez de un portal *web*, decía "El presupuesto está listo... esperan 'bendición' del FMI". Era tal la injerencia de este organismo en la vida nacional, que el periodismo crítico la había calificado como "la suegra". Se llegó a tal grado que, durante el gobierno del general Banzer, el representante del FMI, Eliahu Kreis, participaba de las reuniones del Gabinete de Ministros de ese gobierno.

La firma del Programa Fiscal-Financiero no sólo contempló los objetivos y metas de política fiscal, monetaria y cambiaria, sino que constituyó un compromiso real del trabajo conjunto "entre los bolivianos y para los bolivianos", demostrando que Bolivia era capaz de fijar sus propias metas de política económica de manera creativa, autónoma, soberana e independiente y sin la injerencia externa en la toma de sus decisiones.

El Programa Fiscal-Financiero fue una herramienta de planificación económica de corto plazo que, además de fijar las metas anuales de las principales variables macroeconómicas —inscritas en el Presupuesto General del Estado (PGE)— y las políticas fiscal, monetaria y cambiaria se orientó a promover la reducción de la pobreza, la redistribución de riqueza y la estabilidad macroeconómica. Prácticamente, hoy se tiene una política económica, monetaria, fiscal y cambiaria con sello boliviano, que es un rasgo fundamental del trabajo posneoliberal entre las instituciones que tienen que ver con la determinación de estas variables, bajo el liderazgo del Ministerio de Economía y Finanzas Públicas. Esta programación fue realizada por los técnicos del Ministerio de Economía y Finanzas Públicas, el Banco Central de Bolivia, el INE y otros, con una evaluación minuciosa de su ejecución que se lleva a acabo semanalmente. Asimismo, se desarrollaron mecanismos de coordinación de alto nivel con la Superintendencia de Bancos y Entidades Financieras, actualmente Autoridad de Supervisión del Sistema Financiero, que dieron como resultado importantes cambios en la normativa del sector financiero, acorde con el nuevo Plan de Gobierno. Esos cambios fueron de utilidad, por ejemplo, para estimular el uso de la moneda nacional en las operaciones financieras y fortalecer el proceso de bolivianización de la economía.

Esta recuperación tan evidente de la soberanía en la formulación de la política económica se observó también en las otras áreas del gobierno nacional.

VII. EL PND: BOLIVIA DIGNA, SOBERANA, PRODUCTIVA Y DEMOCRÁTICA PARA VIVIR BIEN
Lineamientos estratégicos 2006-2011

A PARTIR del 22 de enero de 2006 Bolivia inició una nueva etapa en su historia, de la que emergió la necesidad de construir la revolución democrática y cultural que planteó el gobierno a la cabeza del presidente Juan Evo Morales Ayma.

En junio de 2006 fue presentado a Evo Morales el Plan Nacional de Desarrollo (PND) "Bolivia digna, soberana, productiva y democrática para vivir bien" 2006-2011, en su primera versión, que estaba inspirada y basada en la propuesta de programa de gobierno del MAS-IPSP de 2005; sin embargo, este plan no fue promulgado en esa oportunidad. Recién el 12 de septiembre de 2007, mediante DS núm. 29272, se aprobó el PND "Bolivia digna, soberana, productiva y democrática para vivir bien. Lineamientos estratégicos, 2006-2011", en su versión actualizada.[1]

Uno de los objetivos de las propuestas y orientaciones del PND, que constituyen la base del inicio del desmontaje del colonialismo y el neoliberalismo, es lograr la convivencia equilibrada y la complementariedad con equidad de la economía estatal, la economía comunitaria,[2] la economía mixta y la economía privada.

La base económica es la disponibilidad del excedente económico proveniente de los sectores generadores (hidrocarburos y minería principalmente) para orientarlo hacia la diversificación económica y al desarrollo social.

---

[1] El DS núm. 29272 de 12 de septiembre de 2007 designa al Ministerio de Planificación del Desarrollo como responsable de la coordinación, elaboración y ajuste del PND y de la evaluación de su ejecución.

[2] Este tipo de economía se asienta en procesos productivos impulsados por organizaciones sociales, comunitarias, micro y pequeños empresarios, artesanos, organizaciones económicas campesinas, organizaciones productivas, comunidades urbanas y rurales.

Para fines de la explicación del nuevo MESCP solamente consideraremos dos capítulos del PND que se desprenden de la propuesta de programa de gobierno antes mencionada y de la primera versión del PND: la Bolivia productiva y la sostenibilidad macroeconómica.[3]

La Bolivia productiva está encaminada hacia la transformación, la diversificación y el cambio integrado de la matriz productiva, alcanzando el desarrollo de los complejos productivos integrales y generando excedentes, ingreso y empleo con la finalidad de cambiar el patrón primario-exportador excluyente y limitado.

La matriz productiva está conformada por dos grandes sectores: *1)* los estratégicos generadores de excedentes y *2)* los generadores de empleo e ingreso; encontrándose, de manera transversal, los sectores de infraestructura para el desarrollo productivo y de apoyo a la producción.

Como instrumento que coadyuvará a implementar las estrategias[4] citadas en el PND, la concepción de desarrollo y los pilares del Plan Nacional de Desarrollo requieren de un equilibrio entre el cambio deseado y la sostenibilidad macroeconómica del país; de manera que las políticas adoptadas profundicen la recuperación de la economía y promuevan mayor justicia social.

EL ENFOQUE DE DESARROLLO

Durante años las estrategias de desarrollo fueron presentadas como instrumentos técnicos, sin ideología y ajenos a las condiciones políticas e históricas de la realidad nacional que corresponden a pautas civilizatorias occidentales.

En un país multiétnico y pluricultural el desarrollo debe edificarse desde una lógica plurinacional de convivencia civili-

---

[3] El PND comprende seis capítulos: Concepción del desarrollo, Bolivia digna, Bolivia democrática, Bolivia productiva, Bolivia soberana y Sostenibilidad macroeconómica.

[4] Se tienen cuatro estrategias: la estrategia sociocomunitaria: Bolivia digna; la estrategia del poder social: Bolivia democrática; la estrategia económica productiva: Bolivia productiva; y la estrategia de relacionamiento internacional: Bolivia soberana.

zatoria. La nueva propuesta de desarrollo se basa en la concepción del *vivir bien,* propia de las culturas originarias e indígenas de Bolivia. A partir de los elementos comunitarios *vivir bien* postula una visión cosmocéntrica[5] que supera los contenidos etnocéntricos tradicionales del desarrollo.

Vivir bien expresa el encuentro entre pueblos y comunidades, respeta la diversidad e identidad cultural, significa "vivir bien entre nosotros", es una convivencia comunitaria con interculturalidad y sin asimetrías de poder. Se trata de vivir como parte de la comunidad, con protección de ella, en armonía con la naturaleza, donde el bienestar individual esté en relación con el bienestar de la colectividad.

La nueva política propone el concepto de *patrón de desarrollo* en oposición al *modelo de desarrollo,* porque no sigue ni utiliza un prototipo probado y validado sino que plantea construir un nuevo patrón de desarrollo en sustitución del primario-exportador, muy propio para nuestro país. Parte de la convicción de que Bolivia es un país diverso, multicultural y plurilingüe, donde el desarrollo sólo puede ser un proceso plural, conjunto, colectivo y atento a la diversidad.

El marco teórico de esta estrategia se sustenta en la convicción de que las limitaciones y frustraciones del desarrollo del país son producto de un sistema de dominación étnica, cultural y política, impregnada de racismo y enraizada en las diversas formas de colonialismo.

El patrón de desarrollo se define como una estructura fundamental que va más allá de la acumulación económica y se relaciona esencialmente con la libertad cultural para decidir, con el respeto a la diversidad, la diferencia, la heterogeneidad social; y con la forma en que se organizan la vida, la sociedad y el Estado. En este sentido *vivir bien* corresponde a un patrón de desarrollo y de democratización integral, plurinacional y diversificado, donde el desarrollo y la democracia tienen la misma importancia.

Uno de los núcleos del nuevo patrón de desarrollo propuesto es la interculturalidad (relación entre varias culturas dentro de un mismo territorio) como interacción, intercambio y

---

[5] Cosmocéntrico se refiere a que el cosmos es el centro de la dinámica espiritual, material, económica, social y política de las comunidades.

comunicación cultural, y también como reconocimiento, aceptación y reciprocidad con el otro.

ESTRATEGIA GENERAL
DEL PLAN NACIONAL DE DESARROLLO

En el corto plazo, el objetivo era efectuar el desmontaje del viejo modelo neoliberal y construir el nuevo MESCP, fortalecer al Estado como promotor y protagonista del desarrollo, distribuidor de riqueza y oportunidades, productor en unos casos de manera directa y en otros como socio mayoritario e impulsor de la convivencia entre la economía privada, comunitaria y mixta. Este cambio se realizó con la implementación de cuatro estrategias nacionales:

1. Estrategia sociocomunitaria: Bolivia digna.
2. Estrategia del poder social: Bolivia democrática.
3. Estrategia económica productiva: Bolivia productiva.
4. Estrategia de relacionamiento internacional: Bolivia soberana.

Los instrumentos para llevar adelante estas estrategias fueron: *1)* la estabilidad macroeconómica y *2)* la nueva gestión y políticas institucionales estatales. Las cuatro estrategias están orientadas a conseguir *vivir bien* en comunidad. En este sentido, el PND reconoce la existencia y la necesidad de articulación con equidad y complementariedad de la economía estatal, comunitaria, mixta y privada, que puede definirse de la siguiente manera:

1. La economía estatal, en la que el Estado es promotor y protagonista del desarrollo, asumiendo roles y funciones diferenciadas en los procesos productivos del país y propiciando la transformación de la matriz productiva.
2. La economía comunitaria que se asienta en procesos productivos impulsados por organizaciones sociales, comunitarias y micro y pequeños empresarios, artesanos, Organizaciones Económicas Campesinas (Oecas), organizaciones productivas, comunidades y asociaciones

urbanas y rurales, basadas en valores como equidad, complementariedad, reciprocidad y solidaridad.
3. La economía mixta, que se establece sobre la asociación del Estado con los actores del resto de las economías.
4. La economía privada, que surge de la iniciativa privada y que se desarrolla fundamentalmente con la relación trabajo asalariado y capital.

LA BOLIVIA PRODUCTIVA
Y LA FORMACIÓN DE LA MATRIZ PRODUCTIVA

La dimensión económica del Plan Nacional de Desarrollo contribuye a la transformación de la matriz productiva para cambiar el patrón primario-exportador excluyente y limitado. El despliegue y la estructura de la matriz productiva nacional, como se comentó antes, están conformados por dos grupos de sectores y un sector transversal: *1)* el sector estratégico generador de excedente, *2)* el sector promotor de empleo e ingresos y *3)* de manera transversal, se encuentran los sectores de apoyo, como la infraestructura para la producción y los servicios productivos. A continuación se describe brevemente el desarrollo de cada uno. Los *sectores estratégicos generadores de excedente* más importantes están integrados por: hidrocarburos, minería y electricidad; estas actividades tienen en común el uso de recursos naturales y por su rol estratégico en el modelo tienen que estar en manos del Estado. El gobierno —mediante políticas activas— logrará maximizar el excedente económico y, a su vez, optimizará su uso redistribuyéndolo para la diversificación económica e industrialización y la reducción de la pobreza, incrementando el bienestar en un contexto de equilibrio con el medio ambiente.

Dichas políticas tienen gran capacidad para generar excedente económico y requieren elevados niveles de inversión en tecnología ya que son intensivas en capital. Estas características plantean la necesidad de que el Estado sea protagonista del desarrollo, mediante la reingeniería institucional que promueva el desarrollo de estos sectores y, de esta manera, maximice el excedente económico, su apropiación, uso y distribución a través de la reinversión hacia otros sectores que componen la matriz productiva y la matriz sociocomunitaria, optimizando su uso para diversificar e industrializar la economía.

Los dos pilares del desarrollo, hidrocarburos y minería, corresponden a la actividad extractiva basada en la producción de recursos no renovables. Ambas actividades tienen limitados encadenamientos con el resto del aparato productivo nacional, por lo que se necesita que el país realice alianzas estratégicas con el sector privado nacional e internacional, a fin de establecer criterios de desempeño para generar circuitos virtuosos entre el Estado y las empresas transnacionales.

Estos sectores —hidrocarburos y minería— contribuirán a desmontar el colonialismo con la industrialización y a aumentar el valor agregado de la producción, e inducirán al cambio del patrón primario-exportador. Esta acción se hará con la participación activa del Estado, en el caso del sector de hidrocarburos —en todo su circuito productivo y comercial— mediante el cambio de la matriz energética y con políticas estatales para fijar precios y volúmenes de exportación, y en el caso de la minería con mejor capacidad de producción, control, fiscalización y mayor participación en la renta minera.

La actividad del ramo eléctrico es también estratégica, porque es un servicio básico esencial para inducir el crecimiento económico y satisfacer las necesidades de la población y la actividad empresarial. En este sentido, se realizó la construcción de nuevas plantas generadoras de electricidad orientadas a la exportación, lo cual redituará un mayor excedente económico.

La idea central del plan es redistribuir los excedentes producidos por estos sectores hacia los sectores generadores de empleo e ingresos, para contribuir a diversificar la economía y el desarrollo social.

Los principales *sectores generadores de ingresos y empleo* están integrados por las siguientes actividades: desarrollo agropecuario, transformación industrial, manufacturera y artesanal; turismo y vivienda. Estas actividades se caracterizan por ser intensivas en mano de obra y con capacidad de generar ingresos para toda la población, pero se requiere un Estado promotor de su desarrollo.

Esto implica contar con un Estado que identifica capacidades, debilidades, potencialidades y necesidades en cada una de las actividades para luego generar intervenciones selectivas y condiciones básicas de normativa, infraestructura, servicios financieros, no financieros y de articulación entre las distintas formas de producción.

Dichas actividades están integradas por diversas ramas productivas, comerciales y de servicios y, al mismo tiempo, por diversos tamaños, formas de organización y escalas de producción tanto en el área urbana como rural. El Estado apoyará a todas estas unidades mediante políticas con criterios de equidad, asociación, temporalidad y prioridad, considerando las potencialidades, equilibrios, mercados y dinamismos regionales y sectoriales.

Estos objetivos se lograrán con la transferencia de recursos de los sectores estratégicos, para hacer efectivos el incremento de la productividad, la industrialización, el fortalecimiento de la organización institucional y una dinámica propia en los sectores generadores de ingreso y empleo. A su vez, estos sectores proveerán de insumos y bienes finales a los sectores estratégicos para contribuir a la formación de un sistema productivo denso y cohesionado.

Los *sectores de apoyo*, como la infraestructura para la producción, están encargados de crear condiciones necesarias para transformar la matriz productiva. Entre estos sectores tenemos: transportes, el sistema carretero principalmente ferroviario, aéreo y fluvial lacustre y las telecomunicaciones. Además de ser articuladores de la matriz productiva, también cumplen un rol fundamental de apoyo al desarrollo de las políticas sociales y facilitan medios e instrumentos esenciales para mejorar la productividad y viabilizar la producción.

Además de ser articuladores de la matriz productiva, también cumplen un rol fundamental de apoyo al desarrollo de las políticas sociales y facilitan medios e instrumentos esenciales para mejorar la productividad y viabilizar la producción. Estos sectores articuladores tendrán el apoyo del desarrollo tecnológico y los recursos financieros.

En el PND se planteó la creación del Sistema Nacional de Financiamiento para el Desarrollo Productivo (Sinafid) que incluye al Banco de Desarrollo Productivo (BDP) y el Sistema Boliviano de Innovación.

El Sinafid facilitaría el acceso al financiamiento de las organizaciones económicas y sociales del campo y la ciudad. El ámbito de acción del sistema financiero se proyectó inicialmente a los complejos productivos integrales y en el largo plazo llegó a todas las ramas y sectores productivos.

Una vez analizada la matriz productiva fue necesario contar con políticas productivas que permitieran desarrollar y dinamizar los sectores estratégicos y el establecimiento de relaciones con los otros sectores, por lo que ahora describiremos brevemente esas políticas productivas:

1. *Políticas productivas selectivas.* El país cuenta con políticas productivas selectivas y transparentes que tienen el objetivo de desarrollar simultáneamente, con diferentes intensidades en función de sus especificidades, tanto a los sectores estratégicos como a los sectores generadores de empleo e ingresos, reconociendo la heterogeneidad estructural. Las políticas productivas son inclusivas e incentivan la formación de agrupaciones empresariales como consorcios, empresas sociales y diversas formas de asociación que combinan diferentes tamaños y formas de organización en el marco del enfoque de complejos productivos integrales.

2. *Política comercial estratégica.* Se centra en aprovechar el dinamismo de la demanda externa, pero principalmente de las potencialidades del mercado interno. Este énfasis significa un cambio del enfoque tradicional, que estaba orientado principalmente a las exportaciones.

3. *Política de seguridad alimentaria con soberanía.* Se logrará la seguridad alimentaria, complementada con la soberanía alimentaria. En este sentido, el Estado, como promotor y protagonista del desarrollo, establece esta política como un instrumento de desarrollo y fortalecimiento de la capacidad productiva para la dotación oportuna de alimentos a precio justo.

4. *Política de inversiones.* Para aumentar la producción será necesario incrementar y lograr una mayor efectividad de la inversión. La nueva política productiva tiene como herramienta central una estrategia de inversiones que pone énfasis en el sector público sin descuidar la inversión privada. En el PND la inversión privada desempeña un papel importante en los sectores de la matriz

productiva, siendo las más relevantes aquellas que deben realizarse en los sectores generadores de ingresos y empleo. La inversión extranjera directa tendrá una mayor participación, para lo cual se elaborará una Ley de Tratamiento y Fomento a la Inversión Extranjera con reglas claras y basada en el principio de soberanía y dignidad, en un contexto de seguridad jurídica.

5. *Política de financiamiento al sector productivo.* Planteó estructurar un sistema nacional de financiamiento público y privado, que sería un mecanismo de promoción y articulación económica con equidad. El Sinafid, a través del BDP, fue el mecanismo para redistribuir el ingreso nacional y financiar el desarrollo productivo, que permitiría la transición hacia una nueva estructura de financiamiento para el sector productivo.

A través de la adecuación institucional de la Nacional Financiera Boliviana (Nafibo) al BDP, banco de segundo piso, el Estado canalizó recursos de financiamiento para inversiones de largo plazo. El Senafid y el BDP serían instrumentos de financiamiento de las prioridades productivas estratégicas establecidas en el Plan Nacional de Desarrollo. Este apoyo permitió mejorar sus niveles de producción y productividad, y promovería el fortalecimiento de los diferentes sectores y Complejos Productivos Integrales, así como la infraestructura productiva y social. Este instrumento financiero se constituiría en el eje central para crear condiciones de equidad entre los actores productivos de la economía en cuanto al acceso al financiamiento. Las prioridades establecidas fueron el desarrollo productivo con identidad y soberanía financiera para que los bolivianos cuenten con un empleo productivo e ingreso digno.

6. *Política de innovación y desarrollo tecnológico.* El factor más relevante que explica nuestro rezago en competitividad es el factor tecnológico que influye directamente en la productividad y es uno de los factores centrales del cambio del patrón primario-exportador, la industrialización y la agregación de valor a los productos. La nueva política económica asigna a la innovación y al desarrollo tecnológico un papel fundamental para el

incremento de la productividad. Tal política será puesta en acción a través de la conformación del Sistema Boliviano de Innovación (SBI), que vincula a los centros científicos y tecnológicos con los centros productivos.

7. *Política de empleo.* Pretende en el corto, mediano y largo plazos cambios y soluciones efectivas al desempleo. En la perspectiva del largo plazo se afectarán las variables estructurales del desarrollo económico con énfasis en la generación de empleo, así como la orientación selectiva de la inversión, la distribución y la democratización del acceso a los activos productivos, a la vez que la promoción del desarrollo productivo y de las actividades intensivas en mano de obra bajo el principio de empleo digno. Se desarrollarán instrumentos dirigidos a consolidar legal e institucionalmente a las diferentes formas de organizaciones de pequeños productores a la condición de agentes económicos-productivos plenos, situación que les permitirá participar en toda la cadena productiva.

En el mediano plazo, los esfuerzos se orientarán al desarrollo de cambios normativos e institucionales que garanticen el establecimiento y generación de empleo digno. Se promoverán acciones institucionales para reponer las capacidades estatales para la nivelación de asimetrías en las relaciones laborales. Además se fortalecerán las organizaciones de trabajadores y el empleo y la capacitación laboral.

En el corto plazo se desarrollarán acciones para cualificar y dignificar el empleo existente mediante incentivos a la formalización y acceso al sistema de seguros de corto y largo plazo; así como al goce de todos los beneficios previstos por ley. La dignificación y la generación de empleo se basan en la reactivación del aparato productivo.

8. *Política de gestión ambiental.* El territorio boliviano sufrió un paulatino deterioro ambiental a causa de la explotación incontrolada de sus recursos naturales, lo que privilegió las ganancias de la inversión extranjera. La política de gestión ambiental del PND busca el logro del equilibrio entre la necesidad de desarrollo y la conservación del medio ambiente, para lo cual se fortalecerá al Es-

tado en el cuidado, el control de la calidad ambiental y en la protección de los recursos naturales, sobre la base de una amplia participación social. La política de gestión ambiental también prioriza las áreas de influencia más degradadas, los sectores de mayor impacto (minería, hidrocarburos, entre otros) y los grupos sociales más afectados; además, impulsa la educación ambiental, la valoración y recuperación de los conocimientos y saberes ancestrales de las comunidades indígenas y originarias.

El PND concibe al Estado como un actor central en la economía, promotor y protagonista del desarrollo con capacidades para reorientar el proceso productivo hacia las necesidades de la población mediante la transformación de la matriz productiva, buscando equidad en el proceso de distribución de los recursos públicos y priorizando su apoyo a los productores menos favorecidos. El PND identifica los complejos productivos integrales (CPI) como una nueva forma de generar producción y desarrollo.

En este contexto los CPI emergen como una estrategia de desarrollo que amplía su enfoque hacia las dimensiones social, cultural, política y ambiental anteriormente ausentes en las propuestas de crecimiento. Su objetivo es dinamizar el desarrollo económico y social de forma sostenible, integral y diversificada en el contexto del territorio nacional.

Los CPI buscan generar al interior del circuito productivo relaciones de distribución favorables a los segmentos más débiles, otorgándoles una justa participación de los beneficios de su trabajo. Asimismo, denotan una orientación al mercado interno y una inserción selectiva en el mercado externo, reconociendo la heterogeneidad de la economía nacional. Los CPI son definidos como un conjunto articulado de actores, actividades, condiciones y relaciones sociales de producción en torno a la matriz productiva, en el ámbito sectorial y territorial, donde el Estado interviene generando equidad, en la distribución de la riqueza, distribuyendo y redistribuyendo el ingreso, fortaleciendo y empoderando, de manera prioritaria, a los pequeños productores urbanos y rurales para *vivir bien*. Los CPI se cimientan en tres ejes: *a)* el actor, como centro y objetivo de la estrategia, *b)* el sector, que determina las actividades productivas y *c)* el territorio, como el espacio geográfico donde se llevan a cabo los procesos productivos.

El Estado interviene sobre estos ejes como promotor en los sectores generadores de ingreso y empleo, y en los sectores estratégicos como protagonista del desarrollo, fortaleciéndolos y promoviendo la articulación entre los siguientes componentes:

a) Actores: pequeños, medianos y grandes productores —públicos y privados—; cámaras de empresarios, entidades financieras, instancias subnacionales (gobiernos departamentales, municipales y universidades), institutos técnicos y otras organizaciones de la sociedad civil.

b) Las actividades estrechamente ligadas a los CPI, que están relacionadas con la producción en todas sus fases: recolección, extracción, producción primaria, almacenaje, transformación, diseño, industrialización, distribución, comercialización, etc. Se incluyen también todas las actividades conexas y relacionadas a la producción como el apoyo logístico, la innovación, la investigación, la educación, el financiamiento, etcétera.

c) Las condiciones básicas de la producción vinculadas a los CPI: tienen que ver con factores básicos como la infraestructura (ya sea productiva o de apoyo a la producción), el acceso a la información, el capital humano, la asociatividad formada entre los actores, el acceso a la tecnología, la normativa vigente y el régimen fiscal, y las características de la región geográfica (su vocación productiva, sus recursos naturales y la concentración de sus actores).

d) Las relaciones, que comprenden: *1)* las relaciones de producción expresadas en la propiedad de los medios de producción y la distribución del valor generado en los procesos productivos, *2)* las articulaciones intrasectoriales, que comprenden los vínculos en toda la cadena productiva, y *3)* las relaciones intersectoriales, complementarias al proceso de producción y la generación de condiciones.

Los CPI serán financiados por el sistema financiero. Este es parte de los sectores de apoyo a la producción y recorre transversalmente la matriz productiva para mejorar la productividad y hacer más viable la producción. Este financiamiento privilegiará a los CPI y en el largo plazo llegará a todas las ramas y sectores productivos. En este sentido se pretende conformar entramados productivos integrados, articulados y diversificados con la participación de los distintos actores en procesos de producción, transformación y comercialización que impulsan la inserción justa en el mercado nacional y de exportación en articulación directa con la dimensión social, cultural y política y ambiental.

9. Sostenibilidad macroeconómica. El PND propone un marco que, respetando la estabilidad macroeconómica, asegure un mayor crecimiento y mayor equidad social porque la inestabilidad macroeconómica golpea con mayor fuerza a los sectores más pobres de la población.

CRECIMIENTO ECONÓMICO

Se deben alcanzar tasas de crecimiento del PIB más altas y para garantizar su sostenibilidad se debe contar con niveles de inversión cada vez mayores y de mejor calidad, es decir, se deben mejorar la eficiencia y la eficacia del capital. El problema de la elevada dependencia de los sectores extractivos no se podrá resolver de inmediato, y en el corto plazo seguirán siendo los de mayor dinamismo en la economía; pero se deben sentar las bases para la incorporación de otros sectores dinámicos y de los procesos industrializadores de nuestras materias primas. El proceso de cambio no será sostenible si no se transforma e industrializa la materia prima no renovable, y si no se aprovechan de manera sostenible los recursos naturales renovables.

En ese sentido el PND propone: *1)* crear complejos de industrialización en hidrocarburos y minería para generar excedentes económicos suficientes que apoyen el desarrollo nacional; *2)* diversificar la producción nacional, como una forma de distribuir el excedente generado, orientándola al desarrollo de sectores con enorme potencial; *3)* en este contexto, se deben reasignar la tierra, los recursos financieros, tecnología, semillas y fertilizantes; y *4)* conformar una Red de Protección Social y Desarrollo Integral que contribuya a elevar la productividad del sector.

Esto es muy importante porque el crecimiento económico estará basado en una mayor diversidad de sectores económicos y logrará así su sostenibilidad en el mediano y el largo plazos.

Sostenibilidad fiscal

Se ha propuesto mantener reducido el déficit fiscal, coadyuvado con una trayectoria sostenible del saldo de la deuda pública. Los gastos se han realizado con énfasis en determinados sectores y se incrementó la inversión pública en infraestructura destinada a las actividades productivas estratégicas sin dejar de lado la inversión social.

La política de recaudaciones considera una base tributaria más amplia, con principios de universalidad, proporcionalidad, capacidad contributiva y equidad, incluyendo una mayor participación del Estado en las rentas generadas por la explotación de recursos naturales no renovables.

Política de precios

Consiste en mantener la estabilidad de precios y normalizar el abastecimiento de los principales productos de la canasta familiar a precios justos.

Política cambiaria

Propone preservar la competitividad del sector exportador y de la producción nacional frente a las importaciones. Se implementaron medidas complementarias para promover la diversificación de las exportaciones y estimular aquellas con mayor valor agregado y empleo de mano de obra. En el mediano plazo se espera desarrollar un programa de sustitución de importaciones competitivas. El Estado seguirá fijando el tipo de cambio y respetará la libre convertibilidad.

Desarrollo del sistema financiero

Se creó el BDP, en el marco del Senafid, con el objetivo de canalizar recursos orientados principalmente a los micro y pequeños productores en el ámbito urbano y rural.

Estímulo del ahorro e inversión interna

Para resolver la falta de financiamiento y la baja inversión el PND apuntó a crear una atmósfera adecuada para promover el ahorro interno y la inversión privada.

Pensiones

Se identificaron factores que limitaban la cobertura del sistema previsional boliviano como: la informalidad, el empleo temporal y estacional, el trabajo por producto, la mora en el pago de aportes para la jubilación, etc., por lo que se estableció la necesidad de replantear los criterios esenciales en la prestación de los beneficios del sistema previsional para aumentar la cobertura, mejorar las condiciones de acceso a las prestaciones, optimizar los sistemas de control y los de aplicación de sanciones.

El objetivo es proteger el capital humano y racionalizar el sistema previsional para garantizar su sostenibilidad y la consecuente derivación de beneficios para la población en el largo plazo.

Empleo y pobreza

El PND propone que hombres y mujeres que se encuentren en edad de trabajar tengan empleos dignos y sustentables. En el tema de la erradicación de la pobreza, plantea trabajar en dos aspectos: *1)* en el crecimiento económico, que es un mecanismo para crear empleo y elevar el ingreso; y *2)* en las políticas redistributivas a través de la inversión pública, especialmente en infraestructura, servicios sociales y apoyo a la producción.

Fondo de Estabilización y Desarrollo

El PND incorpora el Fondo de Estabilización y Desarrollo (FED) como mecanismo para enfrentar *shocks* transitorios y de estabilización, sustentado en los ingresos por la exportación de gas natural y ligado a fuertes oscilaciones de precios en el mercado internacional. El propósito es que el sector público ahorre recursos en coyunturas favorables de precios y volúmenes para disponer de ellos en tiempos desfavorables. Este fondo también contribuirá a consolidar el ahorro nacional y la inversión productiva.

Planificación estratégica plurianual

Se introduce la planificación global como principal instrumento del desarrollo nacional, en cuyo contexto se define la planificación estratégica y la programación presupuestaria plurianual como principal nexo del sistema de planificación y el presupuesto en la gestión anual. Con este instrumento se trata de asegurar la sostenibilidad intertemporal de las finanzas públicas.

Reforma institucional

Con el propósito de impulsar la transformación del sector público se inició una reforma institucional para fortalecer las capacidades institucionales.

VIII. LA NUEVA CONSTITUCIÓN POLÍTICA DEL ESTADO

ESTE nuevo tiempo histórico que vivimos ha condensado varias líneas de acumulación histórica y tiene entre sus características principales la realización de una Asamblea Constituyente, por primera vez en la historia del país, con asambleístas elegidos por todos los bolivianos y bolivianas mediante el voto popular y con la participación plena de la representación indígena campesina, como siempre debió ser y con la misión de elaborar la nueva Constitución Política del Estado (CPE). Esta Constitución que diseña la nueva configuración del Estado, la sociedad y la economía boliviana, también por primera vez en la historia nacional, fue aprobada por voto popular en un referéndum nacional.

El artículo primero de la nueva CPE define al Estado boliviano como plurinacional, refundando según principios de plurinacionalidad, interculturalidad y participación democrática. El concepto de *Estado plurinacional* viene acompañado por una comprensión crítica de la historia y se trata de desmontar los contenidos estructural-conceptuales coloniales del viejo Estado, esto significa producir su desmantelamiento general, su descolonización.

Bolivia fue caracterizada como un Estado aparente por René Zavaleta, sin contenido real, un Estado colonial sin contenido nacional (Bautista, 2011: 173). La noción de formación social abigarrada de Zavaleta, explicada como una sobreposición desarticulada de varios tiempos históricos, modos de producción, concepciones del mundo, lenguas, culturas y diferentes estructuras de autoridad, es una de las causas de la configuración del Estado aparente boliviano (Tapia, 2010: 100 y 102).

Este Estado aparente excluyó a la mayoría indígena de nuestra patria, excluyó también las regiones y no tuvo presencia en toda la geografía nacional. Así, los gobiernos construyeron una economía externalizadora de excedentes y privatizadora de recursos comunes de la sociedad, estableciendo los brazos del Estado sólo donde a ellos les interesaba económicamente.

El Estado republicano nunca construyó la base material de la soberanía. Su base material fue colonial-racista, patrimonialista y subordinado a poderes e intereses externos. García Linera (2010: 9) dice que

> desde 1825 hasta 2005 tuvimos una república ilusoria, mutilada y falseada que simplemente era la prolongación política de la hacienda territorial; por eso es que Bolivia nunca tuvo clases dirigentes, sino sólo clases dominantes que podían mantenerse en el poder por la coerción y el soborno, pero nunca por el consentimiento o la adhesión, porque eran clases sociales que vivían a espaldas de la sociedad, de las regiones, de los pueblos indígenas y de la soberanía del Estado.

Las clases sociales gobernantes, según René Zavaleta constituyeron una oligarquía pobre, provinciana, con complejos racistas. Decía que la oligarquía, casta extranjera al fin, sentía odio por el país al que despreciaba, odiaba y temía. Era, no sólo una clase opresora sino también una clase extranjera. Por su origen, por sus intereses, por sus supuestos mentales la oligarquía boliviana fue siempre ajena en todo a la carne y el hueso de las referencias culturales de la nación.

Almaráz Paz (1985: 7 y 28) decía de esta oligarquía que se sentían dueños del país, pero al mismo tiempo lo despreciaban. País pobre en la que la desesperación de la pobreza hace consentir que se puede lograr alguna ventaja sacrificando la dignidad. Decía que en Bolivia la pobreza extrema facilitaba la colonización; los hombres en Bolivia tienen un precio menor. Hay un cierto nivel en el que la pobreza destruye la dignidad.

Marcelo Quiroga Santa Cruz (1971) adelantaba que asistimos a los primeros síntomas inequívocos de una crisis del Estado capitalista dependiente y siendo, como es, la burguesía boliviana, un agente de intermediación en el sistema de explotación internacional de que es víctima nuestro país, es una clase históricamente agotada.

El Estado integral, que en Bolivia tiene la forma de Estado plurinacional, autonómico y comunitario, es un periodo de transición, un puente en el que vamos a ir trabajando y construyendo nuestro socialismo comunitario, fruto de lo que somos, de nuestras capacidades, virtudes y potencias.

García Linera (2010: 11), respecto al Estado integral, reflexiona:

> Decía Gramsci que el Estado integral es aquel en el que hay una correspondencia entre la sociedad civil, los ciudadanos, las regiones, los trabajadores, las clases sociales y su representación política estatal. Es aquel aparato político gubernamental que une y sintetiza externamente a todos los sectores y clases sociales, a los grupos nacionales, a las regiones y a las colectividades. Estado integral o pleno es aquel en el que hay un liderazgo social, político, moral e intelectualmente activo, que permite crear el sentido de pertenencia y representación de todos en la estructura administrativa del Estado. El Estado integral gramsciano es todo lo contrario del Estado aparente que tuvimos durante 180 años y es, precisamente, la construcción de un Estado articulador de la diversidad nacional, geográfica, cultural y clasista, lo que los bolivianos nos hemos planteado edificar desde abajo, con base en los pilares del gobierno de los movimientos sociales, la plurinacionalidad, la autonomía democrática y la soberanía económica.
>
> Estado integral es además autonomía. Y Estado integral es también una estructura económica fuerte y soberana, que aprovecha cada una de nuestras capacidades y potencialidades como sociedad. Somos un país de pequeños productores urbanos y rurales, estos son sectores que deben reforzarse en su capacidad tecnológica, asociativa, crediticia y productiva.
>
> Entonces de lo que se trata a futuro es de sincerar Estado y sociedad civil, poner fin al colonialismo y al patrimonialismo, y garantizar la soberanía material del Estado.

La Constitución Política del Estado —y ahí está también el segundo componente de lo plurinacional— recupera, reconoce y proyecta otras formas institucionales complementarias a la institucionalidad moderna. Ahora somos democráticos representativos, democráticos participativos; somos comunitarios, practicamos la justicia convencional positiva y también la justicia comunitaria.

Esa es la idea del Estado plurinacional, reconocimiento de la diversidad de culturas, de instituciones, de civilizaciones, de idiomas, en igualdad de condiciones y en complementariedad y enriquecimiento mutuo.

Debemos construir el Estado plurinacional en el horizonte del socialismo comunitario. Por el contrario, atornillarse al capitalismo es el suicidio lento de la humanidad, es declarar la extinción de la naturaleza y del ser humano. Si en el socialismo se produce para satisfacer necesidades humanas, en el capitalismo sólo se produce si la producción genera ganancias para el capitalista.

Un elemento fundamental en la nueva CPE es que constituye la participación ciudadana y el control social. Se establece que el pueblo soberano, por medio de la sociedad civil organizada, participará en el diseño de las políticas públicas, que la sociedad civil organizada ejercerá el control social a la gestión pública en todos los niveles del Estado, que las entidades del Estado generarán espacios de participación y control social. Esta participación y control social implica participar en la formulación de las políticas de Estado. En resumen, se trata de construir un sistema de poder popular.

ESTRUCTURA Y ORGANIZACIÓN ECONÓMICA DEL ESTADO

La CPE define el modelo económico boliviano como plural y orientado a mejorar la calidad de vida y el *vivir bien* de todas las bolivianas y bolivianos. La economía plural está constituida por las formas de organización económica comunitaria, estatal, privada y social cooperativa y se articula sobre los principios de complementariedad, reciprocidad, solidaridad, redistribución, igualdad, seguridad jurídica, sustentabilidad, equilibrio, justicia y transparencia. Se establece que la economía social y comunitaria complementará el interés individual con el *vivir bien* colectivo.

El Estado tiene como máximo valor al ser humano y asegurará el desarrollo mediante la redistribución equitativa de los excedentes económicos en políticas sociales, de salud, educación, cultura, y en la reinversión en desarrollo económico productivo.

El Estado reconoce, respeta y protege las distintas formas de organización económica; sin embargo, promoverá la organización económica comunitaria y respetará la iniciativa privada para que contribuya al desarrollo económico y social y fortalezca la independencia económica del país.

Asimismo, se determina: *1)* que el Estado ejerza la dirección integral del desarrollo económico y sus procesos de planificación en esta etapa de transición, así como la industrialización de los recursos naturales para superar la dependencia de la exportación de materias primas y lograr una economía de base productiva; *2)* la obligación de todas las formas de organización económica de generar trabajo digno y contribuir a la reducción de las desigualdades y a la erradicación de la pobreza.

En las políticas económicas se establece que el Estado determinará una política productiva, industrial y comercial que garantice una oferta de bienes y servicios suficientes para cubrir las necesidades internas y fortalecer la capacidad exportadora; priorizará el apoyo a la organización de estructuras asociativas de micro, pequeñas y medianas empresas productoras, urbanas y rurales; fortalecerá la infraestructura productiva, manufacturera e industrial y los servicios básicos para el sector productivo; priorizará la promoción del desarrollo productivo rural como fundamento de las políticas de desarrollo del país; promoverá y apoyará la exportación de bienes con valor agregado; y promocionará el consumo interno de productos hechos en Bolivia.

La industrialización de los recursos naturales será prioridad en las políticas económicas, en el marco de respeto y protección del medio ambiente y de los derechos de las naciones y pueblos indígenas originarios campesinos y sus territorios, así como la articulación de la explotación de los recursos naturales con el aparato productivo interno para beneficio de las bolivianas y los bolivianos.

Es importante recalcar que el Estado es independiente y soberano en todas las decisiones de política económica interna, y no acepta imposiciones ni condicionamientos por parte de otros países, bancos o instituciones financieras bolivianas o extranjeras, ni entidades multilaterales ni empresas transnacionales.

En la política fiscal se establece que la administración económica y financiera del Estado y de todas las entidades públicas se rige por su presupuesto. El Órgano Ejecutivo presentará a la Asamblea Legislativa Plurinacional, al menos dos meses antes de finalizar el año fiscal, el proyecto de ley del Presupuesto General para la siguiente gestión anual. La CPE establece que la determinación del gasto y de la inversión pública tendrá lugar por medio de mecanismos de participación ciudadana y de planificación técnica y ejecutiva estatal. Las asignaciones atenderán especialmente a la educación, salud, alimentación, vivienda y desarrollo productivo.

La política fiscal se basa en los principios de capacidad económica, igualdad, progresividad, proporcionalidad, transparencia, universalidad, control, sencillez administrativa y capacidad recaudatoria.

En política monetaria se estableció que el Estado, a través del Órgano Ejecutivo, determinará los objetivos de la política monetaria y cambiaria en coordinación con el Banco Central de Bolivia. También se estableció como función del Banco Central de Bolivia el mantener la estabilidad del poder adquisitivo interno de la moneda para contribuir al desarrollo económico y social.

En política financiera se determinó que el Estado regulará el sistema financiero con criterios de igualdad de oportunidades, solidaridad, distribución y redistribución equitativa, y priorizará la demanda de servicios financieros de los sectores de las micro y pequeñas empresas, artesanías, comercio, servicios, organizaciones comunitarias y cooperativas de producción.

En el marco de las políticas sectoriales el Estado debe proteger, fomentar y fortalecer a las organizaciones económicas campesinas y a las asociaciones u organizaciones de pequeños productores urbanos, artesanos, cooperativas y otros, como alternativas solidarias y recíprocas, a través del acceso a capacitación técnica y tecnología, a créditos, a la apertura de mercados y al mejoramiento de los procesos productivos.

El sector gremial, el trabajo por cuenta propia y el comercio minorista, en las áreas de producción, servicios y comercio, serán fortalecidos por medio del acceso al crédito y a la asistencia técnica.

Respecto al desarrollo rural integral, la CPE lo define como parte fundamental de las políticas del Estado y establece que este priorizará acciones para el fomento de emprendimientos productivos comunitarios con énfasis en la seguridad y soberanía alimentarias y apoyará a las organizaciones de economía comunitaria para que sean sujetos de crédito y accedan al financiamiento.

En el marco de la política de desarrollo rural integral, la CPE plantea los siguientes objetivos:

1. Garantizar la soberanía y seguridad alimentaria, priorizando la producción y el consumo de alimentos de origen agropecuario producidos en el territorio boliviano.
2. Establecer mecanismos de protección a la producción agropecuaria boliviana.
3. Promover la producción y comercialización de productos agroecológicos.
4. Proteger la producción agropecuaria y agroindustrial ante desastres naturales e inclemencias climáticas, geológicas y siniestros. Implementación del seguro agrario.
5. Implementar y desarrollar la educación técnica productiva y ecológica.
6. Establecer políticas y proyectos de manera sustentable, procurando la conservación y recuperación de suelos.
7. Promover sistemas de riego, con el fin de garantizar la producción agropecuaria.
8. Garantizar la asistencia técnica y establecer mecanismos de innovación y transferencia tecnológica.
9. Establecer la creación del banco de semillas y centros de investigación genética.
10. Establecer políticas de fomento y apoyo a sectores productivos y agropecuarios con debilidad estructural natural.
11. Controlar la salida y entrada al país de recursos biológicos y genéticos.
12. Establecer políticas y programas para garantizar la sanidad agropecuaria y la inocuidad alimentaria.
13. Proveer infraestructura productiva, manufacturera e industrial y servicios básicos para el sector agropecuario.

Por otro lado, se establece que el Estado determinará estímulos en beneficio de los pequeños y medianos productores con el objetivo de compensar las desventajas del intercambio inequitativo entre los productos agrícolas y pecuarios con el resto de la economía.

La CPE reconoce al turismo como una actividad económica estratégica, en ese marco el Estado promueve y protege el turismo comunitario con el objetivo de beneficiar a las comunidades urbanas y rurales, y a las naciones y pueblos indígenas originarios donde se desarrolle esta actividad.

Asimismo, la CPE introduce el tema del medio ambiente y establece como un deber del Estado y de la población conservar, proteger y aprovechar de manera sustentable los recursos naturales y la biodiversidad, sí como mantener el equilibrio del medio ambiente. Las políticas de gestión ambiental se desarrollarán con participación ciudadana y con control social.

La función del Estado en la economía

En el MESCP el Estado tiene un papel importante en la conducción de la economía; debe crear la base material y también la soberanía económica del país; además, debe fortalecerse para cumplir con los roles que le asigna la CPE, que son los siguientes:

1. Conducir el proceso de planificación económica y social, con participación y consulta ciudadanas.
2. Dirigir la economía y regular, de acuerdo con los principios establecidos en la Constitución, los procesos de producción, distribución y comercialización de bienes y servicios.
3. Ejercer la dirección y el control de los sectores estratégicos de la economía.
4. Participar directamente en la economía mediante el incentivo y la producción de bienes y servicios económicos y sociales para promover la equidad económica y social, e impulsar el desarrollo.
5. Promover la integración de las diferentes formas económicas de producción, con el propósito de lograr el desarrollo económico y social.

6. Promover prioritariamente la industrialización de los recursos naturales —renovables y no renovables—, en el marco del respeto y protección del medio ambiente, para garantizar la generación de empleo y de insumos económicos y sociales para la población.

7. Promover políticas de distribución equitativa de la riqueza y de los recursos económicos del país, con el objeto de evitar la desigualdad, la exclusión económica y social, y erradicar la pobreza en sus múltiples dimensiones.

8. Determinar el monopolio estatal de las actividades productivas y comerciales que se consideren imprescindibles en caso de necesidad pública.

9. Formular periódicamente, con participación y consulta ciudadana, el plan general de desarrollo, cuya ejecución es obligatoria para todas las formas de organización económica.

10. Gestionar recursos económicos para la investigación, la asistencia técnica y la transferencia de tecnologías para promover actividades productivas y de industrialización.

11. Regular la actividad aeronáutica en el espacio aéreo del país.

IX. EL MODELO ECONÓMICO SOCIAL COMUNITARIO PRODUCTIVO

Características

El concepto de *modelo* que se emplea ampliamente en la economía es aquel en el que este es una representación simplificada de la realidad, en la cual se destacan sus características más sobresalientes, es decir, es una forma de expresar la organización económica de una sociedad.

En términos más concretos, un modelo económico establece la forma en la que la sociedad genera excedentes económicos y la manera cómo los distribuye. Una sociedad es sostenible en el tiempo cuando la generación de excedentes se dirige a la satisfacción de necesidades actuales y futuras de la sociedad (a través de la distribución de este excedente en la población) y a su transformación en acervo de capital (hecho que beneficiará a la sociedad). Cuando los excedentes no satisfacen la necesidad colectiva, entonces es preciso redistribuirlos entre los miembros de la colectividad en función de la necesidad social.

El nuevo modelo económico social comunitario productivo (MESCP)[1] describe las implicaciones de las formas de organizar la producción y la distribución del excedente y es, por lo tanto, una forma de expresar la organización de las relaciones sociales de producción, y determinando su base económica-productiva se cultiva la conformación de la superestructura de la sociedad, es decir, se organizan los aspectos jurídicos, religiosos y culturales.

En el neoliberalismo el excedente económico boliviano se producía por la explotación de los recursos naturales y la fuerza de trabajo, fundamentalmente por las empresas transnacionales y era el sector privado el que se apropiaba de este excedente

[1] Publicado en la revista *Economía Plural*, núm. 1, del Ministerio de Economía y Finanzas Públicas, septiembre de 2011.

económico para su beneficio, haciendo mínimas transferencias al Estado para que, a su vez, este se ocupara de las tareas sociales como son la educación y la salud. Por lo tanto, la generación de excedente económico y su distribución no era equitativa y era un modelo altamente concentrador del ingreso en manos de unos pocos; aspecto que empezó a generar problemas sociales, como se ha evidenciado en los hechos descritos líneas arriba.

El MESCP, para su estructuración, no sólo recibió los aportes de las investigaciones económicas, sino que fundamentalmente se basó en las propuestas, reivindicaciones y lecturas de la realidad que hicieron los movimientos sociales.

El MESCP busca establecer la base económica para una nueva sociedad, es un modelo de transición hacia la construcción del socialismo. Con la aplicación de este modelo paulatinamente se irán resolviendo varios problemas económicos y gradualmente se irán eliminando muchos problemas sociales, y se consolidará la base económica para una adecuada generación y distribución de los excedentes económicos. Por tanto, no es pretensión del MESCP ingresar directamente al cambio del modo de producción capitalista, sino sentar las bases y condiciones para la transición hacia el nuevo modo de producción socialista.

En ningún momento se pensó en construir el socialismo de inmediato, no se puede realizar el tránsito mecánico del capitalismo al socialismo, hay un periodo intermedio en el que se debe empezar a construir una sociedad de tránsito entre el viejo sistema capitalista y la nueva sociedad socialista.

EL DIAGNÓSTICO

Cuando se formulaba el Plan de Gobierno del MAS-IPSP, en 2005, y el Plan Nacional de Desarrollo, ya se tenía un diagnóstico del sistema capitalista que sirvió de guía para el planteamiento del MESCP, que se expresaba en la identificación de cinco crisis en el sistema capitalista: energética, alimentaria, climática, hídrica y financiera; a las que recientemente se añadieron las crisis de políticas macroeconómicas e institucionales. Por la forma en que estas se relacionan y se retroalimentan, aspecto que no se había visto en crisis anteriores, consideramos que esta es una crisis estructural del sistema capitalista senil.

El sistema capitalista como sistema económico es de corta data respecto a otros sistemas económicos precedentes; a pesar de ser relativamente joven ha experimentado intensos y repetidos periodos de crisis y en los últimos 40 años —como nunca antes se había visto— expresa una serie de patologías persistentes, simultáneas y cada vez de magnitudes mayores. Nosotros destacamos siete crisis importantes del actual sistema capitalista:

1. Crisis financiera.
2. Crisis climática.
3. Crisis energética.
4. Crisis alimentaria.
5. Crisis hídrica.
6. Crisis de políticas macroeconómicas.
7. Crisis institucional.

Carlos Marx y Federico Engels, entre otros, estudiaron con bastante detenimiento el sistema capitalista y sus contradicciones internas y pronosticaron su extinción. Aunque esto no ha ocurrido todavía, existen síntomas muy fuertes que revelan su agotamiento y caducidad como sistema económico y social. Ya muchos investigadores han documentado empíricamente y de manera prolífica la dinámica capitalista de auge y decadencia. Kondrátiev[2] fue uno de los primeros en evidenciar las "ondas largas" que cada vez se hacen más cortas.

Crisis financiera

Una de las manifestaciones recurrentes del agotamiento del capitalismo moderno es la generación de procesos de crisis como una salida abrupta a las contradicciones profundas que se dan en el seno de la producción y la circulación.

---

[2] Nikolái Dmítrievich Kondrátiev (1892-1938), economista ruso que formuló la teoría del ciclo económico largo, cuya duración fluctúa entre 48 y 60 años. Identificó tres fases en el ciclo: expansión, estancamiento y recesión.

Es importante entender por qué el sistema financiero se ha convertido en estos dos últimos siglos en una fuente de inestabilidad para el sistema capitalista. En los siguientes párrafos se describirán las razones de esto.

John Maynard Keynes caracterizó la crisis del año 1929 como una situación en la que el capitalismo no siempre sigue la senda del pleno empleo, sino que al contrario genera un equilibrio con desempleo, desechando de esta manera los postulados neoclásicos de que la economía siempre está con pleno empleo. Para Keynes los defectos dentro del proceso de acumulación, en el esquema ahorro inversión, se asociaban a la ralentización y caída de la inversión. Sostenía que un sistema capitalista funciona correctamente cuando el ahorro generado se invierte en nueva capacidad productiva. Sin embargo, la incertidumbre sobre las expectativas de beneficio en un horizonte de tiempo determinado (una década) entrañaba un alto nivel de riesgo que inducía a las empresas a no invertir y a generar grandes déficits de inversión.

Esta sensación de alto riesgo y de enormes déficits de inversión se explicaban por el exceso de capacidad de las fábricas y equipamientos, y un ambiente de mercado de bienes y servicios saturado o con baja probabilidad de expansión; adicionalmente, las enormes desigualdades que mantenían a la clase trabajadora con un bajo nivel de capacidad de compra y de consumo generaban una perspectiva de beneficios deteriorada para las industrias. Por lo tanto, un descenso de la inversión generaba un círculo vicioso que provocaba una caída en el nivel de empleo, la producción, los ingresos y el gasto, originando a su vez problemas financieros y un clima negativo para los negocios que ralentizaban mucho más la economía y deterioraban aún más la inversión. Queda claro que para Keynes la contradicción fundamental del capitalismo se encuentra en la incertidumbre del proceso de inversión.

Michał Kalecki (1956: 147-159), otro importante teórico de la crisis del sistema capitalista, fue aún más tácito al señalar que el desarrollo a largo plazo no es inherente al sistema capitalista, por lo que requiere de otros factores de desarrollo específico para un avance ascendente a largo plazo.

Influenciados por Kalecki, los economistas Baran y Sweezy (1988: 67-92) explicaron que "el 'estado normal' de una economía capitalista es el pleno estancamiento", debido a que la enorme productividad de la economía capitalista monopolista, asociada a su política de fijación de precios oligopólica, generaba un enorme excedente que superaba la absorción de la economía a través del consumo y la inversión. La demanda efectiva seguía con insuficiencia, inclusive con el aporte del gasto social gubernamental, que era coaccionado políticamente por las industrias oligopólicas porque afectaba, vía impuestos, el retorno de utilidades y beneficios empresariales.

Los estímulos externos al flujo de producción eran a través de un mayor derroche de gasto militar, expansión del gasto por el esfuerzo en ventas y finanzas especulativas. Si bien esos estímulos permitieron al capitalismo, entre 1938 y 1970, lograr una "época dorada" de crecimiento, la misma nuevamente se fue agotando y se manifestó en una caída en picada de la productividad en la economía mundial.

El problema de la inversión lleva a la teoría del estancamiento del capitalismo; sin embargo, el mismo Keynes advirtió acerca de un segundo problema fundamental en el capitalismo, que es el papel contradictorio de las finanzas en la economía capitalista.

El desarrollo de la empresa moderna va de la mano con las finanzas vía la emisión de valores accionarios y el mayor papel otorgado al crédito-deuda en toda la economía. Keynes sugería que el mercado de valores era, en sí mismo, producto de un intento deliberado de los inversores para reducir el riesgo que entrañaba la inversión productiva como tal, ya que al poseer títulos que representaban derechos dinerarios, eran más fácilmente transferibles.

En este sentido, el capitalismo asumía un aspecto dual en la estructura de fijación de precios, por un lado la fijación de precios de la producción física y, por otra parte, la de activos financieros, pero operando por separado. Keynes señalaba que si los activos de largo plazo de las empresas se convirtieran en obligaciones de corto plazo para los inversores, surgiría la posibilidad de que la economía fuera víctima fatal de la especulación de dichos títulos, generando alta volatilidad e inestabilidad.

Por lo tanto, para Keynes existía un total desacoplamiento entre la estructura del mercado de activos financieros y el mercado de la producción, que a su vez daba lugar a la generación de burbujas especulativas cuyo estallido podría desestabilizar todo el sistema; en palabras de Keynes (2001: 157) "los especuladores pueden no hacer daño cuando sólo son burbujas en una corriente firme de espíritu de empresa; pero la situación es seria cuando la empresa se convierte en burbuja dentro de una vorágine de especulación".

El mérito para entender de manera más profunda las claves dadas por Keynes, en relación con el papel de las finanzas en una economía capitalista, fue de Hyman Minsky, profesor de la Universidad de Washington, quien desarrolló en los años setenta del siglo XX la "hipótesis de la inestabilidad financiera".

Minsky fue fuertemente influenciado por Keynes, Kalecki y Hansen y planteó que la estructura financiera de una economía capitalista avanzada muestra un defecto interno que la lleva inexorablemente de la fortaleza a la fragilidad, provocando que toda la economía sea propensa al fenómeno de la deflación de la deuda mostrado en la época de la Gran Depresión de 1929.

Según Minsky, el problema central radica en que un sistema financiero desarrollado es dependiente de un flujo constante de ingresos de efectivo, concretamente de beneficios y, para validar y mantener su continua expansión, si ello no ocurre por el aumento del nivel de deuda, la inestabilidad se hace presente a través de una burbuja que sólo espera que el flujo de ingresos se ralentice y estalle. Por esto, el sistema financiero moderno se hace dependiente de un sistema gubernamental que opera como prestamista de última instancia a través del Banco Central o Ministerio de Hacienda, quienes tienen que evitar la deflación de la deuda aportando liquidez en medio de la crisis.

Para Minsky la conclusión es rutilante: "La economía capitalista es inherentemente defectuosa porque sus procesos de inversión y financiamiento introducen fuerzas desestabilizadoras endógenas". El capitalismo es un sistema defectuoso cuyo desarrollo, si no se limita, llevará a profundas depresiones periódicas y a la perpetuación de la pobreza (Minsky, 2008: 320). Una de las preocupaciones expuestas por él era que el gobierno no pudiera seguir el ritmo al cual los mercados financieros inflan estas burbujas financieras y, por lo tanto, no pudiera limitarlas.

Otros economistas, como Magdoff y Sweezy —en las décadas de los setenta a los noventa— centraron su atención en el papel inestable del sector financiero de la economía y estudiaron la interrelación entre el estancamiento de la economía y su "financiarización",[3] es decir, el cambio del centro de gravedad de la producción hacia las finanzas. Magdoff y Sweezy criticaron la teoría de inestabilidad financiera de Minsky pues carecía del reconocimiento del estancamiento productivo implícito, emergente del sistema capitalista, ya evidente a finales de los años sesenta.

El estancamiento condujo a que el sistema financiero adoptara un papel diferente, de ser simplemente un motor secundario de crecimiento a ser la fuerza propulsora del capitalismo ante la debilidad de la inversión productiva. En consecuencia, se inició un proceso continuo de aceleración en la acumulación de la deuda, que iba más allá de las simples orgías especulativas características en los picos de auge del ciclo económico. La acumulación de la deuda se convirtió en un rasgo permanente e institucionalizado de la economía.

La búsqueda incesante de rentabilidad para los superávits de capital, con el mito financiero de que los precios de los activos financieros sólo irían en una única dirección, es decir, a la alza, inclusive en un ambiente de estancamiento de oportunidades de inversión física, generaron un *big bang* financiero que se irradió a muy largo plazo.

Para seguir adelante, el sistema económico capitalista se volvió más dependiente de la necesidad de burbujas y euforias financieras, necesitaba de mayores dosis que las anteriores para seguir en pie. La consecuencia del panorama descrito anteriormente, trajo consigo el temor de una estruendosa devaluación del capital que, a pesar del estratosférico crecimiento del endeudamiento, gasto militar y esfuerzo por aumentar ventas, era incapaz de evitar que un proceso de estancamiento tomara cuerpo en el sistema económico.

---

[3] Término utilizado en discusiones sobre el capitalismo financiero en el cual los mercados financieros han tendido a dominar sobre la economía industrial y agrícola tradicionales.

Para Magdoff y Sweezy (1988: 9-30) este "abrazo simbiótico" entre financiación y estancamiento captura la contradicción fundamental del actual capitalismo monopolista: la economía no puede vivir sin una intensa financiación (como gasto militar, entre otros), pero al final tampoco podrá convivir con esta.

Los datos muestran que el estancamiento de la tasa de crecimiento del PIB real mundial es una constante y que va aparejada, en el último tiempo, con la financiación del sistema económico capitalista. En la gráfica IX.1 se muestra cómo el volumen de comercio de derivados crece en forma exponencial a pesar del estancamiento secular de la tasa de crecimiento del PIB real mundial.

El papel creciente de los derivados en las finanzas internacionales se acentuó en la última década constituyéndose como el rasgo diferenciador del capitalismo, su importancia no es

GRÁFICA IX.1. *Crecimiento del PIB mundial* versus *volumen de derivados* over the counter *(OTC)*[a] *comercializados a nivel mundial, 1961-2014 (en porcentaje y en billones de dólares estadunidenses)*

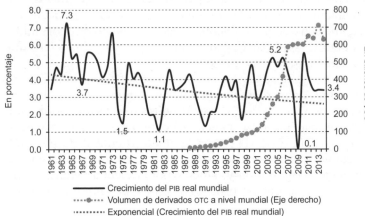

Crecimiento del PIB real mundial
Volumen de derivados OTC a nivel mundial (Eje derecho)
Exponencial (Crecimiento del PIB real mundial)

[a] OTC: mercado paralelo no organizado en el que se negocian instrumentos directamente entre dos partes.
FUENTE: elaboración propia con base en datos del Bank for International Settlements (BIS), el Banco Mundial, el FMI y Angus Maddison.

GRÁFICA IX.2. *PIB mundial* versus *volumen de derivados*
OTC comercializados a nivel mundial, 1980-2014
(en billones de dólares estadunidenses)

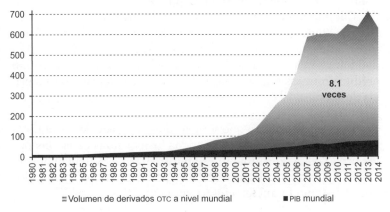

≡ Volumen de derivados OTC a nivel mundial   ■ PIB mundial

FUENTE: elaboración propia con base en datos del BIS y el Banco Mundial.

nada despreciable, ya que en 2014 representó 8.1 veces respecto al PIB mundial nominal, aspecto que corrobora la contradicción que se da entre la esfera de la circulación y la de la producción.

Sin embargo, los derivados y el mundo financiero de los *hedge funds*[4] no eran una taza de leche, pues en 2008 entraron en colapso y desencadenaron el mayor terremoto financiero internacional jamás visto en toda la historia del capitalismo, cuyas secuelas continúan todavía hasta el presente.

Este colapso provocó la quiebra de varios bancos de inversión, entre ellos el legendario banco Lehman Brothers y la implosión y estatización de las dos más grandes entidades hipotecarias del mundo, Fannie Mae y Freddie Mac.

¿Cuáles fueron las razones de la crisis financiera internacional que estalló en 2008? La crisis se inició a partir del otorgamiento de créditos mal evaluados a personas que no disponían de la capacidad de pago necesaria para contraer dichas deudas; sin embargo, los bancos al ofrecer demasiados créditos al

---

[4] Fondo de cobertura o fondo de inversión que suele ser denominado instrumento de inversión alternativa y fondo de alto riesgo.

mercado inmobiliario provocaron el estallido subsiguiente de la burbuja inmobiliaria en los Estados Unidos. Sobre la base de dichas hipotecas se emitió un gran paquete de derivados contaminados por estas malas hipotecas.

Cuando la política monetaria se endureció, con el aumento de las tasa de interés, los bancos se enfrentaron a deudores insolventes, hecho que condujo a su quiebra, ya que la actividad bancaria se había hecho global y los grandes bancos tenían créditos mutuos malos. La quiebra de la banca originó una crisis de crédito. El crédito se agotó y las economías empezaron a contraerse.

La crisis financiera que se veía venir era ya evidente, el Estado tuvo que hacerse cargo de todas las pérdidas causadas por los privados. A continuación se puntualiza la secuencia del desastre financiero causado por los "activos tóxicos" generados por el sistema financiero internacional:

1. *2002-2006*: se inicia el *boom* de créditos hipotecarios.
2. *2007*: los bancos quiebran. Estiman pérdidas entre los 50 millones y 5 000 millones de dólares.
3. *2007-2009*: la FED otorgó un rescate financiero por cerca de 7.8 billones de dólares.
4. *2010-2011*: rescate financiero a Irlanda por 85 000 millones de euros y a Portugal por 78 000 millones de euros.
5. *2010-2012*: rescate financiero a Grecia por 110 000 millones de euros.
6. *2012*: rescate financiero a España por 100 000 millones de euros.
7. *Abril de 2013*: rescate financiero a Chipre por 10 000 millones de euros.
8. *Agosto de 2013*: Alemania reconoce que Grecia necesita un nuevo rescate financiero.
9. *Agosto de 2015*: en una reunión del Eurogrupo se autorizó un nuevo rescate financiero a Grecia, que implicó un programa de asistencia financiera por 86 000 millones de euros.

Lo más interesante de esta crisis financiera es que estalla en el corazón del sistema capitalista, en los Estados Unidos, y surge por una falta total de regulación por parte del Estado en el mercado, aproximándose más a lo que los libros de texto llaman "el mercado perfecto", es decir, aquel espacio que cumple varios requisitos para que funcione, por un lado la economía de mercado[5] en su rol de asignador de recursos y, por el otro, el funcionamiento de la hipótesis del mercado eficiente.

Fue en este mercado financiero estadunidense donde estalló una de las más grandes crisis que enfrentó el sistema capitalista, cuestionando de esta manera la capacidad de la economía de mercado para resolver los problemas.

Al final, como siempre sucede, en los momentos en que el mercado muestra su real debilidad, tiene que aparecer el Estado para resolver los problemas creados por el "exceso de mercado" y la total libertad de definición de los precios, esta vez de activos financieros. De esta manera, el costo en la sociedad norteamericana fue pagado con los propios impuestos de los ciudadanos estadunidenses, que fueron utilizados por el gobierno de ese país en planes de salvación para estas entidades financieras.

Crisis climática

En los últimos años se habla mucho del cambio climático como si este fuese natural o debido a circunstancias ajenas a las acciones de los seres humanos; esto es totalmente equivocado, pues como ya lo han explicado en su oportunidad los científicos del área, esto se debe al sobrecalentamiento de la Tierra, al agujero en la capa de ozono provocado por las excesivas emisiones de dióxido de carbono en el planeta, explicados a su vez por la industria contaminante y uso de electrodomésticos,

---

[5] Existe una clara diferencia entre lo que es la economía de mercado respecto al mercado propiamente. Este último existe desde tiempos inmemorables, estuvo presente incluso en la economía de trueque, en el comunismo primitivo, en el esclavismo, en la etapa feudal y, por supuesto, en el sistema capitalista, y este instrumento de intercambio no fue en la mayoría de estos modos de producción el que determinaba la economía. En cambio, cuando rige la economía de mercado, la asignación de recursos corresponde al mercado por la vigencia de la hipótesis del mercado eficiente y, por lo tanto, sólo el mercado es el mecanismo para llegar a los equilibrios económicos. Es decir, esta "economía de mercado" es la exaltación y la exageración del mercado como instrumento para llegar al equilibrio económico.

aerosoles y otros que se dan fundamentalmente en los países desarrollados.

Hoy la Tierra experimenta los efectos de "El Niño" y "La Niña", que se traducen en sequías, heladas, inundaciones y otras manifestaciones naturales. Indudablemente, la temperatura de la Tierra está en ascenso constante, pero ¿cuál es la causa de este incremento de temperatura? Este aumento es atribuible al accionar humano.

Con el pasar de los años, la crisis climática parece haberse agravado, incluso con todos los esfuerzos realizados por algunas organizaciones y la firma de compromisos mundiales para aminorar este problema.

Al parecer, es el modelo de desarrollo mundial vigente el que ha originado y el que da continuidad a esta crisis ante la idea de lograr el progreso y avanzar hacia la modernidad. Así, la mayor parte de las economías en el mundo han comenzado a promover masivamente el desarrollo de sus polos industriales y tecnológicos con el fin de alcanzar elevados niveles de crecimiento económico, considerado como único indicador válido en el mundo para medir el éxito o fracaso de una sociedad determinada; originando de esta manera un consumo desmedido y vano, sin considerar el impacto hacia el marco ecológico y natural, ni hacia las diversas culturas originarias.

No obstante, es importante reconocer que últimamente ha existido una expansión importante de lo que se conoce como "concientización ambiental", misma que no ha podido frenar o no ha logrado modificar la motivación principal por la que se organiza el sector empresarial o se realizan los negocios: la obtención de ganancias.

En el siglo XVIII la Revolución industrial dio inicio a la utilización del vapor como fuerza motriz, asentándose el origen del capitalismo industrial sobre la base de la denominada libertad económica. Este capitalismo evolucionó con los constantes inventos industriales. En el siglo XX la actividad industrial básicamente avanzó a partir del consumo de combustibles derivados del petróleo por parte de los motores industriales.

De esta forma llegamos a la década de los años 1950, periodo en el que el corazón de la industria en general estaba en la producción automotriz, industria que se expandió a todo el mundo y es considerada en la actualidad como uno de los sectores económicos generadores de más ingresos. Aproximadamente existen en todo el mundo más de 800 millones de vehículos y cada año se producen unas 80 millones de unidades de motorizados.

Con estos indicadores es fácil advertir que tanto la industria petrolera como aquellas destinadas a la producción de automóviles han conseguido ser el núcleo del poder mundial y tienen la capacidad de presionar e influir sobre decisiones políticas y sobre la toma de decisiones de ciertos organismos internacionales. Así, a partir de los años ochenta, estamos atravesando un proceso de acumulación de capital y de poder en un puñado de corporaciones que establecen las reglas del juego político y económico para todo el mundo, denominado *globalización*, imponiéndolas a través de tratados y condiciones a los países y a los gobiernos para la obtención de beneficios particulares.

Como se mencionó antes, es este modelo de desarrollo mundial el que está afectando el ambiente del planeta, a través del daño irreversible que está ocasionando en la capa atmosférica que cubre la corteza terrestre, sin la cual no sería posible la vida.

La atmósfera está compuesta por un conjunto de gases, entre estos el oxígeno, el hidrógeno, el nitrógeno, el metano y el dióxido de carbono, mismos que, equilibradamente, permiten mantener una adecuada temperatura terrestre y absorben parte de la radiación ultravioleta.

El mecanismo que realiza la atmósfera es análogo a un vidrio que recibe la radiación solar y atrapa calor, brindando una temperatura adecuada para la generación de vida en la Tierra. Pero si aumenta el grosor del vidrio al doble, indudablemente, la temperatura al interior variará y esto conllevará efectos y cambios climáticos.

Es el accionar de los seres humanos, a partir del actual modelo de desarrollo productivo industrial que se aplica, el causante de los desequilibrios en los gases de la atmósfera. Este modelo de desarrollo implica, anualmente, la deforestación de varias zonas naturales y la destrucción de los suelos ecológicos; evitando la absorción del dióxido de carbono que tiene influencia térmica sobre el sistema climático mundial,

GRÁFICA IX.3. *Calentamiento de la superficie de la Tierra,*
1900-2100 (en grados centígrados)

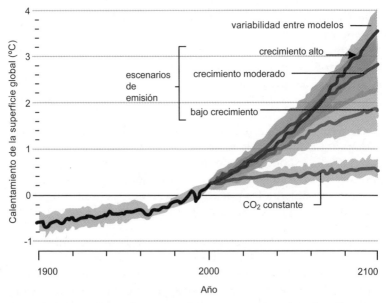

FUENTE: Grupo Intergubernamental de Expertos sobre el Cambio Climático
(IPCC), *Warming Predictions* (2010).

provocando el aumento de la temperatura y los actuales desórdenes climáticos.

En la gráfica IX.3 se presenta el pronóstico para el año 2100
del calentamiento global en un set de escenarios de emisión
que provocarían anomalías en la temperatura del planeta.

El aumento de las emisiones de gases con efecto de invernadero se debe a la mayor combustión de petróleo y gas, que
al reaccionar con el oxígeno del aire liberan dióxido de carbono. En los últimos 150 años se estima que se han consumido
la mitad de las reservas de petróleo del planeta, generando a
través de este consumo la propagación de diversos gases conocidos como gases con efecto invernadero (GEI), por la reacción
climática que producen similar a la de un invernadero.

Entre algunas actividades responsables de la generación de
GEI, tenemos:

1. La combustión en los procesos industriales.
2. La deforestación de selvas nativas y la tala de los árboles y bosques.
3. La generación de electricidad a partir de la combustión del gas o de derivados del petróleo.
4. La propagación de enormes cantidades de dióxido de carbono, emitidos por la actividad del transporte terrestre, acuático y aéreo.
5. La emisión de dióxido de carbono y óxido nitroso del modelo de agricultura industrial.
6. La demanda de energía para el sistema industrial y el procesamiento de alimentos.
7. La emisión de óxido nitroso y metano por la actividad ganadera criada básicamente con alimento balanceado.
8. La emisión de metano por los enormes botaderos residuales o rellenos sanitarios.

Es a partir de estas actividades que se ha producido, de manera intensa y continua, un desorden climático y fenómenos extremos como:

1. Cambios bruscos de temperatura, generando niveles extremos de calor y/o frío e incertidumbre en cuanto a las estaciones.
2. Incremento y variación en la frecuencia e intensidad de vientos, tormentas y huracanes.
3. Aumento de la cantidad y de los ciclos de sequías, incendios forestales y de inundaciones.
4. Enormes variaciones en los patrones de calor, humedad, lluvias y nevadas, y su presencia en zonas y regiones donde antes no se registraban.
5. Propagación de enfermedades características de zonas cálidas, como la malaria y el dengue, a regiones que no se encontraban afectadas por estos malestares.
6. Disminución de la población piscícola ante el calentamiento y la contaminación de los mares y lagos.
7. Descongelamiento de nevados, polos y glaciares que modifican directamente el abastecimiento de agua dulce, afectando a aquellas poblaciones que basan su supervivencia en los ríos procedentes del deshielo.

8. Incrementos en el nivel del mar, que están ocasionado inundaciones y pérdidas agrícolas ante la degradación de las zonas costeras por el descongelamiento de los casquetes polares.

Precisamente, en la actualidad, diferentes regiones del mundo han registrado alarmantes y crecientes estados de sequías, tal es el caso del suroeste y las planicies centrales de los Estados Unidos y las regiones de Australia, con sequías consideradas como las peores del último siglo.

En los años 2011 y 2012 más de 80% del territorio de Texas se vio afectado por una severa sequía que dejó enormes pérdidas agrícolas y ganaderas, calculadas por un valor aproximado de 5 200 millones de dólares, aquejando principalmente a los cultivos de algodón, siendo el estado de Texas el responsable de casi 70% de las exportaciones hacia América y provocando la muerte de 1.4 millones de cabezas de ganado.

Entre 2012 y 2013 también México padeció la peor sequía registrada en 70 años, misma que afectó a 70% del país, generando cuantiosas pérdidas económicas y ambientales, afectando principalmente a las áreas agrícolas de maíz y frijol.

Entre otros de los desórdenes climáticos tenemos regiones con elevados niveles de calor, tal es el caso de Rusia que en 2010 registró el verano más caluroso de su historia y la generación de variados incendios forestales con trágicos resultados en pérdidas humanas y económicas. A su vez, en 2015 varios países de Europa, entre ellos Francia, Suiza, Italia, España, el Reino Unido, Bélgica y Holanda alcanzaron récords en sus temperaturas, alrededor de 40°C no vistos en más de 10 años.

Los incendios forestales pueden ser causados por el sofocante calor que existe en zonas con gran masa vegetativa, mismos que al secarse emiten etileno, elemento altamente combustible, que se inflama ante el oxígeno del ambiente en estas regiones. Un ejemplo de este acontecer climático es Australia, que en el periodo 2013-2014 experimentó elevados niveles de temperatura que provocaron incendios forestales en muchos de sus estados.

Casi a la par de estos eventos ambientales, otras regiones del mundo padecen de fuertes lluvias, ingentes monzones y desbordamiento de ríos. Por ejemplo, este año, al menos una docena de personas en Francia fallecieron tras las inundaciones causadas por las fuertes tormentas que provocaron el desborde del río Brague, que inundó varias poblaciones cercanas. En Japón, cerca de 90 000 personas se vieron obligadas a abandonar sus casas ante las graves inundaciones que desbordaron el río Kinugawa, ante la cercanía del tifón Etau.

Un resultado frecuente de estos episodios climáticos es indudablemente la propagación de enfermedades de transmisión hídrica como son el cólera y el dengue.

El 8 de noviembre de 2013 se registró en Filipinas el mayor desastre natural, denominado tifón Haiyan, en el que más de seis mil personas murieron y otras 27 000 resultaron heridas. La velocidad de los vientos del tifón sobrepasaron las 140 millas por hora destruyendo carreteras, escuelas, viviendas y los sistemas eléctricos e hídricos.

De igual manera, en 2014, en la mayor parte de los Estados Unidos y en Canadá se registró la presencia del "torbellino polar" con temperaturas bajo cero, que cubrió ambos países con la presencia de hielo, nieve, terremotos y tormentas, irrumpiendo en la actividad diaria de estas naciones ante un escenario no apto para la vida humana.

Estos acontecimientos climáticos —experimentados mundialmente— son un claro ejemplo de la presencia de agresivos desórdenes climáticos que, conforme pasan los años, se van agravando.

La crisis climática también se evidenció en nuestra región y en Bolivia. Está afectando a muchos países y especialmente pone en aprietos a los estados más pobres que tienen que destinar recursos para contrarrestar los efectos climáticos que experimentan.

Esta crisis no solamente repercute en temas presupuestarios a los países que la sufren, sino que también tiene efectos sociales y económicos, ya que frecuentemente se observa una mayor migración campo-ciudad de personas que buscan mayores oportunidades, servicios y seguridad. Asimismo, son cada vez más los efectos de El Niño y La Niña, es decir, sequías, heladas, inundaciones; la cantidad de tierra que podría destinarse al cultivo agrícola está disminuyendo, al igual que la capacidad de producción piscícola.

En esta línea, en los últimos años, en Sudamérica se ha registrado más frecuentemente la presencia de estos desórdenes ambientales. En 2011 Perú se vio afectado por mayores precipitaciones que afectaron 50% de su región, causando daños en más de cuatro mil hectáreas de cultivo y la destrucción de viviendas, puentes y carreteras. En Colombia, 28 de sus 32 departamentos registraron emergencias por inundaciones debido al fenómeno de La Niña en 2010, en el que 136 personas perdieron la vida y aproximadamente 1.3 millones resultaron damnificadas, declarándose al país cafetalero en estado de "calamidad pública".

Por otra parte, Argentina, a finales de 2013 registró la mayor ola de calor en más de 100 años, alcanzando temperaturas mayores a los 40°C en 50% de su territorio, hecho que demandó un mayor consumo de energía eléctrica provocando cortes de electricidad prolongados de hasta 10 días.

En Bolivia los fenómenos climatológicos de El Niño en 2007 y La Niña en 2008 afectaron enormemente a la actividad agrícola y pecuaria del país, además de la infraestructura vial y urbana en varias poblaciones, registrándose pérdidas por más de 900 millones de dólares en estos dos años y más de dos mil viviendas destruidas por las lluvias e inundaciones. De similar forma, en 2013, ante la sequía que afectó a cinco de los nueve departamentos, el país fue declarado en "emergencia nacional" tras el saldo de 17 000 familias damnificadas, más de 48 000 cabezas de ganado perdidas y más de 86 000 hectáreas de cultivo afectadas.

Estos hechos ocurridos en la crisis climática retroalimentan las otras crisis del capitalismo, aspecto que hace de esta crisis una muy singular para el sistema.

Crisis energética

El mundo moderno es cada vez más dependiente del uso de energía, ello es así porque las industrias y los hogares de los países más avanzados la requieren; asimismo, van a necesitar, más a menudo, mayores volúmenes de energía. Entre las principales se encuentran la energía fósil como los hidrocarburos y la energía con base en el carbón; sin embargo, la oferta de energía

GRÁFICA IX.4. *Producción y consumo mundial de petróleo,*
1965-2013 (en miles de barriles diarios)

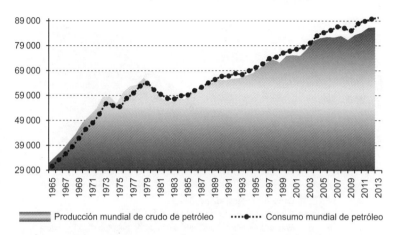

▬▬▬ Producción mundial de crudo de petróleo   ·····●···· Consumo mundial de petróleo

FUENTE: elaboración propia con base en información de la Administración
de Información de Energía de los Estados Unidos.

especialmente la basada en hidrocarburos ha sido superada ya
varias veces por la demanda, principalmente porque el *stock* de
descubrimientos de petróleo a nivel mundial va aumentando
a un ritmo menor y, por lo tanto, también la oferta mundial.

La gráfica IX.4 muestra la evolución de la producción y demanda mundial de petróleo hasta 2013, cuando se evidencia
que en los últimos 10 años la brecha entre consumo y oferta
mundial ha aumentado de manera evidente presionando sobre el precio internacional del barril de petróleo crudo.

Este mayor consumo y mayor demanda persistente a nivel
mundial y principalmente en los países desarrollados, ya se ha
traducido en reiteradas oportunidades en apagones en grandes
ciudades como Nueva York y París. Asimismo, esta marcada
necesidad de mayor producción de energía en el mundo también se ha traducido en que varios países hayan ingresado a la
producción de energía con fuentes no convencionales, como lo es
la energía atómica, como fue el caso de Irán, que ha traído un
inevitable debate sobre el uso de este tipo de energía.

La presión del exceso de demanda sobre el precio internacional del petróleo, especialmente por el consumo de China

GRÁFICA IX.5. *Producción, consumo y precio mundial de petróleo,*
1975-2013 (en miles de barriles diarios y dólares por barril)

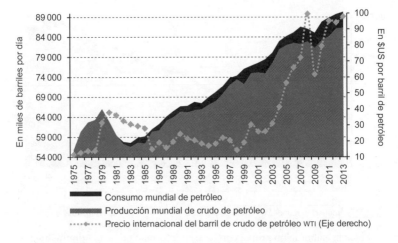

Consumo mundial de petróleo
Producción mundial de crudo de petróleo
Precio internacional del barril de crudo de petróleo WTI (Eje derecho)

FUENTE: elaboración propia con base en información de la Administración
de Información de Energía de los Estados Unidos y *Commodity Primary Pri-*
ces del FMI.

y los Estados Unidos, es otro factor a puntualizar. La gráfica
IX.5 muestra la evolución del precio internacional del petróleo y su relación con el exceso de la demanda en el consumo
de este.

Todo lo anterior es evidencia de que la tendencia registrada hacia un mayor ritmo en el crecimiento del precio internacional del petróleo agravó la crisis de energía a nivel mundial.

Crisis alimentaria

Actualmente la población mundial sobrepasa los siete mil millones de personas y las condiciones de nutrición son muy des-
iguales; existen millones de seres humanos que pasan varios
días sin ingerir alimentos o están en estado de subnutrición,
basta señalar que el problema de la obesidad es otra de las desviaciones del sistema de alimentación mundial.

Según el informe *Cómo alimentar al mundo en 2050* de la
Organización de las Naciones Unidas para la Alimentación y

GRÁFICA IX.6. *Subnutrición en el mundo, 2000-2014*
(en millones de personas)

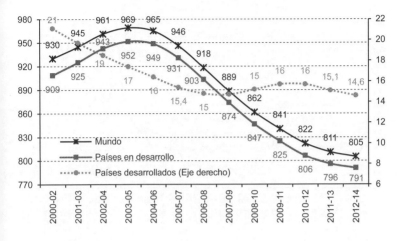

FUENTE: elaboración propia con base en datos de la FAO.

la Agricultura (FAO, 2009), la población mundial en 2050 será de 9 100 millones de habitantes. Para alimentar a esta población la producción de alimentos (excluyendo los alimentos empleados para la producción de biocombustibles) deberá aumentar 70%, véase gráfica IX.6.

Otro informe de OCDE y FAO (2012) denominado *Perspectivas agrícolas 2012-2021* menciona que la producción agrícola debe incrementarse 60% en los próximos 40 años para satisfacer la creciente demanda de alimentos. No obstante, el potencial de expansión de tierras agrícolas a nivel mundial es limitado y además agravado por la crisis climática, como se señaló líneas arriba. Se prevé que las tierras cultivables aumenten sólo 5% hacia 2050. La producción adicional deberá provenir de una mayor productividad.

El ritmo de crecimiento de la producción de alimentos ha sido rebasado por el progresivo incremento de la demanda de los mismos; a este hecho se suma la aparición de nuevos actores mundiales que han mejorado sustancialmente los ingresos de su población, quienes incrementaron su demanda por alimentos, nos referimos al fenómeno de China y la India, que

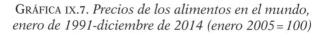

GRÁFICA IX.7. *Precios de los alimentos en el mundo,*
enero de 1991-diciembre de 2014 (enero 2005 = 100)

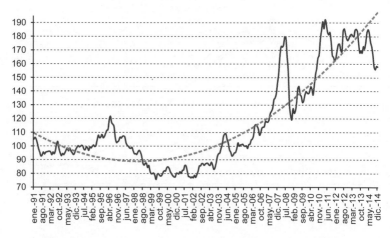

FUENTE: elaboración propia con base en *Commodity Primary Prices* del FMI.

son los países más poblados del planeta y que han mejorado sustancialmente sus economías en los últimos 15 años. Por estas y otras razones, en estos últimos 10 años la tendencia del índice de precios de alimentos a nivel mundial fue incrementándose, véase gráfica IX.7.

Adicionalmente, las otras crisis del sistema capitalista también han tenido un efecto negativo sobre la crisis alimentaria. Así, cuando el nivel de precios del barril de petróleo a nivel mundial rebasó 60 dólares, la producción de biocombustibles se hizo rentable y muchas tierras —que en el pasado eran utilizadas para la producción de alimentos— se utilizaron para la producción de la materia prima de este biocombustible, disminuyendo así la producción para el consumo humano. Por otra parte, como se señaló líneas arriba, la crisis climática también generó menor espacio territorial para la producción de alimentos, toda vez que ocasionó tierras anegadas por el agua, tierras secas y desérticas, y las heladas hicieron perder grandes cantidades de productos alimenticios.

La crisis hídrica tuvo también su impacto en la producción de alimentos, aspecto que seguidamente paso a describir.

Crisis hídrica

Todas las señales actuales indican que la crisis hídrica por la que está atravesando la Tierra se está agravando y si no se toman las medidas y acciones necesarias para paliarla, consecutivamente, esta se irá incrementando, dejando sus efectos entre las diversas y abundantes formas de vida que habitan este planeta, incluyendo a los más de siete mil millones de seres humanos.

La situación de desabastecimiento hídrico mundial va desde la escasez física de agua, que afecta a casi una quinta parte de la población mundial, hasta los escenarios de escasez económica de agua, refiriéndose a la situación en la que los países carecen de las condiciones necesarias para transportar este recurso desde las vertientes potables hacia los hogares y poblaciones; alrededor de una cuarta parte de la población mundial se enfrenta a esta situación.

Actualmente, todos los continentes han sido afectados con esta crisis, siendo cerca de 700 millones de personas las que sufren de escasez de agua. Las malas maneras en que se han administrado las aguas por parte de los seres humanos (ante el uso excesivo del recurso por parte de algunos países desarrollados, el depósito de ingentes cantidades de desecho en las cuencas y vertientes por parte de las industrias y hogares, y por su mal uso en general) han causado la crisis hídrica, conocida como la crisis del ordenamiento de los recursos hídricos, que no considera a las generaciones futuras ni las consecuencias que tiene en la actual población.

Los principales afectados y los que más sufren con la presencia de esta crisis son, sin duda, los pobres, quienes diariamente se enfrentan a esta escasez y en la mayoría de las situaciones confrontan la propagación de enfermedades vinculadas con esta carencia, como el dengue y el cólera.

En este sentido, la pobreza, que alcanza a una gran parte de la población, es considerada como el síntoma y la causa de la crisis hídrica. Así, establecer mejores condiciones y un mejor acceso a este vital recurso, conjuntamente con una mejor administración para enfrentar la creciente escasez de agua per cápita, podría favorecer considerablemente la mitigación de la pobreza.

La crisis hídrica deviene principalmente por problemas de actitud y del comportamiento del hombre. Actualmente, se han desarrollado excelentes conceptos orientados a tratar este problema, como la equidad y la sostenibilidad; no obstante, la indiferencia de las naciones ante este hecho y ante su objetivo principal de querer alcanzar elevados niveles de crecimiento, además de la presencia de una población no muy preparada para remediar este problema, con una conciencia aún no plena de la magnitud del mismo, nos hacen concluir que no se están tomando las medidas correctivas indicadas para paliar esta crisis.

La crisis hídrica es a la que la población del tercer milenio debe hacer frente, para lo cual debería considerársele, en todos sus variados aspectos, desde el panorama general de solución de problemas, puesto que afecta al núcleo de la supervivencia humana y a la conservación de la Tierra. La gráfica IX.8 ilustra que la población mundial al ser superior a los retiros de agua anual, deja un retiro per cápita sin crecimiento y con tendencia a estancarse.

En el trascurso del último siglo los niveles de retiro de agua se sextuplicaron, se estima que actualmente más de 50% de la

GRÁFICA IX.8. *Niveles de retiro de agua mundiales y per cápita (en millones de personas, km³ y m³)*

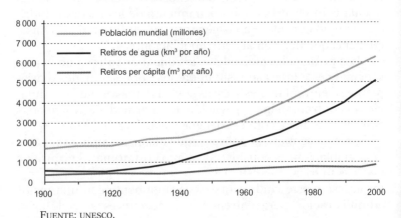

FUENTE: UNESCO.

correntía accesible de agua es apoderada por la población, y que para el año 2025 este porcentaje alcanzará 70%. Si no se toman las acciones necesarias para hacer frente a esta crisis, su crecimiento y expansión llevará a una crisis inminente en el planeta, en el que los desequilibrios generados se plasmarán en una mayor población con escasez de agua hacia 2025 (figura IX.1).

FIGURA IX.1. *Abastecimientos renovables de aguas dulces mundiales, 1995 vs. 2025*

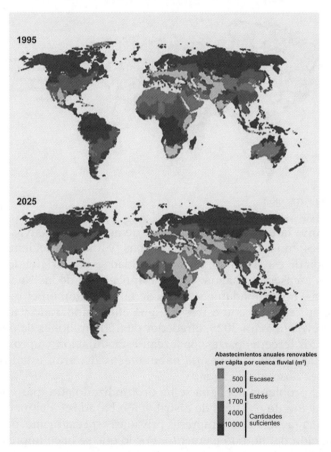

FUENTE: Programa de las Naciones Unidas para el Medio Ambiente, *Vital Water.*

Generalmente, la escasez del agua es medida según la relación entre agua *versus* población, utilizada básicamente por los hidrólogos. De esta forma, una zona experimentará estrés hídrico si la provisión per cápita de agua al año cae por debajo de 1 700 m³, se experimentará escasez de agua si el suministro está por debajo de 1 000 m³ de agua por persona al año, y ante un ratio agua/persona menor a 500 m³, la población estará ante un estado de escasez absoluta de agua (figura IX.2).

FIGURA IX.2. *Escasez de agua a nivel mundial, 2010*

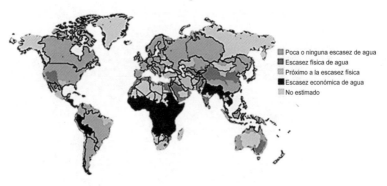

FUENTE: ONU.

Ante la distribución desigual de agua dulce, cuyas cantidades en el mundo son las mismas, y ante la creciente demanda de este recurso, en la actualidad se han originado mayores escaseces de agua. Según estimaciones de las Naciones Unidas, aproximadamente 40% de la población en el mundo vive en regiones con estrés de agua entre moderado y alto; y se prevé que para 2025, alrededor de 5 500 millones de personas, dos terceras partes, padezcan esta situación y aproximadamente 1 800 millones de habitantes registrarán estados de escasez absoluta de agua.

El problema del agua se ha profundizado aún más con la aplicación de políticas de distribución basadas en el mercado y con la presencia de empresas privadas, especialmente, de distribución del líquido elemento. Por lo que se hace imprescindible la participación activa del Estado en la resolución de este problema.

Crisis de políticas macroeconómicas

La Gran Depresión de 1929 dio lugar al nacimiento de la macroeconomía y John Maynard Keynes estableció un paradigma donde la aplicación de políticas monetarias y fiscales fueron los medios idóneos para lograr que la producción y el empleo convergieran hacia el ingreso potencial de la economía.

Los economistas keynesianos lograron un prestigio por su alta capacidad de administrar políticas de demanda agregada entre la década de los años 1940 hasta mediados de los años 1960, así como también el logro de menores niveles de desempleo con aumentos de la tasa de inflación; sin embargo, a inicios del decenio de los años 1970, la escuela monetarista liderada por Milton Friedman (monetaristas tipo I) puso en entredicho tanto la capacidad de administrar la demanda agregada como la posibilidad de explotar un *trade off* entre inflación y desempleo.

Versiones más extremas, basadas en la hipótesis de expectativas racionales, lideradas por Robert Lucas y Thomas Sargent (monetaristas tipo II), propusieron que todas las políticas económicas eran inefectivas en el corto plazo y no había espacio para que el Estado pudiera alterar el nivel de producción y empleo, por contar a los agentes económicos con una extraña habilidad de ser omniscientes o tener previsión perfecta, de manera tal que no podían ser sorprendidos por las políticas económicas, salvo si su actuación fuera inesperada por el público.

En los primeros años de la década de los ochenta, el monetarismo I y II degeneró en un "monetarismo bastardo" conocido como "economía de la oferta" que proponía fundamentalmente reducir al Estado a su mínima expresión, dando paso a la privatización de las empresas públicas y a una menor carga tributaria que incentivarían el empleo y la producción; y la desregulación de los mercados, principalmente el financiero, el externo y el de trabajo. Lamentablemente la aplicación de estas ideas llevó a los Estados Unidos y al Reino Unido a tener unas finanzas públicas deterioradas, sin haber logrado aumentar el empleo ni la producción.

El monetarismo tipo II retomó el liderazgo centrado en que los precios flexibles permitían que los mercados se equilibraran y lograran una asignación óptima de los recursos en el sistema económico. La participación del Estado solamente podría empeorar la situación. Sin embargo, a mediados de la década de los ochenta surgía la escuela neokeynesiana, un nuevo enfoque el que si bien los agentes eran plenamente racionales, existían rigideces de precios y/o salarios y dichas rigideces constituían respuestas óptimas por parte de dichos agentes, y permitían un espacio para la aplicación de las políticas económicas.

Como era de esperarse, el debate de mediados de la década de los ochenta y a lo largo de los noventa fue muy intenso, hasta que en 2006 el *establishment* de los economistas de los países desarrollados, la economía convencional, consideró que se había encontrado un gran consenso entre "nuevos keynesianos" y "nuevos clásicos". El consenso consistía en que se aceptaba que pudieran convivir ciertas rigidices de precios en ciertos mercados con flexibilidad plena en otros, se denominó a dicho consenso "nueva síntesis neoclásica".

El desarrollo de estos nuevos modelos llevó a los macroeconomistas a afirmar que conocían de manera acabada el funcionamiento de los ciclos económicos y, por lo tanto, podían definir las acciones necesarias para moderar cualquier desviación peligrosa vía políticas fiscales o monetarias; lo concebían como un tema secundario y de fácil implementación, de tal manera que administrar las fluctuaciones económicas era una cuestión trivial, por lo que los esfuerzos deberían dirigirse a entender y analizar, con mayor precisión, los problemas referidos al crecimiento económico y a la productividad global de la economía.

Dicho consenso fue de beneplácito y aceptación por economistas de prestigio como Olivier Blanchard, Ben Bernanke y Robert Lucas entre otros. Ese consenso fue conocido como "gran moderación", una situación en la que el ciclo económico estaba plenamente domesticado y un desajuste de corto plazo no pasaba de ser un pequeño problema molestoso, pero fácil de controlar, y el largo plazo era el horizonte de análisis relevante para la macroeconomía; sin embargo, una gran crisis macroeconómica producto del terremoto financiero de 2008 estaba en ciernes.

El anuncio de la catástrofe que se avizoraba lo hizo el economista Nouriel Roubini, a finales de 2006, quien explicó, en una conferencia en el FMI, que la burbuja financiera causada por estos valores estructurados (CDO)⁶ no soportaría el desplome inmobiliario en todos los Estados Unidos y que varios bancos de inversión, como otros bancos comerciales, quedarían sumidos en una quiebra inminente. Varios de los asistentes a dicha conferencia soltaron ruidosas carcajadas porque era inimaginable lo que profetizaba Roubini o "Dr. Catástrofe", como es conocido actualmente.

La predicción que lanzara Roubini en 2006 se materializó a mediados de 2008 y la catástrofe profetizada se hizo realidad, el sistema financiero entraba en una tremenda implosión, las actividades económicas se paralizaban día a día en varios estados, el desempleo aumentaba por doquier, la "gran contracción" había llegado y el terremoto financiero generaba sus réplicas en toda Europa, Japón, en los países denominados BRIC,⁷ y las economías emergentes sufrían los efectos de la globalización financiera.

Las autoridades económicas estadunidenses aplicaron, a finales de 2008, una serie de medidas como estatizar las mayores instituciones de hipotecas en los Estados Unidos, estatizar una compañía de seguros, inyectar a los bancos de inversión paquetes de rescate por más de 700 000 millones de dólares, aplicar estímulos fiscales como recortes de impuestos y el aumento del seguro de desempleo.

Por el lado monetario, la Reserva Federal de los Estados Unidos, su banco central a la cabeza de su entonces presidente Ben Bernanke, aplicó los famosos paquetes denominados "facilitación cuantitativa" que inundó con liquidez los mercados financieros a fin de reducir la tasa de interés de referencia y estimular la demanda agregada de consumo e inversión, así como también las exportaciones vía la devaluación del dólar, que implícitamente generó dicha medida.

Bernanke fue demasiado optimista por las medidas implementadas y señaló de manera efusiva, a inicios de 2009, que el mal momento pronto terminaría y la economía volvería a disfrutar de un verano económico. Bernanke fue nominado por *The New York Times* como el personaje del año 2009; sin embargo,

---

⁶ *Collateralized Debt Obligations* (obligaciones de deuda con garantía colateral).
⁷ BRIC, por el grupo conformado por Brasil, Rusia, India y China.

GRÁFICA IX.9. *Economías avanzadas y emergentes: tasa de desempleo, 2000-2014 (en porcentaje)*

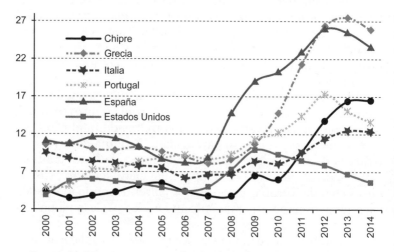

FUENTE: elaboración propia con base en información de Eurostat.

el verano esperado jamás llegó. Otros economistas eran más pesimistas, como Blanchard quien afirmó que la recesión tendría una duración de 10 años.

Como consecuencia de la crisis económica norteamericana y el contagio a muchos otros países, el desempleo se hizo una característica permanente en la mayoría de las economías del mundo (gráfica IX. 9).

La zona del euro, tras aplicar una serie de medidas paliativas contra la crisis, reveló un problema fatal escondido ya por varios años, el elevado endeudamiento de los países desarrollados. Por ejemplo, Grecia gatilló con altos niveles de endeudamiento insostenibles e indisciplina fiscal inquietante, situación que arrastró a otros países miembros de la zona euro y generó un cuestionamiento sobre la viabilidad y sobrevivencia del euro como moneda; el panorama de recesión se tornaba en depresión con elevados niveles de desempleo no vistos en más de 40 años. En la gráfica IX.10 se muestran los ratios de endeudamiento respecto al PIB de varias economías avanzadas, en los que destacan Japón, Grecia e Italia.

GRÁFICA IX.10. *Economías avanzadas:*
ratio deuda pública como porcentaje del PIB, 2000-2014

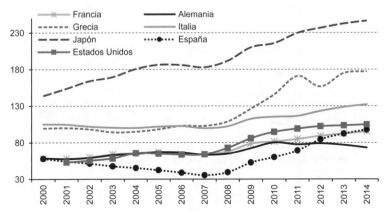

FUENTE: elaboración propia con base en información del WEO, abril de 2015, del FMI.

Por su parte, Japón y las economías emergentes también se sumían en un escenario de desempleo y aguda desaceleración. La economía mundial ingresaba a una era de medidas de política económica tradicionales estériles que no lograron revertir de manera efectiva el curso de la depresión. Así, en la gráfica IX.11 se exponen las tasas de variación del PIB real para las economías más importantes del mundo, se evidencia una "gran contracción" y una modesta recuperación posterior, lo que sitúa a estas economías muy lejos de su máximo potencial observado en el pasado.

Una de las mayores enseñanzas de esta última crisis, que todavía viven los países desarrollados, tiene que ver con los paradigmas de política económica aceptados. Los países, en su afán de salir de esta crisis, aplicaron medidas de política económica de todas las corrientes teóricas que en su momento tuvieron aceptación, pero quedó claro que esas mismas políticas no podían resolver la profundidad y las nuevas características de esta nueva crisis del sistema capitalista.

El FMI siguió recetando a los países europeos en problemas las mismas recomendaciones que había tejido para los

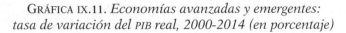

GRÁFICA IX.11. *Economías avanzadas y emergentes:*
tasa de variación del PIB real, 2000-2014 (en porcentaje)

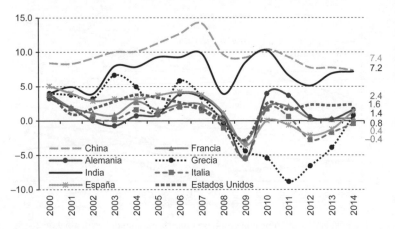

FUENTE: elaboración propia con base en información del WEO, abril de 2015,
del FMI.

países latinoamericanos después de la crisis de la deuda externa
ocurrida en los años ochenta y noventa del siglo XX, y que por
experiencia sabemos que no tuvieron los resultados espera-
dos y que, por el contrario, ahondaron aún más los problemas
socioeconómicos en la región. Inclusive, se sabe que en varios
centros académicos de prestigio hubo conductas inusuales de
los estudiantes frente a sus docentes que continuaban ense-
ñando la ciencia económica que recetaba las políticas económicas que hoy no tienen efecto alguno sobre la crisis.

En este sentido, la academia de los países avanzados se encuentra aún sin lograr concebir un nuevo paradigma de política económica que resuelva el problema de la crisis macroeconómica actual y que oxigene al senil sistema capitalista.

Crisis institucional

Varias instituciones del sistema económico internacional, como
el FMI y el Banco Mundial, alentaron las reformas proeconó-
mías de mercado de los años ochenta y noventa, conocidas

como el Consenso de Washington, para ser aplicadas a economías como la nuestra y en otros países; de la misma manera, la
Unión Europea y el Consejo Europeo adoptaron pactos y tratados para la consolidación de la zona del euro. Luego de que
estalló la crisis de 2008, estas y otras instituciones entraron en
contradicciones fuertes; se plantearon cambios al interior de
las mismas cuya actuación y participación en la solución de la
crisis en varios países en problemas fue altamente cuestiona-
da. Entre los principales problemas mencionaremos:

1. Violación de consensos, tratados, pactos y otros. Los
   tratados, pactos y conceses en relación con la disciplina
   fiscal, prioridad del gasto público en áreas como subsidios y hacia sectores que favorezcan el crecimiento y servicios para los pobres, como educación, salud y otros,
   han sido desconocidos en toda extensión:

   a) Consenso de Washington (1989).
   b) Tratado de Maastricht (1992).
   c) Pacto de Estabilidad y Crecimiento del Consejo Euro-
      peo (1996), entre otros.

2. Inconsistencia de políticas. Desde 2008 los organismos
   internacionales como la Troika Financiera (FMI, Banco
   Central Europeo y la Comisión Europea) propusieron
   (obligaron) a los países (los Estados Unidos, Grecia, España, Portugal y otros) a aplicar una serie de medidas
   que violentaron los pactos y tratados establecidos por
   ellos mismos y que además empeoraron la situación
   económica de tales países con mayor desempleo, estancamiento, pobreza, desigualdad, entre otros.

Con este diagnóstico del panorama mundial, habiéndose
determinado inicialmente las cinco primeras crisis del sistema capitalista, que posteriormente fueron evidenciadas, era
preciso colocar la propuesta del Plan de Gobierno del MAS-IPSP
de la gestión 2005 dentro de ese contexto internacional.

Para tal efecto, esas mismas crisis del sistema capitalista
—que evidenciaban ya una crisis estructural— debían convertirse para el nuevo gobierno en oportunidades para los boli-

vianos, puesto que el país cuenta con los recursos naturales para convertirse en un gran productor y proveedor de energía y alimentos para nuestros vecinos; e iniciar la gran labor de forjar una economía donde se enfatice la producción, industrialización de nuestros recursos naturales y convertirnos en esa economía que cuente con industria, turismo, desarrollo agropecuario, servicios básicos, vivienda y otros, dignos de todos los bolivianos y bolivianas. La respuesta de Bolivia a esta crisis estructural del sistema capitalista fue la aplicación del nuevo MESCP.

En el escenario de la crisis estructural del capitalismo, y bajo las crisis mencionadas anteriormente, es que se construye el nuevo modelo económico boliviano.

EL NUEVO MODELO ECONÓMICO SOCIAL COMUNITARIO PRODUCTIVO (MESCP)

Como se señaló líneas arriba un modelo económico básicamente representa la forma en que una sociedad genera y distribuye entre sus miembros el excedente económico. El nuevo MESCP por supuesto también representa estos elementos para el caso boliviano y, por lo tanto, tiene las siguientes bases fundamentales y principios.

Bases y principios del modelo

El modelo tiene cuatro bases fundamentales y principios rectores que además de tener características propias de la realidad económica y social de Bolivia, permiten diferenciarnos de otros modelos o esquemas económicos que se pusieron en práctica en varios países vecinos:

1. El MESCP basa su principal fuente, aunque no la única, en la producción, el crecimiento y el desarrollo de la economía con base en el buen aprovechamiento de los recursos naturales, es decir que los recursos naturales que posee Bolivia sean utilizados para beneficiar a los propios bolivianos. Esta propuesta es claramente la antítesis de la teoría de la maldición de los recursos naturales, cuya idea central es que la presencia de grandes cantidades de recursos naturales en un país, en relación con otras fuentes de ingresos, en realidad trae efectos negativos en el ámbito social, político y económico, más que efectos positivos. Por supuesto, esta teoría de la maldición de los recursos naturales fue propicia para que los grandes capitales extranjeros y las empresas transnacionales penetraran a los países subdesarrollados so pretexto de generar desarrollo y crecimiento, pero su finalidad era explotar los recursos naturales en provecho de estas mismas empresas; a cambio dejaban migajas a los gobiernos y estados que permitieron la presencia de estas transnacionales en sus países.

De lo que se trata, por lo tanto, es que se generen excedentes económicos de las actividades productivas extractivas de recursos naturales en territorio boliviano y estos sean aprovechados por todos los bolivianos. Por lo tanto, es imprescindible que los recursos naturales deban estar en manos y bajo el control del Estado.

2. Dado el fracaso de la "economía de mercado" en nuestro país, especialmente en su rol de "asignador eficiente de los recursos", la apropiación del excedente económico generado principalmente del aprovechamiento de los recursos naturales debe efectuarla el Estado, tomando en cuenta que a este sí le interesa el desarrollo de la economía y mejorar la calidad de vida de sus habitantes, porque al final todos somos el Estado. Bajo la economía de mercado que propugnó el modelo neoliberal que estuvo vigente en el país entre los años 1985 y 2005, la apropiación del excedente económico fue realizado en su mayor parte por el capital transnacional y por grupos ligados a la empresa privada.

Lo que se pretende con el nuevo modelo económico es que la apropiación del excedente económico sea realizada por los propios bolivianos representados a través del Estado. Para ello, los medios de producción de los sectores económicos (hidrocarburos, minería, electricidad y otros estratégicos) tienen que ser de propiedad del Estado, de esta manera el excedente económico generado en la producción puede ser apropiado directamente por el Estado para beneficio de todos los bolivianos.

3. ¿Para qué se apropia el Estado del excedente económico? La respuesta es: para cumplir la tercera tarea, esto es que el Estado proceda a su redistribución hacia la conformación de la base económica, la industrialización y a la resolución de los problemas sociales, es decir, la redistribución entre la población boliviana, especialmente entre aquellos más necesitados.

En efecto, el nuevo MESCP es esencialmente un modelo redistribuidor del ingreso, donde el Estado tiene la tarea de redistribuir el excedente económico apropiado por este, para impulsar la producción y las condiciones necesarias para esta labor, la industrialización de los recursos naturales, mejorar la distribución del ingreso entre los bolivianos buscando una mayor equidad en el país y cerrando la brecha entre ricos y pobres. Consecuentemente, este proceso redistributivo podrá fortalecer la demanda agregada interna en el país, que fue uno de los motores que el viejo modelo neoliberal marginó por completo en la tarea de la generación del crecimiento y desarrollo económico en nuestro país.

4. Finalmente, todas estas tareas que efectúa el nuevo MESCP tienen como fin eliminar la pobreza y reducir las desigualdades sociales en nuestro país para generar mayor movilidad social y oportunidades entre los miembros de la sociedad, especialmente en los sectores más empobrecidos y excluidos en el viejo modelo neoliberal, y una sociedad más equitativa.

El MESCP reivindica la ciencia económica como una ciencia eminentemente social reestableciendo la vinculación entre lo económico y lo social, es decir, el modelo busca resolver los problemas económicos y sociales de la realidad boliviana. Asimismo, este modelo recupera los valores de nuestros pueblos originarios, indígenas y campesinos, tales como la solidaridad, la complementariedad, la priorización de la resolución de los problemas de la sociedad y la comunidad antes que la de favorecer a grupos o personas particulares de la sociedad.

Con seguridad, el concepto productivo del nombre del modelo marca claramente la ruta que Bolivia debe seguir para eliminar la pobreza, la desigualdad, la falta de oportunidades y la movilidad social, que es la de convertirnos en un país productivo.

Funcionamiento esquemático del modelo

Para una explicación fácil y didáctica de lo que significa la aplicación del MESCP partiremos de la identificación de dos sectores en la economía: el sector estratégico generador de excedentes y el sector generador de ingresos y empleo.

Bolivia es un país que desde la época de la Colonia ha sufrido la explotación de sus recursos naturales, que han sido aprovechados por otros agentes, generalmente extranjeros, sin que los bolivianos nos hayamos beneficiado de tan importante riqueza. El nuevo MESCP identifica principalmente tres sectores estratégicos que tiene Bolivia para generar excedentes económicos para los bolivianos: hidrocarburos, minería y electricidad.

El segundo sector corresponde a aquel generador de ingresos y empleos, es decir, la industria manufacturera, turismo, vivienda, desarrollo agropecuario, desarrollo tecnológico y otros que en todos estos años del neoliberalismo no han sido dinamizados.

El funcionamiento del modelo consiste en que el Estado boliviano debe trasladar los excedentes económicos que se generan en los tres sectores estratégicos hacia la construcción de la nueva Bolivia, que requiere, por una parte, una mayor diversificación productiva, impulsando la industria, turismo, desarrollo agropecuario, servicios básicos, vivienda, etc.; y, por otro lado, resolver la problemática social heredada. Esta tarea es imperiosa para el país debido a que si nos preguntamos ¿qué pasaría si se acabaran nuestros recursos naturales?, hidrocarburos y minería, por ejemplo, ¿de qué viviría el país? Inclusive una pregunta menos trágica podría ser: ¿qué pasaría con Bolivia si tanto Argentina como Brasil no quisieran renovar los contratos de venta de gas natural? Así, queda claro que

Bolivia debe pensar en una estrategia de largo plazo para evitar el efecto negativo que podría traer este escenario. La respuesta de Bolivia bajo el MESCP es la industrialización de los recursos naturales que posee el país y, por lo tanto, la construcción de la tan anhelada Bolivia industrializada y tecnificada.

La construcción del modelo establece que para desarrollar una Bolivia productiva, generar esa transformación productiva, modificar el modelo primario-exportador, se requiere llevar los excedentes de los sectores de minería, hidrocarburos y energía eléctrica, principalmente, hacia los sectores donde se requiere poner la piedra fundamental, la semilla de un país productivo, el respaldo a la incipiente industria y sectores productivos, es decir, en el sector manufacturero, industria, turismo y desarrollo agropecuario, con la conducción y la mirada del Estado.

El Estado es el agente redistribuidor, el que debe tener la capacidad de transferir los recursos de los sectores excedentarios a los generadores de empleo e ingreso. En otras palabras, lo que se busca es liberar a Bolivia de la dependencia de la exportación de materias primas para abandonar el modelo primario-exportador y construir una Bolivia industrializada y productiva. Además, el Estado será un agente redistribuidor y asignador de recursos que reemplace a la economía de mercado, porque tiene que resolver, adicionalmente los problemas económicos estructurales, los problemas sociales heredados del viejo modelo neoliberal.

En esta segunda problemática, el Estado debe generar procesos redistribuidores del ingreso y políticas sociales dirigidas a eliminar la pobreza, la marginación, la exclusión y la falta de oportunidades especialmente para los sectores más populares. Como se describe más adelante, para este fin se implementaron políticas sociales y principalmente transferencias condicionadas: el Bono Juancito Pinto, la Renta Dignidad, el Bono Juana Azurduy, la inversión pública, los incrementos salariales inversamente proporcionales, las subvenciones cruzadas de energía, etcétera.

El objetivo de estas transferencias condicionadas es la lucha frontal contra la pobreza y la desigualdad, mediante la disminución de los niveles de pobreza extrema y la creación de capacidad de compra, mayor movilidad social y oportunidades a la población boliviana.

Está claro que la transformación del país será un proceso que tomará algún tiempo. La historia mundial ha mostrado que este tipo de procesos lleva su tiempo y que no existe ninguna experiencia exitosa de industrialización que no haya sido incentivada desde el Estado. La economía de mercado nunca pudo ni podrá estimular procesos de industrialización, porque en países en los que abundan los recursos naturales otras son las intenciones, especialmente de las empresas transnacionales.

Por lo tanto, si bien por un tiempo, Bolivia seguirá siendo un país primario-exportador. Con la aplicación del MESCP se tiene mucha claridad sobre el objetivo y el camino a seguir bajo la dirección del Estado. Este modelo económico se basa en el éxito de la administración estatal de los recursos naturales, en su industrialización y su adecuada redistribución hacia la construcción de la Bolivia industrializada y tecnificada, teniendo entre sus propósitos la resolución de los problemas sociales (figura IX.3).

FIGURA IX.3. *Esquema del modelo económico*
social comunitario productivo (MESCP)

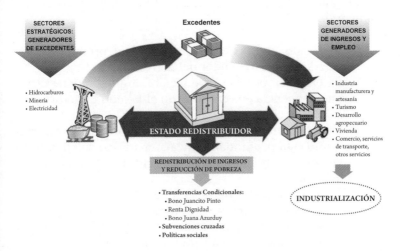

Cabe destacar que el nuevo MESCP es *social*, porque hace énfasis en resolver los problemas sociales antes que los problemas individuales; es *comunitario* no sólo porque el objetivo fundamental es el bien común, el bienestar de todos, sino porque también recoge tradiciones y valores de los pueblos originarios, campesinos que estaban excluidos en el modelo neoliberal con la exaltación del individualismo, por lo que es necesario modificar e incorporar en el nuevo modelo valores fundamentales como el de la solidaridad, con políticas que deben tener componentes solidarios; es *productivo* porque no se puede pensar en resolver la pobreza en que vivía Bolivia extendiendo la mano, es decir, pidiendo ayuda económica extranjera, sino la única manera digna, responsable, sustentable de salir de la pobreza es produciendo, y ahí está la llave para que Bolivia logre transformarse: la producción.

Los actores del modelo

Por tratarse de un modelo de transición, los actores involucrados en el logro del objetivo de la construcción del nuevo país productivo, industrializado, tecnificado y sin pobreza, incluye a todos los agentes económicos existentes bajo la dirección del Estado. Este hecho fue plasmado en la nueva Constitución Política del Estado (CPE), que establece cuatro actores fundamentales:

1. El Estado, que es el actor fundamental, promotor, organizador y redistribuidor del ingreso.
2. La empresa privada, que genera empleo y tiene cierta independencia en relación con el Estado para formular su producción y distribución.
3. La economía social cooperativista, porque el cooperativismo está profundamente arraigado no solamente en las minas, sino también en el sector rural y en el sector financiero.
4. La economía comunitaria, que es la más importante, porque es la forma de producción que todavía persiste en áreas rurales que mantienen los pueblos originarios y que anteriormente no era reconocida.

La actual Constitución establece que la economía es plural y que sus distintas formas conviven en armonía en el nuevo modelo económico. De acuerdo con la CPE, el Estado debe fomentar la economía comunitaria con apoyo tecnológico, financiero, y además debe integrar a los otros tres actores ya mencionados.

Todas estas formas de economía tienen un espacio para aportar al crecimiento y desarrollo del país, pero el rasgo diferenciador en el nuevo modelo económico es el papel protagónico del Estado, que a través de sus políticas guía a las otras formas de economía mediante un esquema de planificación que determina los grandes objetivos nacionales.

La esencia del actual modelo económico es la mayor y creciente presencia del Estado en la economía, lo que significa que el Estado es el que lidera la conducción y el rumbo de la economía a través de la planificación, las políticas económicas, la administración de empresas estatales en sectores estratégicos como YPFB en el energético, EMV y Huanuni en el minero, Entel, Boa y ENDE en el de servicios públicos y Emapa en el rubro de producción de alimentos, por mencionar algunas.

El Estado se convierte en el actor más importante en el ámbito económico y deja atrás el viejo papel de gendarme del *laissez faire* propugnado por el Concenso de Washington, de manera que ya no es el sector privado el que lleva las riendas de la economía, ni tampoco la "economía de mercado" que establece que son los mercados los que organizan la vida de una sociedad, sustituyéndose por otro esquema donde el Estado toma la posta productiva en actividades destinadas a crear valor para posteriormente redistribuirlas a la sociedad con un sentido de equidad.

El Estado —al margen de crear nuevas empresas estatales— empieza a recuperar total o parcialmente aquellos recursos naturales y empresas que fueron privatizados, es decir, vuelve a tener el control sobre los recursos naturales y las empresas que en el pasado fueron alguna vez suyas y que se vendieron a intereses privados. En efecto, la reversión de la política de privatización de la década de los noventa es otra de las características sustanciales del MESCP, que va en contrasentido del modelo neoliberal, que promovió la venta de empresas estatales al sector privado, especialmente al transnacional.

El modelo neoliberal versus el nuevo modelo económico

Como se mencionó en al capítulo anterior, el neoliberalismo en Bolivia se instaló a partir de la aplicación del DS núm. 21060 que era un programa de estabilización, dicho plan estaba en sintonía con lo que en ese momento se venía aplicando como decálogo del denominado Consenso de Washington, 10 medidas que supuestamente permitirían a los países con problemas fiscales y monetarios agudos reencauzar sus malos pasos por la senda de las "buenas políticas" y lograr, a mediano plazo, un incremento significativo del ingreso per cápita.

Este decálogo presentaba una serie de recomendaciones que respondían a los principios de gestión privada de los medios de producción, libertad de mercados, disciplina fiscal e inserción de las economías emergentes en el comercio mundial. El Consenso de Washington buscaba la aplicación de estas medidas:

1. Disciplina fiscal.
2. Reforma impositiva.
3. Privatización.
4. Tipos de cambio competitivos.
5. Desregulación.
6. Liberalización de las políticas comerciales.
7. Protección de los derechos de propiedad.
8. Apertura a la inversión extranjera directa.
9. Tasas de interés positivas pero moderadas.
10. Prioridad del gasto público en educación y salud.

Se daba por hecho que los países que cumplían al pie de la letra estos 10 mandamientos heredarían la "tierra prometida" del progreso y del bienestar social; aunque ya por ese entonces había voces disonantes, como la de Guillermo Calvo, quien estableció con toda claridad la posibilidad de fracaso para un país que incluso haya cumplido rigurosamente el decálogo, debido a la naturaleza volátil y errática del capital extranjero internacional que, si bien podía llegar a una determinada economía, también podía salir de forma abrupta, desatando un frenazo súbito al crecimiento económico y un colapso financiero y cambiario que podría sumir a dicha economía en una fase de caída libre.

Por la aplicación de las medidas de política económica de corte neoliberal, Bolivia fue denominado país "tempranero" en la aplicación de un nuevo esquema de funcionamiento de la economía y la sociedad, tal como lo señalaban Barja, Jemio y Antelo (2000: 23) en el libro *Quince años de reformas estructurales en Bolivia:*

> Desde agosto de 1985, Bolivia en cuatro gobiernos democráticos consecutivos viene llevando a cabo un programa de estabilización y reformas estructurales para enfrentar la severa crisis socioeconómica que enfrentaba, donde se prioriza al mercado como mecanismo de asignación de los recursos en la economía y la apertura de la economía al exterior. Bolivia es uno de los países de Latinoamérica denominados reformadores "tempraneros" junto a Chile y Argentina que ha avanzado más en el proceso de reformas [...] Este nuevo modelo se basó en un programa de estabilización económica, de carácter ortodoxo, a partir de la promulgación del Decreto Supremo 21060, en agosto de 1985, que instauró la nueva política económica (NPE), y en la ejecución paulatina de reformas estructurales, enmarcadas en los lineamientos del Consenso de Washington que se llevaron a cabo con mayor énfasis a partir de los años noventa.

Los resultados de la aplicación del recetario del Consenso de Washington en nuestro país fue la relativa estabilización de la economía boliviana, pero a un costo exorbitante en términos de un alto desempleo, estancamiento de la inversión pública por varios años, déficits fiscales recurrentes, alta dolarización, exclusión social, concentración del ingreso y mayor pobreza.

Por el contrario, el nuevo MESCP parte de un diagnóstico de los errores del modelo neoliberal para contraponer nuevas políticas acordes a la realidad socioeconómica del país, es decir, es la antítesis del modelo neoliberal como respuesta de política económica.

Entre las críticas más importantes a los postulados del modelo neoliberal, consideramos las siguientes:

1. La crítica al libre mercado, a la hipótesis del mercado eficiente, a la economía de mercado que definía en el modelo neoliberal la asignación "eficiente de los recursos". Frente a este postulado neoliberal, el nuevo modelo define al Estado como el actor fundamental de la economía y el que corrige las fallas del mercado. En la aplicación del modelo neoliberal, el mercado mostró serias debilidades como actor protagónico de la economía y no logró un impulso efectivo de la economía, no solamente en nuestros países, incluso en los países desarrollados como fue el caso del Estado norteamericano que inclusive estatizó varias empresas en la crisis registrada en 2008. Para el nuevo MESCP no rige la economía de mercado sino, más bien, una economía donde el Estado recupera su rol protagónico en la asignación de recursos y en la redistribución del ingreso.

2. Para la corriente neoliberal el Estado era un mal administrador y sólo distorsionaba la economía, por lo que debería reducirse a su mínima expresión dejando al sector privado la iniciativa, el rol protagónico, y el Estado sólo debería reducirse a poner las condiciones para que el sector privado, bajo los mecanismos del mercado, dirigiera la economía del país. En el nuevo modelo económico, el Estado asume un papel sumamente activo. Tiene que hacer todo lo que sea necesario para sacar a Bolivia de la pobreza, es decir, el Estado debe ser planificador, empresario, inversionista, banquero, regulador y productor del desarrollo. Además, tiene la obligación de generar el crecimiento y el desarrollo en todas las instancias del país, y el sector privado debe subordinarse a los objetivos, metas y definiciones de la política económica que establezca el Estado.

Los neoliberales no caían en cuenta de que cuando criticaban al Estado como "mal administrador", en realidad criticaban la administración de la misma clase social, cuyos intereses eran defendidos con sus postulados neoliberales, ya que las empresas estatales del pasado estaban en manos de los diferentes gobiernos que representaban los mismos intereses de la clase dominante, a quienes no les interesaba para nada hacer crecer este tipo de empresas, porque lo que en realidad buscaban era aprovecharse de las empresas públicas para sus propios intereses individuales, de grupo y de clase.

3. El modelo neoliberal, en consonancia con las líneas del Consenso de Washington, privatizó los recursos naturales y las empresas estatales en nuestro país, debilitando la capacidad de generación de ingresos y excedentes económicos para el Estado y eliminando importantes instrumentos estatales para el crecimiento y el desarrollo. En el nuevo MESCP el Estado retoma el control, la administración y la propiedad sobre nuestros recursos naturales; recupera las empresas estatales en los sectores estratégicos y las fortalece, e incorpora nuevas empresas que son necesarias para que el Estado pueda ejercer la influencia y la dirección de la economía. Estos hechos se logran con los procesos nacionalizadores que se hicieron, desde 2006, en sectores como hidrocarburos, minería, electricidad y telecomunicaciones, para beneficiar a los bolivianos en lugar de a las empresas transnacionales, y la puesta en funcionamiento de otros nuevos emprendimientos estatales como BOA, Lacteosbol y otras. Por lo tanto, el nuevo MESCP es la antítesis de ese Estado privatizador del neoliberalismo.

4. Desde la Colonia y pasando por las diferentes etapas de la historia económica del país, Bolivia sufrió la explotación de sus recursos naturales sin añadir valor agregado. En todo ese periodo la explotación de los recursos naturales bolivianos se desenvolvió en el marco de un patrón primario-exportador. Incluso y con mayor énfasis, el modelo neoliberal promovió su explotación y exportación bajo la premisa de "exportar o morir", pero en ese periodo como en el pasado no se tuvo en mente la posibilidad de industrializar en el país todos

estos recursos naturales, lo importante era sólo vender al exterior sin importar cómo. El MESCP plantea el cambio del patrón primario-exportador por un proceso industrializador y generador de desarrollo productivo, donde el énfasis se pondrá en la producción y en la generación de productos con valor agregado, no solamente provenientes de los recursos naturales sino también de aquellos otros donde se cuenta con un enorme potencial productor. La base material de este tipo de producción es la esencia para que el país pueda salir de la pobreza. A partir del nuevo MESCP será difícil excluir de la mente de las bolivianas y bolivianos, en adelante, esta agenda de industrialización de los recursos naturales.

5. El viejo modelo neoliberal que sustentaba el "efecto derrame", "teoría del goteo" o *trickle down effect,* que consiste en que al producirse un crecimiento económico, parte de este y poco a poco necesariamente llegará a las capas sociales inferiores en la medida en que las capas sociales superiores inviertan los excedentes acumulados. Esta teoría, en los años noventa, buscaba justificar el porqué se debería contar con una clase social que acumulara riqueza, invirtiera y generara ingresos. En otras palabras, el modelo neoliberal era un modelo concentrador del ingreso en pocas manos.

La sabiduría popular lo describía acertadamente sentenciando al modelo neoliberal como "un modelo donde los ricos se hacen más ricos y los pobres se hacen más pobres". Como antítesis a esa premisa neoliberal, el nuevo MESCP busca la generación del excedente en la sociedad y su redistribución, especialmente entre los sectores más necesitados antes excluidos, de esta manera el Estado asume el papel de redistribuidor del excedente. Este hecho se contrapone al papel del Estado neoliberal, que concentraba la riqueza en pocas manos y excluía a los sectores sociales más necesitados.

6. Para el modelo neoliberal, la iniciativa del sector privado debía constituirse en el motor del desarrollo eco-

nómico. Como sabemos este modelo estuvo vigente en nuestro país por más de 20 años, sin embargo, el país no alcanzó los niveles mínimos de crecimiento y desarrollo satisfactorios para la sociedad, dado que el mayor peso del ajuste cayó sobre las capas más empobrecidas del país. Bajo el nuevo MESCP, el Estado es el promotor de la economía; es decir, se constituye en la locomotora del crecimiento y desarrollo económico que arrastra al sector privado, cooperativista y a los actores de la economía comunitaria.

7. La estrategia de desarrollo del modelo neoliberal se sustentaba en el crecimiento con base en la demanda externa; es decir, era un modelo que centraba el crecimiento en la inserción de un país en el comercio exterior, fundamentalmente a través de las exportaciones y su capacidad competitiva. Por eso el interés del modelo neoliberal de disminuir los costos de producción y diversificar las exportaciones competitivas, enmarcados en la teoría de la economía por el lado de la oferta *(supply side economics)*. En el nuevo MESCP no se descuidan las exportaciones pero, sobre todo, se impulsa la demanda interna (consumo e inversión interna) como motor del crecimiento. Cuando una economía, como era el caso del modelo neoliberal, basa su crecimiento en la demanda externa (exportaciones) se crea una dependencia con lo que pueda ocurrir en los mercados de exportación y, como fue el caso en los años 2008 y 2009, cuando la demanda de productos de exportación latinoamericanos y otros cayeron por la crisis norteamericana y posteriormente europea, también esta crisis arrastró en su caída a todos los países latinoamericanos donde se practicaban las recetas neoliberales. Por el contrario, en nuestro país donde estaba vigente el MESCP, por ejemplo, en la crisis de 2009, la medida de fortalecer la demanda interna permitió enfrentar la crisis financiera y lograr el mayor crecimiento económico de la región, por primera vez en nuestra historia, mientras el resto de los países sufría los efectos de la crisis internacional. Por lo que ahora podemos afirmar que, desde 2006, la economía boliviana crece con

los dos motores encendidos, la demanda interna y la demanda externa.

8. En el pasado, muchas eran las voces de economistas, principalmente neoliberales, que sentenciaban que Bolivia no era capaz de generar ahorro interno, por lo que era necesario recurrir al ahorro externo en forma de endeudamiento público externo y la necesidad imperiosa de conseguir inversión extranjera directa en nuestro país. En otras palabras, se establecía la relación de que sin capitales y ahorro externo no era posible el crecimiento económico boliviano, lo que condicionaba nuestro desarrollo a la atracción de ahorro externo para Bolivia —en el modelo neoliberal, Bolivia dependía del ahorro externo para financiar la inversión pública y para el financiamiento del déficit fiscal—. El planteamiento del MESCP parte, por el contrario, de la premisa de que los bolivianos podemos generar ahorro interno que servirá para el crecimiento y el desarrollo económico y social boliviano y, por lo tanto, dejar de ser dependientes del ahorro externo para garantizar nuestro crecimiento. No se niega que el ahorro externo que llegue al país puede acelerar aún más nuestro desarrollo; pero lo cierto es que Bolivia tiene la posibilidad de generar su propio ahorro. No es que antes Bolivia no generara ahorro interno, lo que sucedía era que una gran parte, si no es que todo el ahorro que generaba nuestro país era apropiado en pocas manos y no era utilizado para desarrollar al país, sino con fines personales o de grupos sociales con privilegios.

9. El divorcio de lo económico con lo social, que fue característico del neoliberalismo, generó no sólo exclusión y marginación de los grupos sociales mayoritarios en nuestro país, sino que hizo desaparecer las esperanzas de mejorar las condiciones de vida y las oportunidades para la población, y trajo tal incertidumbre que una parte de los bolivianos decidió migrar hacia otros países abrigando la esperanza de mejorar su calidad de vida. En síntesis trajo mayor pobreza y desigualdad para las bolivianas y bolivianos. El MESCP

incorpora principios básicos como la inclusión social, generación de oportunidades, movilidad social, igualdad, mayor desarrollo, redistribución del ingreso con generación de empleo y erradicación de la pobreza.

10. En el neoliberalismo, la estabilidad macroeconómica era un fin en sí mismo, era la meta, el techo al que tenían que dirigirse todas las políticas económicas sin importar el costo. La lucha contra la inflación era prácticamente el único objetivo que perseguía la política económica, porque del resto se tenía que encargar el sector privado. Es indudable que cuando en un país —y nosotros lo experimentamos durante 1982-1985— existen desajustes macroeconómicos, la inflación, o como fue el caso boliviano en esos años la hiperinflación, tiene un efecto mayor en los más pobres que en las capas sociales privilegiadas. Por lo tanto, es importante preservar este patrimonio social, no por cumplir con la teoría sino porque tiene bases sociales irrefutables. En ese orden, en el MESCP se considera la estabilidad macroeconómica como el punto de partida, no la meta, para generar el desarrollo económico. Así, la estabilidad macroeconómica es un patrimonio social y es la base sobre la que se erigirá el desarrollo económico con redistribución del ingreso y la industrialización de los recursos naturales, donde los costos de mantener esta estabilidad deben balancearse con los beneficios sociales.

11. Como se sabe, los gobiernos que adoptaron políticas neoliberales se comprometían frente a organismos internacionales a la adopción de ciertas políticas económicas que contaban con el consentimiento y aval de estos organismos. La política económica en todos sus niveles bajo el MESCP se realiza con absoluta soberanía e independencia respecto a las recetas que brindan organismos internacionales como son el Fondo Monetario Internacional, el Banco Mundial y otros.

12. En el régimen neoliberal, tanto la política fiscal como la monetaria carecían de efectividad o sencillamente no existían. Los abultados déficits fiscales distraían la

atención del ministerio del ramo en la tarea de buscar su financiamiento, mientras que por el proceso de dolarización la política monetaria era prácticamente inexistente. La labor del MESCP es la de fortalecer las finanzas públicas, desdolarizar o bolivianizar la economía nacional para recuperar dos instrumentos fundamentales de una política macroeconómica, la política fiscal y la política monetaria, con cuya contribución se pueden alcanzar los objetivos del MESCP descritos líneas arriba.

Un resumen de estos 12 elementos lo tenemos a continuación, en el cuadro IX.1.

CUADRO IX.1. *Diferencias entre el modelo neoliberal y el nuevo* MESCP

El modelo neoliberal	El modelo económico social comunitario productivo (MESCP)
Libre mercado. El mercado es el mecanismo mediante el cual se asignan recursos y se corrigen desequilibrios. Hipótesis del mercado eficiente.	El Estado interviene para corregir las fallas del mercado, como la inexistencia de redistribución de la riqueza y el monopolio transnacional de empresas estratégicas.
Estado gendarme. Estado observador. El mercado es el mecanismo autorregulador.	Participación activa del Estado en la economía. El Estado debe intervenir en la economía a través de sus facetas: planificador, empresario, inversionista, regulador, benefactor, promotor, banquero u otros.
Estado privatizador que transfiere excedentes al exterior y no precautela los recursos naturales de los bolivianos.	Nacionalización y control de los recursos naturales estratégicos por parte del Estado para beneficiar a los bolivianos.

El modelo neoliberal	El modelo económico social comunitario productivo (MESCP)
Patrón de desarrollo primario exportador: "exportar o morir".	Patrón industrializador con desarrollo productivo.
Crecimiento en función de la demanda externa exclusivamente.	Crecimiento en función de la demanda externa y principalmente la demanda interna.
Concentración de ingresos y generación de sectores excluidos de la sociedad.	Estado redistribuidor del ingreso y promotor de la inclusión social.
Economía centralizada en la iniciativa privada, reduce al mínimo la intervención del sector público y amplía el beneficio privado.	Estado promotor de la economía plural: Estado, sector privado, economía social cooperativa y economía comunitaria.
Dependencia del ahorro externo para la inversión, mayor endeudamiento y déficit fiscal.	Generación de recursos internos para la inversión, menor endeudamiento y superávit fiscal.
Estancamiento, pobreza, desigualdad de riqueza y oportunidades.	Mayor desarrollo, redistribución y generación de empleo.
Estabilidad macroeconómica como un fin en sí misma. La lucha contra la inflación es el centro de la política económica, en contraposición al crecimiento y el empleo.	Preservar la estabilidad macroeconómica como patrimonio social. Impulsar el desarrollo económico y social y el crecimiento económico con redistribución del ingreso.
Dependencia de las fórmulas económicas del Consenso de Washington (FMI y Banco Mundial).	Recuperación de la soberanía e independencia en la formulación de la política económica (fiscal, monetaria y cambiaria).
Políticas fiscal, monetaria y cambiaria inexistentes por los continuos déficits fiscales y alta dolarización de la economía.	Recuperación de la política económica fiscal, monetaria y cambiaria gracias al superávit fiscal, la bolivianización y el crecimiento económico sostenido.

EL ROL DE LAS EMPRESAS PÚBLICAS EN EL MESCP

La intervención activa del Estado en la economía es una de las características del MESCP. La creación, impulso y consolidación de las empresas estatales en Bolivia forman parte de un profundo proceso integral de cambio de la estructura económica del país. Así, el fortalecimiento y construcción de empresas estatales se constituyen en el motor de la nueva arquitectura económica. El Estado plurinacional de Bolivia tiene desde 2006 un enfoque productivo, porque asume que el camino más aconsejable para reducir la pobreza, el desempleo y la desigualdad consisten en incrementar la base productiva acompañada de una sólida redistribución del ingreso.

El MESCP funciona con dos grupos: el sector generador de excedente económico y el sector generador de empleo e ingresos. El modelo otorga un alto énfasis a la producción con el fin de romper el patrón primario-exportador. Para ello, se llevan los excedentes económicos del primer grupo al segundo sector. Para este propósito el Estado retoma, con la nacionalización, el control de los recursos naturales de los sectores estratégicos como los hidrocarburos, minería, electricidad y telecomunicaciones. De esta manera todas las empresas estatales están conectadas con el funcionamiento del nuevo modelo económico.

En la gestión de 2006, con el objetivo de recuperar el control de los excedentes generados por la explotación de los recursos naturales, se inició el proceso de nacionalización, además de la creación y consolidación de las empresas estatales cuyo dinamismo contribuyó a la expansión de la capacidad productiva, a la generación de ingresos y empleos, y al financiamiento de las políticas sociales implementadas por el gobierno.

Objetivo

El objetivo principal de las empresas del Estado es generar excedentes económicos, es decir, ganancias para que el Estado las redistribuya en nuevos procesos productivos generadores de ingreso y empleo, y en programas sociales para erradicar los índices de pobreza.

Las empresas del Estado no tienen la finalidad última de generar empleos, estos deben ser generados en parte por el sector privado, en la microempresa, el pequeño productor, el sector agrario que reciben el impulso económico, de tecnología, de crédito, de financiamiento, mayor consumo, etc.; y, obviamente, la otra parte, por el sector público, las empresas públicas que requieren gerentes, profesionales calificados, técnicos y obreros para su funcionamiento.

Características de las empresas públicas

Las empresas del Estado tienen, como todo emprendimiento productivo, un ciclo de vida, un proceso que se inicia con los estudios de factibilidad que comprenden básicamente, la localización del proyecto, la descripción del producto o servicio, las características del sector, los planes de mercado, la producción y el aspecto financiero. Y una vez establecidos estos requisitos el gobierno, a través del proceso de planificación, crea las empresas públicas nacionales estratégicas. Este ciclo de vida comprende las siguientes etapas:[8]

1. *Implementación*. En esta etapa las empresas estatales destinan los recursos obtenidos del TGN, principalmente para gastos de inversión (construcción de plantas, compra de equipos y maquinaria, capacitación de personal, etcétera).

2. *Producción*. Etapa en la que las empresas alcanzan la capacidad para producir y generar sus propios recursos, a fin de financiar gastos de funcionamiento (compra de materia prima, combustible y energía, mantenimiento de maquinaria, etc.), y generan ventas que permiten obtener utilidades, las cuales son reinvertidas.

3. *Consolidación*. Etapa en la que las empresas generan recursos para reinversión y transferencias al TGN, con el

---

[8] Esta clasificación se extrajo del documento titulado *Las empresas estatales en el nuevo modelo económico de Bolivia*, publicado por el Ministerio de Economía y Finanzas Públicas y el Ministerio de Desarrollo Productivo y Economía Plural, 2012.

objeto de dar continuidad a diferentes políticas sociales como: Bono Juancito Pinto, Renta Dignidad, Bono Juana Azurduy, entre otros.

En ese sentido, es imprescindible, al momento de considerar el aporte del conjunto de las empresas del Estado, poner de relieve que las diversas empresas ocupan un lugar diferente en este proceso del ciclo de vida de los proyectos productivos; razón por la que su ubicación es importante en el análisis; en caso contrario, la exigencia de que todas las empresas públicas puedan generar excedentes económicos, sin considerar en qué fase del ciclo se encuentran, sería errónea. En efecto, las empresas estatales, a finales de 2014, tienen la estructura que se presenta en el cuadro IX.2.

En el marco del MESCP, mediante DS núm. 590 de 4 de agosto de 2010 se creó el Servicio de Desarrollo de las Empresas Públicas (Sedem), institución pública catalogada como "incubadora de empresas estatales". Tiene como tarea fundamental apoyar a las empresas públicas en aspectos de gestión empresarial (plan de negocio, *marketing*, finanzas, producción, etcétera).

El Sedem ayuda a la formación, fortalecimiento y consolidación de los agentes de desarrollo económico productivo de carácter público. Hasta 2014, tiene a su cargo nueve empresas públicas: Lacteosbol, Papelbol, Cartonbol, Ecebol, Azucarbol, EBA, EEPAF, EEPS, Promiel; en las cuales cumple las siguientes funciones:

1. Apoyar la puesta en marcha de las empresas públicas productivas (EPP) y acompañar las etapas posteriores de desarrollo de las mismas.
2. Coordinar y controlar la gestión de las EPP buscando su modernización.
3. Implementar un modelo corporativo de EPP, potenciando las capacidades de articulación y complementariedad que puedan tener.
4. Establecer e implementar un sistema integrado de indicadores de gestión con información precisa, veraz y oportuna para la toma de decisiones.

Cuadro ix.2. *Las empresas del Estado, 2014*

Empresas públicas de Bolivia

En implementación

Azucarbol (Azúcar de Bolivia-Bermejo)	Easba (Empresa Azucarera San Buenaventura)	EBIH (Empresa Boliviana de Industrialización de Hidrocarburos)
Ecebol (Empresa Pública Productiva Cementos de Bolivia)	Enabol (Empresa Naviera Boliviana)	Papelbol (Empresa Pública Productiva Papeles de Bolivia)
Mutún (Empresa Siderúrgica del Mutún)	EEPS (Empresa Estratégica de Producción de Semillas)	EEPAF (Empresa Estratégica de Producción de Abonos y Fertilizantes)
Promiel (Empresa Pública Productiva Apícola)	Boltur (Boliviana de Turismo)	Enavi (Empresa Nacional de Envases de Vidrio)

En producción

Bolivia tv	Cartonbol (Empresa Pública Productiva Cartones de Bolivia)	Cofadena (Corporación de las Fuerzas Armadas para el Desarrollo Nacional)
EBA (Empresa Boliviana de Almendras y Derivados)	Emapa (Empresa de Apoyo a la Producción de Alimentos)	ENDE (Empresa Nacional de Electricidad)
Lacteosbol (Empresa de Lácteos de Bolivia)	ABE (Agencia Boliviana Espacial)	Quipus (Empresa Pública Quipus)

En consolidación

YPFB (Yacimientos Petrolíferos Fiscales Bolivianos)	Comibol (Corporación Minera de Bolivia)	EMV (Empresa Metalúrgica Vinto)
Boa (Boliviana de Aviación)	DAB (Depósitos Aduaneros Bolivianos)	TAB (Transportes Aéreos Bolivianos)
Mi Teleférico (Empresa Estatal de Transporte por Cable "Mi Teleférico")	Entel[a] (Empresa Nacional de Telecomunicaciones)	

[a] Entel es clasificada como sociedad anónima, ya que el Estado boliviano es titular e 97% de las acciones de la empresa; sin embargo, su aporte al Estado es fundamental ara el pago de beneficios sociales.

Fuente: elaboración propia con base en la información del Ministerio de Desarrollo Productivo y Economía Plural, el Ministerio de Hidrocarburos y Energía, el Ministerio e Economía y Finanzas Públicas y la Vicepresidencia del Estado Plurinacional.

El rol de las empresas del Estado dentro del nuevo MESCP

Una vez establecido el mecanismo de la formación de la matriz productiva nacional y la creación del Sedem como incubadora de empresas, el papel que deben cumplir las empresas del Estado es dinamizar la economía a través de los complejos productivos integrales. Para esto es necesario e indispensable que la propiedad de los medios de producción (objeto de trabajo y medios de trabajo) esté bajo la propiedad del Estado para que las ganancias que generen sean apropiadas por el Estado y, si no están bajo su propiedad, dichas ganancias ser apropiadas en el mercado bajo la forma de impuestos y regalías.

Ahora bien, este conjunto de empresas estatales dentro del MESCP se encuentran organizadas en tres grupos: *1)* las empresas generadoras de excedente económico; *2)* las empresas generadoras de empleo e ingresos, y *3)* las empresas de los sectores transversales que son de apoyo en la infraestructura para la producción y los servicios productivos.

1. *Empresas generadoras de excedente económico.* Estas empresas utilizan, generan y dotan excedentes. El grupo está conformado por las siguientes: YPFB, Comibol, EMV, Empresa Siderúrgica Mutún, ENDE, Mi Teleférico y Entel. De este conjunto, cinco empresas provienen del grupo consolidado que genera recursos para reinversión y transferencias al TGN, como son: YPFB, Comibol, EMV, Mi Teleférico y Entel. No obstante, ENDE está en la fase de producción en la que las empresas alcanzan la capacidad para producir y generar sus propios recursos; la Empresa Siderúrgica Mutún se encuentra en su fase de implementación, aquí las empresas destinan los recursos obtenidos del TGN.

2. *Empresas utilizadoras de excedente económico y generadoras de empleo e ingresos.* Este sector tiene la función de generar empleo e ingresos y se encuentra conformado tanto por empresas públicas como por las del sector privado. Las empresas estatales son Cartonbol, Cofadena, EBA, Emapa, Lacteosbol, ABE que están en la fase de la producción; y Azucarbol, Easba, EBIH, Ecebol, Papelbol,

EEPS, EEPAF, Promiel que están en la fase de implementación.

3. *Las empresas de los sectores transversales.* Las empresas componentes de este sector tienen la función de crear condiciones necesarias para transformar la matriz productiva y están conformadas por las siguientes empresas: BOA, DAB, TAB, Bolivia TV, Quipus, que están en la fase de producción, y Enabol, Boltur, Enavi que se encuentran en la etapa de implementación.

Una vez establecido el mecanismo de la formación de la matriz productiva nacional, el papel que deben cumplir las empresas del Estado es el de darle dinamismo a la economía a través de los complejos productivos integrales. Para esto es necesario e indispensable que la propiedad de los medios de producción (objeto de trabajo y medios de trabajo) esté bajo posesión del Estado para que las ganancias que generen sean apropiadas y reinvertidas por este; y si no están bajo su propiedad estos deben ser recobrados en el mercado a través de impuestos y regalías. Entonces, el conjunto del excedente económico será apropiado por el Estado.

Todos estos sectores, bajo la conducción del Estado como protagonista y promotor del desarrollo, tienen la función de ser los protagonistas del desarrollo, los que lleven adelante la construcción de la nueva matriz productiva con alto valor agregado que traslade al país de la fase primaria exportadora a la de una producción industrializada. También tienen el papel de generar recursos para la redistribución del ingreso a la sociedad que permita, por un lado, generar demanda interna que se constituye en el elemento, en el corto plazo, de ser un incentivo para la producción interna y, por otro lado, la de la lucha contra la pobreza.

X. LAS LUCHAS SOCIALES Y POLÍTICAS

Iniciado el gobierno del presidente Evo Morales comenzó la guerra política y económica de aquellos sectores desplazados del poder mediante elecciones democráticas, contra el actual gobierno nacional. La economía se convirtió en uno de los frentes de batalla, la derecha neoliberal desplazada promovió una labor de desprestigio en el manejo de la economía; inicialmente decían "el indio no va a durar seis meses, se va a caer porque no podrá manejar la economía del país", concebían que un gobierno de indios no podría manejar la economía que en el periodo neoliberal fue dirigida por profesionales graduados en universidades estadunidenses y europeas.

Después decían que la economía estaba funcionando con "piloto automático", por "inercia", en "velocidad crucero", que se estaban aplicando políticas "populistas", comparadas con las políticas de capitalismo de Estado aplicadas después de la revolución nacional de 1952 y, en especial, que el resultado económico iba a ser el dejado por el gobierno de la UDP de los años ochenta, es decir, enormes déficits fiscales e hiperinflación.

Enrique Dussel (2010: 115-120) reflexiona sobre el tema del populismo en la siguiente línea:

> En América Latina habíamos vivido un sueño de liberación más o menos liderado por ciertas burguesías, que podrían llamarse o no nacionalistas y que fueron entre los mejores ejemplos: Getúlio Vargas, el Estado nuevo que justamente ocupa la etapa 1930-1954 (Brasil); Cárdenas de 1934 a 1948, y crea todo un sistema populista del Partido Revolucionario Institucional (PRI) que funciona hasta el 60 o 70 y después se corrompe (México). Tardíamente, primero Irigoyen y después Perón en Argentina. Y en Bolivia la Revolución de 1952 con el MNR.
>
> Hubo en toda América Latina revoluciones que permitían, por la expropiación justamente de los energéticos, crear un cierto

mercado nacional, eran antiimperialistas contra el mundo anglo-sajón y permitieron una ilusión de una independencia, mientras que los otros estaban en su guerra. Esto es lo que se puede llamar populismo en su sentido auténtico.

Hoy se usa la palabra populismo en un sentido peyorativo, y ese epíteto es una crítica de la política conservadora contra algunos gobiernos que se están levantando ahora en América Latina. Comienza a ser usado por la CNN, Oppenheimer y grandes intelectuales como un insulto. Entonces, Hugo Chávez es un populista, Evo Morales es un populista, pero ya no en el sentido aquel de un nacionalismo con proyecto burgués.

Ahora el calificativo de populismo cambió absolutamente de significado, se produjo un deslizamiento semántico, una redefinición política estratégica del término. Ahora populismo —hoy usado por los medios de comunicación, las grandes televisoras y demás— significa: toda medida o movimiento social o política que se oponga a la tendencia de la globalización, tal como lo describe la teoría basada en el Consenso de Washington, que significa la privatización de los bienes públicos de los Estados periféricos, la apertura de sus mercados a los productos y al capital del centro y que niega la priorización de los requerimientos y de las necesidades de las grandes mayorías empobrecidas de la población por las políticas adoptadas en las dictaduras militares hasta 1984 y aumentadas, posteriormente por las decisiones de reformas estructurales dictadas desde criterios de una economía neoliberal.

Es decir, se trata de todos los movimientos populares y políticos que desde 1999 se oponen al proyecto neoliberal y son tachados de populistas.

El uso del término populismo es casi unánime entre los medios de comunicación al servicio del capital central y periférico. Hoy se juzga negativamente como populistas a los movimientos sociales y políticos críticos al sistema. A los movimientos populares que luchan contra la teoría y la práctica del Consenso de Washington.

La categoría de Gramsci sobre el bloque histórico en el poder que ejerce un poder como clase dirigente, teniendo consenso mayoritario en la población, puede ser una categoría que ayude a comprender el proceso social actual.

[...] Gramsci, que define al pueblo y le llama bloque social de los oprimidos, y yo le agregaría: y de los excluidos.

El pueblo como bloque histórico de los oprimidos y excluidos son la clase obrera y campesina. Los excluidos en gran parte fueron los pueblos originarios.

En el tiempo queda claro que una cosa fueron las políticas denominadas populistas en el pasado y otra cosa eran las políticas económicas y sociales de este tiempo, por sus actores y su horizonte estratégico. Además, los ataques al MESCP en Bolivia y a las políticas practicadas en varios países latinoamericanos, que cuestionaron las políticas económicas neoliberales, en gran parte, también, eran para justificar la ineficiencia y la incapacidad de los actores neoliberales al no haber podido sacar al país de la pobreza, no haber podido demostrar que lo que enseñaban en las universidades eran políticas inadecuadas para un país como el nuestro y haberlas defendido, sólo por el hecho de que había que hacerlo.

En el caso boliviano tuvieron que pasar varios años para que, primero organismos internacionales y luego algunos economistas neoliberales más hidalgos y serios en sus análisis, aceptaran los logros y avances de la economía y la sociedad boliviana bajo el MESCP. Adicionalmente, hoy en día no sólo existe una aceptación especialmente y, como no podía ser de otra manera bajo nuestra idiosincrasia intelectual boliviana, de organismos, universidades e investigadores extranjeros, que hoy no sólo aceptan los logros del nuevo MESCP sino que lo estudian e investigan.

Agresiones a la Asamblea Constituyente

Los intentos de la derecha oligárquica fueron permanentes para tratar de frenar el desarrollo de la Asamblea Constituyente que tenía como objetivo, a través de una nueva Constitución Política del Estado (CPE), la refundación de Bolivia. Primero, intentando imponer la regla de los 2/3 para la aprobación de los artículos del proyecto de CPE, con el cálculo de que la representación del MAS y las organizaciones indígenas y campesinas no alcanzaban los 2/3 y que de esa manera bloquearían la aprobación de la Constitución; y luego plantearon la definición de lo que llamaron "la capitalía plena" de la ciudad de

Sucre, que significaba el traslado de todas las instituciones de los poderes del Estado a Sucre, un planteamiento muy controvertido y que afectaba a otra región del país.

Bajo esta consigna alentaron la radicalización de las instituciones de Sucre que constituyeron el Comité Interinstitucional, conformado por la Universidad Mayor de San Francisco Xavier, la Alcaldía Municipal y el Comité Cívico Chuquisaqueño; este comité se convirtió en la instancia máxima de organización y dirección de la movilización por la capitalía.

En noviembre de 2007 el Comité Interinstitucional instruyó a grupos de choque —que se habían conformado con estudiantes de la universidad y empleados de la alcaldía municipal— a ponerse en vigilia frente al Teatro Gran Mariscal, que era el lugar donde sesionaba la Asamblea Constituyente, para impedir por cualquier medio que pudiera instalarse la plenaria.

Los vándalos, que habían pasado la noche consumiendo alcohol, irrumpieron violentamente en el teatro para agredir a los constituyentes que se disponían a instalar la plenaria, y al grito de "llamas fuera de aquí" estos grupos de vándalos agredían cobardemente, en especial a los asambleístas paceños del MAS y a mujeres de pollera de manera indiscriminada y racista. Estos grupos eran enardecidos con discursos fascistas y racistas de los dirigentes del Comité Interinstitucional contra los constituyentes del MAS que eran insultados y golpeados cobardemente en las calles por estas hordas de jóvenes, generalmente bajo influjo del alcohol.

En estas movilizaciones, en medio de un clima de intolerancia y violencia inducido por el Comité Interinstitucional de Sucre se observó también la participación del Comité Cívico de Santa Cruz, encabezado por Branco Marinkovic, infiltrando gente de la Unión Juvenil Cruceñista y seguramente financiando estos grupos violentos y racistas.

Se denunció que logias masónicas de la oligarquía cruceña financiaban y prestaban apoyo logístico a una logia sucrense denominada Liga Sucre, en el marco de un plan conspirativo contra la Asamblea Constituyente y su tarea.

Los medios de comunicación cumplieron un papel central para manipular a la población y enardecerla en una posición de odio racial hacia los indígenas incomprensible, también fue llamativo el silencio de la Iglesia católica ante tanta violencia y racismo que se respiraba en Sucre, aunque conociendo la historia no debería llamar la atención ese silencio de la Iglesia ante la brutal agresión de la que eran víctimas los indígenas, recordemos que en la Colonia la Iglesia polemizaba sobre si los indios tenían o no alma.

La lucha política regional

Cochabamba

En enero de 2007, en la ciudad de Cochabamba, se desarrollaba una movilización campesina en contra del prefecto Manfred Reyes Villa que, desde la prefectura y con la complicidad abierta de los medios de comunicación, enardeció a sectores de la población citadina, particularmente a sus adeptos, con un discurso de que los "indios" y los "cocaleros" querían tomar la ciudad y atentar contra la democracia.

Enardecidos jóvenes de la ciudad, armados de palos y bates de béisbol, que no es un deporte que se practique en Bolivia, arremetieron contra los campesinos pobres, mujeres, niños y adultos mayores que formaban parte de la movilización social, causando dos muertos.

Reyes Villa, alineado con la llamada "media luna", no reparó primero en la violenta represión a los campesinos y luego en la agresión brutal de los jóvenes bateadores —que seguramente recibieron esos instrumentos de la prefectura— contra la masa de humildes campesinos. Este prefecto, parte de la oposición política al gobierno del presidente Evo Morales, en esa coyuntura lanzó una frase que desenmascaraba la movilización por las autonomías departamentales, exclamando "apoyar a la independencia de Santa Cruz".

Santa Cruz

Santa Cruz en 2008 se convirtió en el epicentro de la conspiración separatista bajo las banderas de la autonomía que en realidad era entendida como federalización del país. La violencia racista contra lo que denominaban "los collas", "los indios" y los "cambas traidores" se radicalizaba cada día. Mujeres de pollera, generalmente vendedoras en calles, eran insultadas y golpeadas brutalmente, así como otras gentes con rasgos de "colla" y se confeccionaron listas negras de cruceños supuestos traidores a la autonomía y al gobierno regional.

El Comité Cívico Cruceñista y el prefecto del departamento encabezaban esta agresiva conspiración separatista bajo supuestos principios de "libertad y democracia", teniendo como sus grupos de choque a la Unión Juvenil Cruceñista, verdaderos grupos vandálicos fascistas, azuzados por medios de comunicación que se referían a los indígenas y al propio presidente Evo Morales como "raza maldita"; el clima de violencia y racismo se fue haciendo intolerable.

Los sectores políticos desplazados del poder, como otro mecanismo de intentar derrocar al presidente Evo Morales, plantearon un referéndum revocatorio a las autoridades nacionales que luego fue ampliado a los prefectos departamentales, el resultado fue la ampliación del apoyo al presidente de 54 a 67% de la votación total, legitimando y consolidando su liderazgo y la revocación del mandato de los prefectos de La Paz y Cochabamba.

La reacción de la derecha fascista fue la toma de instituciones públicas en cuatro capitales de la denominada media luna (Santa Cruz, Tarija, Trinidad y Cobija), derivando en el saqueo de instituciones públicas, destrucción del patrimonio y la memoria pública, y la voladura de ductos de transporte de hidrocarburos en el chaco boliviano.

Todos estos planes fueron desarrollados con la participación y el apoyo encubierto del embajador estadunidense Philip Goldberg, que fue una pieza importante en la conspiración contra el proceso político boliviano y contra el gobierno; el resultado de la verificación de este hecho fue que el embajador norteamericano resultó expulsado del país, constituyéndose en un hecho histórico.

La oligarquía cruceña —atrincherada en su reducto regional, fracasada la intención de bloquear la culminación de la Asamblea Constituyente, habiendo sido derrotada democráticamente en la consulta al pueblo en el referéndum revocatorio, con la clara ilegalidad de su tramposo proceso autonómico al margen de la Constitución Política del Estado— ingresó en un terreno más peligroso en su horizonte separatista, la creación de una fuerza armada conformada por mercenarios croatas, húngaros y de otras nacionalidades que se constituyeron en el núcleo de este grupo armado.

Eduardo Rózsa, excombatiente de la Guerra de los Balcanes, con amplia experiencia militar, jefe de brigadas internacionales de mercenarios, fue convocado para encargarse de la conformación de estos grupos armados irregulares. En noviembre de 2008 inició su labor, conformando el núcleo con mercenarios conocidos suyos en los Balcanes. Este grupo desarrollaba sus actividades abiertamente, se reunía regularmente con los dirigentes de la conspiración separatista, por quienes eran financiados; reclutaba gente de la Unión Juvenil Cruceñista, colocaba en internet manuales de formación de células urbanas de defensa y ataque ante una supuesta invasión a Santa Cruz por parte del ejército o por supuestas milicias campesinas afines al MAS.

El *stand* de COTAS y Fegasacruz, en las instalaciones de la Feria Exposición de Santa Cruz, se había convertido en el centro de operaciones de la banda terrorista, donde se encontraron armas, material explosivo y otros elementos.

De acuerdo con información periodística, al promediar las 3:30 horas del 16 de abril de 2009 un grupo de élite de la policía ingresó al Hotel Las Américas para capturar a los sospechosos de ese primer grupo irregular armado, comandado por Eduardo Rózsa, lo que produjo enfrentamientos y el hallazgo de abundante armamento, explosivos e información militar.

Sucre

El 24 de mayo de 2008, campesinos quechuas de las provincias chuquisaqueñas se reunían en Sucre para recibir al presidente Evo Morales, que haría entrega de ambulancias y otros recursos a los campesinos como parte de la celebración de las fiestas cívicas regionales.

El Comité Interinstitucional había lanzado la instrucción de no permitir el arribo del presidente a la ciudad de Sucre e instigaba a los grupos de choque, conformados por universitarios y empleados de la alcaldía municipal, a impedir la anunciada visita; los medios de comunicación caldeaban los ánimos y los grupos racistas-fascistas se desbordaron agrediendo en primera instancia a efectivos del ejército y de la policía nacional que no reaccionaron a la provocación y se replegaron, para arremeter después brutalmente contra la concentración campesina que esperaba al presidente Morales y luego trasladarlos a golpes desde el Estadio Patria donde se encontraban reunidos hasta la Plaza 25 de Mayo donde consumaron el acto más repudiable de racismo y humillación a los hermanos indígenas y campesinos.

En la Plaza 25 de Mayo, frente a la Casa de la Libertad donde Bolivia proclamó su independencia del yugo colonial, los grupos racistas-fascistas, a golpes, escupitajos e insultos, hicieron arrodillar a los campesinos, los descamisaron y semidesnudos les hacían besar el piso al grito de "Sucre se respeta, carajo"; les hicieron quemar sus banderas indígenas y sus ponchos, a la vez que les hacían repetir insultos contra el presidente Morales, contra el Movimiento al Socialismo y en contra de los propios campesinos.

Este abominable y vergonzoso acto de barbarie fue repudiado internacionalmente por gobiernos e instituciones defensoras de los derechos humanos y de lucha contra el racismo y la discriminación.

Esta agresión fue parte de muchas otras contra los campesinos, igual atacaron e incendiaron la casa del prefecto del departamento que respondía al Movimiento al Socialismo, y más adelante atacaron reuniones de campaña del candidato masista y otras agresiones.

Pando (Porvenir)

Los días 13 y 14 de septiembre de 2008 debía desarrollarse un Ampliado Departamental de la Federación Sindical Única de Trabajadores Campesinos de Pando en la ciudad de Cobija para tratar temas referentes a la problemática agraria como la distribución de tierras fiscales, defensa de recursos naturales y medio ambiente, combustibles y análisis de la autonomía regional e indígena originaria campesina.

Las delegaciones campesinas —días antes del evento— empezaron a movilizarse para llegar a tiempo al ampliado y en el camino se encontraron con promontorios de tierra echados en el camino y con zanjas excavadas en la ruta hacia Cobija, actos realizados por personal del Servicio Departamental de Caminos con maquinaria y equipo de esa institución encargada de mantener y abrir caminos.

Los empleados del Servicio Departamental de Caminos, de la prefectura departamental y del Comité Cívico de Pando comenzaron a amedrentar a los distintos grupos de campesinos que se dirigían a su reunión, en primera instancia los campesinos retrocedieron frente a la intimidación y los insultos proferidos —de acuerdo con testimonios divulgados por medios de comunicación, gritos como "Campesinos de mierda, vuelvan por donde vinieron y no pasen porque los vamos a matar"—, pero luego determinaron continuar la marcha hacia Cobija.

La mañana del 11 de septiembre los campesinos habían llegado a Porvenir donde fueron retenidos por la policía, lugar donde también se encontraba gente de los grupos de choque mencionados; llegaron de Cobija unidades con hombres armados que entregaron armas a los grupos afines al prefecto Leopoldo Fernández, una mujer policía dio una señal y los grupos armados abrieron fuego contra los campesinos desde diferentes lugares, los campesinos corrieron huyendo por donde fue posible, la mayoría hacia el río Tahuamanu intentando cruzar hacia el otro lado donde fueron acribillados desde el puente del río, otros escapando hacia el monte donde los persiguieron para asesinarlos. Murieron 13 campesinos, entre ellos tres jóvenes normalistas paceños.

Al hospital de Porvenir fueron llegando heridos y muertos, donde la turba armada impedía que se les prestara atención médica; grupos de campesinos, principalmente mujeres, niños y ancianos trataron de refugiarse en el pueblo de Porvenir donde fueron atrapados, golpeados, torturados y asesinados.

Esta fue la gota que colmó el vaso de la violencia desatada por la oligarquía opositora contra el gobierno nacional, que en las elecciones de diciembre de 2009, después de ser aprobada la nueva Constitución Política del Estado, Evo Morales fue electo con 64% del voto popular, ratificando y ampliando el apoyo de las bolivianas y bolivianos.

Este fue el escenario político en el que se tuvo que desarrollar la política económica del país.

La guerra de la economía

Además de la guerra política, el gobierno tuvo que enfrentar una verdadera guerra económica, principalmente de la oligarquía agroindustrial cruceña, el verdadero poder político de la oligarquía, que se resistía a aceptar que el país requería un cambio, que la sociedad boliviana se había pronunciado democráticamente en absoluta mayoría por la necesidad de un cambio político, económico, social y cultural en el país.

Atacaron, especialmente, con el retiro de su producción del mercado interno, generando especulación, agio y ocultamiento de productos alimenticios que presionaron al alza de los precios, un fenómeno económico que afectó principalmente a los sectores sociales de menores ingresos y golpeó la economía de los más pobres.

Se generó escasez de aceite comestible, maíz amarillo (materia prima para alimentos balanceados para pollos y cerdos), carne vacuna y de pollo, azúcar, arroz y otros productos e inclusive se mencionó que no llegaría ni un gramo de carne a occidente.

El gobierno reaccionó prohibiendo la exportación de estos productos hasta que se abasteciera completamente el mercado interno y a precios regulados, también tomó otras medidas de política económica que evitaron fuertes niveles de inflación y que impidieron el desabastecimiento de los principales productos de la canasta familiar.

El terrorismo financiero

Los enemigos del proceso de cambio también ensayaron el "terrorismo financiero" que, sin embargo, por la solidez del sistema financiero y de la economía boliviana —en la que resalta el nivel de reservas internacionales del BCB— pudo controlarse oportunamente.

A principios de 2006 surgió el rumor de que el actual gobierno decretaría un "corralito bancario" —dado el fresco recuerdo de esa medida tomada en Argentina—, pero felizmente no generó ninguna corrida de depósitos en el sistema financiero nacional de consideración. En 2010 el sistema financiero sufrió dos "corridas bancarias", una entre el 8 y el 10 de junio, cuando se difundió un rumor sobre la solvencia y la inminente quiebra de uno de los bancos más grandes del sistema, y la segunda corrida, del 29 al 31 de diciembre, que tuvo una naturaleza sistémica, es decir, el sistema financiero enfrentó un retiro masivo de depósitos en todo el país, provocado por rumores sobre un supuesto "corralito bancario" que, por supuesto, no se produjo; esto dio origen a retiros que por la fortaleza de las reservas internacionales del BCB fue rápida y oportunamente disuelto, y el monto de los retiros no sobrepasó 3% de los depósitos totales.

El opositor Samuel Doria Medina había deslizado un comentario sobre una devaluación abrupta del dólar, esta declaración alarmó a los ahorradores en dólares, que retiraron sus depósitos del sistema financiero; la declaración además se vinculaba con el rumor de un "corralito bancario" ocasionando un retiro masivo de dólares de los bancos. Esta gente lamentablemente se vio perjudicada, porque ante estos falsos rumores y comentarios malintencionados sufrieron los costos financieros de las transacciones realizadas en medio del pavor creado. Aspecto una vez más que no se produjo y el daño fue, más que al gobierno nacional, para las personas que retiraron su dinero del sistema financiero nacional.

XI. CONCLUSIONES

EL NUEVO MESCP aplicado en Bolivia a partir de 2006 es exitoso por sus resultados —como se verificará en el siguiente capítulo— pero aún más por su sólida fundamentación cimentada en la realidad socioeconómica del país, con un manejo macroeconómico responsable basado en finanzas públicas sostenibles, inversión pública agresiva y una política de redistribución del ingreso entre los estratos más pobres, en la que el Estado es el agente económico más importante y los otros actores, como el sector privado, el social cooperativo y el social comunitario aportan al desarrollo económico y social, lo que permite un circuito virtuoso de gasto, producción, ingreso y empleo.

El MESCP contrasta definitivamente con el anterior modelo basado en el Consenso de Washington, que definía al sector privado internacional como el actor principal de la economía y al Estado con un papel periférico y marginal como regulador; también otras formas de economías (social cooperativa y economía comunitaria) eran inexistentes en tal escenario productivo.

El modelo neoliberal fracasó al ser aplicado en el país porque jamás atendió el bienestar nacional sino el de las empresas transnacionales, y porque era un modelo equivocado por ser una imposición desde la Avenida 21 de Washington, que no tomaba en cuenta la realidad socioeconómica boliviana.

Hoy con orgullo se puede afirmar que el MESCP es un modelo pensado por bolivianos y aplicado por economistas bolivianos de la Universidad Mayor de San Andrés, que le ha permitido a Bolivia y a 10 millones de bolivianos tener un mejor futuro, digno y lleno de esperanza, donde el Estado es y será la garantía del crecimiento, el desarrollo y la redistribución del ingreso.

ANEXO
Formalización matemática del MESCP

Para formalizar el nuevo MESCP implementado en Bolivia desde 2006 se desarrolla un concepto teórico basado en un modelo *super-predator*, mediante el cual se llega a una solución para el sistema usando ecuaciones del tipo Lokta-Volterra. El modelo muestra que con el traspaso de excedentes económicos del sector estratégico hacia el sector generador de ingresos y empleo, se puede generar crecimiento económico sostenido.

INTRODUCCIÓN

Después del comunismo primitivo, la historia y de las sociedades y las clases sociales se resume en la lucha por la apropiación del excedente económico de la sociedad. Un modelo económico define cómo se generan y se distribuyen los excedentes económicos entre los miembros de una sociedad. Un modelo económico involucra, por lo tanto, una forma de organizar la producción y la distribución, y una forma de organizar las relaciones sociales de producción. En la historia de la humanidad han existido varios modelos económicos bajo distintos modos de producción que han establecido relaciones sociales también distintas. De la misma manera, dentro de un mismo modo de producción se han generado distintos modelos económicos de distribución del excedente sin eliminar las contradicciones fundamentales entre los modos de producción. Estas relaciones, alrededor de lo productivo y la apropiación del excedente, determinan la forma en que las sociedades se organizan en los aspectos jurídico, religioso y cultural, es decir, la superestructura.

En Bolivia, el modelo neoliberal estuvo vigente por más de dos décadas, desde la promulgación del Decreto Supremo núm. 21060 del 29 de agosto de 1985. Este modelo se guiaba bajo los fundamentos de la apertura de la economía nacional al mundo, la liberalización de todas las actividades económicas y el supuesto del mercado como asignador eficiente de recursos. Este modelo basó el desarrollo de la economía en la demanda externa y la iniciativa privada, reduciendo al mínimo la participación del Estado.

Pero el aspecto más cuestionado de las medidas del modelo neoliberal en nuestro país fue, sin duda, la enajenación de los recursos naturales y la privatización de las empresas públicas con el pretexto de mayor eficiencia. Esta apertura al capital extranjero trajo consigo la explotación de los recursos naturales por parte de varias empresas transnacionales que establecieron monopolios en el país.

El modelo neoliberal era un modelo concentrador del ingreso, que no tomó en cuenta la abigarrada realidad socioeconómica del país y los modos de producción precapitalistas que coexisten en Bolivia. Este modelo disminuyó el empleo formal y aumentó el informal, también incrementó las diferencias económicas entre las distintas clases sociales, profundizando la extrema pobreza y los problemas sociales.

Durante la vigencia del modelo neoliberal, la generación de excedente y su distribución no fueron equitativas, ya que este se concentraba en pocas manos, no solamente de nacionales sino también de extranjeros.

Bases del MESCP

El actual sistema capitalista enfrenta una crisis estructural nunca antes vista que se manifiesta en siete formas o tipos de crisis: financiera, energética, climática, alimentaria, hídrica, institucional y de políticas macroeconómicas.

Este contexto de crisis puede convertirse en oportunidades para los bolivianos, puesto que el país cuenta con los recursos naturales para convertirse en un gran productor de energía y alimentos, y de diversos productos industriales derivados del gas, el litio y otros. Así, en 2005 surge un nuevo modelo económico consistente con la realidad socioeconómica del país, el cual fue plasmado en el Plan Nacional de Desarrollo de 2007. Este nuevo modelo se denomina modelo económico social comunitario productivo, MESCP.

Las bases del MESCP son: *1)* crecimiento y desarrollo con base en el aprovechamiento de los recursos naturales para beneficio de los bolivianos, *2)* apropiación del excedente económico de los sectores estratégicos por parte del Estado, *3)* redistribución del excedente económico entre los sectores más vulnerables, y *4)* reducción de la desigualdad social y la pobreza.

En este marco es importante que los sectores estratégicos generadores de excedente estén en manos del Estado (procesos de nacionalización)[1] para que los excedentes sean redistribuidos entre los bolivianos, especialmente entre aquellos sectores más vulnerables y empobrecidos de la población. Cabe resaltar que este es un modelo esencialmente redistribuidor del ingreso.[2]

Funcionamiento del MESCP

El MESCP identifica dos grandes sectores: *1)* el estratégico, que es donde se genera la mayor parte del excedente del país y *2)* el sector generador de ingresos y empleo, que incluye sectores económicos potenciales que todavía no fueron desarrollados en su plenitud.

En este marco el MESCP considera tres actividades estratégicas para generar excedentes económicos: hidrocarburos, minería y electricidad. Por otro lado, entre los sectores generadores de ingreso y empleo están la industria manufacturera, el turismo, la vivienda, desarrollo agropecuario y otros.

De acuerdo con el MESCP, para desarrollar una nueva Bolivia productiva y modificar el modelo primario-exportador se

---

[1] El proceso de nacionalización en Bolivia se inició el 1 de mayo de 2006, dado que en esa fecha el gobierno de Evo Morales aprobó el Decreto Supremo núm. 28701, cuyo objeto fue recuperar la propiedad y el control absoluto de los hidrocarburos. Cabe destacar que como resultado del nuevo marco regulatorio instituido por la nacionalización, los ingresos fiscales por hidrocarburos se incrementaron en más de 100%. Adicionalmente, se llevaron a cabo procesos de nacionalización en otros sectores estratégicos, como la minería, las telecomunicaciones y la electricidad.

[2] Las políticas de redistribución del ingreso, en el marco del MESCP, fueron las transferencias condicionadas (Bono Juancito Pinto, la Renta Dignidad y el Bono Juana Azurduy), los incrementos salariales por encima de la tasa de inflación, el incremento del salario mínimo nacional, subvenciones cruzadas y otros.

requiere llevar los excedentes de los sectores estratégicos hacia los sectores donde se requiere poner la piedra fundamental para un país productivo e industrializado, es decir, en el sector generador de ingresos y empleo. El ente encargado de llevar a cabo este proceso de redistribución es el Estado.

Si bien por un tiempo Bolivia seguirá siendo un país primario-exportador, con el MESCP se tiene claro el perfil del país que se quiere construir. En otras palabras, lo que se busca es liberar a Bolivia de la dependencia de la exportación de materias primas para abandonar el modelo primario-exportador y construir una Bolivia industrializada y productiva.

En el marco del MESCP se entiende que esta labor no puede hacerla el mercado,[3] por lo que el Estado interviene como asignador de recursos y tiene la tarea de conducir el modelo. Asimismo, el modelo no sólo se enfoca en construir una Bolivia industrializada, sino también busca resolver los problemas sociales de la pobreza, el desempleo y la baja movilidad social.

Este modelo está diseñado para la economía boliviana y su éxito se basa en la buena administración estatal de los recursos naturales.

FORMALIZACIÓN MATEMÁTICA

Supuestos del modelo

Explicado el marco anterior en el cual se desenvolverá la economía,[4] se inicia la especificación del modelo matemático enunciando los supuestos:

1. Sólo hay dos sectores que generan movimiento económico agregado: un sector estratégico (sector estatal) y un sector generador de ingresos y empleo (también

---

[3] A causa de la crisis financiera que estalló en los Estados Unidos a mediados de 2008, y considerando que esta crisis se originó en el mercado financiero, que es lo más cercano a la definición teórica de un mercado de competencia perfecta, muchos economistas señalaron que esta puso en evidencia las fallas del mercado y las consecuencias cuando este no se encuentra suficientemente regulado por el Estado.

[4] Se debe aclarar que este modelo no se encuentra dentro de ningún marco teórico de la literatura económica.

denominado sector de valor agregado). La producción de estos sectores se denota con X_1 y X_2, respectivamente. El sector generador de ingresos y empleo está administrado por todos los actores del modelo.[5] A su vez, es importante hacer notar que tanto $X_1(t)$ y $X_2(t)$ son funciones de tiempo, pero para evitar un abuso de notación no se emplea el subíndice t o la forma funcional.

2. En ambos sectores se generan excedentes,[6] debido a que tanto en el sector estratégico como en el generador de ingresos y empleo se encuentran actividades productivas. En consecuencia, de acuerdo con Villegas y Aguirre (1989), se asume que:

$$X_1 = XN_1 + XE_1 \qquad (1)$$

$$X_2 = XN_2 + XE_2 \qquad (2)$$

Donde XN_i es el producto necesario del sector i y XE_i es el producto excedente del sector i, para todo $i = \{1,2\}$

3. El excedente del sector estratégico es exógeno, pero decreciente, y se define mediante la siguiente función:

$$XE_1 = a_0 e^{-\gamma_1 t} \qquad (3)$$

Donde a_0, $\gamma_1 \in R^+$ ambas son constantes y $\dfrac{\dot{XE_1}}{XE_1} = \gamma_1$

4. El sector estratégico cuya actividad implica la explotación de los recursos no renovables debe considerar la restricción de recursos que la economía tiene, es decir: $\int_0^T r_t dt = R$. Donde R es la restricción de cantidad de recursos naturales del país expresada en términos de producción, y r_t es la cantidad de recursos naturales extraídos en el tiempo. Por la regla de Hotelling[7] se tiene que $P_1 = P_0 e^{it}$, donde P_t es el precio de las materias

---

[5] Los actores de la economía son: el Estado, el sector privado, la economía social cooperativa y la economía comunitaria.

[6] De acuerdo con Villegas y Aguirre (1989) el excedente económico es la producción total menos el monto que se destina para remunerar el trabajo.

[7] Véase Hotelling (1931) para más detalles.

primas. La función de demanda de materias primas es $P_t = \Psi_0 - \Psi_1 r_t$, donde Ψ_1 y $\Psi_2 \in R^+$ son constantes. Al resolver el sistema se encontrará el tiempo de duración y el precio inicial óptimo de extracción.[8]

5. El excedente del sector generador de ingreso y empleo que corresponde al sector privado es exógeno, pero creciente y se define mediante la siguiente función:

$$XE_2^p = b_0 e^{\beta_0 t} \tag{4}$$

Donde b_0, $\beta_0 \in R^+$ ambas son constantes y $\dfrac{\overset{\cdot}{XE_2^p}}{XE_2^p} = \beta_0$

6. El excedente del sector generador de ingreso y empleo que le pertenece al Estado crece a una tasa constante[9] definida por el mismo, es decir $\dfrac{\overset{\cdot}{XE_2^e}}{XE_2^e} = \sigma$

7. Se supone que existe una función definida del excedente total del sector generador de ingreso y empleo: $XE_2 = [XE_2^p]^{\tau_1}[XE_2^e]^{\tau_2}$, donde $0 < \tau_1 < 1$ y $0 < \tau_2 < 1 \in R^+$ son constantes. Estos parámetros muestran la participación de cada excedente en el excedente total. Por su parte, al aplicar el logaritmo neperiano y derivando en el tiempo se obtiene:

$$\frac{\overset{\cdot}{XE_2}}{XE_2} = \tau_1 \beta_0 + \tau_2 \sigma = \beta_1 \tag{5}$$

8. La demanda interna agregada en el modelo será un determinante para el crecimiento económico. A pesar de que la producción y la demanda interna agregada varían en el tiempo, la participación de la demanda interna en el producto será constante (tanto $D(t)$ y $Y(t)$ son funciones del tiempo, pero para evitar mucha notación no se lo denota). Tal participación está representada por la siguiente expresión:

$$\frac{D}{Y} = d \tag{6}$$

---

[8] Es importante señalar que este supuesto refuerza el supuesto anterior.

[9] Este parámetro se asume exógeno, ya que si se considera como endógeno este tendría que ser una función del gasto de gobierno, lo que complicaría mucho la obtención de la solución analítica.

Donde $d = cte \in R^+$ y $(0 < d < 1)$.

9. La demanda interna será superior o igual al gasto del Estado redistribuidor, $D \geq G$. Este gasto $G(t)$ es una función de tiempo y favorece la demanda interna por medio de la inversión pública, los salarios y las transferencias condicionales, entre otros.

10. El Estado interviene en la economía mediante gasto destinado a ambos sectores y a su vez realiza transferencias directas a los actores de la economía, para cumplir con sus objetivos de reducir la pobreza y la mala redistribución del ingreso.[10]

11. En cada periodo el gasto del Estado se encuentra financiado en su totalidad por impuestos, sobre una parte del excedente capturado del sector estratégico y parte del sector generador de ingresos y empleo. Por lo tanto, el Estado siempre mantendrá una política de presupuesto equilibrado.

12. El excedente de la economía como participación del producto será constante.[11] Tal participación estará representada por la siguiente expresión:

$$\frac{XE}{Y} = h \tag{7}$$

Donde $h = cte \in R^+$ y $(0 < h < 1)$.

Desarrollo del modelo

Como se mencionó en los supuestos 1 y 10, al Estado le preocupa el desenvolvimiento de la producción de cada sector en la

---

[10] Es importante mencionar que no es el objetivo del trabajo modelar a los agentes económicos (por ejemplo, los hogares), por lo que no es necesario realizar una caracterización formal de la pobreza ni de los problemas de redistribución.

[11] Este supuesto establece el excedente total de la economía en relación con el producto; sólo se debe identificar cuál de los actores de la economía se apropia de este. Para este modelo el Estado tiende a controlar de alguna forma el excedente, con impuestos al sector privado o de forma completa al incursionar en los sectores de la economía.

economía. El Estado se fija como objetivo alcanzar un nivel de producción en cada periodo de tiempo $X_1^* = X_1$ y $X_2^* = X_2$.

Mientras mayores sean los niveles efectivos de producción de cada sector, o lo que es equivalente, mientras mayores sean los niveles de producción objetivos de cada sector, el Estado recibe mayores niveles de satisfacción. Por lo tanto, existe una función de utilidad que representa las preferencias del Estado respecto a la producción de cada sector; tal función es modelada de la siguiente forma:

$$U(X_1, X_2) = X_1^{\alpha_1} X_2^{\alpha_2} \tag{8}$$

Donde α_1 y $\alpha_2 \in R^+$ son constantes.

El Estado puede influir en la producción de cada sector mediante el gasto. A su vez, como Estado redistribuidor, para financiar estos gastos debe obtener ingresos que son recaudados mediante impuestos proporcionales sobre la producción agregada de cada sector.

En este marco se debe considerar que mayores niveles de gasto implican mayores tasas impositivas sobre la producción agregada, las mismas que afectan principalmente al sector generador de ingresos y empleo, lo que a su vez genera desincentivos en este sector. De esta manera, el Estado busca fijar óptimamente los objetivos de producción de cada sector sujeto a la restricción de ingresos que tiene.[12]

A su vez, se debe destacar que los ingresos provenientes del sector estratégico tienen como fuente no sólo los impuestos, sino además el excedente económico que este genera. Como se mencionó en el supuesto 11 (p. 191), el Estado mantendrá una política de presupuesto equilibrado de forma que los ingresos serán igual al gasto en cada momento, de esta forma la restricción de gasto del Estado redistribuidor estará dada por la siguiente expresión:

---

[12] Es evidente que, en el marco del MESCP, el Estado captura una gran parte del excedente de la economía, luego lo utiliza como instrumento para impactar en ambos sectores a través del gasto. También influye en ambos sectores a través de su participación activa como empresario. Al final, con base en el supuesto 11, lo que interesa es encontrar el equilibrio dinámico del comportamiento de la producción de ambos sectores de la economía.

$$G = \theta_1 X_1 + \theta_2 X_2 \qquad (9)$$

Donde $\theta_1 X_1 \equiv XE_1$ es el excedente económico generado en el sector estratégico. Por su parte, $0 < \theta_1 < 1$ y $0 < \theta_2 < 1 \in R^+$, y $\theta_2 X_2 \equiv XE_2$ es el excedente económico generado en el sector generador de ingreso y empleo del que el Estado se apropia por la participación activa. Por lo tanto, el excedente económico generado $XE_2 \geq \theta_2 X_2$ es mayor o igual a lo que el Estado recibe.

El proceso de optimización del Estado se resuelve con el método de Lagrange, por lo tanto:

$$L = X_1^{\alpha_1} X_2^{\alpha_2} - \lambda(-G + \theta_1 X_1 + \theta_2 X_2 \qquad (10)$$

Al derivar la ecuación (10) respecto a X_1

$$\frac{\partial L}{\partial X_1} = \alpha_1 X_1^{\alpha_1 - 1} X_2^{\alpha_2} - \lambda \theta_1 = 0 \qquad (11)$$

Al derivar la ecuación (11) respecto a X_2

$$\frac{\partial L}{\partial X_2} = \alpha_2 X_1^{\alpha_1} X_2^{\alpha_2 - 1} - \lambda \theta_2 = 0 \qquad (12)$$

se encuentra la siguiente relación, la misma que es constante:[13]

$$\frac{X_2}{X_1} = \frac{\theta_1}{\theta_2} \frac{\alpha_2}{\alpha^1} \qquad (13)$$

Por otro lado, los ingresos del Estado redistribuidor se pueden expresar de la siguiente forma:

$$G \leq XE_1 + XE_2 \qquad (14)$$

Al encontrar la dinámica y aplicar los supuestos 2, 3, 5, 6 y 7 se tiene:

$$\frac{G}{G} \leq -\frac{\Upsilon_1 \theta_1 X_1}{\theta_1 X_1 + \theta_2 X_2} + \frac{\beta_1 \theta_2 X_2}{\theta_1 X_1 + \theta_2 X_2} \qquad (15)$$

[13] No se puede encontrar el óptimo porque se debe recordar que estas variables están en función del tiempo, pero sí se utilizó la relación que generó parámetros constantes para todos los periodos de tiempo.

Donde $u = \dfrac{\theta_1 X_1}{\theta_1 X_1 + \theta_2 X_2}$ y $v = \dfrac{\theta_2 X_2}{\theta_1 X_1 + \theta_2 X_2}$ son los excedentes

del sector estratégico y del sector generador de ingresos y empleo, respectivamente.

Así se puede escribir:

$$\frac{\dot{G}}{G} \leq -\gamma_1 u + \beta_1 v \qquad (16)$$

La ecuación (16) sugiere un impacto negativo del sector estratégico y un impacto positivo del sector generador de ingreso y empleo sobre el gasto del Estado.

La dinámica de u^{14} viene dada por:

$$\frac{\dot{u}}{u} = -a_3 + b_3 v - c_3 w \qquad (17)$$

Aplicando el supuesto 12, la dinámica de v está representada por:

$$\frac{\dot{v}}{v} = a_2 - b_2 u \qquad (18)$$

Siguiendo los supuestos 9 y 11 de presupuesto equilibrado, se tiene la siguiente dinámica:

$$\frac{\dot{D}}{D} \geq \frac{\dot{G}}{G} \qquad (19)$$

Con base en el supuesto 8 se obtiene que la dinámica de la demanda interna es la siguiente:

$$\frac{\dot{D}}{D} \leq \qquad (20)$$

Es decir, $\dfrac{\dot{Y}}{Y} \geq \dfrac{\dot{G}}{G}$

Por otro lado, considerando la igualdad de ingresos del Estado redistribuidor y encontrando las dinámicas, se tiene que si bien el ingreso del Estado depende del sector generador de ingreso y empleo, también la tasa de crecimiento de este sector va a depender de la dinámica de los gastos del Estado.

---

[14] Para detalles, véase Quiroz y Arce (2015: anexo 1, 103-119).

$$\frac{\dot{X}_2}{X_2} = \left(1 + \frac{\alpha_1}{\alpha_2}\right)\left(\frac{\dot{G}}{G} + \frac{\alpha_1\gamma_1}{\alpha_1 + \alpha_2}\right) \tag{21}$$

Al utilizar la ecuación (19) se tiene:

$$\frac{\dot{X}_2}{X_2} \leq \left(1 + \frac{\alpha_1}{\alpha_2}\right)\left(\frac{\dot{D}}{D} + \frac{\alpha_1\gamma_1}{\alpha_1 + \alpha_2}\right) \tag{22}$$

Considerando que el sector generador de ingreso y empleo es fundamental, debido a que en este se encuentra la manufactura (sector de valor agregado), se plantea la siguiente relación:

$$W = \frac{X_2}{Y} \tag{23}$$

Esta ecuación representa la participación del sector generador de ingresos y empleo en el producto. Al aplicar logaritmos neperianos y derivar se tiene:

$$\frac{\dot{w}}{w} = \frac{\dot{X}_2}{X_2} - \frac{\dot{Y}}{Y} \tag{24}$$

Al reemplazar, ordenar y simplificar se obtiene:

$$\frac{\dot{w}}{w} = a_1 + b_1 v \tag{25}$$

Finalmente, el sector generador de ingresos y empleo dependería del excedente económico del sector generador de ingreso y empleo. Al ordenar las ecuaciones para resolver, se encuentra una buena aproximación del modelo matemático *súperpredador*, aunque no con la misma lógica:[15]

$$\begin{cases} \dot{v} = (a_2 - b_2 u)v \\ \dot{u} = (-a_3 + b_3 v - c_3 w)u \\ \dot{w} = -(a_1 - b_1 v)w \end{cases} \tag{26}$$

Finalmente, se tiene el sistema de ecuaciones dinámicas (26), en el que la primera fila representa la dinámica del ex-

---

[15] Es de suma importancia destacar que los parámetros del sistema de ecuaciones se generan a partir de variables agregadas y como no se modela al conjunto de actores en la economía desde un punto de vista microeconómico este modelo matemático se encuentra dentro de los modelos macroeconómicos que tienen debilidad a la crítica de Lucas.

cedente del sector generador de ingresos y empleo, la segunda constituye la dinámica del excedente del sector estratégico y la tercera expresa la dinámica de la participación del sector generador de ingresos y empleo en el producto.

Al resolver el sistema de ecuaciones se encuentra un conjunto de puntos de equilibrio,[16] pero sólo se considera uno que es $X(t) = \left(\dfrac{a_1}{b_1}, \dfrac{a_2}{b_2}, -\dfrac{a_3}{c_3} + \dfrac{b_3 a_1}{c_3 b_a} \right)$, el cual permite la interacción de las tres variables analizadas.[17] El equilibrio de la solución se obtiene mediante la matriz jacobiana:

$$J = \begin{pmatrix} & 0 & -\dfrac{b_2 a_1}{b_1} & 0 \\ & \dfrac{b_3 a_2}{b_2} & & 0 & -\dfrac{c_3 a_2}{b_2} \\ \dfrac{b_1 a_3}{c_3} - \dfrac{b_3 a_1}{c_3} & 0 & 0 & \end{pmatrix} \tag{27}$$

Sus valores propios son:

$$\lambda_2 = \frac{a_1 a_2 b_3}{3 b_1 A} + A \text{ y } \lambda_{1,3} = \frac{a_1 a_2 b_3}{6 b_2 A} - \frac{A}{2} \pm \frac{\sqrt{3}\left(\dfrac{a_1 a_2 b_3}{3 b_1 A} + A \right) i}{2} \tag{28}$$

donde:

$$A = \left(\left(\frac{\left(\dfrac{b_3 a_1 a_2}{b_1} \right)^3}{27} + \frac{\left(a_1 a_2 \left(\dfrac{a_1 b_3}{b_1} - a_3 \right) \right)^2}{4} \right)^{\frac{1}{2}} - \frac{a_1 a_2 \left(\dfrac{b_3 a_1}{b_1} - a_3 \right)}{2} \right)^{\frac{1}{3}} \tag{29}$$

Por lo tanto, las soluciones serán funciones sinusoidales, las cuales fluctuarán en el tiempo.

---

[16] Las soluciones de equilibrio son:
$$(0,0,0), \left(\frac{a_3}{b_3}, \frac{a_2}{b_2}, 0 \right) \text{ y } \left(\frac{a_1}{b_1}, \frac{a_2}{b_2}, -\frac{a_3}{c_3} + \frac{b_3 a_1}{c_3 b_1} \right)$$

[17] Para más detalles, véase Quiroz y Arce (2015: anexo 1, 103-119).

Calibración del modelo

Para la calibración del modelo se consideraron los siguientes supuestos de los parámetros del sistema de ecuaciones:[18]

1. $\alpha_1 = \alpha_2$, significa que para el Estado las preferencias respecto a la producción de cada sector es la misma.

2. $\tau_1 = \tau_2$, implica que la participación del Estado y del sector privado en la generación del excedente total del sector generador de ingreso y empleo es la misma.

3. $\theta_2 = h$, significa que el impacto de la parte que recauda el Estado del sector X_2 es igual a la participación del excedente generado sobre el producto de la economía.

4. Con estos tres supuestos se tiene:

$$a_1 = b_3 = \gamma_1$$

$$a_2 = \tau(\beta_0 + \sigma) + \frac{1}{2}\gamma_1$$

$$a_3 = -\gamma_1$$

$$b_1 = \gamma_1 - \tau(\beta_0 + \sigma)$$

$$b_2 = c_3 - \tau(\beta_0 + \sigma)$$

[18]

$$a_1 = \gamma_1$$

$$b_1 = \gamma_1 \frac{\alpha_1}{\alpha_2} - \tau_1\beta_0 - \tau_2\sigma = \gamma_1 - \tau(\beta_0 + \sigma)$$

$$a_2 = \tau_1\beta_0 + \tau_2\sigma + \gamma_1\frac{\alpha_1}{\alpha_1+\alpha_2} = \tau(\beta_0 + \sigma) + \frac{1}{2}\gamma_1$$

$$b_2 = (\tau_1\beta_0 + \tau_2\sigma)\theta_2\frac{1}{h}\frac{h}{\theta_2}\frac{\alpha_1}{\alpha_2} = (\tau_1\beta_0 + \tau_2\sigma)\frac{\alpha_1}{\alpha_2} = \tau(\beta_0 + \sigma)$$

$$a_3 = -\gamma_1\frac{\alpha_1}{\alpha_2} = -\gamma_1$$

$$b_3 = \gamma_1\frac{\alpha_1}{\alpha_2} = \gamma_1$$

$$c_3 = (\tau_1\beta_0 + \tau_2\sigma)\frac{\alpha_1}{\alpha_2}\frac{\theta_2}{h}\frac{\alpha_1}{\alpha_2} = (\tau_1\beta_0 + \tau_2\sigma)\left(\frac{\alpha_1}{\alpha_2}\right)^2\frac{\theta_2}{h} = \tau(\beta_0 + \sigma)$$

Finalmente, considerando que el sistema de ecuaciones se basa en cuatro parámetros fundamentales (cuadro 1):

CUADRO 1. *Paramentos fundamentales*

Parámetro	Descripción	Valor
γ_1	Tasa de decrecimiento del excedente del sector estratégico.	0.2
β_0	Tasa de crecimiento del excedente del sector generador de ingreso y empleo.	0.1
τ	Participación del Estado en el excedente generado en el sector generador de ingresos y empleo.	0.5
σ	Tasa de crecimiento del excedente que le pertenece al Estado (una constante definida y administrada por el Estado redistribuidor).	0.01

Al realizar una pequeña simulación del sistema de ecuaciones, asignándole valores a los parámetros fundamentales[19] y encontrando la solución dinámica,[20] las dinámicas que se obtienen se muestran en la gráfica 1.

La primera línea gruesa representa el desenvolvimiento en el tiempo del excedente del sector generador de ingresos y empleo. La línea delgada muestra el desenvolvimiento en el tiempo del excedente del sector estratégico. La línea punteada representa la participación del sector de valor agregado en el producto. La simulación basada en los parámetros fundamentales muestra que el crecimiento del sector generador de ingresos y empleo tiene un ciclo de expansión y contracción, pero no es fluctuante. Mientras que el excedente del sector estratégico es creciente hasta cierto punto del tiempo debido al aumento en la explotación, seguido de un patrón descendente, debido a la limitación de los recursos naturales. En este marco, resalta la importancia de la participación del sector generador de valor agregado para promover un crecimiento sostenido de la eco-

[19] Los parámetros del modelo son valores aproximados que permiten encontrar una solución numérica de los resultados del modelo. No obstante, se debe resaltar que los resultados son sensibles a variaciones en los parámetros, pudiendo cambiar fácilmente las dinámicas presentadas.
[20] Véase Quiroz y Arce (2015: anexo 1, 103-119).

GRÁFICA 1. *Solución dinámica del* MESCP

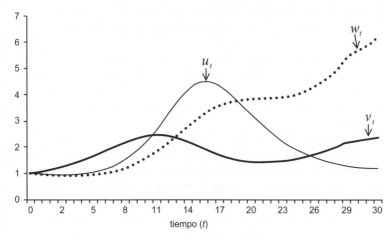

nomía, como un nuevo motor que impulsa la economía cuando se agotan los recursos naturales y disminuye el excedente del sector estratégico.

Estabilidad de los puntos de equilibrio

Es necesario testear si las soluciones encontradas para el modelo de ecuaciones diferenciales son estables. Derivando el sistema de ecuaciones respecto a v, u y w:[21]

$$Df = \begin{pmatrix} a_2 - b_2 u & -b_2 v & 0 \\ b_3 u & -a_3 + b_3 v - c_3 w & -c_3 u \\ -b_1 w & 0 & -a_1 + b_1 v \end{pmatrix}$$

Para el punto de equilibrio $(0,0,0)$ y $\left(\dfrac{a_1}{b_1}, \dfrac{a_2}{b_2}, -\dfrac{a_3}{c_3} + \dfrac{b_3 a_1}{c_3 a_1} \right)$ se encontró que al ser la parte real de los valores propios imaginarios negativos,[22] se concluye que el punto de equilibrio es

---

[21] Se denotará a $x(t) = (v(t), u(t), w(t))$ como un vector de variables.

[22] Teorema: sea X^* un punto de equilibrio de $\dot{x} = f(x)$, con $f\colon R^n \to R^n$ de clase C^1. Entonces, si $Df(x^*)$ tiene todos los autovalores λj con parte real $Re(\lambda j) < 0 \to x^*$ es local y asintóticamente estable.

inestable en el tiempo. Esto implica que el equilibrio va cambiando en el tiempo, sin llegar a un estado estacionario.

En contraste, el punto de equilibrio $\left(\dfrac{a_3}{b_3}, \dfrac{a_2}{b_2}, 0\right)$ es localmente (neutralmente) estable,[23] lo que implica que en el tiempo se llega a un óptimo de estado estacionario. Esto refleja que en ese momento del tiempo la economía estará en su punto de eficiencia, cabe aclarar que es un punto de equilibrio local, no total.

En conclusión, el modelo matemático desarrollado en el presente documento alcanzará un estado estacionario donde la economía estará en su óptimo. Esto se logra con la utilización del excedente de la economía por parte del Estado redistribuidor, que toma inicialmente el excedente del sector estratégico y posteriormente captura parte del excedente económico del sector generador de ingresos y empleo. Este punto de equilibrio se considera un punto de eficiencia.

Si $\exists \lambda j$ con parte real $Re(\lambda j) > 0 \to x^*$ es inestable; si $Re(\lambda j) \leq 0 \forall j$ y $\exists \lambda j$ con $Re(\lambda j) < 0 \to$ no se puede decir nada.

[23] Cabe hacer notar que para el segundo punto de equilibrio no se puede decir nada hasta que se pruebe con funciones de Liapunov. Se plantea una función de Liapunov:

$$V := a_2 b_3 v + a_3 b_2 u - a_3 a_2 \ln(vu) + w^2$$

El vector gradiente:

$$\nabla V\left(\frac{a_3}{b_3}, \frac{a_2}{b_2}, 0\right) = (0,0,0),$$

Además,

$$\nabla^2 V = \begin{pmatrix} \dfrac{a_3 a_2}{v^2} & 0 & 0 \\ 0 & \dfrac{a_3 a_2}{u^2} & 0 \\ 0 & 0 & 2 \end{pmatrix} \to \nabla^2 V\left(\frac{a_3}{b_3}, \frac{a_2}{b_2}, 0\right) = \begin{pmatrix} \dfrac{a_3 a_2}{\left(\dfrac{a_3}{b_3}\right)^2} & 0 & 0 \\ 0 & \dfrac{a_3 a_2}{\left(\dfrac{a_2}{b_2}\right)^2} & 0 \\ 0 & 0 & 2 \end{pmatrix}$$

Es una matriz definida positiva, entonces V alcanza un mínimo local estricto en $\left(\dfrac{a_3}{b_3}, \dfrac{a_2}{b_2}, 0\right)$. Por último, $\dfrac{d}{dt} V(x(t)) = \nabla V(x(t))^* \dot{x}(t) = 0 \therefore \left(\dfrac{a_3}{b_3}, \dfrac{a_2}{b_2}, 0\right)$ es localmente (neutralmente) estable.

CONCLUSIÓN

Después de más de 20 años de vigencia del modelo neoliberal, el cual colocaba un excesivo énfasis en la capacidad de los mercados de autorregularse y negaba las características estructurales de Bolivia, el MESCP plantea una nueva visión sobre el funcionamiento de la economía boliviana y propone un conjunto de políticas para generar altas tasas de crecimiento económico en el mediano y largo plazos.

El MESCP identifica la existencia de dos grandes sectores en la economía: un sector estratégico y un sector generador de empleos e ingresos. Adicionalmente, se reconoce la importancia del Estado para que se alcance una distribución adecuada de los recursos y evitar la formación de monopolios en la economía. Dadas las características del sector estratégico, este continuará controlado por el Estado; así, los excedentes del sector estratégico serán transferidos al sector generador de ingresos y empleo favoreciendo su participación y la industrialización del país. El gran potencial de la demanda interna permitirá desarrollar este sector hasta hacerlo competitivo respecto al resto del mundo y podrá alcanzar un crecimiento económico sostenido.

El modelo matemático genera un sistema de ecuaciones diferenciales tipo Lokta-Volterra cuya solución numérica muestra un crecimiento oscilatorio constante del sector generador de empleo e ingresos y un aumento del excedente económico a tasas crecientes. Claramente, el modelo matemático muestra la posibilidad teórica de generar crecimiento sostenido en economías de este tipo.

De esta manera, el MESCP visualiza al sector generador de ingresos y empleo como el principal sector que puede generar crecimiento sostenido en la economía. Debido a que el sector estratégico está controlado por el Estado redistribuidor, este utiliza el excedente económico para industrializar y ampliar la base productiva del país, hecho que a su vez tiene un impacto considerable en el sector generador de ingresos y empleo. Otra parte de este excedente es relocalizada hacia el sector privado mediante mejoras de la demanda interna (por medio de políticas de trasferencias, políticas de mejoras salariales, etc.), lo que impulsa el mercado interno y genera movimiento en la economía, permitiendo desarrollar el sector generador de ingresos y empleo.

En tanto la demanda interna quede insatisfecha, fomentarla traerá crecimiento sostenido. A largo plazo, cuando el sector generador de ingresos y empleo tenga suficiente capacidad para cubrir la demanda interna, este sector se convertirá en el nuevo motor de la economía boliviana.

Finalmente, la existencia de un punto de equilibrio de estado estacionario implica que el MESCP puede alcanzar un óptimo si el Estado interviene de forma activa y permanente en la economía mediante la transferencia de recursos de un sector a otro.

PRINCIPALES RESULTADOS ECONÓMICOS Y SOCIALES DEL MESCP

XII. LA POLÍTICA ECONÓMICA DE LA REVOLUCIÓN DEMOCRÁTICA Y CULTURAL

Introducción

Como se señaló en el capítulo anterior, el modelo económico social comunitario productivo (MESCP) busca generar crecimiento, desarrollo económico para los bolivianos y un país más igualitario y sin pobreza. Todo ello con base en el aprovechamiento de los recursos naturales que posee el Estado boliviano, mediante políticas redistributivas del ingreso entre la población y la construcción de una Bolivia productiva e industrializada, además, respetando la Tierra.

Con la asunción del presidente Evo Morales en enero de 2006, se inicia una nueva era y un nuevo modelo económico, social y político en la historia del país. Se abandona el viejo modelo neoliberal fundado en la economía de mercado y se implanta uno nuevo basado principalmente en la participación activa del Estado en la economía, donde este asume el reto de la resolución de los problemas sociales y busca emprender el camino hacia la industrialización.

En los últimos años, desde 2006, se aprobaron varias medidas económicas, políticas y sociales que se han convertido en verdaderos hitos históricos en esas materias, y otras tantas que han servido en su momento para consolidar los objetivos del MESCP.

En esta sección no pretendemos hacer un recuento del total de medidas llevadas a cabo desde el 22 de enero de 2006, pues sería muy largo detallar una a una todas ellas; en cambio, lo que sí buscamos es mostrar las principales medidas encaminadas a establecer y fortalecer la aplicación del MESCP, así como analizar sus principales resultados y establecer si se cumplió o no con los objetivos del modelo.

Asimismo, en el presente capítulo no se pretende ingresar al análisis político de inclusión social, de género o generacional, así como otros aspectos que también cambiaron en nuestro país. Esta tarea la dejamos a los profesionales y científicos especializados en esos temas. La labor de este capítulo se circunscribirá a una rápida evaluación de los principales resultados económicos y sociales de la aplicación del MESCP en Bolivia.

RECUPERACIÓN DE LOS RECURSOS NATURALES

Nacionalización de los hidrocarburos

Sin duda alguna, la medida más importante que cambió estructuralmente al país fue la nacionalización de los hidrocarburos, dado que transformó la base económica de nuestro país. Asimismo, el nuevo régimen en el sector de hidrocarburos permitió aplicar políticas sociales efectivas, principalmente asociadas a la redistribución del ingreso.

Previo a esta nacionalización el sector hidrocarburífero era controlado por las empresas transnacionales, que se constituían en las únicas operadoras y propietarias del gas boliviano. En ese contexto, Bolivia era únicamente un proveedor de gas natural barato para satisfacer las demandas externas, en detrimento de las necesidades internas. Asimismo, en ese periodo, la industrialización de ese sector era un sueño muy lejano, encasillado en el supuesto de que los bolivianos no éramos capaces de tal logro. Dadas las condiciones señaladas, los grandes beneficiados eran las transnacionales y, en contraposición, la realidad económica del país reflejaba altos niveles de pobreza, desempleo, bajas tasas de crecimiento y endeudamiento insostenible.

La primera medida implementada para contrarrestar estas condiciones desfavorables fue la promulgación de la Ley de Hidrocarburos núm. 3058 de 17 de mayo de 2005, producto de una demanda de los movimientos sociales que exigían la recuperación de los hidrocarburos por parte del Estado y la expulsión de las empresas transnacionales que se encontraban en el país.[1] Una de las medidas más relevantes de la Ley

[1] En fecha 18 de julio de 2004, a través de un referéndum vinculante, el pueblo soberano decidió, por mayoría absoluta, la recuperación de la propiedad de todos los hidrocarburos en boca de pozo, la refundación de YPFB para que pudiera participar en toda la cadena productiva de hidrocarburos y

núm. 3058 fue la redefinición del régimen fiscal del sector, en el cual se creó el Impuesto Directo a los Hidrocarburos (IDH) cuya alícuota es de 32% sobre el valor de la producción fiscalizada y aplicable a todos los campos relacionados. En el marco de este régimen se eliminó la clasificación entre hidrocarburos nuevos y existentes[2] y se instauró uno común para todos. Así también, se eliminó el régimen de los contratos de riesgo compartido y se establecieron tres tipos de acuerdos nuevos: *contrato de operación*, *contrato de asociación* y *contrato de producción compartida*.

No obstante, a partir de 2006 —con la implementación del MESCP y de la propuesta del programa de gobierno del MAS-IPSP en las elecciones de 2005— fue posible hacer efectiva la nacionalización de los hidrocarburos que estaban en manos de las empresas transnacionales. Concretamente, con la aprobación del DS núm. 28701 de 1 de mayo de 2006, "Héroes del Chaco", se otorgó a YPFB la potestad de definir todas las condiciones de comercialización de los hidrocarburos al interior y exterior del país, y tomar el control de todas las actividades de la cadena del sector.

Asimismo, ese decreto estableció un nuevo marco contractual para las empresas que operaban en el *upstream* y la obligación de estas a adecuarse a ese nuevo marco. Consecuentemente, los contratos de riesgo compartido que se firmaron al amparo de la Ley núm. 1689 se adecuaron bajo el esquema de contratos de operación con YPFB. En octubre de 2006, YPFB suscribió 44 contratos con 12 empresas petroleras, de los cuales 43 se protocolizaron en mayo de 2007.

Así, también, esta norma determinó la transferencia a YPFB de las acciones de los bolivianos en las empresas capitalizadas del rubro, administradas por el Fondo de Capitalización Colectiva, y la nacionalización de las acciones necesarias para que la empresa estatal tuviera el control de un mínimo de 50% + 1 en el sector de hidrocarburos. A partir de esta disposición

---

una renta petrolera igual a 50% del valor del gas natural y del petróleo, a favor del país.

[2] El artículo 9 de la Ley núm. 1731 de 25 de noviembre de 1996 señalaba que los hidrocarburos existentes eran aquellos correspondientes a las reservas probadas de los reservorios que estuvieran en producción a la fecha de vigencia de esta ley y certificadas al 30 de abril de 1996 por empresas especializadas.

se inició la adquisición de las acciones en las empresas Andina, S. A., y Chaco, S. A., en exploración y explotación, así como Transredes, S. A., en la actividad de transporte; Compañía Logística de Hidrocarburos de Bolivia, S. A., en almacenaje y Petrobras Bolivia Refinación, S. A., en refinación.

Posteriormente, el 1 de mayo de 2008 se aprobó el DS núm. 29541 con el objeto de concretar la adquisición por parte del Estado boliviano de al menos 50% + 1 de las acciones nacionalizadas del paquete accionario de las sociedades: Empresa Petrolera Chaco, S. A., y Transredes-Transporte de Hidrocarburos, S. A. Con base en este antecedente, el 2 de junio de 2008 se puso en vigencia el DS núm. 29586, con el objeto de nacionalizar la totalidad de las acciones que correspondían a TR Holdings LTDA, en el capital social de Transredes-Transporte de Hidrocarburos, S. A., a favor del Estado boliviano. Igualmente, el 23 de enero de 2009 se nacionalizó, a favor del Estado, la totalidad de las acciones de la empresa petrolera Chaco, S. A., que pertenecían a Amoco Bolivia Oil & Gas AB.

De manera similar, en 2008, con la aprobación del DS núm. 29542 y el DS núm. 29554 se concretó la adquisición, por parte del Estado boliviano, de 100% de las acciones nacionalizadas del paquete accionario de la Compañía Logística de Hidrocarburos Boliviana, S. A. Con estas medidas se garantizó la continuidad de los servicios públicos de transporte y almacenaje del sector de hidrocarburos.

Finalmente, en la gestión 2009, a través del DS núm. 111, se estableció la nacionalización, por parte del Estado Plurinacional de Bolivia, de la totalidad de las acciones que conformaban el paquete accionario de la empresa Air BP Bolivia, S. A. (ABBSA), encargada en ese momento del servicio de suministro de combustibles de aviación en los aeropuertos a su cargo en el territorio nacional. De esta manera, el Estado boliviano, a través de YPFB, logró tener el control de toda la cadena productiva de los hidrocarburos.

Nacionalización de la minería

A partir de la gestión 2006 se comienza a tomar una serie de medidas con el objeto de recuperar la participación del Estado en toda la cadena productiva minera y así controlar otro recurso natural estratégico para el desarrollo del país. Estas medidas pretendían corregir los errores del pasado neoliberal y reactivar el sector minero para que nuevamente se constituyera en un factor de impulso al desarrollo económico boliviano. A diferencia de la nacionalización de 1952 esta nueva generación de políticas introducidas en este sector, se ubica en el marco de una visión de desarrollo nacional y un conjunto de estrategias claramente definidas en el MESCP que Bolivia viene implementando en los últimos nueve años.

Las políticas más relevantes y características de este periodo fueron las nacionalizaciones de los principales complejos mineros del país. La más importante fue la estatización de la Empresa Minera Huanuni, a través del DS núm. 28901 de 31 de octubre de 2006,[3] el cual establece que la Comibol asume el dominio total del cerro Posokoni, hasta ese momento bajo explotación de los cooperativistas mineros, así como la dirección y administración directa sobre los yacimientos de Huanuni, desarrollando actividades productivas de prospección, exploración, explotación, beneficio y/o concentración, fundición, refinación y comercialización de sus productos minerales.[4] Mediante DS núm. 29459, de 27 de febrero de 2008, la empresa minera Huanuni es declarada como una empresa pública nacional estratégica.

Asimismo, en febrero de 2007, mediante el DS núm. 29026, se nacionalizó el Complejo Metalúrgico de Vinto, revirtiéndose al dominio del Estado todos sus activos, asumiendo Comibol el control administrativo, técnico, jurídico y financiero de estos yacimientos.

Con el objetivo de recuperar la participación del Estado en toda la cadena productiva minera, se aprobó la Ley núm. 3720 de 31 de julio de 2007, que autoriza a Comibol a participar directamente en la cadena productiva con las siguientes funciones: prospección y exploración, explotación, concentración,

[3] Elevada a rango de ley mediante el decreto de Ley núm. 3719 de 31 de julio de 2007.

[4] Es necesario destacar que hasta mediados de 2006 la principal función de Comibol era administrar los contratos de riesgo compartido, arrendamiento y servicios que suscribía con empresas o cooperativas mineras, por lo que no participaba en la cadena productiva.

fundición y refinación, comercialización de minerales y metales y la administración de las áreas fiscales. En marzo de 2008, Comibol es declarada empresa nacional estratégica mediante DS núm. 29474.

Por otra parte, en junio de 2012, con la aprobación del DS núm. 1264, Comibol asume el control, la dirección y administración directa sobre los yacimientos del Centro Minero Colquiri. De la misma manera, en agosto de 2012 a través del DS núm. 1308 se revierten al dominio originario del Estado las Autorizaciones Transitorias Especiales Mineras denominadas Mallku Khota, Jalsuri, Alkasi, Cobra, Viento, Takhuani, Takhaua, Daniel, Antacuna, Norma y Silluta, y se establece que Comibol será responsable de la administración y desarrollo de todas las áreas revertidas.

Nacionalización del sector de telecomunicaciones

En el ámbito de las telecomunicaciones, la Entel, que fue fundada el 22 de diciembre de 1965 con la participación del Estado, tenía la finalidad de "desarrollar las telecomunicaciones en todas sus modalidades y formas en el territorio nacional".[5] No obstante, en el marco de la "capitalización de empresas públicas", durante el periodo neoliberal, se transformó en Entel Sociedad Anónima Mixta con el propósito de incorporar, supuestamente, capitales privados a su paquete accionario.

Así, mediante la Ley núm. 1544 de Capitalización, de 21 de marzo de 1994, se vendieron 50% de las acciones de Entel a la sociedad ETI Eurotelecom International NV (ETI) y los restantes 47% y 3% se dejaron en manos de las AFP y de los trabajadores de la empresa, respectivamente. La venta de la empresa posibilitó a ETI un monopolio de seis años sobre los servicios de telefonía de larga distancia nacional e internacional. Por su parte, la transnacional europea se comprometió a ejecutar 610 millones de dólares en su plan de inversiones a fin de expandir y mejorar el servicio; de este monto, 130 millones fueron designados como capital y, luego, los restantes 480 millones

[5] Según página oficial "Historia de Entel", disponible en <http://www.entel.bo/inicio3.0/index.php/presentacion1/historia>, consultado el 21 de octubre de 2015.

quedaron como reserva no distribuible, que más tarde fueron distribuidos entre sus accionistas.

En resumen, la ETI, que poseía 50% de las acciones, no realizó las inversiones comprometidas y no cumplió sus obligaciones de extender los servicios de telefonía en el área rural; de manera contraria, se llevó la mitad de los recursos fuera del país y actualmente enfrenta procesos contenciosos por evasión tributaria (2002) y omisión tributaria (2005) por 82 millones de dólares aproximadamente.

Frente a los indicios de irregularidades en la administración y operaciones de Entel, el gobierno nacional, mediante DS núm. 29087, de 3 de marzo de 2007, dispuso la creación de una comisión *ad hoc* encargada de llevar negociaciones con ETI, a fin de recuperar las acciones que eran de Entel a favor del Estado. Empero, las negociaciones con la transnacional no llegaron a un acuerdo y sobrepasaron el tiempo estipulado en el decreto.

En efecto, la recuperación de Entel inició con la aprobación del DS núm. 29101 de 23 de abril de 2007, que transfirió a favor del Estado las acciones de los ciudadanos bolivianos que formaban parte del Fondo de Capitalización Colectiva en Entel, S. A., administradas por las administradoras de fondos de pensiones Futuro de Bolivia, S. A., AFP, y BBVA Previsión AFP, S. A. Esta acción se llevó a cabo debido a que los bolivianos nunca participaron ni fueron tomados en cuenta en el Directorio ni en la Junta de Accionistas de la empresa capitalizada; en contraposición, las AFP asumieron la administración de esas acciones sin ningún mandato ni representación legal. Bajo este contexto, el gobierno de Evo Morales el 1 de mayo de 2008, mediante DS núm. 29544, nacionalizó la totalidad del paquete accionario de la capitalizadora ETI Eurotelecom International NV en Entel, S. A., transfiriéndose las acciones de esta empresa capitalizadora al Estado boliviano.

Nacionalización del sector eléctrico

El sector eléctrico del país, hasta 1994, estuvo regido por el Código de Electricidad según el DS núm. 8438 de 31 de julio de 1968. La estructura vertical del sector se encontraba dominada entonces por la Empresa Nacional de Electricidad (ENDE), propiedad del Estado, que fue creada el 9 de febrero de 1962 con tres propósitos: *1)* producir, *2)* transmitir y *3)* distribuir energía eléctrica en el país. Antes del proceso de capitalización y privatización, que se implementó desde 1994, ENDE fue el operador eléctrico con mayor participación en generación y transmisión de energía eléctrica, puesto que centralizaba todas las plantas generadoras del oriente y la zona central de Bolivia y era propietaria de todos los sistemas de transmisión.

El proceso de capitalización y privatización de 1994 provocó la desintegración vertical de todo el sector eléctrico. La capacidad de generación de ENDE quedó fragmentada en tres empresas: Corani SAM, Guaracachi SAM y Valle Hermoso SAM. La capacidad de transmisión de ENDE fue derivada a la empresa española Fenosa, creándose la Transportadora de Electricidad (TDE). Esta medida no sólo posibilitó la entrega del patrimonio de ENDE a empresas transnacionales (francesas, españolas y británicas), sino que les permitió aprovechar durante 14 años la infraestructura y equipamiento de nuestra empresa para la generación de recursos económicos en beneficio propio.

Inmediatamente, el 21 de diciembre de 1994, se promulgó la Ley núm. 1604 de Electricidad, el instrumento legal más importante del sector hasta la fecha. Esta norma, por una parte, pretendía incrementar la eficiencia e introducir la competencia en el sector y, por otra, redefinía los roles en cada una de las actividades de la industria. El primer objetivo no logró cumplirse en el proceso de privatización y capitalización, el segundo profundizó la desintegración vertical del sector.

Como resultado, se dio una imperiosa subida de los precios de la electricidad, baja calidad del servicio y reducida cobertura en el área rural. Frente a este escenario, el Estado tomó la firme decisión de intervenir la industria eléctrica a fin de corregir estas irregularidades. Así, el proceso de recuperación del sector se inició con la aprobación del DS núm. 29644 de 16 de julio de 2008, el cual estableció la naturaleza jurídica de ENDE como empresa pública nacional estratégica y corporativa, con participación en toda la cadena productiva del sector eléctrico.

La actual Constitución Política del Estado en su artículo 378, parágrafos I y II establece que las diferentes formas de energía y sus fuentes constituyen un recurso estratégico, siendo facultad privativa del Estado el desarrollo de la cadena productiva energética en las etapas de generación, transmisión y distribución eléctrica. Asimismo, menciona que la cadena productiva energética no podrá estar sujeta exclusivamente a intereses privados ni podrá concesionarse.

En este marco, por medio del DS núm. 493 de 1 de mayo de 2010, se nacionalizaron a favor del Estado las empresas estratégicas de generación de energía eléctrica (Corani, S. A., Guaracachi, S. A. y Valle Hermoso, S. A.). Con el DS núm. 494 de 1 de mayo de 2010, se recuperaron las acciones a favor del Estado en la Empresa de Luz y Fuerza Eléctrica Cochabamba, S. A. (ELFEC).

Le siguieron el DS núm. 1214 de 1 de mayo de 2012, por medio del cual se nacionalizaron la empresa Transportadora de Electricidad, S. A. (TDE), y las acciones en propiedad de terceros provenientes de esta sociedad. El DS núm. 1448, de 29 de diciembre de 2012, nacionalizó a favor de ENDE las acciones que poseía Iberbolivia de Inversiones, S. A. en las empresas Electricidad de La Paz, S. A. (Electropaz), Empresa Luz y Fuerza de Oruro, S. A. (Elfeo), Compañía Administradora de Empresas Bolivia, S. A. (Cadeb) y la Empresa de Servicios Edeser, S. A. (Edeser).

Con la aprobación de los DS núm. 1689 y 1691, de 14 de agosto de 2013, se otorgó a ENDE un rol corporativo, estableciendo una nueva estructura organizativa y funcional; además de una nueva escala salarial acorde a su condición de Empresa Pública Nacional Estratégica (EPNE).

POLÍTICAS Y RESULTADOS SECTORIALES

Sector hidrocarburos

Marco regulatorio

La nacionalización de los hidrocarburos aplicada el 1 de mayo de 2006 mediante el DS núm. 28701 "Héroes del Chaco", se constituyó en uno de los hechos políticos y económicos más importante del gobierno del presidente Evo Morales. Con esta medida se materializó la decisión de las grandes mayorías populares de retomar la propiedad y el control de nuestros recursos hidrocarburíferos, dando cumplimiento a la determinación del referéndum vinculante de 2004 y los mandatos posteriores que se establecieron en la nueva Constitución Política del Estado (CPE).

El DS de nacionalización "Héroes del Chaco" estableció las siguientes determinaciones:

1. En ejercicio de la soberanía nacional se nacionalizaron los recursos naturales hidrocarburíferos del país. Se nacionalizaron las acciones necesarias para que YPFB controle como mínimo 50% + 1 en las empresas Chaco, Andina, Transredes, Petrobras Bolivia y Compañía Logística de Hidrocarburos.

2. Las empresas petroleras, que en ese momento realizaban actividades en el territorio nacional, estaban obligadas a entregar en propiedad a YPFB toda la producción de hidrocarburos.

3. Las empresas extranjeras para seguir operando en el territorio nacional, se comprometieron, bajo contrato, a cumplir las condiciones y requisitos legales vigentes y constitucionales, caso contrario, YPFB asumiría sus operaciones.

4. Durante el periodo de transición, el valor de la producción en los campos cuya producción certificada el año 2005 fue superior a 100 millones de pies cúbicos diarios, debía ser distribuido de la siguiente manera: 82% para el Estado (18% regalías, 32% de impuesto directo a los hidrocarburos y 32% de participación adicional para YPFB), y 18% para las compañías. Los campos con una producción menor a 100 millones de pies cúbicos diarios mantuvieron la distribución del valor de su producción.

5. Se transfirieron, en propiedad a YPFB, las acciones de los ciudadanos bolivianos en el Fondo de Capitalización Colectiva de las empresas Chaco, Andina y Transredes. Las acciones que estaban a nombre de las AFP fueron endosadas a nombre de YPFB.

6. El Estado recuperó su plena participación en toda la cadena productiva del sector de hidrocarburos. Por lo tanto, ahora el Estado tiene el control y la dirección de

la producción, transporte, refinación, almacenaje, distribución, comercialización e industrialización de hidrocarburos en el país, teniendo la potestad de definir las condiciones, volúmenes y precios tanto para el mercado interno como para la exportación e industrialización.

7. Se estableció como atribución del Ministerio de Hidrocarburos y Energía la determinación —para cada caso con base en auditorías— de las inversiones a ser realizadas por las compañías, sus amortizaciones, costos de operación y rentabilidad obtenida en cada campo. Los resultados obtenidos en cada auditoría sirvieron para determinar la participación de las empresas en la distribución del valor producido.

Por otra parte, la nueva CPE es un bastión normativo fundamental para el sector de hidrocarburos, toda vez que dedica expresamente un capítulo de la "Parte Cuarta", referida a la Estructura y Organización Económica del Estado, al tema de los hidrocarburos. Entre sus determinaciones más importantes se pueden citar las siguientes:

1. Los hidrocarburos son de propiedad inalienable e imprescriptible del pueblo boliviano. El Estado, en nombre y representación de este pueblo, ejerce la propiedad de toda la producción de hidrocarburos del país y es el único facultado para su comercialización. La totalidad de los ingresos percibidos por su comercialización será propiedad del Estado. Ningún contrato, acuerdo o convenio podrá vulnerar esta definición. En caso de vulneración, los contratos serán nulos de pleno derecho y quienes los hayan acordado, firmado, aprobado o ejecutado, cometerán delito de traición a la patria.

2. El Estado es el encargado de definir la política de hidrocarburos.

3. YPFB es la única institución autorizada a suscribir contratos, bajo el régimen de prestación de servicios, con empresas públicas, mixtas o privadas, bolivianas o extranjeras, para que dichas empresas realicen determinadas actividades de la cadena productiva a cambio de una retribución por sus servicios.

4. Los contratos de exploración y explotación deben contar con autorización y aprobación expresa de la Asamblea Legislativa Plurinacional.
5. Todas las empresas extranjeras que trabajen en la cadena productiva hidrocarburífera, están sometidas a la soberanía del Estado, a la dependencia de las leyes y de las autoridades del Estado.
6. Asimismo, respecto a los recursos naturales, la CPE establece que el Estado asume el control y la dirección sobre la exploración, explotación, industrialización, transporte y comercialización de los recursos naturales estratégicos.
7. La industrialización y comercialización de los recursos naturales son prioridad del Estado.
8. Las utilidades obtenidas por la explotación e industrialización de los recursos naturales serán distribuidas y reinvertidas para promover la diversificación productiva del país.

En lo que se refiere a la comercialización de gas natural con Brasil, quien es nuestro principal socio comercial en temas hidrocarburíferos, nuestra relación se basa en el contrato Gas Supply Agreement (GSA), que fue firmado el 16 de agosto de 1996 entre YPFB y Petrobras. Este acuerdo establece un volumen mínimo de compra de 24 millones de metros cúbicos diarios y un máximo de entrega de 30.08 mm³/día; si se incluye el "gas combustible", el país debe enviar 31.5 mm³/día.

En este marco contractual se debe resaltar que con la firma del Cuarto Addendum al contrato GSA, el 18 de diciembre de 2009, se estipuló la metodología y las condiciones a ser aplicadas para determinar el pago adicional por los Hidrocarburos Pesados-50 presentes en el gas exportado a Brasil; de esta manera, se obligó a Petrobras a pagar desde 2007 entre 100 millones y 180 millones de dólares anuales por los licuables del gas exportado, en función del poder calórico.

Por otra parte, el 18 de agosto de 2014, YPFB y Petrobras firmaron un contrato interrumpible adicional al contrato GSA para la venta de otros 2.24 mm³/día de gas natural hasta 2016, y cuyo punto de entrega será San Matías para proveer del energético a la termoeléctrica de Cuiabá de ese país.

En el segundo semestre de 2015 se espera renegociar con Brasil un nuevo contrato de venta de gas, en el cual se definirán los ejes de un nuevo precio, volúmenes y poder calorífico, tomando en cuenta que el actual contrato concluye en 2019. Las expectativas respecto a la renovación del contrato son optimistas, dado que Bolivia tiene una ventaja competitiva en materia de precios.

En lo que corresponde a la venta de gas natural a la Argentina, el 19 de octubre de 2006, en Santa Cruz, Bolivia, los mandatarios de ambos países firmaron el Nuevo Acuerdo de Asociación Estratégica en Materia de Energía-51, que estableció el incremento progresivo de los volúmenes de venta de gas de 7.7 mm³/día a 27.7 mm³/día hasta 2026. Este acuerdo significó un gran impulso para YPFB, tanto en la ampliación de su mercado de exportación como en la ampliación de inversiones para un mercado seguro.

Desempeño del sector hidrocarburos

Producción

Fruto de la nacionalización y de las políticas aplicadas en el sector, la producción nacional bruta de gas natural creció de 40.2 mm³/día en 2006 a 61.3 mm³/día en 2014; el volumen más alto de la historia gasífera del país. En 2014 los campos Sábalo, Margarita-Huacaya y San Alberto fueron los más representativos, toda vez que su producción en cuanto al total alcanzó 30.5%, 25.2% y 15.2%, respectivamente. Asimismo, Yapacaní, Itaú, Río Grande, Bulo Bulo, Curiche, Vuelta Grande y el Dorado Sur son otros campos importantes en la producción de gas natural.

La producción de hidrocarburos líquidos ha seguido la misma tendencia creciente del gas natural. En este sentido, en 2014 el volumen promedio de producción de petróleo, condensado y gasolina natural alcanzó 63.1 miles de barriles por día (MBbl/día).

Respecto a la industrialización de los hidrocarburos, el objetivo es superar el modelo primario-exportador a través de la industrialización del gas natural para la generación de valor agregado, empleo y desarrollo tecnológico del país.

GRÁFICA XII. 1. *Producción bruta de gas natural,
2000-2014 (en mm³/día)*ª

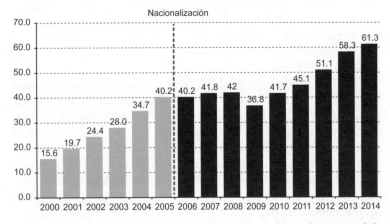

ª La producción bruta de hidrocarburos se refiere a la producción medida en boca de pozo.
FUENTE: elaboración propia con base en la información de YPFB.

Para ello, el proceso de industrialización del gas natural se dividió en dos fases: el primero consistió en la construcción de las Plantas Separadoras de Líquidos de Río Grande (en Santa Cruz) y de Gran Chaco (en Tarija), con los cuales dejamos de exportar gas rico a los mercados de Brasil y Argentina, y revertimos la situación de dependencia de la importación de gas licuado de petróleo (GLP); es decir, pasamos de ser importadores de GLP a exportadores de este carburante.

1. *Planta Separadora de Líquidos Río Grande:* la planta separadora que se encuentra ubicada en el departamento de Santa Cruz, demandó una inversión de 183 millones de dólares y con su inauguración, en mayo de 2013, dejamos de exportar gas rico al mercado brasileño y obtuvimos mayor producción de GLP, con la cual logramos abastecer el mercado interno; pero principalmente generamos excedentes que luego fueron exportados a países vecinos. En septiembre de 2013 se inició la exportación de este carburante a Paraguay, Perú y luego a Uruguay. Así, entre 2013 y 2014 el país generó 29 millones

de dólares de ingresos por la venta de 39 529 tm de GLP al exterior.

2. *Planta Separadora de Líquidos Gran Chaco Carlos Villegas Quiroga:* esta planta ubicada en el departamento de Tarija, requirió una inversión de 694 millones de dólares e ingresó en operaciones en agosto de 2015. Perfilada como una de las más grandes de Sudamérica, se prevé que superará en al menos cinco veces los volúmenes de producción de la Planta de Río Grande, con lo cual lograremos dotar de materia prima a la industria petroquímica que paralelamente construimos en el país. La planta inició con una capacidad de producción de 1 542 tm/día de GLP, 1 137 Bbl/día de gasolina, 2 156 tm/día de etano (insumo para la planta de etileno y polietileno) y 716 Bbl/día de isopentano; progresivamente, la capacidad de producción se incrementará hasta 2 247 tm/día, 1 658 Bbl/día, 3 144 tm/día y 1 044 Bbl/día, respectivamente.

Para la segunda fase del proceso de industrialización del gas, priorizamos la industria petroquímica, que iniciamos con la construcción de los siguientes proyectos:

1. *Planta de amoníaco y urea:* con una inversión de 877 millones de dólares se construyó la Planta de Urea y Amoníaco ubicada en la población de Bulo Bulo del departamento de Cochabamba. Esta fue la primera planta de industrialización del gas, que producirá fertilizantes para mejorar los rendimientos en los diferentes cultivos de soya, maíz, arroz, papa, girasol, trigo y caña de azúcar, entre otros. Su edificación estuvo a cargo de la empresa Sur Coreana Samsung Engineering Corp. Ltd. y el inicio de operaciones está previsto para el primer semestre de 2016. De acuerdo con estimaciones, la planta contará con una capacidad de producción de 756 000 tm/año de urea, de los cuales entre 10 y 20% serán destinados al mercado interno y los excedentes (80% a 90%) al mercado externo.

2. *Plantas de etileno y polietileno; propileno y polipropileno:* dentro de la cadena de industrialización del gas se en-

cuentran en diseño de construcción la planta de etileno y polietileno que requerirá una inversión de 1 760 millones de dólares para la producción de plásticos blandos; la planta de propileno y polipropileno permitirá producir 250 000 tm/año de plásticos duros y demandará una inversión de 1 700 millones de dólares aproximadamente. Con estas plantas aprovecharemos la producción de propano y etano que provendrán de la Planta de Gran Chaco para darle valor agregado, a través de la generación de resinas, destinadas a diferentes aplicaciones como empaques para alimentos, bolsas, fibras sintéticas, tejidos sintéticos, utensilios de laboratorio, componentes automotrices, películas transparentes, etcétera.

Adicionalmente, otro proyecto de alto impacto social y económico lo constituye la planta de gas natural licuado (GNL), que inició operaciones en septiembre de 2014. Esta planta permitirá suministrar gas natural a 60 poblaciones alejadas del país, donde no ingresan gasoductos convencionales, por razones geográficas y/o económicas. El proceso de la planta consiste en reducir el volumen del gas natural mediante licuefacción, para luego ser transportado en cisternas hasta las estaciones de regasificación, donde se recuperará su estado original y se distribuirá a través de redes de gas domiciliario. El monto de inversión es de 198 millones de dólares y la capacidad de licuefacción de la planta será de 210 tm/día.

Por otro lado, como resultado de la nacionalización de los hidrocarburos, 2 195 230 bolivianos y bolivianas se beneficiaron —entre 2006 y 2014— con la instalación de redes de gas domiciliario, frente a tan sólo 104 105 en el periodo neoliberal (1994-2005). De manera similar, entre 1994 y 2005 se realizaron sólo 28 021 instalaciones domiciliarias; en contraposición, desde 2006 hasta 2014 se instalaron 439 046 redes de gas domiciliario, en el sistema convencional.[6] Para este efecto, el

---

[6] Las instalaciones de redes de gas domiciliario se clasifican de acuerdo con el sistema de distribución en convencional y virtual. El sistema convencional comprende a todas aquellas instalaciones realizadas en localidades que acceden al flujo de gas natural mediante el sistema de gasoductos. En cambio, el sistema virtual engloba a todas las instalaciones que acceden al flujo de gas natural mediante la tecnología de GNL. En 2014 se realizaron 13 175 instala-

gobierno de Evo Morales, en los últimos nueve años, invirtió un poco más de 547 millones de dólares en la instalación de estas redes.

Asimismo, en el marco de la política de cambio de la matriz energética, se ha observado un avance importante en la reconversión de combustible vehicular con el uso del gas natural vehicular (GNV). Desde 2000 hasta 2014 se han convertido 306 433 vehículos; es decir, un poco más de dos de cada 10 vehículos funcionan con GNV. Particularmente, en los últimos cinco años la Entidad Ejecutora de Conversión a GNV (EEC-GVN) convirtió más de 21 700 vehículos por año, entre los cuales están diversos vehículos del sector público, privado y estatal.

Comercialización, mercado interno
Antes de la nacionalización de los hidrocarburos, el mercado externo era el destino prioritario de nuestro gas. Como se mencionó en acápites anteriores, uno de los postulados fundamentales que dio origen a la nacionalización fue que el gas es de los bolivianos y, por lo tanto, antes de pensar en exportarlo debería beneficiar a los propios bolivianos.

En esta línea, los volúmenes de gas natural comercializados en el mercado interno se incrementaron considerablemente respecto a lo ocurrido en el periodo neoliberal. En efecto, entre 1998 y 2005 el promedio comercializado por año fue de 36 434 millones de pies cúbicos (MMpc); en cambio, en el periodo de 2006-2014 el volumen promedio de comercialización fue de 84 040 MMpc (gráfica XII.2).

Adicionalmente, es importante destacar el aumento del consumo de gas de las familias. En 2005 el consumo interno era tan sólo 704 MMpc, volumen inferior al de 2014 cuando alcanzó 3 841 MMpc producto de una mejora en los ingresos de las familias, la instalación de redes domiciliarias de gas y mayores políticas para favorecer el mercado interno.

Otro aspecto a ser destacado es la política del cambio de la matriz energética que se llevó a cabo en el país, que en el caso de los hidrocarburos se dirigió a la sustitución del consumo de diesel y gasolina por el gas natural vehicular. Una mayor utili-

ciones de gas domiciliario en el sistema virtual; no obstante, estas no están en funcionamiento porque algunas obras necesarias para el funcionamiento del sistema virtual aún se hallan en etapa de construcción e instalación.

GRÁFICA XII.2. *Volúmenes comercializados de gas natural en el mercado interno, 1998-2014 (en miles de MMpc)*

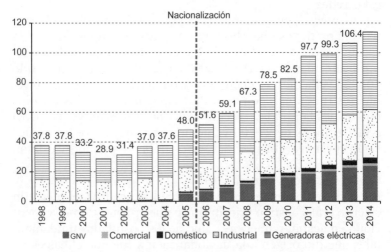

FUENTE: elaboración propia con base en la información del INE.

zación de GNV implica una disminución de las importaciones de bienes sustitutos como el *diesel oil* y gasolinas y un menor costo para el consumidor final y el Estado.[7] En este marco, el volumen de comercialización de GNV pasó de 5 040 MMpc en 2005 a 23 787 MMpc en 2014.

Exportación
Los volúmenes de exportación de gas natural, tanto en el caso de Brasil como en el de Argentina, se incrementaron en relación con el periodo neoliberal. En 1997-2005 las exportaciones de gas a ambos países, en promedio anual, fueron de 4 407 mm³; en contraposición, las exportaciones observadas en el periodo de 2006-2014 alcanzaron en promedio 13 132 mm³.

---

[7] El DS núm. 675 de 20 de octubre de 2010 crea la Entidad Ejecutora de Conversión a Gas Natural Vehicular (EE-GNV) como institución pública desconcentrada, dependiente del Ministerio de Hidrocarburos y Energía, y encargada principalmente de ejecutar los programas de conversión a GNV y mantenimiento de equipos para GNV. El DS núm. 1344 de 10 de septiembre de 2012 crea el Programa Nacional de Transformación de Vehículos de Diesel Oíl a Gas Natural Vehicular-GNV, a cargo de la EE-GNV.

GRÁFICA XII.3. *Exportaciones de gas natural a Brasil y Argentina, 1997-2014 (en miles de mm³)*

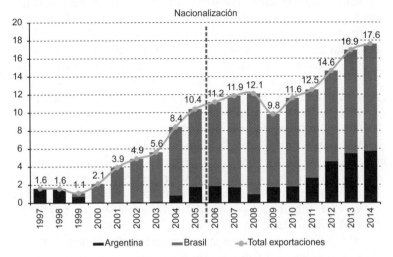

FUENTE: elaboración propia con base en la información del INE.

En la gestión 2009, en la que América Latina enfrentaba una fuerte desaceleración económica por la crisis financiera internacional, se observó una reducción del volumen de exportación de gas, pero ni aun en ese año disminuyó a los niveles de exportación de los años del periodo neoliberal.

El incremento de la renta petrolera registrado desde la vigencia del MESCP se explica también por el mayor volumen de producción y exportación observado en dicho periodo y no sólo por los precios internacionales del petróleo, como afirman los economistas neoliberales al momento de justificar por qué la economía boliviana esta mejor que antes (gráfica XII.3).

Utilidades
La nacionalización tuvo que ver, en primer término, con el control absoluto e inmediato del excedente económico de los hidrocarburos por parte del Estado boliviano. Cabe destacar que el país tiene uno de los *government take* (control de la ganancia gasífera) más altos a nivel internacional, oscilando entre 74 y 90 por ciento.

El proceso de nacionalización de los hidrocarburos permitió la reactivación de la empresa petrolera estatal YPFB, que de una simple oficina "residual", en tiempos del neoliberalismo, se fue convirtiendo en una fuerte empresa corporativa. Además, se inició el proceso de recuperación de la mayoría accionaria en las empresas capitalizadas y privatizadas, es así que se fueron recuperando las refinerías de Santa Cruz y de Cochabamba para procesar los combustibles líquidos para el mercado interno. En mayo de 2008 YPFB firmó un acuerdo con Repsol YPF, mediante el cual la empresa transfirió 1.8% de sus acciones al Estado, para alcanzar 51% de acciones, con lo que obtuvo mayor participación en la producción y en las ganancias de los megacampos gasíferos San Alberto y San Antonio. Así también, en dicha gestión se creó la empresa YPFB Petroandina, como un emprendimiento conjunto entre YPFB, con 60%, y la petrolera estatal venezolana PDVSA que participa con 40 por ciento.

En este marco, las empresas subsidiarias que generaron más utilidades en promedio en el periodo 2006-2014 fueron: YPFB Andina, con aproximadamente 39% del total, YPFB Chaco con 22%, YPFB Transporte con 17% y YPFB Refinación con 15 por ciento.

Las utilidades de las empresas subsidiarias y YPFB Matriz, entre 2001 y 2005, fueron de 644 millones de dólares. En cambio, en el periodo 2006-2014 una parte de las utilidades de las empresas subsidiarias alcanzaron los 3 009 millones de dólares y, por otra parte, las utilidades de YPFB Casa Matriz fueron de 4 900 millones de dólares, dando un total de 7 908 millones de dólares.

En la gráfica XII.4 se muestra claramente el impacto positivo que tuvieron la nacionalización y las medidas derivadas de la misma sobre las utilidades del sector.

Inversión
Respecto a la evolución de las inversiones entre 2006 y 2014, el agregado de YPFB Corporación, sus empresas subsidiarias y las compañías operadoras privadas ejecutaron inversiones por un valor de 9 182 millones de dólares. En este contexto debe recordarse que en 2009 YPFB Casa Matriz vuelve a ejecutar proyectos, después de la condición de empresa residual a la que

GRÁFICA XII.4. *Utilidades de las empresas subsidiarias y casa matriz de YPFB, 2001-2005 y 2006-2014 (en millones de dólares)*

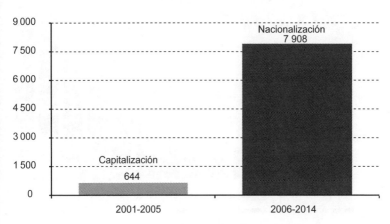

FUENTE: elaboración propia con base en la información de YPFB.

había sido reducida en el proceso de privatización/capitalización neoliberal (gráfica XII.5).

Por decisión del gobierno nacional y mediante leyes correspondientes, el Banco Central de Bolivia ha concedido a YPFB en 2009 un crédito de 1 000 millones, y de 1 307 millones de dólares en 2012, destinados a proyectos de inversión estratégicos.

En el mediano plazo, en el marco del Plan Estratégico Corporativo 2015-2019 de YPFB, se tiene planificado ejecutar inversiones en los próximos años para mejorar la producción de los campos y garantizar el procesamiento del gas natural y combustibles líquidos para cubrir la demanda del mercado interno y externo. Asimismo, YPFB ha planificado inversiones en el resto de la cadena hidrocarburífera como transporte, refinación, almacenaje y distribución, y en proyectos de industrialización del gas natural.

Puntualmente, entre 2015 y 2019 se pretende que YPFB ejecute inversiones en el sector por aproximadamente un total de 12 169 millones de dólares, con inversiones anuales promedio de 2 434 millones de dólares.

GRÁFICA XII.5. *Evolución de las inversiones en el sector de hidrocarburos, 2001-2014 (en millones de dólares)*

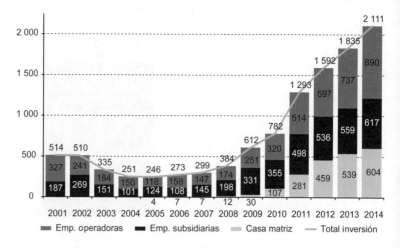

■ Emp. operadoras   ■ Emp. subsidiarias   Casa matriz   — Total inversión

FUENTE: elaboración propia con base en la información de YPFB.

Renta hidrocarburífera

Previo a la nacionalización de los hidrocarburos, el régimen fiscal del sector estaba regido por la Ley núm. 1689 de 30 de abril de 1996, la cual establecía un sistema tributario diferenciado para hidrocarburos existentes y nuevos. La diferencia en el pago de regalías y participaciones entre hidrocarburos existentes (50%) y nuevos (18%) era de 32 puntos porcentuales. Por consiguiente, esta modalidad diferenciada de tributación afectaba directamente los ingresos del Estado, toda vez que la mayoría de las reservas de hidrocarburos fueron declaradas como reservas nuevas, por lo que, según dicha ley, estaban sujetas a menores obligaciones.

Con la aplicación de la Ley de Hidrocarburos núm. 3058 se dejó sin efecto el pago diferido entre hidrocarburos nuevos y existentes y se establecieron las siguientes obligaciones para las actividades de *upstream:* impuesto directo a los hidrocarburos (32%), regalías (18%).[8] Asimismo, se especifica que en

[8] También se establece el pago de patentes anuales, de acuerdo con las áreas calificadas como zonas tradicionales (desde 4.93 a 39.42 pesos bolivianos por hectárea) o zonas no tradicionales (50% de las zonas tradicionales).

ningún caso la sumatoria de los ingresos establecidos de 18% de las regalías y 32% del IDH (impuesto directo a los hidrocarburos) puede ser menor a 50% del valor de producción. Complementariamente, mediante el DS núm. 28701 de Nacionalización de los Hidrocarburos "Héroes del Chaco", se estableció en el régimen fiscal del sector la participación extraordinaria adicional de 32% para YPFB durante el periodo de transición hacia los nuevos contratos.

En este nuevo contexto, de 2006 a 2014 se generaron para el país ingresos por 31 888 millones de dólares por IDH, regalías, participación YPFB, patentes e impuestos tanto al *upstream* como al *downstream*. En 2005 antes de la nacionalización, la renta hidrocarburífera alcanzó un monto de 974 millones de dólares; en cambio, en 2014 se generaron 6 096 millones de dólares. Estos recursos beneficiaron a los gobiernos autónomos departamentales y municipales, a universidades públicas y al Tesoro General de la Nación, pero además fueron un insumo fundamental para la redistribución de ingresos, ya que financia la Renta Dignidad.

Los recursos del IDH, provenientes de las actividades de *upstream*, se consolidaron como la principal fuente de la renta hidrocarburífera, ya que estos representaron en promedio, en el periodo de 2005-2014, 36% del total de la renta. De los recursos del IDH, 35.1% se destinó a los municipios, 10% a las gobernaciones, 6.7% a las universidades públicas, 18.8% al

CUADRO XII.1. *Régimen impositivo* upstream
(en porcentaje)

Concepto	Ley núm. 1689	Ley núm. 3058	DS núm. 28701
Regalías departamentales[a]	12	12	12
Participación YPFB	6		32
Participación de TGN	0	6	6
IDH	0	32	32
Total	18	50	82

[a] Regalía departamental (11%) + regalía compensatoria (1%).
FUENTE: elaboración propia con base en Ley núm. 1689, Ley núm. 3058 y DS núm. 28701.

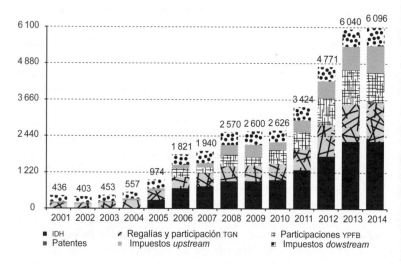

GRÁFICA XII.6. *Renta hidrocarburífera, 2001-2014*
(en millones de dólares)

FUENTE: elaboración propia con base en la información de YPFB.

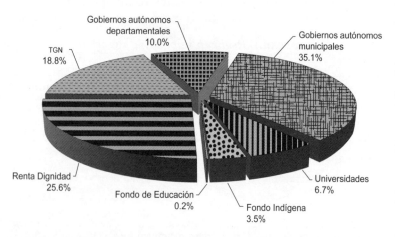

GRÁFICA XII.7. *Distribución de los ingresos por IDH, 2014*
(en porcentaje)

FUENTE: elaboración propia con base en datos del Viceministerio de Presupuesto y Contabilidad Fiscal-SIGMA.

Tesoro General de la Nación, 3.5% al Fondo Indígena, 25.6% al Fondo de la Renta Dignidad y 0.2% al Fondo de Educación Cívico Patriótico.

Se debe señalar que 81.2% de los recursos del IDH son transferidos a las regiones (departamentos). De manera directa, las gobernaciones, municipios y universidades se beneficiaron con 51.9% de estos recursos los cuales se invirtieron en programas y proyectos de inversión en beneficio de la población, 25.6% se transfirió a las personas de la tercera edad de todos los departamentos con el pago de la Renta Dignidad y el 3.5% restante se asignó a proyectos de inversión que favorecen a los pueblos indígenas.

Sector minero

Lineamientos estratégicos para el sector minero

Para el modelo económico social comunitario productivo (MESCP), la minería es considerada uno de los principales componentes del sector estratégico generador de excedente económico y tiene el papel principal de generar excedentes y contribuir al cambio de la matriz productiva. A su vez, el Estado boliviano deberá crear las condiciones para la acumulación del excedente minero, participará en su generación y administrará los excedentes, de manera que sus beneficios sean redistribuidos. Estos lineamientos estratégicos se encuentran establecidos tanto en el Plan Nacional de Desarrollo publicado en 2007 como en la Nueva Constitución Política del Estado de 2009, esta última establece las siguientes disposiciones para el sector minero en sus artículos 369 al 372:

> Artículo 369. I. El Estado será responsable de las riquezas mineralógicas que se encuentren en el suelo y subsuelo cualquiera sea su origen y su aplicación será regulada por la Ley. Se reconoce como actores productivos a la industria minera estatal, industria minera privada y sociedades cooperativas. II. Los recursos naturales no metálicos existentes en los salares, salmueras, evaporíticos, azufres y otros, son de carácter estratégico para el país. III. Será responsabilidad del Estado la dirección de la política

minera y metalúrgica, así como el fomento, promoción y control de la actividad minera. IV. El Estado ejercerá control y fiscalización en toda la cadena productiva minera y sobre las actividades que desarrollen los titulares de derechos mineros, contratos mineros o derechos preconstituidos.

Artículo 370. I. El Estado otorgará derechos mineros en toda la cadena productiva, suscribirá contratos mineros con personas individuales y colectivas previo cumplimiento de las normas establecidas en la ley. II. El Estado promoverá y fortalecerá las cooperativas mineras para que contribuyan al desarrollo económico social del país. III. El derecho minero en toda la cadena productiva así como los contratos mineros tienen que cumplir una función económica social ejercida directamente por sus titulares. IV. El derecho minero que comprende las inversiones y trabajo en la prospección, exploración, explotación, concentración, industria o comercialización de los minerales o metales es de dominio de los titulares. La Ley definirá los alcances de este derecho. V. El contrato minero obligará a los beneficiarios a desarrollar la actividad minera para satisfacer el interés económico social. El incumplimiento de esta obligación dará lugar a su resolución inmediata. VI. El Estado, a través de sus entidades autárquicas, promoverá y desarrollará políticas de administración, prospección, exploración, explotación, industrialización, comercialización, evaluación e información técnica, geológica y científica de los recursos naturales no renovables para el desarrollo minero.

Artículo 371. I. Las áreas de explotación minera otorgadas por contrato son intransferibles, inembargables e intransmisibles por sucesión hereditaria. II. El domicilio legal de las empresas mineras se establecerá en la jurisdicción local donde se realice la mayor explotación minera.

Artículo 372. I. Pertenecen al patrimonio del pueblo los grupos mineros nacionalizados, sus plantas industriales y sus fundiciones, los cuales no podrán ser transferidos o adjudicados en propiedad a empresas privadas por ningún título. II. La dirección y administración superiores de la industria minera estarán a cargo de una entidad autárquica con las atribuciones que determine la Ley. III. El Estado deberá participar en la industrialización y comercialización de los recursos mineralógicos metálicos y no metálicos, regulado mediante la ley. IV. Las nuevas empresas autárquicas creadas por el Estado establecerán su domicilio legal en los departamentos de mayor producción minera, Potosí y Oruro.

A su vez, el Plan Nacional de Desarrollo sugiere como estrategia de cambio para el sector minero metalúrgico lo siguiente:

1. El objetivo es la generación de excedentes en el sector, mediante políticas que contribuyan al abandono del patrón primario-exportador y a la industrialización del país, en un marco jurídico favorable tanto para el país como para los socios inversionistas privados.

2. Un elemento principal para alcanzar los objetivos de las políticas mineras es la reingeniería institucional del sector minero estatal, que permita contar con eficiente capacidad institucional para registrar, controlar y fiscalizar las concesiones mineras, participar activamente en las actividades de prospección y exploración minera y realizar operaciones en todo el circuito productivo con generación de valor agregado.

3. El Estado participará en el desarrollo de proyectos geológicos, mineros y metalúrgicos estratégicos, garantizando el desarrollo de la iniciativa privada, con atracción de inversión extranjera, y realizará un mejor uso y destino del excedente económico.

4. Asimismo, el Estado participará de los excedentes económicos mineros de forma directa en las empresas dependientes de Comibol o en asociación con el sector minero.

5. El Estado ejercerá control en la comercialización de minerales y metales, y apoyará el acopio y comercialización de la producción de las cooperativas y mineros chicos.

6. El Estado implementará un nuevo régimen tributario que permita captar mayor excedente económico en la circulación de las mercancías hacia el mercado externo.

En este marco, las políticas establecidas para el sector minero en el Plan Nacional de Desarrollo de 2007 son:

1. Nuevo marco jurídico normativo para el desarrollo integral de la minería.

2. Participación del Estado como protagonista y promotor del desarrollo de la minería y metalurgia. El Estado participará en todo el proceso productivo minero metalúrgico mediante sus instituciones fundamentales como la Comibol, la EMV, la Empresa Siderúrgica del Mutún, el Servicio Geológico Técnico de Minas (Sergeotecmin) y las entidades normativas, reguladoras y de investigación.
3. Desarrollo y diversificación del potencial minero metalúrgico del país. Enfatizando la prospección y exploración como actividades rectoras en el futuro. A su vez, la estrategia de generación de valor agregado en el sector minero se apoya en cuatro programas:

a) De reactivación productiva en plantas metalúrgicas y yacimientos.
b) De desarrollo minero-metalúrgico en plantas de Comibol.
c) De aprovechamiento integral de los recursos evaporíticos del salar de Uyuni.
d) De retratamiento y aprovechamiento de colas y desmontes de Comibol.

4. Fortalecimiento de la minería chica y cooperativizada.
5. Participación de la comunidad.

El nuevo marco institucional para la actividad minera

De acuerdo con los lineamientos estratégicos de la actividad minera plasmados en el MESCP, en el Plan Nacional de Desarrollo y en la nueva Constitución Política del Estado, el nuevo marco legal para el desempeño de esta actividad está orientado a otorgar al Estado un papel estratégico dentro del sector minero como actividad generadora de excedente económico. Es decir, la participación del Estado en la minería busca obtener excedente económico, industrializar minerales y administrar los excedentes de manera que sus beneficios sean redistribuidos.

Como se mencionó antes, las medidas que propiciaron la participación del Estado en este sector fue el DS núm. 28901 de octubre de 2006 —elevado a rango de ley mediante Ley núm. 3719 de julio de 2007— el cual estableció que Comibol asumiera el control total del cerro Posokoni, así como la dirección y administración directa sobre los yacimientos nacionalizados del Centro Minero Huanuni. Posteriormente, con la Ley núm. 3720 de julio de 2007, se otorgó a la Comibol la participación de forma directa en la cadena productiva minera y en la administración de las áreas declaradas como reserva fiscal. A su vez, en marzo de 2008, Comibol fue declarada Empresa Nacional Estratégica mediante el DS núm. 29474.

Adicionalmente a estas medidas, el marco legal actual para la minería está establecido en la Ley núm. 535 de Minería y Metalurgia, promulgada el 28 de mayo de 2014. Esta ley determina la nueva estructura institucional y las funciones y atribuciones del Estado y de los actores mineros en el marco de los papeles atribuidos por la Nueva Constitución Política del Estado de 2009. Esta ley regula las actividades minero-metalúrgicas y establece lineamientos para la otorgación, conservación y extinción de derechos mineros, y para el desarrollo y continuidad de las actividades minero-metalúrgicas. Con esta ley los minerales son considerados recursos estratégicos, por lo que deben ser administrados por el Estado. Así, esta ley reemplaza al Código de Minería anterior (Ley núm. 1777 de 17 de marzo de 1997) que señalaba que cualquier persona individual o colectiva, nacional o extranjera podía realizar actividades mineras con los únicos requisitos de solicitar su concesión y realizar el pago de patentes correspondientes.[9]

Asimismo, con el objetivo de transparentar la comercialización de minerales, mediante DS núm. 29165 de 13 de junio de 2007, se crea el Servicio Nacional de Registro y Control de la Comercialización de Minerales y Metales (Senarecom), como una entidad pública descentralizada bajo tuición del Ministerio de Minería y Metalurgia, encargado de la regulación y con-

[9] Esta ley fue instituida en el gobierno de Gonzalo Sánchez de Lozada y buscaba propiciar, sobre todo, el control e inversión privada (extranjera) en la minería, garantizando rentabilidad, seguridad jurídica y la no intervención del Estado como operador, bajo el argumento de propiciar grandes proyectos de explotación minera y beneficiando al Estado con rentas. Posteriormente, a partir de mayo de 2007, con la aprobación del DS núm. 29117 se declaró al territorio nacional como Reserva Fiscal Minera, por lo que para poder explotar recursos mineralógicos se requiere previamente suscribir un contrato con Comibol.

trol de las actividades de comercialización interna y externa de minerales y metales en el país.

A su vez, se establece el Número de Identificación Minera (NIM) a partir de junio de 2007, cuyo objetivo es identificar la procedencia de los minerales y metales que se comercialicen; de esta manera, los productores, procesadores, fundidores y comercializadores están obligados a contar con el identificador NIM para la realización de operaciones de comercialización.

Por su parte, el régimen impositivo minero se encuentra establecido en el reglamento para la liquidación y pago de regalías mineras DS núm. 29577 de 21 de mayo de 2008 y en la Ley núm. 3787 de 24 de noviembre de 2007, misma que reemplazó al Código de Minería de 1997. En este nuevo marco legal impositivo se reemplaza al Impuesto Complementario de la Minería por la Regalía Minera (RM)[10] y se crea una alícuota adicional de 12.5% al impuesto de las utilidades de las empresas (AA-IUE), que se aplica cuando las cotizaciones de los minerales y metales son iguales o mayores a ciertos parámetros de precios internacionales establecidos en la norma. De igual modo, se dispone que los recursos percibidos por concepto de regalías se destinen a las prefecturas del departamento (85%) y los municipios productores (15%).

Principales políticas para el sector minero

A continuación se describen las acciones de política económica más importantes para la actividad minera:

1. Fortalecimiento de la EMV mediante los fideicomisos de mayo-2007 (DS núm. 29119) por un monto de 120 millones de pesos bolivianos, de julio-2008 (DS núm. 29658) por un valor de 112 millones de pesos bolivianos, de abril-2009 (DS núm. 0063) por un monto de 35.4 millones de pesos bolivianos y de noviembre-2011 (DS núm. 1038)

[10] El Código Minero fijaba el impuesto complementario de la minería (ICM) con base en cuatro minerales: oro, plata, estaño y zinc. Mientras que la regalía minera fija alícuotas considerando 15 minerales, incluyendo hierro, cobre, antimonio, wólfram, bismuto, boro, indio, renio, piedras calizas, preciosas y semipreciosas.

por un monto de 70 millones de pesos bolivianos. Con estos recursos, la EMV logró financiar la compra de concentrados de estaño.

2. Rehabilitación del Complejo Metalúrgico de Karachipampa mediante fideicomiso de octubre de 2012 (DS núm. 1387) por un monto de 348 millones de pesos bolivianos. Adicionalmente, en enero de 2013 (DS núm. 1451) se crea la Empresa Metalúrgica Karachipampa dependiente de Comibol, con la finalidad de cumplir las actividades de fundición, refinación y comercialización de minerales de plomo, plata, zinc, bismuto, cobre, oro y otros. Así, la inversión para este complejo ascendió a 50 millones de dólares y se iniciaron operaciones en septiembre de 2014.

3. Complejo Hidrometalúrgico Corocoro, mediante la adquisición por Comibol, bajo la modalidad de excepción, de equipos y maquinaria necesarios para la implementación del proyecto. En junio de 2012 (DS núm. 1269) este proyecto se eleva a rango de empresa productiva dependiente de Comibol. La inversión fue de 18.7 millones de dólares y el inicio de operaciones fue en octubre de 2009.

4. Planta de Fundición de Bismuto de Telamayu, el inicio de operaciones fue en 2009 con una inversión de alrededor de nueve millones de dólares, esta planta busca proveer bismuto farmacéutico y bismuto de calidad industrial al mercado nacional e internacional.

5. Fábrica de ácido sulfúrico, mediante la puesta en marcha de la fábrica de ácido sulfúrico de Eucaliptus y la suscripción de un contrato de riesgo compartido con la Corporación del Seguro Social Militar (Cossmil), en abril de 2008 (resolución de Directorio núm. 3802/2008 de Comibol). El propósito del proyecto era proveer ácido sulfúrico al Proyecto Hidrometalúrgico de Corocoro y otros. La inversión fue de 1.5 millones de dólares y el inicio de operaciones arrancó en diciembre de 2009.

6. Industrialización del litio: Fase I. Planta Semiindustrial de cloruro de potasio y planta piloto de carbonato de litio. En abril de 2008 (DS núm. 29496) se declara prioridad nacional la explotación de los recursos evaporíticos del Salar de Uyuni, y se instruye la creación,

dentro de la estructura institucional de Comibol, de un ente responsable de la explotación e industrialización de los recursos evaporíticos del Salar de Uyuni. En junio de 2010, por Resolución de Directorio de Comibol núm. 4366/2010, se crea la Gerencia Nacional de Recursos Evaporíticos. Posteriormente, en marzo de 2010 (DS núm. 444), se crea la Empresa Boliviana de Recursos Evaporíticos (EBRE) y se declara al litio como elemento estratégico para el desarrollo de Bolivia. La inversión para la instalación de las plantas alcanzó los 19.5 millones de dólares americanos, y se prevé una ejecución por 6.9 millones de dólares entre 2015 y 2019 para la operación. El inicio de operaciones de la Planta Semiindustrial de cloruro de potasio arrancó en agosto de 2012 y el de la Planta Piloto de carbonato de litio fue en enero de 2013.

7. Construcción del Horno Ausmelt, mediante los fideicomisos de junio de 2010 (DS núm. 565) por un monto de 73.62 millones de pesos bolivianos y de octubre de 2012 (DS núm. 1396) por un valor de 89.22 millones de pesos bolivianos, para la adquisición de equipos, infraestructura y maquinarias, así como la construcción, montaje, pruebas de operación y rendimiento, y capital de operaciones para la compra de concentrados e insumos de la planta. La inversión fue de 40 millones de pesos bolivianos y la puesta en marcha en septiembre de 2015.

Asimismo, los proyectos en proceso para el sector minero fueron:

1. Empresa Pública Nacional Estratégica Cementos de Bolivia (Ecebol), creada en agosto de 2008 mediante DS núm. 29667, con una inversión de 244.2 millones de dólares para el montaje de la planta. Se estableció el inicio de operaciones de esta empresa en julio de 2017.

2. Industrialización del litio: Fase II. Plantas Industriales de carbonato de litio y cloruro de potasio. Con una inversión total prevista de 745.2 millones de dólares hasta el 2019, se prevé para el segundo semestre de 2015 el inicio de la construcción y montaje de las plantas industriales.

3. Industrialización del litio: Fase III. Implementación de Planta Piloto de Baterías Litio, Centro de Investigación en Ciencia y Tecnología (Cicyt) e Implementación de la Planta Industrial de Materiales Catódicos. Para esta fase se tiene previsto una inversión de 155 millones de dólares hasta 2019. La Planta Piloto de Baterías Litio inició operaciones en febrero de 2014 y a partir de julio la planta está siendo operada con personal boliviano, para lo cual se demandó una inversión de 5.2 millones de dólares.

Desempeño del sector minero

Producción

El PIB del sector minero en términos reales se incrementó de un promedio anual de 1 032 millones de pesos bolivianos durante el periodo 1990-2005 a 1 846 millones de pesos bolivianos para el periodo 2006-2014. En términos de crecimiento, su tasa anual promedio fue de 1% durante 1990-2005, mientras que en el lapso de 2006-2014 fue de 9.6%, es decir 8.6 puntos porcentuales por encima del periodo anterior (gráfica XII.8).

Por otro lado, el índice correspondiente al volumen físico de la minería aumentó de forma sostenida a partir de 2006. Mientras que la cantidad producida creció a una tasa anual promedio de 2.2% durante el periodo 1990-2005, a partir de 2006 se observó una tasa anual promedio de 10.7%. Este gran salto en la cantidad producida se explica por la participación de la empresa nacionalizada Comibol (gráfica XII.9).

Si se analiza la evolución de la cantidad producida por subsectores se tiene que el volumen de producción de Comibol, entre 1990 y 2000, creció a una tasa anual promedio de 2.9% mientras que durante el periodo 2006-2014 esta alcanzó 13.8%. En contrapartida, si se considera a la minería mediana y pequeña se tiene que el comportamiento de sus niveles de producción se incrementaron pero no de manera significativa con respecto al periodo anterior a la nacionalización; es decir, mientras que el volumen de producción de la minería mediana creció a una tasa anual promedio de 11.4% y la minería chica y cooperativa en 4.5% en el periodo 1990-2005, durante el pe-

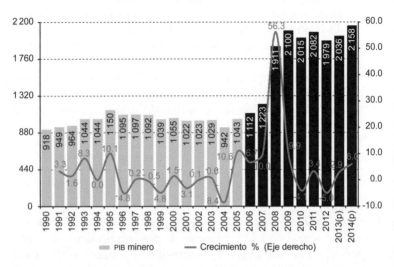

GRÁFICA XII.8. *PIB del sector minerales metálicos y no metálicos, 1990-2014 (en millones de bolivianos de 1990 y porcentaje)*

FUENTE: elaboración propia con base en información del INE.

GRÁFICA XII.9. *Índice de volumen físico de la minería, 1990-2014 (1990=100)*

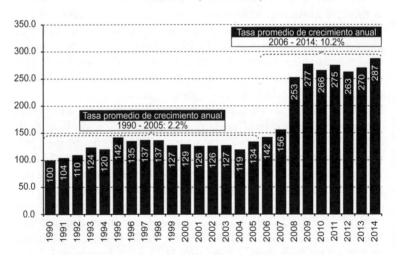

FUENTE: elaboración propia con base en información del INE.

GRÁFICA XII.10. *Índice de volumen físico de la minería por subsectores, 1990-2014 (1990=100)*

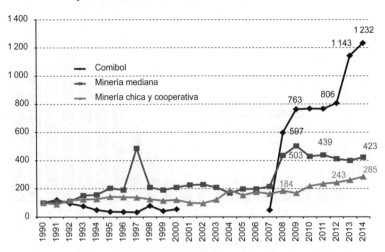

FUENTE: elaboración propia con base en información del INE.

riodo 2006-2014 estas tasas fueron de 12.4 y 7.7%, respectivamente. Como se aprecia en la gráfica XII.10, la cantidad producida por Comibol después de la nacionalización aumentó exponencialmente, lo que explicaría el aumento en el volumen total de producción del sector minero a partir de 2006.

Exportaciones
En el periodo 1995-2005 las exportaciones de minerales eran reducidas. A partir de 2006 estas se incrementaron sustancialmente. En términos de valor, durante el lapso 1995-2005 el promedio anual exportado alcanzaba a 251 millones de dólares, mientras que en el periodo de 2006-2014 este llegó a 1 694 millones de dólares (un aumento de 564%). Si se compara en términos acumulados, entre 1995 y 2005 se exportó un valor total de 2 758 millones de dólares, mientras que esta cifra ascendió a 15 250 millones para el periodo de 2006-2014 (gráfica XII.11).

Estas cifras son el resultado no sólo de precios internacionales de los minerales que fueron favorables desde 2003, sino sobre todo de una mayor producción que se refleja, a su vez, en mayores volúmenes de exportación (gráfica XII.12).

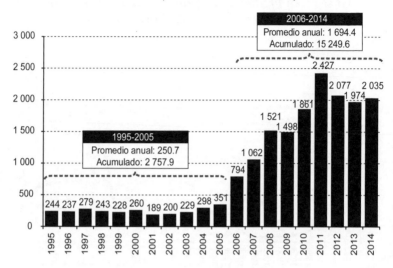

GRÁFICA XII.11. *Exportaciones de minerales,
1995-2014 (en millones de dólares)*

FUENTE: elaboración propia con base en información del INE.

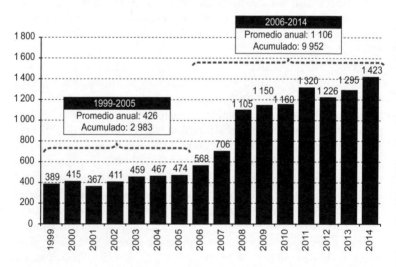

GRÁFICA XII.12. *Volumen de exportaciones minerales,
1999-2014 (en miles de toneladas brutas)*

FUENTE: elaboración propia con base en información del INE.

Como se mencionó, el volumen promedio anual exportado en el periodo de 1999-2005 era 0.4 millones de toneladas brutas y este volumen aumentó a 1.1 millones de toneladas brutas en el periodo de 2006-2014, es decir, un aumento de 159%. En términos de volumen exportado acumulado en el periodo de 1999-2005 este alcanzó 2.9 millones de toneladas brutas, mientras que en el periodo 2006-2014 el volumen exportado ascendió a 9.9 millones de toneladas brutas.

Aporte fiscal del sector minero
Uno de los principales beneficios de la nacionalización del sector minero ha consistido en las contribuciones al sector fiscal. Como se puede apreciar en la gráfica XII.13, si se consideran las regalías mineras y las recaudaciones tributarias de este sector,[11] se tiene que durante el periodo de 2000-2005 en promedio

GRÁFICA XVI.13. *Aporte fiscal del sector minero, 2000-2014 (en miles de bolivianos)*

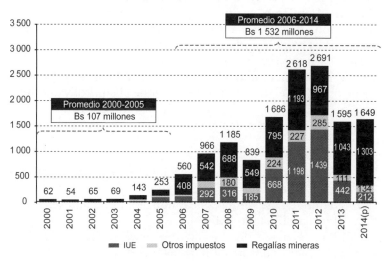

FUENTE: elaboración propia con base en datos del Viceministerio del Tesoro y Crédito Público, la Dirección de Finanzas Territoriales y el Viceministerio de Política Tributaria.

[11] En esta sección queda pendiente la inclusión de las patentes mineras a falta de la obtención de datos actualizados; sin embargo, es necesario destacar que el aporte de este ítem es minúsculo.

anual el Estado recibía por estos conceptos 107 millones de pesos bolivianos; a partir de 2006, en cambio, como fruto de las reformas mencionadas en la sección anterior, el Estado recibió anualmente en promedio 1 532 millones de pesos bolivianos por regalías e impuestos, es decir, 1 320% más que en el periodo de 2000-2005, siendo 2012 el año que mayores recursos generó con 2 691 millones de pesos bolivianos, pese a que en esos años ya se observaba la disminución de los precios internacionales de los principales minerales de exportación.

Sector de telecomunicaciones

Nuevo marco normativo

Dentro del Plan Nacional de Desarrollo aprobado por el gobierno en 2007 el sector de telecomunicaciones se constituye en un sector transversal de apoyo al cambio de la matriz productiva. Asimismo, se afirma que el acceso universal a la información, al conocimiento y a la comunicación como bienes públicos es responsabilidad del Estado. Bajo este marco, mediante ds núm. 29544 de 1 de mayo de 2008, el gobierno de Evo Morales nacionalizó la Empresa Nacional de Telecomunicaciones (Entel, S. A.); razón por la que el control y administración de esta empresa pasó al sector público. Entre los aspectos más importantes del mencionado decreto se citan los siguientes:

1. Se nacionaliza el paquete accionario de la capitalizadora ETI Eurotelecom International NV en Entel, S. A., las acciones de esta empresa capitalizadora debían ser transferidas al Estado boliviano.
2. Para el pago de las acciones nacionalizadas se debe efectuar una valuación de las mismas.
3. Los pasivos financieros, tributarios, laborales, comerciales y regulatorios, tanto exigibles como contingentes de la empresa, serán deducidos a la empresa italiana a tiempo de efectuar la liquidación final de pago.
4. Los dividendos que generen las acciones nacionalizadas serán destinados a la reinversión, al desarrollo tec-

nológico y al crecimiento de la empresa, en tanto, que los dividendos generados por las acciones recuperadas de las AFP continuarán siendo destinados al Fondo de la Renta Dignidad.

5. Se garantiza la continuidad de todos los servicios que presta Entel.

6. Se garantiza la continuidad laboral de los trabajadores de Entel, con excepción del personal jerárquico y directivos de la empresa capitalizadora.

Desempeño del sector de telecomunicaciones

Con la nacionalización de Entel se logró democratizar las telecomunicaciones en el territorio boliviano. Asimismo, la empresa reinvirtió sus utilidades en el país, aumentó su infraestructura, mejoró su tecnología y servicios y aportó recursos para el pago de bonos sociales; por lo anterior, Entel es una de las empresas más importantes de Bolivia.

Inversiones
Desde 2008 hasta diciembre de 2014 Entel ha ido implementando una política agresiva de inversiones con una tendencia creciente. En estos últimos siete años, luego de su nacionalización, logró ejecutar en promedio 106 millones de dólares, superior al realizado en la época de los italianos de sólo 32 millones de dólares promedio. Así, en 2014 las inversiones realizadas por Entel fueron 11.7 veces superiores al último año del proceso de capitalización de 22 millones de dólares en 2007 (gráfica XII.14).

Utilidad neta e ingresos
Desde que Entel fue nacionalizada entre 2008 y 2014 acumuló utilidades por 4 269 millones de bolivianos e ingresos por un monto de 22 324 millones de bolivianos, cantidades considerablemente superiores a las obtenidas en el septenio anterior a la nacionalización. Estos resultados no sólo permitieron a la empresa estatal destinar importes mayores a sus inversiones, sino también contribuyeron al pago de los bonos sociales.

En 2014 Entel se hizo acreedora de 52 reconocimientos como muestra de la gestión competitiva, transparente y exitosa

GRÁFICA XII.14. *Evolución de la inversión ejecutada por Entel,*
2001-2014 (p)[a] *(en millones de dólares)*

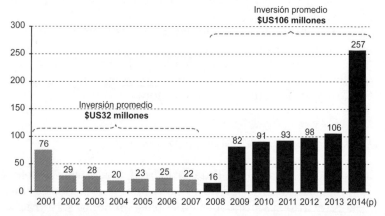

[a] Preliminar.
FUENTE: elaboración propia con base en información del Ministerio de Obras Públicas, Servicios y Vivienda y la Empresa Nacional de Telecomunicaciones.

que lleva adelante. En 2013 se ubicó entre las cuatro empresas más importantes de Bolivia en el "Ranking 2014 de las 250 empresas más grandes de Bolivia".[12] Ese mismo año, las utilidades de Entel de 732 millones de bolivianos fueron superiores a las de sus competidores privados (gráfica XII.15).

De manera similar, en junio de 2014 la calificadora internacional Moody's Latin America Agente de Calificación de Riesgo, S. A., otorgó a la Empresa Nacional de Telecomunicaciones (Entel) la calificación máxima de Aaa.bo[13] (equivalente a AAA; según la Autoridad de Supervisión del Sistema Financiero [ASFI]) en Escala Nacional de Bolivia y de Ba3 en Escala Global con "perspectiva estable" como emisor; esto debido a su importante posición de liderazgo en el mercado de las tele-

---

[12] La revista *Libre Empresa* difundió el "Ranking 2014" que contiene el listado de las 250 empresas más grandes de Bolivia, correspondiente a la gestión fiscal 2013. Para ello se consideró información sobre ventas, utilidades, patrimonio, activos, rentabilidad, solvencia y productividad de cada una de las empresas.

[13] Los emisores o emisiones con calificación AAA muestran la más sólida capacidad de pago en relación con otros emisores locales.

GRÁFICA XII.15. *Evolución de los ingresos y las utilidades generadas por Entel, 2001-2014 (en millones de bolivianos)*

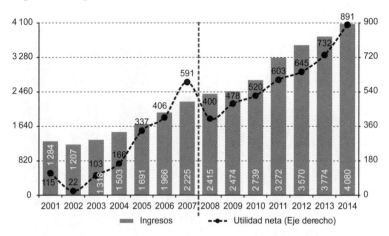

FUENTE: elaboración propia con base en información del Ministerio de Obras Públicas, Servicios y Vivienda y la Empresa Nacional de Telecomunicaciones.

comunicaciones, su fuerte liquidez y la generación estable de flujo de efectivo.

Aportes de Entel al Estado

Desde la nacionalización de la empresa, los aportes de Entel en impuestos, licencias de uso de frecuencias, Renta Dignidad, Bono Juancito Pinto y otros, llegaron a un acumulado de 5 804 millones de dólares entre 2008 y 2014.

En el marco de la responsabilidad social y el DS núm. 1748 de 2 de octubre de 2013, Entel realizó importantes aportes para el pago de Bono Juancito Pinto. Entre 2013 y 2014 la cifra llegó a 25 millones de dólares aproximadamente (gráfica XII.16).

Cobertura

En 2014 Entel logró obtener 44.4% de participación del mercado nacional y se consolidó como la empresa líder en telecomunicaciones, alcanzando un total de 2 864 radiobases[14]

---

[14] La radiobase o estación base es una instalación fija o moderada de radio para la comunicación media, baja o alta bidireccional. Sirve como punto de acceso a una red de comunicación fija (como internet o red telefónica) o para que todos los terminales se comuniquen entre sí.

GRÁFICA XII.16. *Aportes de Entel al Estado, 2008-2014*
(en millones de bolivianos)

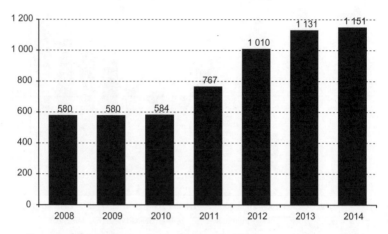

FUENTE: elaboración propia con base en Entel.

instaladas (2G, 3G, 4G y LTE) en todo el territorio boliviano, lo que significó un incremento de 812% respecto a sólo 314 radiobases instaladas antes de la nacionalización. De este modo, los servicios de telefonía móvil e internet llegaron a 339 municipios, inclusive en regiones fronterizas donde se asienta la soberanía.

La compañía, a partir de su nacionalización y hasta 2014 instaló 4 237 km de fibra óptica en todo el territorio nacional, superando en 42% lo realizado en la época de la capitalización (2001-2007) en la que sólo existían 2 968 km de fibra óptica.[15]

Índice de telecomunicaciones
Las telecomunicaciones en el país siguieron una tendencia creciente en el último septenio. El índice nacional registró un crecimiento promedio de 5%, en tanto, el índice internacional se expandió en 0.8% promedio (gráfica XII.17).

Otro proyecto de gran importancia en las telecomunicaciones en Bolivia fue la construcción y puesta en órbita del primer

[15] La fibra óptica es un medio de transmisión empleado ampliamente en redes de datos y telecomunicaciones, ya que permite enviar gran cantidad de datos a grandes distancias, con velocidades similares a las de la radio y superiores a las de un cable convencional.

GRÁFICA XII.17. *Índice de cantidad de telecomunicaciones internacional y nacional, 2007-2014 (2007=100)*

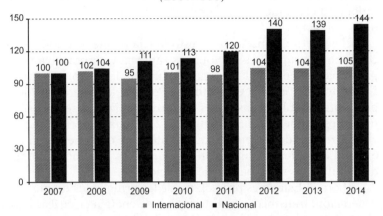

FUENTE: elaboración propia con base en información del INE.

satélite Túpac Katari el 20 de diciembre de 2013, por medio del cual se promovió un salto tecnológico importante en el país.

Este hecho histórico posibilitó en 2014 la implementación de telecentros educativos comunitarios, en total 63 puntos instalados en lugares alejados del país, que lograron beneficiar a 1 427 personas, formando técnicos en administración y gestión productiva. Se creó el Programa Telesalud, que busca fortalecer el Sistema de Salud incrementando la accesibilidad, a través de las tecnologías de información y comunicación para proveer servicios de salud a distancia, así como educación en salud, gerencia, epidemiología e investigación.

Actualmente, la Agencia Boliviana Espacial (ABE) cuenta con jóvenes profesionales bolivianos capacitados y especializados en China, varones y mujeres, seleccionados mediante concurso público, que operan el satélite y en general la gestión de la tecnología satelital en nuestro país.

Sector eléctrico

El Plan Nacional de Desarrollo de 2007 ha propiciado una participación activa y estratégica del Estado en el desarrollo y planificación de la industria eléctrica. Así, el sector eléctrico tiene gran importancia para la generación de excedentes económicos, debido a que es un servicio básico fundamental para inducir al crecimiento económico y satisfacer las necesidades de la población.

El gobierno, consciente de esto, inicialmente refundó ENDE como empresa pública nacional estratégica y corporativa, con participación en toda la cadena productiva del sector eléctrico. La promulgación de la Constitución Política del Estado en 2009 posibilitó establecer las bases para reorganizar el sector eléctrico. Precisamente, entre 2010 y 2012, el Estado decretó la nacionalización de las empresas estratégicas de generación de energía eléctrica, le siguieron las empresas transportadoras, distribuidoras y compañías de servicios.

Ahora el Estado es propietario de las principales fuentes de generación, transmisión y distribución de energía eléctrica, y en el mediano plazo con la incorporación de nuevas plantas generadoras de electricidad, además de satisfacer el mercado interno, tendrá la posibilidad de exportar energía eléctrica para obtener mayor rédito económico.

Desempeño del sector eléctrico

Luego de cinco años de refundación del sector eléctrico, podemos destacar que ENDE Corporación está conformada por una matriz y 11 empresas filiales especializadas en actividades de generación, transmisión, distribución y servicios de energía eléctrica: cuatro empresas generadoras (ENDE Andina SAM, Corani, S. A., Valle Hermoso, S. A., y Guaracachi, S. A.), una empresa transportadora (TDE, S. A.), cuatro empresas distribuidoras (Elfec, S. A., Delapaz, S. A., Elfeo, S. A., y Edel, SAM) y dos empresas de servicios (Edeser, S. A., y Cadeb, S. A.).

Potencia incorporada e inversión en el sector
Con la aplicación de los decretos de nacionalización dimos un paso importante para reencaminar al sector, este último ahora visualiza una planificación de largo plazo que promueve la universalización de los servicios, así como la exportación de energía.

Desde 2010 la adición de potencia de energía eléctrica por periodo se incrementó considerablemente y de manera sostenida. Entre 1999 y 2009 la adición promedio de potencia de energía eléctrica no superó los 44 megawatts (Mw) por año en el Sistema Interconectado Nacional (SIN); empero, estos datos más que se duplicaron después de la nacionalización del sector eléctrico, ya que en el periodo 2010-2014 la adición promedio de potencia llegó a 108 Mw por año. Simultáneamente, en este periodo se logró invertir una cifra acumulada de 572 millones de dólares en generación de energía eléctrica, superior en 93.9% al registrado en la etapa anterior de 295 millones de dólares (gráfica XII.18).

En los últimos cinco años el Estado invirtió 135 millones de dólares para la incorporación promedio de 153 km de líneas de transmisión de energía eléctrica, integrando de esta manera ocho departamentos al SIN. La adición de líneas transmisoras representó más de dos veces todo lo realizado durante el periodo 1999-2009 de 74 km en promedio.

Por su parte, la generación bruta de energía eléctrica en 2014 alcanzó 7 616 gigawatts hora (Gwh), lo que representó un incremento de 3.7% respecto a 2013 y 81.8% en relación con 2005. Del porcentaje total de la energía generada, 71.6% correspondió a energía termoeléctrica y 28.4% a energía hi-

GRÁFICA XII.18. *Potencia incorporada al SIN e inversión ejecutada en generación de energía eléctrica, 1999-2009 y 2006-2014*

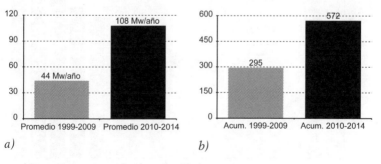

a) Potencia incorporada al SIN (en Mw).
b) Inversión ejecutada en generación (en millones de dólares).
FUENTE: elaboración propia con base en la Audiencia de Rendición Pública de Cuentas, enero de 2015, de la Empresa Nacional de Electricidad, Ministerio de Hidrocarburos y Energía.

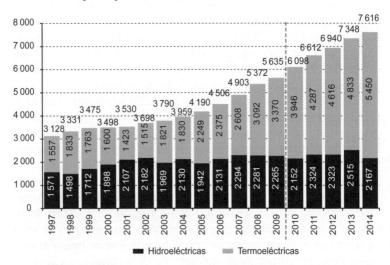

GRÁFICA XII.19. *Generación bruta de energía eléctrica por tipo en el SIN, 1997-2014 (en Gwh)*

■ Hidroeléctricas　■ Termoeléctricas

FUENTE: elaboración propia con base en información del Comité Nacional de Despacho de Carga, Autoridad de Fiscalización y Control Social de Electricidad.

GRÁFICA XII.20. *Número de usuarios de energía eléctrica, 1998-2014 (en miles de usuarios)*

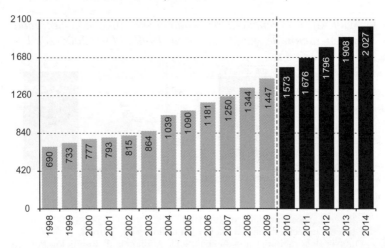

FUENTE: elaboración propia con base en información del INE y la Autoridad de Fiscalización y Control Social de Electricidad.

droeléctrica. Asimismo, cabe señalar que entre los años 2010 y 2014 la generación de energía eléctrica creció en promedio 6.2% por encima del periodo 1997-2009, que fue de 5.3% en promedio (gráfica XII.19).

Número de usuarios de energía eléctrica
Como resultado de las políticas implementadas y el entorno económico favorable de estos últimos nueve años, en 2014 el número de usuarios nacionales de energía eléctrica se expandió 181.3% en relación con 2005. Luego de la nacionalización del sector eléctrico, el crecimiento promedio anual del número de usuarios se situó en 7.3% (2010-2014) (gráfica XII.20).

Tarifa Dignidad de electricidad
Como consecuencia de los elevados niveles de desigualdad y de pobreza registrados en el país, que limitaron el acceso, el uso y la permanencia del servicio de suministro de electricidad de las familias de bajos ingresos, se estableció la Tarifa Dignidad mediante DS núm. 28653 de 22 de marzo de 2006, con el propósito de incrementar la cobertura del consumo de electricidad en los hogares de menores ingresos del área urbana y rural.

La norma establece un descuento de 25% de la tarifa vigente a los consumidores domiciliarios: *1)* el SIN que consumen hasta 70 kwh/mes, y *2)* los sistemas aislados con consumos en el rango de hasta 30 kwh/mes. Esta tarifa se encuentra financiada con aportes de las empresas del Mercado Eléctrico Mayorista (MEM),[16] ratificada por el DS núm. 1948 de 31 de marzo de 2014.

En este marco, hasta diciembre de 2014 la Tarifa Dignidad logró beneficiar a 985 000 usuarios que representaron aproximadamente 50% del total de los consumidores o usuarios de energía eléctrica, lo que posibilitó un monto compensado acumulado de 487 millones de bolivianos entre 2006 y 2014 (gráfica XII.21).

---

[16] El MEM está integrado por los agentes que efectúan operaciones de compra, venta y transporte de electricidad en el SIN. Este mercado es administrado por el Comité Nacional de Despacho de Carga (CNDC) que planifica la operación integrada del SIN, realiza el despacho de carga en tiempo real a costo mínimo y determina las transacciones.

GRÁFICA XII.21. *Usuarios beneficiados y montos compensados a nivel nacional, 2006-2014 (en miles de usuarios y millones de pesos bolivianos)*

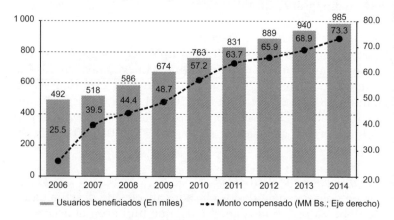

FUENTE: elaboración propia con base en información de la Autoridad de Fiscalización y Control Social de Electricidad.

Programa de Electricidad para Vivir con Dignidad

El capítulo IV "Bolivia Productiva", del Plan Nacional de Desarrollo de 2007, concibió una propuesta de cambio para garantizar el suministro eléctrico, con el objetivo de asegurar el acceso universal a este servicio en forma sostenible y con equidad social.

Para este fin se establecieron políticas y estrategias para incrementar la cobertura del servicio eléctrico en el área urbana y rural, con el fin de universalizar el servicio de energía eléctrica; razón por la cual, mediante el DS núm. 29635 de 9 de julio de 2008 se aprobó el "Programa Electricidad para Vivir con Dignidad" (PEVD) que opera con créditos y donaciones de diversas fuentes de financiamiento, para la ejecución de programas y proyectos destinados al incremento de la cobertura del servicio.

Entre los componentes más importantes del PEVD destacan: *1)* Programa de Electrificación Rural, PER (60 millones de dólares-crédito BID), *2)* área de influencia de la Línea Caranavi-Trinidad (15 millones de dólares-crédito OPEC-OFID), *3)* instalación de centros comunitarios (4.7 millones de dólares-donación

Eurosolar), *4)* Programa de Energías Renovables (8.1 millones de dólares-donación KFW),[17] *5)* Proyecto Electricidad Descentralizada para el Acceso Universal (5.2 millones de dólares-donación GPOBA)[18] y *6)* Programa Nacional de Eficiencia Energética (12.6 millones de dólares-TGN).

Al respecto, el Programa de Electrificación Rural (PER) tiene como objetivo contribuir a mejorar la calidad de vida de la población de bajos ingresos sin o con acceso limitado en electricidad mediante la ampliación y mejora de la cobertura del servicio eléctrico. Se encuentra financiado con recursos del BID y prevé beneficiar a unas 26 000 familias tras el incremento de la cobertura eléctrica en el área rural hasta 2016.

El Proyecto Electricidad Descentralizada para el Acceso Universal, cuyo objetivo es incrementar la cobertura del servicio eléctrico en el área rural a partir del uso de sistemas fotovoltaicos y dotación de lámparas portátiles fotovoltaicas, permitió la instalación de 7 700 sistemas fotovoltaicos[19] en domicilios y unidades educativas de las áreas rurales alejadas de los departamentos de Cochabamba, Potosí, Chuquisaca, La Paz y Santa Cruz.

El Programa de Energías Renovables, compuesto por tres proyectos en operación y seis proyectos hidroeléctricos en fase de aprobación por el financiador, logró beneficiar hasta 2013 a 581 familias; la culminación del programa, prevista para 2018, estima beneficiar a 2 478 familias.

Dentro el Programa de Eficiencia Energética, entre 2011 y 2012 se realizaron transferencias público-privadas de 6.96 millones de lámparas fluorescentes, que beneficiaron a 1.4 millones de familias aproximadamente en el país, a fin de optimizar el uso racional, eficiente y eficaz de la energía eléctrica (gráfica XII.22).

Respecto a la cobertura del servicio de energía eléctrica, según resultados del último Censo Nacional de Población y Vivienda 2012, el número de viviendas particulares que contaron con el servicio de energía eléctrica hasta esa fecha llegó a 2.3 millones, lo que representa 82.3% de 2.8 millones vivien-

---

[17] KFW: Instituto Alemán de Crédito para la Reconstrucción.
[18] Convenio de donación GPOBA: Global Partnership Output Based Aid.
[19] Los sistemas fotovoltaicos comprenden el uso de energía alternativa renovable, particularmente energía solar.

GRÁFICA XII.22. *Cobertura de energía eléctrica en viviendas particulares según censo y área, 1992, 2001, 2012, 2020 (e) y 2025 (e)*[a] *(en porcentaje)*

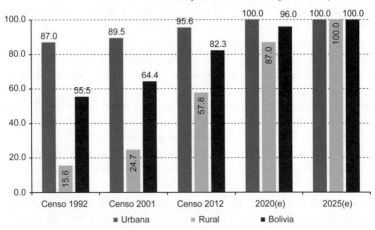

Urbana   Rural   Bolivia

[a] Estimado.
FUENTE: elaboración propia con base en información del INE y el Programa de Electricidad para Vivir con Dignidad.

das empadronadas. El mayor incremento se registró en viviendas del área rural, donde la cobertura alcanzó 57.8%, esta cifra fue 2.3 veces mayor a la obtenida en el censo de 2001, cuando solamente 24.7% de las viviendas contaban con este servicio.

En el Plan Eléctrico del Estado Plurinacional de Bolivia 2025, presentado en la agenda patriótica del bicentenario, se espera que en 2020, 96% de las viviendas cuente con servicio de energía eléctrica (100% viviendas urbanas y 87% viviendas rurales) y para 2025 se espera alcanzar la cobertura total.

Sector industrial manufacturero

Marco regulatorio del sector

Años antes de la promulgación del DS núm. 21060 de agosto de 1985, el sector industrial manufacturero estuvo respaldado por una política de sustitución de importaciones, aranceles diferenciados, empresas estatales y control del tipo de cambio, entre otras características. La aplicación del mencionado decreto supremo eliminó la licencia previa para la exportación de bienes y posibilitó el libre tránsito de productos. En 1986 se creó un nuevo régimen para las exportaciones no tradicionales, se autorizó el funcionamiento de zonas francas comerciales e industriales, y se eliminaron las restricciones y licencias para las importaciones, con el fin de combatir el contrabando.

Seis años después, como resultado de la Ley de Privatizaciones (Ley núm. 1330 de 24 de abril de 1992) se otorgó al sector privado el papel protagónico de la inversión en el sector productivo, desplazando de esta función al sector público. En consecuencia, desde 1992 se privatizaron 89 empresas, 50% de ellas de carácter productivo.

No obstante, a pesar de los fuertes estímulos, asignados por los sucesivos gobiernos al sector privado para impulsar la actividad productiva nacional, este hizo poco para asumir ese papel y no logró responder como se esperaba. Así, el desarrollo productivo industrial manufacturero se tornó débil e insuficiente, con reducido nivel productivo y marcado rezago tecnológico. Entre 1990 y 2005, la inversión privada total en promedio representó 8.7% del PIB, incapaz de dinamizar el sector productivo.

Bajo este contexto, el cambio estructural propuesto para el desarrollo de la industria manufacturera en el PND de 2007 consistió en la innovación tecnológica, aumento de la productividad y diversificación productiva, lo que permitiría incrementar la agregación de valor a la producción primaria, valorizando el producto boliviano y aumentando el ingreso en los sectores productivos que concentraban la mayor parte de la fuerza de trabajo.

La transformación de la matriz productiva contemplada en el PND se encuentra fundamentada en cinco ejes estratégicos: industrialización, diversificación productiva, reconversión productiva, soberanía productiva y alimentaria, y diversificación de los mercados internacionales. Los programas que se articularon con estas estrategias son seis:

- Primero: el marco normativo y de incentivos para la producción y el trabajo digno.

- Segundo: la revalorización y reconocimiento de unidades productivas.
- Tercero: el desarrollo de servicios públicos de apoyo al sector empresarial.
- Cuarto: el desarrollo de empresas públicas estratégicas.
- Quinto y sexto, que están ligados a la quinta estrategia: se refieren al desarrollo y consolidación de capacidades productivas con empleo digno, y el turismo sostenible de base comunitaria.

Respecto al cuarto programa es oportuno señalar que el Estado logró recuperar y crear varias empresas públicas con el fin de impulsar el crecimiento económico y el desarrollo del país. Entre algunas de ellas se encuentran: YPFB, ENDE, Comibol, Boa, EMV, Depósitos Aduaneros de Bolivia (DAB), Transporte Aéreo Boliviano (TAB), Azucarbol, Empresa Azucarera de San Buenaventura (Easba), Empresa de Apoyo a la Producción Alimentaria (Emapa), Papelbol, Cartonbol, Lacteosbol, Empresa de Cementos de Bolivia (Ecebol), Empresa Boliviana de Industrialización de Hidrocarburos (EBIH), Empresa Boliviana de Almendras y Derivados (EBA), Empresa Naviera Boliviana (Enabol), Mutún, Bolivia TV, Corporación de las Fuerzas Armadas para el Desarrollo Nacional (Cofadena), Agencia Boliviana Espacial (ABE), Quipus, Mi Teleférico, etcétera.

Posteriormente, se formuló un marco institucional en el que el Estado podía recuperar sus funciones principales de promotor y protagonista del desarrollo económico nacional, en coordinación con los niveles de gobierno subnacional.

La institucionalidad de la industria manufacturera se estableció en el Ministerio de Desarrollo Productivo y Economía Plural (Mdpyep), que tenía la función de: *1)* diseñar estrategias y políticas nacionales de desarrollo productivo, *2)* proponer políticas dirigidas a buscar el acceso a mercados nacionales y externos; y *3)* promocionar las compras estatales de las unidades productivas (micro, pequeñas empresas, medianas, grandes empresas, industrias, organizaciones económicas campesinas, asociaciones, organizaciones de pequeños productores urbanos y/o rurales, entre otros), garantizando el abastecimiento del mercado interno.

Por su parte, en el MESCP, vigente desde 2006, la industria manufacturera se constituyó en un elemento clave del sector generador de empleo e ingresos cuya función principal fue crear producción con alto valor agregado y dotar de bienes e insumos al sector generador de excedentes. En la gestión del presidente Evo Morales, a partir de la implementación del MESCP y en concordancia con el PND se establecieron varias medidas en beneficios de este sector económico, de acuerdo con el siguiente orden cronológico:

1. En el marco de la Política Nacional de Apoyo a la Producción, el 22 de noviembre de 2006, a través del DS núm. 28938 se crea el Servicio Nacional para el Desarrollo Productivo (Senadepro) con el objetivo de mejorar los niveles de productividad y competitividad, el acceso a tecnología, fortalecer los procesos productivos y de gestión, entre otros.

2. El DS núm. 29519, puesto en vigencia el 16 de abril de 2008, regula la competencia y la defensa del consumidor frente a conductas lesivas que influyan negativamente en el mercado, provocando especulación en precios y cantidad, a través de mecanismos adecuados dinamizadores de la economía nacional; es decir, se trata de que la demanda cumpla la función de motivador de la producción.

3. Por medio del DS núm. 29727, de 1 de octubre de 2008, se crean las agencias de desarrollo Pro Bolivia, Insumos Bolivia, Conoce Bolivia y Promueve Bolivia; todas estas especializadas en coadyuvar a la incorporación de lógicas de gestión productiva y a mejorar la productividad de los pequeños productores.

4. En octubre de 2009, se presenta el Plan Sectorial de Desarrollo Productivo con Empleo Digno con el objetivo de desarrollar una economía plural con fuerte presencia estatal orientada a promover el desarrollo económico de todas las unidades productivas del país con más y mejores empleos.

5. A través del DS núm. 71, de 9 de abril de 2009, se crea la Autoridad de Fiscalización y Control Social de Empresas, junto con otros sectores como transportes y teleco-

municaciones, agua potable y saneamiento básico, electricidad, pensiones, bosques y tierra, en sustitución de las superintendencias generales y sectoriales.

6. Mediante DS núm. 590, de 4 de agosto de 2010, se crea el Sedem, cuya finalidad es la de apoyar en la puesta en marcha de las Empresas Públicas Productivas y acompañar las etapas posteriores de desarrollo de las mismas, bajo los principios de generación de valor agregado y su articulación a la matriz productiva.

Estas políticas estaban encaminadas a los sectores de agroindustria, artesanía, manufactura, industria y turismo, y sus principales lineamientos hacia tres importantes sectores generadores de ingresos y empleo del MESCP que son: *1)* el sector industrial, manufacturo y artesanal, *2)* turismo y *3)* desarrollo agropecuario, mediante los cuales se buscó la transformación y el cambio integrado y diversificado de la matriz productiva.

El objetivo principal era cambiar el patrón primario-exportador excluyente y crear una nueva matriz basada en la industrialización de los recursos naturales con valor agregado, permitiendo la generación de excedentes, ingresos y empleo digno para la mayoría de la población boliviana, e inaugurando un nuevo patrón de acumulación de riqueza y su justa distribución mediante del MESCP.

Así, en los últimos nueve años se establecieron varias normas que orientan recursos financieros al sector productivo, estimulan la inversión en capital productivo para la adquisición de maquinaria e insumos que incrementen la capacidad productiva y el rendimiento; se incorporan también medidas y proyectos de capacitación y asistencia técnica orientados a fortalecer las acciones de transformación técnico-productiva. Entre las normas más importantes se encuentran:

1. El DS núm. 28999 de 1 de enero de 2007 refunda la Nacional Financiera Boliviana SAM por BDP como entidad de intermediación financiera de segundo piso, a fin de promocionar y financiar el desarrollo productivo nacional.

2. El 19 de febrero de 2010 se creó el Fondo de Garantía Propyme Unión, con el objeto de facilitar el acceso a créditos a las micro y pequeñas empresas productoras.

Propyme Unión es un fondo de inversión de carácter cerrado cuyo fin es realizar inversiones en valores de renta fija para constituir mecanismos de cobertura de hasta 50% del saldo a capital pendiente de pago de los prestamos otorgados por la banca a la pequeña y mediana empresa. Una de las características innovadoras del Fondo de Garantía es que además de constituir mecanismos de cobertura, contempla un mecanismo de mantenimiento de capital para el inversionista.

3. En 2012 el Ministerio de Desarrollo Productivo y Economía Plural y la Agencia Promueve Bolivia, con el objetivo de promover los complejos productivos integrales (CPI) trabajan en cinco actividades: *1)* textil, *2)* cuero, *3)* madera, *4)* alimentos y *5)* metalmecánica

4. En 22 de abril de 2012 se promulga la Ley núm. 232 por medio de la cual se crea el Fondo para la Revolución Industrial Productiva (Finpro). Se establecen los mecanismos de financiamiento y asignación de sus recursos en el marco del artículo núm. 316, numeral 4 de la Constitución Política del Estado. El Finpro dispone de 1 200 millones de dólares al inicio de sus actividades y se crea bajo la forma de fideicomiso con una duración de 30 años renovables. Según el artículo núm. 3 de la ley, el Finpro tiene la finalidad de financiar la inversión de emprendimientos productivos del Estado que generen excedentes.

5. La Ley núm. 306 Promoción y Desarrollo Artesanal de 18 de noviembre de 2012 tiene por objeto reconocer, proteger, fomentar, promover y promocionar el desarrollo de la actividad artesanal, por parte de todos los niveles de gobierno (central, departamental, municipal e indígena originario campesino), así como facilitar su acceso al financiamiento, la asistencia técnica, la capacitación, el acceso a mercados, la recuperación y la difusión de sus saberes, técnicas, aptitudes y habilidades artesanales.

6. Con el objeto de democratizar el acceso al crédito, reducir el déficit habitacional, entre otros, el 21 de agosto de 2013 fue promulgada la Ley núm. 393 Ley de Servicios Financieros, con la cual el Estado logró regular las actividades de intermediación financiera y la pres-

tación de los servicios financieros. Con la ley se reemplazó la extinta Ley de Bancos núm. 1488 y se promovieron los créditos productivos y los de vivienda de interés social.

Desempeño del sector

La industria manufacturera constituye la actividad económica más importante del país, ya que entre 2006 y 2014 representó

CUADRO XII.2. *Tasa de crecimiento promedio de la industria manufacturera, 1985-2014 (p)*[a] *(en porcentaje)*

Actividad económica	Promedio 1985-2005	Promedio 2006-2014
Industria manufacturera	2.7	4.9
Industria de alimentos, bebidas y tabaco	4.2	5.0
Carnes frescas y elaboradas	5.3	3.9
Productos lácteos	23.1	5.3
Productos de molinería y panadería	2.5	4.3
Azúcar y confitería	2.5	1.9
Productos alimenticios diversos	13.1	5.5
Bebidas	4.1	7.0
Tabaco elaborado	3.7	2.7
Otras industrias	1.9	4.7
Textiles, prendas de vestir y productos del cuero	2.0	2.0
Madera y productos de madera	4.3	3.6
Papel y productos de papel	5.7	4.3
Sustancias y productos químicos	3.4	4.3
Productos de refinación del petróleo	1.7	5.5
Productos de minerales no metálicos	3.9	10.3
Productos básicos de metales	1.4	0.9
Productos metálicos, maquinaria y equipo	−0.6	4.3
Productos manufacturados diversos	9.2	−5.7

[a] Preliminar.
FUENTE: elaboración propia con base en información.

en promedio 16.8% del PIB. La aplicación del MESCP y los mecanismos de apoyo que brindamos a la industria manufacturera han permitido que el valor agregado del sector en el último novenio logre un crecimiento sostenido de 4.9% promedio. Esta tasa fue superior al porcentaje registrado durante todo el periodo neoliberal de 2.9 por ciento.

Dentro del sector industrial, la mayor participación en el valor agregado la tuvo el rubro de alimentos, bebidas y tabaco (52.2% en promedio en 2006-2014), el resto se concentró en otras industrias. Las cifras más altas de crecimiento se registraron en los productos de minerales no metálicos (10.3%), le siguieron bebidas (7%), productos alimenticios diversos (5.6%), productos refinados de petróleo (5.5%), entre otros.

Inversión en el sector
La administración del presidente Evo Morales, desde 2006, consiguió incrementar continuamente los niveles de inversión pública. Así, en el sector de industria y turismo, durante el periodo 2006-2014 la inversión estatal acumulada llegó a 387 millones de dólares americanos, muy por encima del monto ejecutado entre 1987 y 2005 de 62 millones de dólares. Del mismo modo, para 2015 se tiene presupuestado invertir 271 millones de dólares, que representa un crecimiento de 127.1% respecto a 2014, y 40 veces más que el último año del periodo neoliberal (gráfica XII.23).

Consumo de energía eléctrica
Un indicador que permite entender el buen desempeño del sector industrial puede visualizarse en el índice de consumo de energía eléctrica, que logró registrar un crecimiento promedio sostenible de 7.1% en los últimos nueve años. El rubro que más progresó fue la fabricación de cemento (9.7% de expansión promedio), le siguieron la industria grande con 6.9% y la industria pequeña con 5.4% (gráfica XII.24).

Cuantía de empresas en el sector
El clima económico favorable por el cual atraviesa nuestro país —desde la aplicación del MESCP— posibilitó la creación de varios emprendimientos productivos que repercutieron en la continua generación de empleo y en la diversificación productiva.

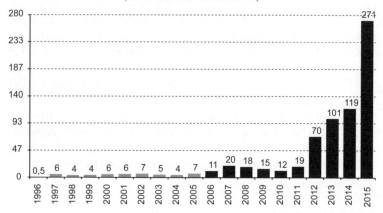

GRÁFICA XII.23. *Inversión pública ejecutada*
en industria y turismo, 1996-2015 (PGE)[a]
(en millones de dólares)

Presupuesto General del Estado (PGE)

[a] Presupuesto General del Estado.
FUENTE: elaboración propia con base en información del Viceministerio de Inversión Pública y Financiamiento Externo.

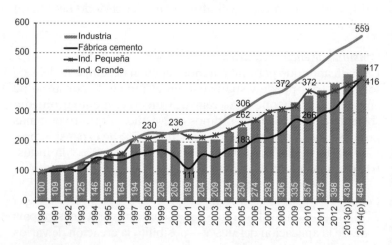

GRÁFICA XII.24. *Índice de consumo de energía eléctrica*
del sector industrial, 1990-2014 (p)[a]
(1990=100)

[a] Preliminar.
FUENTE: elaboración propia con base en información del INE.

Según estadísticas del Registro de Comercio, delegado a la Fundación para el Desarrollo Empresarial (Fundempresa), en 2005 el número de empresas en la industria manufacturera sumaban 8 856; esta cifra fue superada 219.3% hasta 2014, año en el que la base empresarial vigente la componían 28 277 empresas identificadas en este rubro.

Sector agropecuario

Marco regulatorio del sector

El modelo neoliberal, que priorizó las políticas denominadas de primera y segunda generación, postergó apremiadamente los problemas estructurales que atravesaba el sector agrícola como son: inequidad en el acceso a la tierra, lento avance del proceso de saneamiento, excesiva expansión de la frontera agrícola en el trópico boliviano, que ponía en riesgo los bosques naturales; reducida superficie bajo riego, entre otros. Así, durante el periodo neoliberal, la agricultura estuvo orientada hacia la exportación en un contexto de políticas neoliberales acordes al Consenso de Washington, el cual privilegió principalmente la apertura externa y liberalización interna de la economía boliviana.

En este contexto, el nuevo marco diseñado por el gobierno desde 2006 se sustentó en el PND y se encuentra incorporado en el Plan de Desarrollo Sectorial "Revolución Rural, Agraria y Forestal", elaborado por el entonces Ministerio de Desarrollo Rural, Agropecuario y Medio Ambiente.

El plan define el cambio de la estructura agraria para superar los problemas de tenencia y distribución de la tierra, innovación tecnológica, cobertura de riego, financiamiento, niveles de pobreza y otros. Para ello, establece tres objetivos: primero, avanzar hacia la seguridad y soberanía alimentaria, que se logrará con la aplicación de tres políticas en forma articulada que son: *1)* transformación de la estructura de tenencia y acceso a la tierra y bosques, *2)* transformación de los patrones productivos y alimentarios y *3)* agua para la producción; segundo, ampliar la contribución de la producción agropecuaria y forestal a los medios de vida de la población; tercero, impulsar la gestión sustentable de los recursos naturales utilizados en esta actividad.

En efecto, a inicios del periodo de administración del presidente Evo Morales se promulgó la Ley núm. 3545 de Reconducción de la Reforma Agraria de 28 de noviembre de 2006, que tiene por objetivo la eliminación de propiedades improductivas a través de procesos de reversión y expropiación a favor de pueblos indígenas y originarios. Con la citada ley se estableció:

1. La eliminación de propiedades improductivas a través de procesos de reversión y expropiación a favor de pueblos indígenas y/u originarios.
2. La protección de los derechos propietarios a través de la redefinición de lo que representa la Función Económico Social (FES), de modo que considere de un modo más integral los diversos usos que pueda darse a la tierra.
3. La promoción del uso sostenible de los recursos naturales del país en función de priorizar de la vocación productiva de la tierra.
4. La incorporación de elementos de conservación y protección de la biodiversidad y manejo sostenible de los recursos naturales.
5. La remisión del proceso de parcelamiento de las propiedades agrícolas principalmente en la región del occidente.

El 26 de junio de 2011 se promulgó la Ley núm. 144 de Revolución Productiva Comunitaria Agropecuaria, considerada de máxima importancia. Su artículo 2° tenía por objeto normar el proceso de la revolución productiva comunitaria agropecuaria para la soberanía alimentaria, estableciendo las bases institucionales y políticas y los mecanismos técnicos, tecnológicos y financieros de la producción, transformación y comercialización de productos agropecuarios y forestales de las y los diferentes actores de la economía plural; priorizando la producción orgánica en armonía y equilibrio con las bondades de la madre tierra.

Por medio de esta ley el Estado promueve y fomenta procesos de mecanización y tecnificación agropecuaria adecuados y adaptados a los diferentes pisos ecológicos para incrementar la productividad y la optimización de la tierra. La norma crea el Seguro Agrario Universal "Pachamama" con la finalidad de asegurar la producción agraria especialmente de los pequeños productores que están expuestos a los fenómenos climáticos adversos. Se establecen mecanismos de acceso al crédito —para tal efecto se crea el Fondo Crediticio Comunitario (FCC) a ser administrado en fideicomiso por el BDP SAM— con la finalidad de otorgar prestamos para la producción agropecuaria. Se instauran programas de mecanización del agro, registro de tractores y equipamiento agropecuario; se efectúa la construcción y puesta en marcha de silos, centros de acopio y reserva; se adecúan e implementan programas de alimentación y nutrición culturalmente apropiados para todo el ciclo de vida; se incorpora la gestión integral del agua para la vida que se complementan con los programas MiAgua y MiRiego, entre otros.

Inmediatamente a la promulgación de la ley, el 2 de agosto de 2011, mediante DS núm. 908, se reglamenta parcialmente el Seguro Agrario Universal "Pachamama", con la creación del Seguro Agrario para Municipios con mayores niveles de Extrema Pobreza (SAMEP); en la misma fecha por medio del DS núm. 943 se establece el diferimiento del Gravamen Arancelario (GA) por un plazo de cinco años a las mercancías identificadas en las subpartidas arancelarias,[20] favoreciendo a las y los productores de las comunidades indígena originario campesinas, comunidades interculturales y afrobolivianas.

En el MESCP, vigente desde 2006 el sector agropecuario tiene un importante papel: garantizar la seguridad alimentaria con soberanía. Es decir, por un lado, debe garantizar la suficiente producción de alimentos para cubrir la demanda interna (de consumo directo de los bolivianos y aquella que sirve de materia prima para la industria nacional) y, por otro, debe generar procesos productivos industrializadores cada vez con

---

[20] Según el anexo adjunto al DS núm. 943, entre las mercancías sujetas al diferimiento del gravamen arancelario se encuentran: semillas, frutos oleaginosos, esporas para siembra, fosfatos de calcio natural, aluminocálcicos naturales, etc. Las maquinarias son: arados, rastras, escarificadores, cultivadores, extirpadores, sembradoras, plantadoras, esparcidores de estiércol, cortadoras de césped, guadañadores, prensas para paja o forraje, máquinas y aparatos para preparar alimentos para animales, máquinas para limpieza, clasificación o cribado de semillas, entre otros.

mayor valor agregado, destinados al mercado interno y para su exportación.

De manera similar, al formar parte de los sectores generadores de ingresos y empleo, el rubro agropecuario debe proveer productos alimenticios a los sectores generadores de excedentes económicos quienes lo utilizarán como materia prima; por consiguiente, se genera un círculo virtuoso que permite construir la nueva matriz productiva.

Entre las disposiciones más recientes y relevantes de políticas públicas para este sector se tienen las siguientes:

1. La Ley núm. 3501 de Ampliación del Plazo de Saneamiento, de 19 de octubre de 2006, que establece la ampliación del plazo para la ejecución del proceso de saneamiento de la propiedad agraria en siete años, es decir, desde 2007 hasta 2013.
2. La Ley núm. 3545 de Reconducción de la Reforma Agraria, de 28 de noviembre de 2006, que modifica e incorpora nuevas disposiciones a la Ley núm. 1715 de Servicio Nacional de Reforma Agraria de 1996.
3. Mediante el DS núm. 29215, de 2 de agosto de 2007, se reglamenta la Ley núm. 1715 del Servicio Nacional de Reforma Agraria, modificada por la Ley núm. 3545 de Reconducción de la Reforma Agraria.
4. El DS núm. 29230, de 15 de agosto de 2007, crea la Empresa de Apoyo a la Producción de Alimentos (Emapa) con el objeto de promover la producción agropecuaria, contribuir a la estabilización del mercado de productos agropecuarios y a la comercialización de excedentes del agricultor.
5. Mediante el DS núm. 29611 de 25 de junio de 2008, se crea el Instituto Nacional de Innovación Agropecuaria y Forestal (INIAF), instancia encargada de garantizar la conservación y administración de los recursos genéticos de la agrodiversidad, parientes silvestres y microorganismos de las diferentes microrregiones del país, a fin de evitar la erosión genética.
6. En junio de 2009, se crea la Entidad Ejecutora de Medio Ambiente y Agua (Emagua), a través del DS núm. 163, con la finalidad de ejecutar programas y proyectos de inver-

sión para el desarrollo. Dicha entidad se encuentra bajo tuición del Ministerio de Medio Ambiente y Agua.

7. Con el DS núm. 71 de 9 de abril de 2009, se crea la Autoridad de Fiscalización y Control Social de Bosques y Tierras (ABT), encargada de fiscalizar, controlar, supervisar y regular los sectores forestal y agrario.

8. El DS núm. 443 de 10 de marzo de 2010 instituye el Programa Nacional de Forestación y Reforestación, que permite ampliar la conservación de la biodiversidad, la restauración de ecosistemas y cuencas, y la disminución de los efectos del cambio climático.

9. En agosto de 2010 se pone en vigencia el Plan Sectorial de Desarrollo Agropecuario "Revolución Rural y Agraria 2010-2020" del Ministerio del Desarrollo Rural y Tierras. El documento contiene políticas sectoriales y ejes estratégicos que se constituyen en lineamientos generales para el desarrollo del sector el cual prioriza las siguientes áreas: apoyo a la producción agropecuaria, tratamiento de la temática tierra, recursos forestales, y desarrollo de la coca y su industrialización.

Este conjunto de acciones promueve el impulso de la economía plural para avanzar hacia la seguridad y soberanía alimentaria en el marco de un desarrollo rural integral y sustentable. Así, privilegian el fortalecimiento de las capacidades económicas, técnicas e institucionales del conjunto de los actores, principalmente de los grupos que se encontraban excluidos en lo social y subordinados económicamente.

Asimismo, entre otras normas relevantes para el sector se encuentran:

1. La Ley núm. 71 de Derechos de la Madre Tierra de 21 de diciembre de 2010 tiene el objeto de reconocer los derechos de la Madre Tierra, las obligaciones y deberes del Estado y la sociedad para garantizar el respeto de estos derechos. El Estado debe desarrollar políticas públicas y acciones sistemáticas de prevención, protección y precaución para evitar que las actividades humanas conduzcan a la extinción de poblaciones de seres, la alteración de los ciclos y procesos que garantizan la vida o

CUADRO XII.3. *Inversión ejecutada en programas de apoyo*
al sector productivo, 2006-2014 (p)[a]
(en millones de bolivianos)

Programa	Inversión ejecutada	Beneficiarios (familias)
Programa de Emprendimientos Organizados para el Desarrollo Rural (Empoderar)[a]	579.6	60216
Programa de Mecanización (Promec)	514.3	197772
Fondo Nacional de Desarrollo Alternativo (Fonadal)[b]	118.0	13506
Programa de Creación de Iniciativas Alimentarias Rurales (Criar)	115.7	19678
Proyecto Tierras y Desarrollo Agrario (Protierras)	100.3	2891
Programa de Producción de Alimentos y Restitución de Bosques (Pparb)[c]	91.0	4108
Programa Nacional de Fomento y Desarrollo Pecuario de Carne y Leche	69.7	s. d.
Programa Nacional de Frutas-Ipdsa[a]	38.8	2615
Programa Nacional de Hortalizas-Ipdsa[a]	38.8	6014
Institución Pública Desconcentrada de Pesca y Acuicultura (IPD-Pacu)	37.9	70000 productores
Programa Nacional de Rumiantes Menores-Ipdsa[a]	19.4	5959
Instituto del Seguro Agrario (Insa)[d]	18.9	106053
Programa de Inclusión Económica para Familias y Comunidades Rurales (Accesos)	16.9	4097
Proyecto de Apoyo a la Valorización de la Economía Campesina de Camélidos (Vale)	10.2	15682

[a] El monto corresponde a las transferencias realizadas al BDP para la entrega de créditos productivos.
[b] El monto corresponde al presupuesto total en mayo de 2014.
[c] El monto de inversión ejecutada corresponde al valor recaudado por concepto de regularización de la superficie con desmonte ilegal.
[d] El monto de financiamiento corresponde al pago de indemnización en la campaña agrícola 2013-2014.
FUENTE: elaboración propia con base en información del Ministerio de Desarrollo Rural y Tierras.

la destrucción de sistemas de vida, y debe desarrollar formas de producción y patrones de consumo equilibrados para *vivir bien*.

2. Mediante DS núm. 831 de 30 de marzo de 2011 se crea el Programa "Más inversión para el Agua-MiAgua", para la dotación de agua para el consumo humano y riego, esto con el fin de garantizar la soberanía alimentaria del país y la reducción de la pobreza, incrementar la producción y la productividad agrícola y mejorar las condiciones de vida de la población.

3. El DS núm. 601 de 18 de agosto de 2010 crea el Programa Nacional de Fomento y Desarrollo Pecuario de Carne y Leche, con los siguientes componentes: *1)* Poblamiento y repoblamiento ganadero; *2)* mejoramiento genético de ganado bovino; *3)* infraestructura productiva de apoyo a la ganadería bovina; *4)* asistencia técnica y capacitación, y *5)* producción de forraje. Adicionalmente, esta norma autoriza el cierre del fideicomiso constituido para el componente financiero Poblamiento y Repoblamiento Ganadero Bovino, instituido por el DS 29231, en agosto de 2007.

4. Mediante la Ley núm. 204 de 15 de diciembre de 2011 se crea el Fondo de Apoyo al Complejo Productivo Lácteo (Proleche) y se establecen sus fuentes de financiamiento, en el marco de la política de seguridad alimentaria.

5. En octubre de 2012 se promulga la Ley núm. 300, Ley Marco de la Madre Tierra y Desarrollo Integral para *vivir bien*, que tiene por objeto establecer la visión y los fundamentos del desarrollo integral en armonía y equilibrio con la Madre Tierra para *vivir bien*.

6. Ley núm. 337 de Apoyo a la Producción de Alimentos y Restitución de Bosques de 9 de diciembre de 2012 establece un régimen excepcional para el tratamiento de predios con desmontes que se hayan realizado sin autorización entre el 12 de julio de 1996 y el 31 de diciembre de 2011.

7. La Ley núm. 338 de Organizaciones Económicas Campesinas, Indígena Originarias (Oecas) y de Organizaciones Económicas Comunitarias (Oecom) para la integración de la agricultura familiar sustentable y la soberanía ali-

mentaria de 28 de enero de 2013, que tiene por objeto normar la agricultura familiar sustentable y las actividades familiares diversificadas que realizan esas organizaciones.

8. El 6 de diciembre de 2013, por medio de la Ley núm. 448, se crean el Programa Nacional de Frutas, el Programa Nacional de Producción de Hortalizas, y el Programa Nacional de Rumiantes Menores y Pesca bajo dependencia del Ministerio de Desarrollo Rural y Tierras, con la finalidad de fortalecer el sector agropecuario, priorizando a los pequeños y medianos productores y estableciendo mecanismos de financiamiento para la ejecución de los mismos.

Por consiguiente, dada la importancia de este sector en la economía del país y el potencial de desarrollo, desde 2006 el gobierno nacional propició una amplia normativa y diversos programas y proyectos dirigidos a fortalecer el sector agropecuario, y promovió la seguridad y soberanía alimentaria del país, a la vez que mejoró las condiciones de producción, aumentó la productividad y el rendimiento, y encaminó los procesos de generación de valor agregado.

Desempeño del sector agropecuario

En los últimos nueve años el sector agropecuario continuó siendo la segunda actividad de mayor participación en el PIB (12.9% en promedio en 2006-2014), después de la industria manufacturera. Así, a pesar de los fenómenos climatológicos[21] suscitados durante 2006, 2007, 2009, 2010 y parte de 2014, el PIB agropecuario presentó una tasa de crecimiento sostenida de 2.7% promedio. No obstante, en los últimos cuatro años (2011-2014) el crecimiento promedio del sector agropecuario superó este monto y se situó en 3.9 por ciento.

---

[21] De acuerdo con información del Programa Nacional de Cambios Climáticos (PNCC), el fenómeno de El Niño se presentó en 1983, 1988, 1992, 1998 y entre 2006, 2007, 2008 y 2009 mientras que el fenómeno de La Niña se dio entre 1983, 1984 y 1989, así como en 2007, 2008 y 2010. A principios de 2014 el país presentó fuertes inundaciones, principalmente en el oriente.

GRÁFICA XII.25. *PIB agropecuario, 1985-2014 (p)*[a]
(en millones de bolivianos de 1990 y en porcentaje)

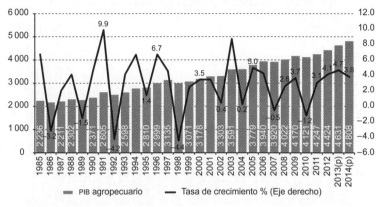

PIB agropecuario   Tasa de crecimiento % (Eje derecho)

[a] Preliminar.
FUENTE: elaboración propia con base en información del INE.

La tasa de expansión de 2.7% promedio resultó del buen desempeño de los productos pecuarios que lograron incidir en 1.2%, le siguió la producción agrícola no industrial con 0.9% y más abajo, con menor contribución porcentual, se encontraron los productos agrícolas industriales (0.4%), silvicultura, caza y pesca (0.3%) y coca (0.03%). Por su parte, las mayores tasas de crecimiento registradas en 1996 (6.7% de expansión) y 2003 (8.7%) resultaron del crecimiento de los productos agrícolas industriales con expansiones de 19.3 y 23.9%, respectivamente. El comportamiento más dinámico del grupo agroindustrial ocurrió principalmente en la zona oriental del país, en el departamento de Santa Cruz, fundamentado por un crecimiento perceptible de soya, girasol y algodón (gráfica XII.**25**).

Producción pecuaria
Entre las especies más representativas en la producción pecuaria de nuestro país se encuentra el ganado bovino, esto debido a sus diferentes usos (reproducción, faenado de carne, cuero, leche y otros). Durante el periodo 2006-2014 el número de cabezas de ganado faenadas alcanzó un crecimiento de 2.7% promedio, la producción de carne presentó una variación de

GRÁFICA XII.26. *Número de cabezas de ganado bovino faenadas y producción de carne, 1990-2014 (p)*[a]
(en miles de cabezas y miles de toneladas de carne)

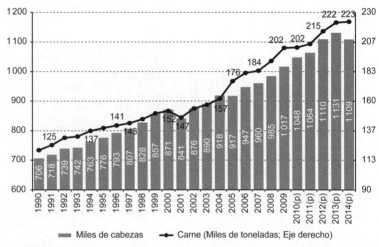

[a] Preliminar.
FUENTE: elaboración propia con base en información del INE.

2.1% promedio en similar periodo. De las 1.1 millones de cabezas de ganado bovino faenadas en 2014, más de la mitad (54.5%) se encontraron en el departamento de Santa Cruz, 12.9% se ubicaron en La Paz, 9.7% en Beni, y 22.9% se halló en el resto de los departamentos (gráfica XII.26).

De la misma manera, el ganado porcino es la segunda especie de mayor importancia en el rubro pecuario. La producción registrada de este tipo de carne logró pasar de 72 828 toneladas en 2005 a 92 168 en 2014, lo que representa una expansión de 26.6%. La mayor parte de esa producción se ubicó en los departamentos de Santa Cruz (40.9%), Chuquisaca (17.3%) y La Paz (11.9%).

Superficie cultivada
En la campaña 2013-2014 la superficie cultivada en el país llegó a 3.5 millones de hectáreas lo que representó un crecimiento de 38.7% respecto a la campaña 2004-2005; su crecimiento promedio en estos últimos nueve años se situó en 3.8%. El grupo de productos más importante estuvo conformado por oleaginosas

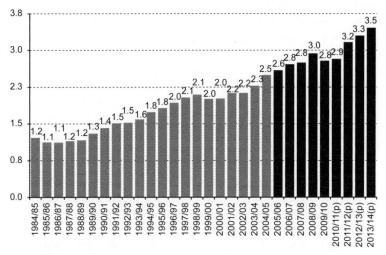

GRÁFICA XII.27. *Superficie cultivada por año agrícola, campañas de invierno y verano, 1984/1985-2013/2014 (p)*[a] *(en millones de hectáreas)*

[a] Preliminar.
FUENTE: elaboración propia con base en información del INE y el Ministerio de Desarrollo Rural y Tierras.

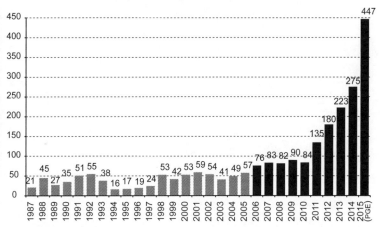

GRÁFICA XII.28. *Inversión pública ejecutada en el sector agropecuario, 1987-2015 (PGE)*[a] *(en millones de dólares)*

[a] Preliminar.
FUENTE: elaboración propia con base en información del Viceministerio de Inversión Pública y Financiamiento Externo.

e industriales, que en 2014 representaron 46.9% de toda la superficie cultivada, le siguen los cereales con 34.6% de participación; tubérculos, raíces y hortalizas ocuparon 11% y el resto lo conformaron los productos frutales, estimulantes y forrajes con 7.5 por ciento.

Entre los productos que mayor expansión de superficie cultivada registraron se encuentran: girasol (128.9% de expansión respecto a la campaña 2004-2005), caña de azúcar (50.3%), sorgo en grano (292.3%), quinoa (266.3%), papa (30.3%), frijol (242%), mandarina (65.7%), cacao (59.1%), entre otros (gráfica XII.27).

Inversión pública ejecutada por el sector
Entre 2006 y 2014 la inversión pública ejecutada en el sector agropecuario alcanzó los 167 millones de dólares en promedio, muy por encima de lo registrado durante el periodo neoliberal de 40 millones de dólares promedio. Para 2015 se dispuso ejecutar 447 millones de dólares, superior en 62.2% respecto a 2014 y 677.8% más que el último año del periodo neoliberal (gráfica XII.28).

XIII. CRECIMIENTO DE LA ECONOMÍA BOLIVIANA

Como se mencionó, el MESCP busca incrementar la producción de la economía boliviana para así generar mayores excedentes económicos que posteriormente sean redistribuidos entre la población.

En el periodo neoliberal, 1985-2005, la tasa de crecimiento promedio del PIB del país fue de 3%, siendo la tasa más baja la registrada en 1986 (–2.6%) y la más alta el año 1991 (5.3%). Estos niveles de crecimiento contrastan con los observados en el periodo 2006-2014, en el cual la economía boliviana registró un crecimiento promedio de 5.1%; el mayor nivel de expansión de la economía en este periodo se reportó en la gestión 2013 (6.8%) y el menor (3.4%) en 2009 (gráfica XIII.1).

Además, es importante puntualizar que a pesar del contexto internacional desfavorable, resultante de la crisis mundial y

GRÁFICA XIII.1. *Crecimiento del PIB real, 1985-2014 (p)*[a]
(en porcentaje)

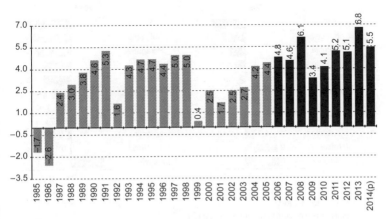

[a] Preliminar.
FUENTE: elaboración propia con base en información del INE.

la caída de los precios internacionales que afectan a determinados productos bolivianos de exportación, la economía boliviana, desde la implementación del MESCP ha manifestado un mejor desempeño económico en términos de crecimiento, al compararlo con el periodo neoliberal. Por otra parte, es pertinente resaltar que a diferencia de la fase neoliberal, no se registraron variaciones negativas en el producto interno bruto, por el contrario, el crecimiento de nuestra economía ha sido sostenido y con una clara tendencia ascendente durante estos últimos nueve años.

Dos hechos sobresalen del desempeño económico logrado en el marco del MESCP; por una parte, se generó un mayor excedente para poder redistribuirlo entre la población y, por otra parte, en 2009 por primera vez en la historia el crecimiento económico de Bolivia se constituyó como el más alto de la región. En 2014 nuevamente Bolivia registró la tasa de crecimiento más alta de la región y, para 2015, con gran probabilidad, se espera alcanzar por tercera vez el primer puesto en cuanto al crecimiento en la región (gráfica XIII.2).

De igual modo, la implementación del MESCP nos permitió dinamizar tanto las actividades económicas tradicionales como

GRÁFICA XIII.2. *Sudamérica: crecimiento del PIB real, 2009 y 2014 (en porcentaje)*

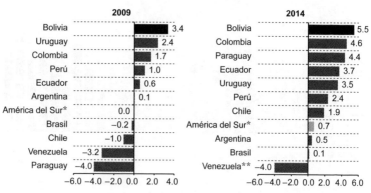

* Dato de la CEPAL.
** Estimación del FMI (octubre 2015).
FUENTE: elaboración propia con base en información del INE y los bancos centrales de cada país.

también aquellas asociadas a la industria y los servicios. En este marco, los datos de la gráfica XIII.3 muestran que en promedio las actividades manufactureras, la electricidad, gas, agua, construcción, comercio, transporte, telecomunicaciones, servicios financieros y la administración pública, en el periodo 2006-2014, han crecido a mayores tasas en comparación con el periodo neoliberal.

Ante esta evidencia los economistas neoliberales no pudieron justificar los mayores niveles de crecimiento, por lo que atribuyeron los mismos a los buenos precios internacionales del gas y los minerales. Sin embargo, al respecto debe señalarse que incluso en periodos de bajos precios de las materias primas, gracias a los fundamentos que subyacen al MESCP, se

GRÁFICA XIII.3. *Crecimiento del PIB según la actividad económica, promedio, 1997-2005 (en porcentaje)*

FUENTE: elaboración propia con base en información del INE.

logró mantener un ritmo de crecimiento sostenido acompañado de la profundización en la redistribución del ingreso. Por
ejemplo, en 2009 y a partir de la gestión 2011 se registraron
descensos de los precios de los minerales, incluso en 2015,
cuando se registró una disminución importante del precio internacional del petróleo, la economía boliviana siguió creciendo, derrumbando las pretensiones de la tan anhelada crisis en
Bolivia por parte de estos economistas neoliberales que la vienen presagiando desde 2006, misma que hasta la fecha, para
fortuna de los bolivianos y bolivianas, no ha sucedido. Una
demostración empírica sobre el papel de la política económica boliviana en la relación precio del petróleo y crecimiento
económico puede encontrarse en Bolívar y Ugarte (2015).

Como se observa en la gráfica XIII.4, en concordancia con
lo establecido en el MESCP, la demanda interna, constituida
por el consumo y la inversión, se ha consolidado desde 2006
como el componente de mayor incidencia en el crecimiento del
PIB (véase Bolívar y Ugarte [2015] para una prueba empírica
al respecto). En contraste, si en nuestro país se hubiera mante-
nido el modelo neoliberal que priorizaba la demanda externa y
relegaba a un segundo plano la demanda interna, lo más pro-
bable es que en los años 2007 a 2011 y 2013 en adelante el país
hubiera registrado expansiones muy reducidas o incluso tasas
negativas de crecimiento del PIB, toda vez que en esos años el
aporte de las exportaciones netas al crecimiento de la economía boliviana fue negativo.

En el periodo 2006-2014 la tasa de crecimiento promedio
de la demanda interna fue de 5.7%; asimismo, se debe resaltar
que en la gestión 2011 se registró el mejor desempeño de la
demanda interna, dado que su incidencia en el crecimiento del
PIB fue de 9%. En cambio, en el periodo neoliberal, compren-
dido en este caso desde 1999 hasta 2005, la demanda interna en
promedio tan sólo incidió 1.1% en la expansión del PIB.

Los mecanismos fundamentales que establece el MESCP para
dinamizar la demanda interna se concentran, por una parte,
en la participación activa del Estado en la economía, principalmente a través de la inversión pública y, por otra parte, en
la redistribución del ingreso, que se logra a través de la reasignación de los excedentes económicos provenientes del sector
generador de excedentes hacia la población en general. Ambos

GRÁFICA XIII.4. *Incidencias de la demanda interna y exportaciones netas en el crecimiento del PIB, 1999-2014 (p)*[a] *(en porcentaje)*

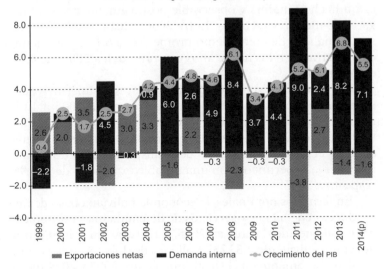

Exportaciones netas ■ Demanda interna —●— Crecimiento del PIB

[a] Preliminar.
FUENTE: elaboración propia con base en información del INE.

mecanismos tienen un efecto multiplicador sobre el producto interno bruto.

Entre 2006 y 2014 la inversión pública realizada por el Estado registró un continuo incremento de 25.2% promedio, superior al obtenido durante el periodo 1997-2005 de 1.3% promedio. Asimismo, en 2014 el monto aplicado de 4 507 millones de dólares marcó un récord histórico, muy por encima del registrado en 2005 de 629 millones de dólares. Para 2015, la administración estatal presupuestó 6 179 millones de dólares de inversión pública, 37.1% superior a 2014 y cerca de 10 veces más que el último año del periodo neoliberal.

Los resultados de las políticas redistributivas del ingreso, que posibilitaron aumentos significativos en el poder adquisitivo de las familias y alzas en el consumo, se pueden visualizar en diferentes elementos como la expansión del consumo de servicios básicos (electricidad, gas y agua), las ventas facturadas en restaurantes y supermercados, además de las ventas del transporte aéreo de pasajero y carga, entre otros.

En los últimos nueve años el índice de consumo de servicios básicos (electricidad, gas y agua) presentó un aumento sostenido, lo que evidenció que la redistribución del ingreso es un hecho tangible y observable positivamente para los hogares de menores recursos. Entre 2006 y 2014 este índice presentó una tasa de crecimiento promedio de 6.1%, por encima del registrado en los nueve años que preceden a 2006, de 4.2% en promedio.

Las ventas y/o servicios de restaurantes y supermercados pasaron de facturar 138 millones de dólares en 2005 a 1 145 millones de dólares en 2014 y su crecimiento promedio durante el periodo 2006-2014 se situó en 26.9%. De la misma forma, en 2014 el valor de las ventas del transporte aéreo de pasajeros y carga experimentaron una notable expansión de 245.9% respecto a 2005.

En términos nominales, la economía boliviana pasó de una producción de bienes y servicios de demanda final valorada en 9 574 millones de dólares en 2005, a registrar un valor de producción equivalente a 33 237 millones de dólares en la gestión 2014; el incremento en el PIB nominal entre 2005 y 2014 fue de 247% (gráfica XIII.5).

GRÁFICA XIII.5. *PIB nominal, 1986-2014 (p)*[a]
(en millones de dólares)

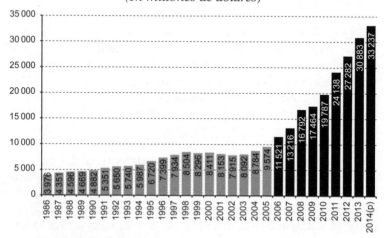

[a] Preliminar.
FUENTE: elaboración propia con base en información del INE.

GRÁFICA XIII.6. *PIB per cápita, 1986-2014 (p)*[a]
(en dólares)

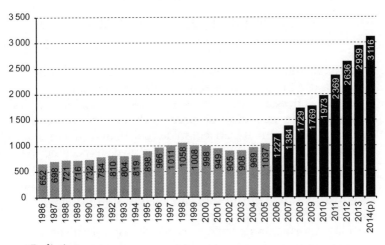

[a] Preliminar.
FUENTE: elaboración propia con base en información del INE.

Los mayores niveles del PIB nominal han repercutido en el consiguiente incremento del PIB per cápita, lo que ha llevado a organismos como el Banco Mundial, el Fondo Monetario Internacional y otros a graduar al país de una categoría de "país pobre" a uno de "ingresos medios". En la gráfica XIII.6 se observa que en el periodo neoliberal el PIB per cápita prácticamente estaba estancado y, por el contrario, a partir de 2006 comienzan a registrarse incrementos formidables. En el periodo 1987-2005 el PIB per cápita creció a un ritmo promedio de 2.6% y desde la implementación del MESCP en 2006 hasta 2014 la expansión promedio registrada en el PIB per cápita fue de 13.2 por ciento.

XIV. CONTROL DE LA INFLACIÓN

A PARTIR de 2006 el gobierno, en el marco de la seguridad alimentaria y la protección del bolsillo de los bolivianos —en especial de las personas de escasos recursos—, consideró de vital importancia la variación de precios de los productos de la canasta familiar. En el transcurso de casi 10 años del mandato del presidente Evo Morales se realizaron diversas acciones para el control de la inflación.

Entre las principales medidas efectuadas por el Órgano Ejecutivo para el control de la inflación están las siguientes: en 2007 se difirió temporalmente a 0% el gravamen arancelario a la importación de trigo y harina de trigo para garantizar el abastecimiento de estos productos entre las familias bolivianas. Ese mismo año se suspendió la exportación de harina de trigo, así como el trigo y la manteca animal y/o vegetal a consecuencia de los factores climáticos adversos (fenómenos de El Niño y La Niña) precautelando que el mercado interno sea desabastecido de dichos productos.

El mismo año se autorizó a la secretaria ejecutiva del programa PL-480 la compra, importación y comercialización de arroz destinado al consumo doméstico, posteriormente llamado Insumos Bolivia; asimismo, se creó Emapa cuyo objeto era apoyar la producción agropecuaria, contribuyendo a la estabilización del mercado de productos agropecuarios y a la comercialización de la producción del agricultor.

Entre los años 2008 y 2013 se siguió con medidas similares, se restringió la exportación de productos de primera necesidad, previa verificación del abastecimiento al mercado interno, precautelando la seguridad alimentaria de la población.

A partir de 2014 se iniciaron las ferias del "Peso y Precio justo" del productor al consumidor, que tuvieron un rotundo éxito para el control de precios y el abastecimiento de los mercados, poniendo mayor énfasis en las familias de escasos recursos y evitando el agio y la especulación de precios de los principales productos alimenticios.

Así, la inflación estuvo controlada, salvo en los años 2007 y 2008. Las razones fundamentales para las cifras de dos dígitos en esos dos años fueron los factores climáticos adversos que afectaron principalmente al sector agropecuario, además de la inflación importada con la transmisión de los elevados precios internacionales de los alimentos, la apreciación de las monedas de los principales socios comerciales y el efecto contagio de la elevada inflación de países vecinos; estos sucesos incidieron drásticamente para obtener en 2007 una inflación de 11.73%, y en 2008 este indicador ascendió a 11.85 por ciento.

Sin embargo, desde 2009 hasta la actualidad tenemos un control absoluto de la inflación, gracias a que la política económica dentro del MESCP se dirigió a mantener la estabilidad económica y de precios para favorecer el aumento de la demanda interna.

XV. POLÍTICA DEL SECTOR EXTERNO

Para la evaluación de las políticas con el sector externo consideraremos la balanza de pagos y su relación con la acumulación de las reservas internacionales netas (RIN). La balanza de pagos considera el conjunto de las transacciones, tanto de bienes y servicios como de capital y financieras, frente al resto del mundo.

Entre 2006 y 2014 la balanza de pagos registró saldos positivos en la cuenta corriente, explicados por el resultado favorable del saldo comercial y por el notable crecimiento de las remesas de trabajadores. Por su parte, se observó también un superávit en la cuenta de capital y financiera que es atribuible fundamentalmente al nivel récord de la inversión extranjera directa destinada principalmente a los sectores de hidrocarburos, manufactura y minería.

Los saldos positivos de la balanza de pagos contribuyeron a la acumulación de las RIN y mejoraron la solvencia financiera del país frente al resto del mundo, medida a través de la Posición de Inversión Internacional (PII).

El año 2009 fue excepcional, porque el incremento de las RIN fue mayor al flujo que reportó la balanza de pagos debido a variaciones en la valoración del euro, el oro y los DEG.[1] Asimismo, el FMI realizó asignaciones extraordinarias de DEG a nivel internacional para complementar la liquidez en el contexto de la crisis financiera global; Bolivia recibió DEG por 137 millones, un equivalente a 214 millones de dólares.

En cuanto al saldo comercial, las exportaciones registraron incrementos permanentes, a excepción de 2009 que fue el año en el que se manifestó la crisis de 2008 en los Estados Unidos, con una caída de los precios promedio de las materias primas. A partir de 2011 se registró una clara tendencia hacia

[1] DEG: Derechos Especiales de Giro, es un activo de reserva internacional creado en 1969 por el FMI para complementar las reservas oficiales de los países miembros. Se basa en una canasta de cuatro monedas internacionales fundamentales. Los DEG se pueden intercambiar por monedas de libre uso.

la baja de los precios de los principales productos de exportación, incluyendo el precio internacional del petróleo. Sin embargo, durante el periodo 2006-2014 no se registraron saldos comerciales negativos.

A pesar de esta tendencia en los precios internacionales, el resultado externo fue positivo. Inclusive en 2009 el saldo de la balanza de pagos resultó positivo en 325 millones de dólares, evidentemente el saldo más bajo del periodo de aplicación del nuevo modelo, pero positivo. El récord del saldo global de la balanza de pagos en este periodo se alcanzó en 2008 con 2 374 millones de dólares, debido en gran parte a una entrada de capitales muy importante.

Por su parte, la actividad exportadora agropecuaria creció al verse favorecida por las buenas cosechas, sin embargo, siguiendo la política adoptada de primero garantizar la producción para el mercado interno y exportar sólo el excedente, algunos productos tuvieron altibajos en el volumen de exportación, entre ellos el azúcar, el maíz y la soya.

Es así que, por ejemplo, en el DS núm. 348, de 28 de octubre de 2009, se estableció que para proceder a la exportación de azúcar se debía evidenciar la suficiencia de abastecimiento al mercado interno a precio justo. Posteriormente, a través del DS núm. 671, de 13 de octubre de 2010, se suspendió de manera excepcional y temporal la exportación de azúcar con el mismo objetivo.

Para el caso del maíz y el trigo se imposibilitó su exportación mediante el DS núm. 29460, de 27 de febrero de 2008, con el objeto de priorizar el suministro al mercado local, hasta que con el DS núm. 501, de 5 de mayo de 2010, se dejó sin efecto la suspensión temporal de exportación de maíz para siembra, previa comprobación de suficiencia en el abastecimiento del mercado interno a precio justo.

En 2011 bajaron los volúmenes de exportaciones de soya en grano, harina de soya y azúcar, por la implementación de distintas políticas de seguridad alimentaria. Debido a factores climáticos que afectaron la producción de azúcar se aplicaron medidas de diferimiento del gravamen arancelario a su importación y la asignación de recursos adicionales para la importación y comercialización de este producto, mediante el DS núm. 770, de 17 de enero de 2011; y el DS núm. 787, de 4 de febrero de

2011. Empero se autorizó, de manera excepcional, la exportación de hasta 60 000 toneladas de caña de azúcar provenientes de la región de Bermejo con el DS núm. 893, de 1 junio de 2011.

Recientemente, bajo el marco de priorizar el abastecimiento interno se promulgó el DS núm. 2218, de 17 de diciembre de 2014, norma mediante la cual se rehabilita la presentación del certificado de abastecimiento interno para los exportadores de soya. El único artículo de esta normativa dejó sin efecto la excepción temporal de presentar dicho documento —determinado en el DS núm. 1283, de 4 de julio del 2012— para los saldos de exportación del cupo establecido.

De igual forma, algunas medidas aplicadas por el Órgano Ejecutivo fueron relevantes para el notable desempeño del comercio externo, entre los que destacan la liberación de aranceles para la importación de maquinaria e insumos durante un plazo de cinco años y la aprobación del DS núm. 1163, de 14 de marzo de 2012, norma a través de la cual se autorizó la exportación de maíz amarillo, arroz y carne, previa verificación de un suministro suficiente en el mercado interno. Las exportaciones de girasol y derivados se favorecieron por una mayor superficie cultivada y por el DS núm. 1223, de 9 de mayo de 2012, que suspendió temporalmente las restricciones a la exportación de girasol y sus derivados.

En relación con las exportaciones de minerales, en los últimos nueve años se observó un importante incremento; así, en 2005 se exportaron 492 millones de toneladas, sin embargo, en 2014 se alcanzó la cifra de 1 450 millones de toneladas, siendo este último, a pesar de la disminución de precios internacionales, el año de mayor exportación del periodo de 2006-2014.

Si bien la exportación de minerales se vio favorecida por los altos precios internacionales, también contribuyó el inicio de actividades de la empresa minera San Cristóbal, que en agosto de 2007 comenzó a producir y comercializar con el sector externo zinc, plata y plomo. Más tarde, en 2008 influyó la exportación de estaño producido por las empresas nacionales EMV y Huanuni.

Las exportaciones de gas natural a Brasil y Argentina crecieron debido a mejores precios internacionales, el aumento del volumen de acuerdo con los contratos de venta y por la adenda suscrita entre YPFB y Energía Argentina, S. A. (Enarsa), firmado en 2010, que acordaba incrementar los volúmenes comprometidos para el mercado argentino. Estos hechos incentivaron una mayor producción por parte de YPFB.

Las exportaciones de textiles tuvieron un apoyo especial, luego de que los Estados Unidos decidieran no ampliar para Bolivia el beneficio arancelario bajo el acuerdo de ATPDEA.[2] Conocida la noticia se aprobó el DS núm. 29433, de 30 de enero de 2008, que define la creación de un fideicomiso, administrado por el BDP, para otorgar prestamos a las empresas exportadoras para el pago de aranceles a la Aduana de los Estados Unidos. Posteriormente, en 2009 con el DS núm. 196, de 8 de julio de 2009, se creó otro fideicomiso adicional por la suma de 10 millones de dólares para otorgar liquidez a los exportadores que acrediten contar con un contrato de exportación de manufacturas con valor agregado al mercado de la República Bolivariana de Venezuela, para compensar el efecto ATPDEA, habiéndose incrementado ese monto a 348.5 millones de bolivianos con el DS núm. 338, de 21 de octubre de 2009.

Como era de esperarse, las importaciones de bienes también aumentaron influidos por el crecimiento más dinámico de la economía boliviana y el elevado nivel de inversión pública. De un valor total de importaciones, en 2005, de 2 440 millones de dólares, en la gestión 2014 ascendió a un total de 10 560 millones de dólares.

Considerando las importaciones según la clasificación uso o destino económico (CUODE), las compras de bienes de capital se incrementaron de 611 millones de dólares en 2005 a 3 495 millones de dólares en 2014, estuvieron en línea con el nivel de inversiones públicas realizado, y el proceso industrializador y modernizador del Estado y la dinámica del sector privado.

Las importaciones de bienes de consumo y de bienes intermedios[3] también registraron incrementos, aunque estas no tuvieron el ritmo ni la proporción del incremento registrado en los bienes de capital.

---

[2] Ley de Preferencias Arancelarias Andinas y Erradicación de la Droga o, por sus siglas en inglés, Andean Trade Promotion and Drug Erradication Act.

[3] Los bienes intermedios se definen como aquellos insumos necesarios para el proceso productivo con la finalidad de generar otros bienes finales. Estos son importantes para la industria.

CUADRO XV.1. *Importaciones según uso o destino económico, 2005-2014 (p)*[a] *(en millones de dólares)*

CUODE	2005	2006	2007	2008	2009	2010	2011	2012	2013(p)[a]	2014(p)
Importaciones valor	2440	2926	3588	5100	4577	5604	7936	8590	9699	10560
Bienes de consumo	524	490	837	1119	928	1201	1817	1882	2115	2198
Bienes de consumo no duradero	297	336	418	554	517	680	909	1036	1126	1148
Bienes de consumo duradero	227	154	419	565	411	520	908	846	989	1050
Materias primas y productos intermedios	1281	1467	1770	2599	2305	2803	3844	4204	4499	4817
Combustibles, lubricantes y productos conexos	240	272	280	555	470	649	1063	1218	1244	1215
Materias primas y productos intermedios para la agricultura	114	109	147	211	218	241	299	309	378	377
Materias primas y productos intermedios para la industria (excluye construcción)	729	830	1024	1394	1204	1452	1835	1964	2086	2271
Materiales de construcción	122	167	206	309	296	316	454	459	498	614
Partes y accesorios de equipo de transporte	77	89	113	130	117	145	192	253	294	340
Bienes de capital	611	946	952	1315	1274	1545	2245	2432	3027	3495
Bienes de capital para la agricultura	39	39	66	97	77	106	171	223	194	220
Bienes de capital para la industria	442	589	654	902	852	1084	1550	1667	2161	2511
Equipo de transporte	130	318	233	316	344	355	525	542	672	764
Diversos	22	19	24	62	64	49	21	64	51	44
Efectos personales	1	4	5	6	6	7	8	8	7	7

[a] Preliminar.
FUENTE: elaboración propia con base en información del INE.

En lo referente a la Cuenta Capital de la Balanza de Pagos, el movimiento de capitales registró un mayor flujo neto debido, por una parte, a la condonación de la deuda externa pública y, por otra, al mayor flujo de inversión extranjera.

En el marco de la Iniciativa de Alivio de Deuda Multilateral fueron considerables las condonaciones del FMI y del Banco Mundial, y en el marco bilateral la condonación de Japón. A ellas se sumaron también los flujos de alivio bajo las iniciativas HIPC I, HIPC II y "más allá del HIPC"; también la condonación de deuda por el BID en el marco del MDRI. En 2009 hubo también una condonación de España. Este conjunto de condonaciones influyó positivamente la balanza de pagos.

Los datos de la inversión extranjera directa (IED) en el periodo 2006-2014, sobrepasaron las aspiraciones de los economistas neoliberales, ya que inclusive en plena campaña electoral de 2005 llegaron a decir que si Evo Morales asumía la presidencia del país no llegaría un centavo de cooperación internacional ni de IED. Estos comentarios sobre la IED crecieron luego de la nacionalización de los hidrocarburos en 2006.

Cabe señalar que la herencia neoliberal había dejado al país, más bien, en una desinversión extranjera directa del orden de 291 millones de dólares en 2005, ese signo negativo en el ingreso de inversión extranjera de ese año fue revertido durante el primer año de gobierno del presidente Evo Morales, cuando la IED en 2006 alcanzó la cifra de 278 millones de dólares, y de allí en adelante esta variable tuvo un incremento permanente hasta llegar inclusive en la gestión 2013, en términos netos, a un récord que ascendió a 1 750 millones de dólares, rebasando el mejor año de atracción de la IED del periodo neoliberal que registró 1 024 millones en 1998.

Este hecho es sumamente importante porque la atracción de IED bajo el nuevo modelo, que incluía nacionalizaciones de los recursos naturales y de las principales empresas estatales, trajo más capitales que cuando se privatizaron nuestras empresas públicas y los recursos naturales. Desde la aplicación del MESCP ha quedado demostrado, en la práctica, que Bolivia con dignidad puede atraer inversionistas extranjeros cuando estos encuentran en el país políticas económicas consistentes, responsables y claras.

Por la definición y construcción de los diferentes programas fiscales-monetarios que se aplicaron desde 2006 y los resultados observados de la balanza de pagos, las RIN tuvieron un comportamiento ascendente sostenido. Consecutivamente, durante estos últimos años de la aplicación del nuevo MESCP se marcaron nuevos récords históricos en este indicador tan importante.

Con el nivel récord de RIN, los ratios de cobertura muestran un adecuado respaldo para la economía del país. En efecto, en 2014 las reservas representaron 46% del PIB, asimismo, otorgaron una cobertura de cerca de 100% del total de depósitos del sistema financiero, permitiendo cubrir 14 meses de importación de bienes y servicios, muy por encima del nivel referencial de tres meses, indicador propuesto por el FMI.

En relación con los países de la región, cabe destacar que desde 2006 Bolivia se posicionó como el primer país con las mayores reservas en términos del PIB manteniendo esta posición hasta 2015.

GRÁFICA XV.1. *América del Sur: reservas internacionales en porcentaje del PIB, 2014*

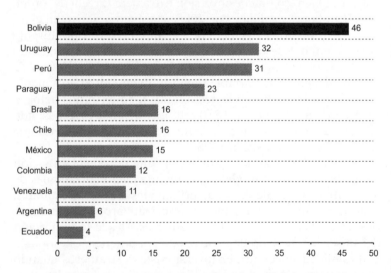

FUENTE: elaboración propia con base en información del BCB.

Todos estos indicadores evidencian la posición sólida de Bolivia frente al resto del mundo, brindándole al país una fortaleza suficiente para enfrentar cualquier crisis internacional, habiéndose reducido la vulnerabilidad tanto a choques internos, referidos a retiros masivos de depósitos bancarios, como a choques externos que pudieran reducir la capacidad de pago y la solvencia de la economía boliviana.

XVI. ADMINISTRACIÓN
DE LA POLÍTICA FISCAL

CONTRARIO a lo que piensan muchos economistas neoliberales, en los nueve años de aplicación del MESCP sólo en dos años, 2006 y 2007, no se evidenciaron crisis en el contexto internacional. El resto de ese periodo hubo recurrentes crisis internacionales que se manifestaron de diferentes maneras y tuvieron como consecuencia un deterioro en el nivel de crecimiento económico y el comercio mundial.

En el nuevo escenario global es preciso indicar que la estructura económica mundial es bicéfala: por un lado, los Estados Unidos y la zona Euro y, por otro lado, las economías emergentes y en desarrollo, que son las de China, India, Rusia, Sudáfrica y Brasil. Los segundos tuvieron crecimientos muy importantes y no así los primeros, pero desde 2012 como se señaló en la *Memoria de la economía boliviana* (2012: 29) "el lánguido crecimiento de los países desarrollados incidió en el desempeño de las economías emergentes y en desarrollo, fundamentalmente por la caída de la demanda externa". Este comportamiento contradictorio se reflejó también en los movimientos de los precios internacionales de los productos que exporta Bolivia, pues a pesar de registrar un comportamiento ascendente desde 2003 hasta mediados de 2008, con los altibajos producidos por la crisis financiera norteamericana, a partir de 2008 hubo una mayor volatilidad internacional en el comportamiento de estos precios y luego se consolidó la tendencia decreciente de los precios internacionales.

En América Latina la nueva tendencia de los precios internacionales de los *commodities* provocó una desaceleración económica desde 2010, sin embargo, esta no registró daños importantes en la economía boliviana, que mostró estar más preparada que la del resto de los países para soportar esta caída de precios internacionales y el efecto contagio de la crisis internacional, no sólo por medidas de política económica que se adoptaron, sino sobre todo por el cambio del modelo neoliberal de mercado por el nuevo MESCP.

En este contexto adverso de precios internacionales, que se observó desde mediados de 2008, hubo de desenvolverse la política fiscal boliviana, como a continuación analizaremos.

A pesar de esta crisis persistente, que tiene visos de ser una de carácter estructural del sistema capitalista, Bolivia tuvo un crecimiento económico importante, mostrando nítidamente las virtudes y potencialidades del MESCP, que tuvo como factor clave a la demanda interna que impulsó el crecimiento productivo de la economía y que encontró en la inversión pública su principal instrumento de política económica.

Como todos los países de la región Bolivia tuvo buenos ingresos por la exportación de materias primas, por un lado, debido a los niveles favorables de los precios internacionales; pero, por el otro, más importante aún, por el aumento de la producción —como se señaló líneas arriba—. Sin embargo, es importante subrayar que estos precios internacionales empezaron a incrementarse desde 2003, es decir, que esta mejora de precios favoreció también a los últimos gobiernos neoliberales y comenzaron a descender con la crisis de 2008 en los Estados Unidos y con una marcada tendencia a la baja desde 2011.

Es importante mencionar que el nuevo modelo económico aplicado desde 2006, MESCP, tuvo tres objetivos centrales:

1. Estabilidad económica.
2. Crecimiento sostenido.
3. Redistribución del ingreso. Es decir, que este crecimiento y estabilidad contribuya a lograr una mayor equidad social, esto es, redistribuir el ingreso a favor de la mayoría de la población.

El crecimiento sostenido —de acuerdo con el nuevo modelo económico y el Plan Nacional de Desarrollo de 2007— significa que se cumplan cuatro condiciones:

1. Que el sector generador de excedente económico (SGEE) efectivamente genere nuevo y mayor excedente económico.

2. Que una parte del excedente se reinvierta en estos sectores y otra parte sea transferida al sector generador de empleo e ingresos (SGEI) y a la resolución de los problemas sociales.
3. Que el SGEI invierta los excedentes, para que se aumente la producción y se genere nuevo excedente económico.
4. Que el Estado utilice parte de estos excedentes económicos para programas sociales que mejoren la distribución del ingreso, y generen nueva demanda interna y aumenten la inversión.

El Estado Plurinacional de Bolivia alcanzó, en los últimos nueve años, altas tasas de crecimiento del producto, que muestra de manera objetiva su capacidad para lograr una expansión sostenida de la producción, pese a la disminución de los precios internacionales de los principales productos de exportación bolivianos. Este hecho es muy importante porque siete de los nueve años fueron de crisis estructural de la economía mundial, lo que implicó que el impulso externo no fuera pleno ni determinante para el avance de la demanda interna que promovió el nuevo modelo.

Esta sostenibilidad se basó no sólo en el crecimiento de los sectores extractivos, sino que también crecieron de manera importante los otros sectores económicos, como la industria manufacturera, la construcción, etcétera.

Estos resultados provienen de las medidas de política económica tomadas a partir de 2006, donde uno de los aspectos más importantes fue la unificación de las políticas fiscales, monetaria, cambiaria y otras hacia los objetivos fundamentales del MESCP y el PND 2007, en los que se estableció un equilibrio entre las políticas sociales necesarias y la suficiente estabilidad económica y financiera como condiciones para alcanzar responsablemente los objetivos del modelo y del plan. Es decir, se concibió la estabilidad macroeconómica como medio y no como fin en sí mismo, precautelando este importantísimo patrimonio social pero avanzando hacia una mayor igualdad económica y social entre los bolivianos.

De esta manera, uno de los logros más destacados desde la gestión 2006 fue la mejora en las cuentas fiscales resultado de la generación de nuevos y mayores ingresos genuinos para el Estado boliviano, principalmente gracias a la recuperación de nuestros hidrocarburos que junto con las políticas de austeridad generaron, a partir de 2006, históricos superávits fiscales.

Se establecieron políticas de incremento de los ingresos y una optimización del gasto fiscal. Por otra parte, se aplicó una política de austeridad en el gasto público corriente, acompañada también de una transparente gestión pública, se priorizó la inversión pública, se focalizaron las transferencias estatales en segmentos menos favorecidos de la población, se mejoró sustancialmente la eficiencia tributaria y se implantó una política de gestión del endeudamiento público muy responsable.

A pesar de la crisis internacional, la menor vulnerabilidad fiscal facilitó el espacio suficiente para la implementación de una política fiscal contracíclica, que contribuyó a la estabilidad macroeconómica y al crecimiento.

Fue indispensable la preservación de la estabilidad macroeconómica del país, tal como lo establecía la propuesta del programa de gobierno del MAS-IPSP de 2005. Esta tarea se inició cuando concluyó el programa Stand By con el FMI, el 31 de marzo de 2006, que fue suscrito por un gobierno neoliberal anterior. A partir de entonces el Ministerio de Hacienda (hoy Ministerio de Economía y Finanzas Públicas) ejecutó un Programa Fiscal-Financiero soberano, sin influencia de ningún organismo internacional y que fue acordado entre el Ministerio de Economía y el Banco Central de Bolivia.

Las políticas de ingresos fiscales se centraron en ampliar la base tributaria y apoyar las políticas que incrementen los ingresos del sector público, se destacan:

1. La incorporación del servicio de transporte interdepartamental al Régimen General de Tributación.
2. La modificación de la implementación del impuesto a las transacciones financieras (ITF) que fija una alícuota de 0.15%, que es inferior al 0.25% vigente en el periodo de julio de 2005 hasta junio de 2006. El objetivo de esta medida fue incentivar el mayor uso de moneda nacional y generar ingresos al TGN para lo cual se excluyen

del pago del mismo a todas las transacciones en bolivianos, los depósitos en caja de ahorro en dólares estadunidenses por montos menores o iguales a 2 000 dólares y los depósitos a plazo fijo, en dólares, mayores a
360 días. Esta medida que también tenía el objetivo de
incentivar la bolivianización, se diferencia del inicial ITF
que se aplicó en los gobiernos neoliberales, porque en
esa ocasión sólo tenía un objetivo de recaudación para
enfrentar los persistentes déficits fiscales que esos gobiernos enfrentaban y, por lo tanto, gravaban tanto a las
transacciones en bolivianos como a las efectuadas en moneda nacional. En cambio, la modificación implantada
en 2006 sólo gravaba a las operaciones en moneda extranjera.

3. Incremento de la eficiencia recaudatoria a través de la
suscripción de convenios de Gestión por Resultados con
el SIN y la Aduana Nacional (AN) para el cumplimiento y
mejoramiento de las metas de recaudación de impuestos
internos y de importación, además de los objetivos institucionales.

La política de austeridad del gasto consistió inicialmente
en la reducción de sueldos del presidente, vicepresidente, ministros, viceministros y directores generales de la administración pública, mediante el DS núm. 28609 del 26 de enero de 2006
y el DS núm. 28618 del 8 de febrero de 2006. También se redu-
jeron los sueldos en el Poder Legislativo y en el Poder Judicial;
se disminuyeron los gastos en las misiones diplomáticas, reducción efectuada por la cancillería mediante el DS núm. 28731
de 31 de mayo de 2006. Es importante mencionar también
que durante la gestión del presidente Evo Morales no se erogó
dinero en la partida de "Gastos reservados", gasto característico de anteriores gobiernos, y se logró eliminarlos del Presupuesto General de la Nación.

La política de transparencia fiscal permitió que el público
accediera libremente al Programa Fiscal-Financiero soberano,
que se presentó públicamente todos los años en conferencia de
prensa y que estuvo disponible al público en las páginas *web*
tanto del ministerio como del Banco Central de Bolivia, a la información de las operaciones de caja del sector público no finan-

ciero, boletines estadísticos de los ingresos y gastos fiscales, deuda pública interna y externa, sistema de pensiones, y otros que antes no existían.

La nueva política de endeudamiento público interno se refiere asimismo a una política de reestructuración de la cartera de deuda interna, que se tradujo en ampliación de los plazos de vencimiento, reducción de las tasas de interés que pagaban los títulos emitidos y la paulatina conversión de deuda pública interna emitida en dólares americanos y en unidades de fomento a la vivienda (UFV) a bolivianos. En este campo se tuvieron muy buenos avances, dado que a la fecha el Tesoro General ha emitido títulos de deuda inclusive a 100 años de plazo, con tasas de interés absolutamente ventajosas para el TGN, y la bolivianización de la cartera de deuda interna alcanzó 71% hacia octubre de 2015, lo que significa un menor riesgo ante variaciones cambiarias.

En materia de deuda externa pública se continuó negociando la condonación de la deuda externa bilateral y multilateral, habiéndose disminuido este indicador inclusive a 2 208 millones de dólares en la gestión 2007, y con la aplicación de la nueva política de endeudamiento público sostenible se orientó el nuevo financiamiento externo hacia importantes proyectos de inversión pública, representando el saldo de la deuda externa en porcentaje del PIB sólo 17% en octubre de 2015. También se tienen políticas que permiten que se incremente la capacidad de compra de la población boliviana, las que analizamos más adelante.

Para el logro de la sostenibilidad y diversificación del producto, la seguridad con soberanía alimentaria y de la redistribución del ingreso, el Estado adoptó acciones de política económica de apoyo a la producción, especialmente en el sector agrícola. De esta manera, se realizaron programas de mecanización del agro y se continuó con la ejecución del programa MiAgua I para obras menores de riego y agua potable; debido al éxito del programa se continuó con el programa MiAgua II y posteriormente se incluyó el programa MiRiego. Con esto se contribuyó a garantizar la soberanía alimentaria del país y la reducción de la pobreza.

También se creó la empresa estatal Emapa dirigida a apoyar la producción de alimentos en el país, a otorgar insumos y adquirir la producción de pequeños productores de arroz, soya, maíz y trigo. Por su parte, el BDP otorgó créditos sectoriales para los productores avícolas y los de caña, sesamo, frijol, viticultores y de quinoa orgánica. Además, continuó otorgando mayores créditos productivos y aportó recursos para el Fondo de Garantía del BDP que junto con el otro fondo de garantía ProPyme Unión, creado por el Banco Unión, se constituyeron en pilares importantes de apoyo a los pequeños productores.

Finalmente, es importante mencionar la Ley de Revolución Productiva, que es la consolidación del fomento al desarrollo productivo de los pequeños productores; ya que esta ley se preparó de manera conjunta con la Confederación Sindical Única de Trabajadores Campesinos de Bolivia (CSUTCB), la Ley de Revolución Productiva también contemplaba la participación del Estado como productor de alimentos a gran escala, la incorporación del seguro agrícola, la creación de empresas de fertilizantes y semillas, entre otros.

De acuerdo con los lineamientos del nuevo MESCP y el PND de 2007, la producción debe ser llevada a cabo tanto por las empresas públicas como por las privadas. En este marco, las empresas públicas jugaron un papel muy importante, pues por un lado, especialmente aquellas que administraron los recursos naturales contribuyeron con excedentes para toda la economía y, por lo tanto, generaron rentabilidades sostenibles; y por otro lado, demostraron que las empresas publicas bien administradas no generan pérdidas y confirmaron que pueden proporcionar mejores bienes y servicios para los bolivianos.

En síntesis, para la parte productiva los elementos más importantes desde el Estado que contribuyeron a dinamizar la producción fueron los siguientes:

1. Los programas de apoyo a la producción.
2. Los mejores créditos productivos.
3. El elevado nivel de la inversión pública.
4. La creciente importancia de las empresas públicas.

Todos estos elementos promovieron, a su vez, el fortalecimiento y creación de nuevas empresas privadas, y el impulso de las políticas estatales descritas anteriormente coadyuvaron a lograr un mayor crecimiento económico del país.

La acción de políticas sociales hacia la reducción de la pobreza y la política de redistribución del ingreso fueron los aspectos más importantes del nuevo MESCP, para lo cual se realizaron una serie de transferencias condicionadas en efectivo, focalizadas en los sectores sociales más vulnerables y desatendidos, lo que repercutió de manera significativa en la reducción de los niveles de pobreza.

Todas estas políticas sociales fueron sólo una parte de las acciones que el Estado aplicó para redistribuir el ingreso y generar demanda efectiva interna que pudiera incentivar la producción nacional y, al mismo tiempo, disminuir la pobreza y las desigualdades sociales en Bolivia.

Estas acciones estuvieron basadas en la premisa de que un mayor crecimiento económico en Bolivia es esencial para incrementar los ingresos y el nivel de vida de la población, pero si este crecimiento no está acompañado de una mayor igualdad y de una mejor distribución del ingreso, no podrá generar en el futuro un desarrollo sostenible.

Esta generación de nueva demanda interna fue de máxima importancia porque permitió generar un círculo virtuoso entre la demanda interna y la producción del sector generador de empleo e ingresos. Entre las políticas desarrolladas para el fortalecimiento de la demanda interna y la reducción de la pobreza tenemos las transferencias condicionadas en efectivo (Bono Juancito Pinto, Bono Juana Azurduy y la Renta Dignidad), los aumentos en el salario mínimo nacional y los incrementos salariales anuales de los últimos 10 años aplicados en la modalidad inversamente proporcional, además de los nuevos ítems creados en los sectores de educación y salud, los cuales contribuyeron a lograr la reducción del desempleo y aumentar el ingreso de las familias bolivianas.

BALANCE FISCAL

El SPNF registró en los balances fiscales —tanto corriente como primario y global— valores positivos desde 2006 hasta 2013. Contrariamente a lo obtenido en 20 años de neoliberalismo, sólo en la gestión pasada se obtuvo un déficit fiscal saludable de 3.4% del producto, explicado sustancialmente por la inversión pública efectuada por los gobiernos subnacionales, ya que el TGN el año pasado tuvo un superávit de 0.5% del PIB. Es importante resaltar que el déficit de la gestión 2014 fue diferente del generado por gobiernos neoliberales, donde este era explicado por el excesivo gasto corriente. Esta información se puede apreciar en el cuadro XVI.1.

Asimismo, como resultado de estos nueve años de aplicación del MESCP el comportamiento de las cuentas fiscales, en términos del PIB, se muestra en el cuadro XVI.2.

CUADRO XVI.1. *Déficit o superávit fiscal global, corriente y primario del sector público no financiero, 2006-2014 (en porcentaje del PIB)*

Gestión	Superávit (déf.) global	Superávit (déf.) corriente	Superávit (déf.) primario
2006	4.5	13.0	6.3
2007	1.7	12.7	3.0
2008	3.2	14.6	4.1
2009	0.1	11.7	1.7
2010	1.7	11.2	3.3
2011	0.8	13.3	2.0
2012	1.8	14.6	2.8
2013	0.6	16.6	1.3
2014(p)[a]	−3.4	15.7	−2.5

[a] Preliminar.
FUENTE: elaboración propia con base en información de la Dirección General de Entidades Territoriales del Ministerio de Economía y Finanza Públicas.

CUADRO XVI.2. *Operaciones consolidadas del sector público no financiero, 2006-2014 (en porcentaje del PIB)*

Detalle	2006	2007	2008	2009	2010	2011	2012	2013	2014(p)[a]
Ingresos totales	39.1	43.6	48.4	46.6	44.7	45.5	47.0	49.0	51.4
Ingresos corrientes	37.2	41.9	47.1	45.4	43.5	44.7	46.3	48.6	51.1
Ingresos tributarios	16.1	16.3	17.7	16.2	16.7	17.7	18.3	18.9	19.9
Renta interna	14.7	14.7	16.0	14.8	15.0	15.7	16.5	17.1	18.0
Renta aduanera	1.0	1.1	1.1	1.0	1.1	1.3	1.2	1.3	1.3
Regalías mineras	0.4	0.5	0.6	0.5	0.6	0.7	0.5	0.5	0.6
Impuestos sobre hidrocarburos	13.0	7.6	2.1	1.5	1.6	1.5	1.3	1.4	1.3
IDH	6.0	2.2	0.0	0.0	0.0	0.0	0.0	0.0	0.0
IEHD	2.2	2.3	2.1	1.5	1.6	1.5	1.3	1.3	1.3
Regalías	4.8	3.0	0.0	0.0	0.0	0.0	0.0	0.1	0.0
Hidrocarburos	4.3	12.8	21.8	20.8	19.1	18.5	21.1	22.2	22.9
Otras empresas	0.3	1.8	2.0	1.9	2.5	3.2	2.9	3.0	3.3
Transferencias corrientes	0.8	0.8	0.8	1.0	1.0	0.9	0.9	1.0	1.2
Otros ingresos corrientes[b]	2.6	2.7	2.6	3.9	2.6	2.9	1.8	2.1	2.6
Ingresos de capital	1.9	1.7	1.3	1.2	1.1	0.8	0.7	0.3	0.3
Egresos totales	34.6	41.9	45.1	46.5	43.0	44.7	45.3	48.3	54.8
Egresos corrientes	24.2	29.2	32.5	33.6	32.3	31.4	31.8	32.1	35.4
Servicios personales	9.5	9.7	9.4	10.8	10.2	10.1	9.7	9.8	11.1
Bienes y servicios	6.9	12.0	15.2	12.2	14.0	13.7	13.8	13.9	16.2
Intereses deuda externa	1.0	0.9	0.7	0.5	0.3	0.4	0.3	0.4	0.4

CUADRO XVI.2. *(continuación)*

Detalle	2006	2007	2008	2009	2010	2011	2012	2013	2014(p)[a]
Intereses deuda interna	0.8	0.4	0.2	1.2	1.3	0.8	0.7	0.3	0.4
Transferencias corrientes	1.9	1.9	2.9	4.3	2.5	2.7	3.3	3.6	3.3
Otros egresos corrientes [c]	0.6	0.9	0.9	1.1	0.5	0.6	1.1	1.7	1.1
Gastos no identificados	−0.1	0.1	0.1	0.1	0.2	0.1	0.0	−0.1	0.2
Pensiones	−3.6	−3.4	−3.1	−3.5	−3.3	−3.1	−2.9	−2.4	−2.6
Egresos de capital	10.4	12.7	12.6	12.8	10.7	13.3	13.5	16.3	19.4
Sup. (déf.) global	4.5	1.7	3.2	0.1	1.7	0.8	1.8	0.6	−3.4
Financiamiento	−4.5	−1.7	−3.2	−0.1	−1.7	−0.8	−1.8	−0.6	3.4
Crédito externo neto	0.4	1.0	1.3	1.0	1.0	1.8	2.3	2.5	1.3
Desembolsos	2.9	3.1	3.5	3.1	4.1	4.7	5.5	4.0	2.3
Desembolso por líneas de desarrollo	0.0	0.1	0.0	0.0	0.0	0.0	0.0	0.0	0.0
Amortizaciones	−2.5	−2.1	−2.1	−2.1	−3.0	−2.8	−3.2	−1.1	−0.9
Otros (dep. Entel)	−0.1	−0.1	0.0	0.0	0.0	−0.1	0.0	−0.5	−0.1
Crédito interno neto	−4.9	−2.8	−4.6	−1.1	−2.7	−2.6	−4.1	−3.1	2.0
Banco Central	−6.2	−3.0	−5.0	−0.4	−4.9	−2.7	−3.3	−2.4	1.8
Deuda flotante	0.0	0.0	0.1	−0.2	0.3	0.7	0.2	−0.6	0.8
Otros [d]	1.3	0.2	0.3	−0.5	1.9	−0.7	−1.0	−0.1	−0.6

[a] Preliminar.
[b] Incluye ingresos extraordinarios, cobro de intereses, reversión de cheques y multas, entre otros.
[c] Incluye créditos de ajuste estructural, concesiones de prestamos, gastos no clasificados, comisiones bancarias, entre otros.
[d] Incluye certificados fiscales, depósitos no corrientes, bonos de las AFP, entre otros.

FUENTE: elaboración propia con base en información de la Dirección General de Entidades Territoriales del Ministerio de Economía y Finanzas Públicas.

Los ingresos totales

Los ingresos fiscales se incrementaron notablemente a partir de 2006 y los años sucesivos hasta 2014, y se atribuyeron al continuo dinamismo de la actividad económica interna del país, la eficiencia de la recaudación impositiva, la operatividad de las empresas públicas (especialmente a partir de 2007), las medidas de política tributaria y la volatilidad en el comportamiento de los precios internacionales del petróleo y los minerales. Como ya se mencionó, en 2009 registramos la peor caída de los precios internacionales del petróleo y desde 2011, se observaron constantes disminuciones de los precios de los minerales. Estos ingresos, por lo tanto, son ponderables a pesar de la crisis económica internacional que se tuvo desde 2008. Además, un hecho que merece ser remarcado es el estímulo estatal para reactivar la demanda interna con las medidas de política económica en lo social, que garantizó la sostenibilidad del crecimiento económico.

A continuación realizamos un breve análisis del comportamiento de los ingresos:

Los ingresos corrientes

En la gestión 2005 los ingresos alcanzaron 22 650 millones de bolivianos y fueron incrementándose paulatinamente en los años siguientes hasta alcanzar los 116 531 millones de bolivianos en 2014, es decir, se incrementaron en más de cinco veces en los últimos nueve años. Sin duda esto posibilitó el aumento de las inversiones públicas y el gasto corriente principalmente dirigido a los sectores de educación y salud.

Los factores que explican este comportamiento tan positivo en los ingresos corrientes están relacionados fundamentalmente con una eficiencia administrativa mayor de los entes recaudadores, tanto del Servicio de Impuestos Nacionales como de la Aduana Nacional, la comercialización de hidrocarburos en el mercado interno y externo por parte de YPFB y los ingresos que generaron las empresas estatales no hidrocarburíferas.

Las recaudaciones tributarias

En 2005 la recaudación tributaria tanto del Servicio de Impuestos Nacionales como de la Aduana Nacional llegó a 16000 millones de bolivianos, y en la gestión 2014 alcanzó los 64452 millones de bolivianos, lo que representó un aumento en más de cuatro veces (gráfica XVI.1).

¿Qué es lo que explica este incremento? No es que los bolivianos nos volvimos locos y empezamos a tributar de la noche a la mañana después de que en todo el periodo neoliberal no se veía esa intensión en la población. Son al menos seis factores que explican por qué este importante incremento: *1)* el constante y persistente incremento en la producción y su consecuente redistribución del ingreso, que dinamizó nuevamente la economía boliviana, generando nuevos y mayores ingresos, que a su vez repercutieron en un mayor consumo e inversión en nuestro país. *2)* La estabilidad económica de nuestro país en todo este nuevo periodo, junto con la estabilidad social y política, brindaron condiciones para la conformación de un

GRÁFICA XVI.1. *Recaudaciones tributarias,*
1990-2014 (en millones de bolivianos)[a]

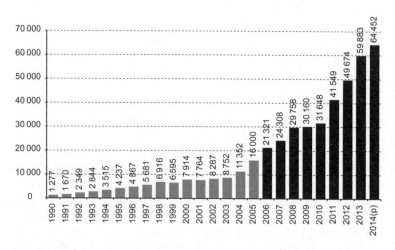

[a] Preliminar.
FUENTE: elaboración propia con base en información del Servicio de Impuestos Nacionales y la Aduana Nacional.

mayor número de empresas privadas que, a su turno, generaban utilidades y de las cuales el SIN las convertía en ingresos para el Estado, con base en el cobro de impuesto a las utilidades de las empresas (IUE). *3)* El mayor volumen de comercio exterior, especialmente de las importaciones de bienes de capital e insumos para la industria, que aportaron significativamente en las recaudaciones aduaneras. *4)* El efecto "demostración" para la población, que de pronto vio que los impuestos que pagaban se traducían en carreteras, puentes, hospitales, establecimientos escolares, canchas deportivas, nuevos ítems de profesores y personal médico y otros, lo que dio a entender que el actual gobierno invertía esos recursos en beneficio de la misma población y que estos no se despilfarraban en sobresueldos para los ministros y personal selecto del Órgano Ejecutivo y gastos reservados, como ocurría en el pasado, sino en obras que favorecían a la misma población. *5)* La ampliación de la base tributaria; en todos estos años se han incorporado nuevos sectores que antes no tributaban y que paulatinamente ingresaron a tributar, tanto con una nueva inscripción como por una reclasificación de los contribuyentes, incorporándolos al régimen general, por ejemplo, esto sucedió con el sector transporte y el gran comercio informal. También, se debe destacar la nueva ley del impuesto al juego y al jugador, que antes no existía y que a partir de la gestión 2011 ya está vigente, y la creación del impuesto a la venta de moneda extranjera (IVME). *6)* Una mayor eficiencia en la administración de las entidades encargadas de la recaudación tributaria: SIN y Aduana Nacional, que iniciaron fiscalizaciones entre todos los sectores con operativos que les permitieron generar mayores recaudaciones, mejorando la conciencia tributaria y la sensación de riesgo en los sectores tradicionalmente evasivos de impuestos.

Los impuestos más importantes en la generación de ingresos fueron, en orden de importancia: impuesto al valor agregado (IVA), impuesto directo a los hidrocarburos (IDH), impuesto a las utilidades de las empresas (IUE), impuesto a las transacciones (IT), gravamen arancelario (GA) y otros. En el IVA destacaron tanto las recaudaciones en el mercado interno como en el de importaciones, ambos con importantes contribuciones. Por su parte, el IUE incorporó, a partir de 2007, las obligaciones de las empresas petroleras y las empresas estatales; estas últimas se convirtieron en contribuyentes muy importantes para el erario nacional.

El impuesto a las transacciones financieras
Cabe hacer un apartado especial para el impuesto a las transacciones financieras (ITF), dado el cambio de sentido y orientación que se le dio a este gravamen inicialmente implantado en 2004. Cuando fue creado, las cifras fiscales registraban un enorme déficit fiscal por lo que el gobierno neoliberal en turno lo implantó con el objetivo de aumentar los ingresos fiscales mediante su aplicación a las transacciones en el sistema financiero, tanto en moneda nacional como extranjera.

Como los objetivos de la nueva política monetaria se dirigieron desde 2006 a impulsar el proceso de bolivianización o desdolarización de la economía, este impuesto que tenía un propósito eminentemente recaudador fue modificado con el fin de contribuir al proceso de bolivianización.

En 2006 este impuesto fue modificado y excluyó toda transacción en moneda nacional y únicamente gravó operaciones en moneda extranjera. En esta ocasión se incluyeron los depósitos a plazo fijo (excepto aquellos superiores a 360 días), asimismo, se incorporó a todas las entidades financieras del país, quedando exentos los retiros y depósitos en cajas de ahorros inferiores a 2 000 dólares.

Las cualidades de este tributo residen en la imposibilidad de evasión, ya que los agentes de retención son entidades legalmente establecidas, además, se minimizaron de manera significativa los costos ligados a las recaudaciones y el control.

En cuanto a la alícuota, la Ley núm. 2646 de 2004 impuso una tasa de 0.30% a transacciones en moneda nacional como extranjera, en cambio la modificación del impuesto de 2006 redujo la alícuota a la mitad, 0.15%, y sólo se gravaron las transacciones en moneda extranjera, eximiendo del todo a las operaciones en bolivianos.

El ITF a partir de la gestión 2006 gravó a toda transacción financiera realizada en moneda extranjera y moneda nacional con mantenimiento de valor; no se gravaron las cajas de ahorros a plazo fijo con saldos inferiores a 2 000 dólares. Posteriormente, a partir de julio de 2009, el ITF se amplió por 36 meses adicionales, favoreciendo el proceso de bolivianización al excluir el pago de impuesto a operaciones en moneda nacional y contribuyó a sostener el nivel de recaudaciones del ITF. Al finalizar su vigencia, en 2012, este impuesto se amplió por otros 36 meses.

Comercio exterior y los tributos aduaneros
A partir de 2006 la Aduana Nacional (AN) inició una lucha clara y frontal contra el contrabando. El gobierno nacional adoptó una serie de medidas para enfrentar este flagelo, entre ellas la elaboración y promulgación de la Ley núm. 3467 de septiembre de 2006 que modifica el artículo 157 del Código Tributario Boliviano con el fin de utilizar adecuadamente la figura del arrepentimiento eficaz; esta medida también establece incentivos y desincentivos a la importación de vehículos automotores mediante la aplicación del impuesto al consumo específico (ICE). También es importante mencionar la Resolución Multiministerial 003/06 (de los Ministerios de Producción y Microempresa, Planificación para el Desarrollo y Hacienda de ese entonces) referida a la importación de vehículos a través de zonas francas industriales.

En el marco de las políticas de fomento productivo se incrementó la alícuota del GA a textiles procedentes de China y se continuó con las preferencias arancelarias a importaciones de maquinaria y equipo para empresas públicas. En 2010 también se aprobaron los DS núm. 0418, DS núm. 0469, DS núm. 0558, DS núm. 0582, DS núm. 0686 y DS núm. 0715, que tienen por objeto liberar del pago de tributos aduaneros a diferentes productos para favorecer a los sectores salud y educación, entre otros. Asimismo, el gobierno elaboró y promulgó la Ley núm. 037 y aprobó el DS núm. 708 que establecen el endurecimiento en la lucha contra el contrabando y los ilícitos aduaneros, de esta manera, las recaudaciones por gravamen arancelario (GA) crecieron puesto que se incrementaron las importaciones legales.

En 2005 se recaudaba por concepto de GA solamente 803 millones de bolivianos, en 2014 la recaudación por este concepto fue de 3 102 millones bolivianos.

Las regalías mineras
Las regalías mineras provenientes de la comercialización de minerales en el mercado externo se incrementaron de manera

sucesiva; en 2009 hubo una leve disminución porque cayó el precio del zinc, sin embargo, la producción física minera aumentó vinculado directamente a las actividades mineras de Comibol y principalmente al proyecto minero San Cristóbal, que se tradujeron en un pronunciado crecimiento de las regalías mineras en 2008. Como se mencionó líneas arriba, en 2009 hubo una disminución importante de los precios internacionales de minerales respecto a 2008, que determinó menores recaudaciones del sector minero de impuestos y de regalías. En 2010 y 2011 se tuvieron recaudaciones excepcionales de regalías mineras debido a la mayor cotización de los minerales. En 2012 se registró una reducción producto del persistente descenso de los precios internacionales que afectó el monto recaudado. Sin embargo, en 2013 y 2014 estas se incrementaron a pesar de la menor cotización de los minerales debido a mayores volúmenes de producción.

Los impuestos a los hidrocarburos
Ahora consideraremos como una parte esencial del nuevo modelo económico los ingresos por el impuesto a los hidrocarburos.

El impuesto especial a los hidrocarburos y sus derivados (IEHD), vigente desde fines de 1994, gravó la comercialización de estos energéticos en el mercado interno, ya fueran producidos en el país o importados. En 2005 la recaudación anual de este impuesto alcanzó los 1 878 millones de bolivianos, mientras que para la gestión 2014 llegó a 2 918 millones.

El impuesto directo a los hidrocarburos (IDH) se incorporó al sistema impositivo a través de la Ley de Hidrocarburos núm. 3058 de mayo de 2005. En 2006 los recursos provenientes de este impuesto generaron un incremento considerable en las recaudaciones impositivas, ya que su participación respecto a las recaudaciones totales de los impuestos ascendió de 14.6% en 2005 a 24.2% en 2014. En la gestión 2006 se recaudó un total de 5 497 millones de bolivianos, mientras que en 2014 la recaudación de este impuesto alcanzó 15 602 millones.

Es importante considerar que ahora los ingresos por ventas de hidrocarburos, tanto en el mercado interno como en el externo, son percibidos por YPFB, que asume, a su vez, la obligación de pagar el IDH y las regalías hidrocarburíferas directamente al Servicio de Impuestos Nacionales que transfiere estos a los beneficiarios (gobiernos departamentales, municipios, universidades públicas, Fondo Indígena, Fondo de la Renta Dignidad, Fondo de Educación Cívico Patriótico y Gobierno Central).

El DS núm. 28701 de 1 de mayo de 2006, de nacionalización de los hidrocarburos, fue el de mayor importancia porque permitió incrementar sustancialmente los ingresos corrientes de YPFB y, por lo tanto, del presupuesto general del Estado.

Impuesto a las utilidades de la empresas
La recaudación del IUE representa una fuente importante de ingresos, en 2014 representó 19.1% del total de las recaudos y alcanzó 12.284 millones de bolivianos, monto mayor en casi seis veces respecto a lo recaudado en 2005 (2 167 millones). Este crecimiento fue impulsado, además, por las mayores utilidades de las empresas, por el establecimiento de una alícuota adicional de 12.5% sobre el IUE del sector minero mediante la aplicación de la Ley núm. 3787 de noviembre de 2007 cuyo objetivo era gravar las utilidades adicionales originadas por condiciones favorables de precios de minerales y metales, y por el DS núm. 1288, de 11 de julio de 2012, que aplica una alícuota adicional al IUE financiero de 12.5% de las entidades financieras bancarias que excedan 13% del coeficiente de rentabilidad respecto al patrimonio neto.

Impuesto al juego e impuesto a la participación del juego
En 2011 se inició la recaudación del impuesto al juego y el impuesto a la participación del juego, ambos creados mediante la Ley núm. 060 de 25 de noviembre de 2010 con el objetivo de establecer la legislación básica de los juegos de lotería y de azar. Durante el periodo que va de 2011 a 2014 se recaudó por este impuesto 73 millones de bolivianos.

Impuesto a la venta de moneda extranjera
Debido a los significativos ingresos que generan las operaciones de cambio y arbitraje de moneda extranjera del sistema bancario y a que esta actividad es ajena a la intermediación financiera, se creó el impuesto a la venta de moneda extranjera (IVME)

mediante la Ley de Modificaciones al Presupuesto General del Estado 2012, de 24 de septiembre de 2012, el cual se aplicó con carácter transitorio —durante 36 meses— a la venta de moneda extranjera de las entidades financieras bancarias y no bancarias, y de las casas de cambio. La alícuota del impuesto fue de 0.70%. Durante las gestiones 2013 y 2014 este impuesto recaudó 617 millones de bolivianos.

Los ingresos de capital

Los ingresos de capital del SPNF alcanzaron en 2005 el monto de 1718 millones de bolivianos y fueron reduciéndose hasta llegar en 2014 a sólo 747 millones. Estos ingresos estaban compuestos principalmente por donaciones cuya participación en promedio fue de aproximadamente 97% del total de los ingresos de capital del SPNF.

Es importante subrayar que Bolivia usualmente recibía grandes cantidades de donaciones de países y de organismos internacionales; en la medida en que nuestro país fue mostrando constantes y persistentes mejoras en sus indicadores económicos y sociales, muchos organismos internacionales fueron sacando al país de la lista de "países pobres" y graduándonos hacia la lista de "países de ingresos medios". Este hecho, por supuesto, ocasionó que la cooperación internacional que recibíamos fuera abandonando nuestro país para apoyar a aquellos países todavía catalogados como pobres, este hecho explica el porqué de la disminución en las donaciones que Bolivia percibió del exterior.

Los egresos totales

En concordancia con el incremento de los ingresos descritos párrafos atrás y con las necesidades crecientes del gasto corriente y la inversión pública para satisfacer las necesidades de la población, los egresos totales del SPNF se incrementaron de 26088 millones de bolivianos en 2005 a 124947 millones en 2014. Este incremento fue el resultado de una mayor participación del Estado en la economía a través de las empresas públicas, como lo establece el MESCP, el crecimiento vegetativo en los sectores de salud y educación con nuevos ítems de profesores, médicos y paramédicos, las nuevas políticas sociales y, sobre todo, por una vigorosa inversión pública.

Uno de los elementos que explica el incremento del gasto público es el hecho de que a partir de 2006 (a fines de junio) YPFB registró un mayor gasto al asumir la comercialización de gasolina y diesel como mayorista.

Los gastos corrientes

La inflexibilidad a la baja (o el denominado efecto Talvi) se constituyó en una característica del gasto público en Bolivia, así como en la mayoría de las economías del mundo. A pesar de este hecho, el actual gobierno se dio a la tarea de reducir el gasto corriente con una política fiscal de austeridad en las instituciones del sector público, reconfiguración de la composición del gasto fiscal a partir de recortes en el gasto corriente e incrementos sucesivos del gasto de capital.

Sin embargo, era de esperarse que con la mayor participación del Estado en la economía los gastos corrientes del sector público tendieran a elevarse, producto de las operaciones que las empresas públicas realizaban, en especial las operaciones de mayoreo de YPFB. Estas operaciones se empezaban a registrar en las cuentas fiscales, pues es importante recordar que cuando regía el modelo neoliberal, prácticamente no había empresas públicas y de las pocas que había sus aportes a las finanzas públicas eran absolutamente marginales.

Los gastos corrientes tienen como componentes importantes: *a)* el pago destinado a servicios personales, *b)* los gastos en bienes y servicios, *c)* los intereses tanto de deuda externa como de deuda interna, y *d)* las transferencias corrientes donde se distinguen las transferencias condicionadas a los hogares.

Pasamos a explicar brevemente los componentes más importantes de los gastos corrientes.

Los servicios personales

En la gestión 2005 se erogaron en esta partida 8 007 millones de bolivianos, y hacia 2014 un monto de 25 382 millones. En promedio, en los últimos nueve años del periodo neoliberal los gastos en la partida de servicios personales se incrementaron en 8% anual, mientras que en el periodo 2006-2014 este aumentó a una tasa de crecimiento anual promedio de 13.7 por ciento.

Gran parte del aumento de esta partida se explica por los incrementos en los haberes y la creación de nuevos ítems en los sectores de salud y educación en forma permanente en los últimos nueve años, que contrasta con el congelamiento de los últimos años del periodo neoliberal. Este incremento fue posible inicialmente por la política de austeridad aplicada a la reducción de sueldos del personal jerárquico del gobierno plurinacional (presidente, vicepresidente, ministros, viceministros y órganos judicial y legislativo) cuyo ahorro se dirigió a la creación de más ítems en salud y educación, posteriormente, a la reasignación de algunas partidas presupuestarias —siempre dentro de la política de austeridad pública—. Además, es muy importante mencionar que esta partida también se incrementó por el ingreso de nuevo personal de las empresas nacionalizadas y las de nueva creación. Sin embargo, este incremento fue sólo en términos nominales, ya que si se mide esta partida en términos del PIB, se tiene que en el periodo 1997-2005 este ratio alcanzó en promedio 10.5%, mientras que entre 2006 y 2014 se redujo a 10 por ciento.

A medida que se consolidaban los resultados positivos del MESCP y siempre en el marco de la política de austeridad en el gasto público, los sueldos y salarios de la administración pública fueron mejorando, dando siempre una preferencia a aquellos destinados a los sectores de salud y educación, los cuales en ningún año dejaron de aumentarse. En 2009 se realizó por única vez el pago de un bono de 1 000 bolivianos al sector público, como resultado de la política anticíclica y en compensación por el nulo incremento de años anteriores. Posteriormente, con la buena salud de las cuentas fiscales, el sector público y, de manera general, todos los sectores pudieron gozar de incrementos salariales anuales.

Si bien los gastos en sueldos y salarios se incrementaron durante este periodo, el gasto destinado a la formación bruta de capital fijo, que fortalece el aparato productivo e infraestructura del país, aumentó en mayor proporción (gráfica XVI.2).

GRÁFICA XVI.2. *Presupuesto consolidado de gastos en sueldos y salarios, y formación bruta de capital, 2005-2014 (en millones de bolivianos)*

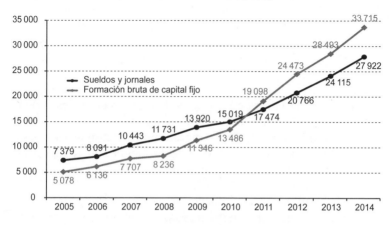

FUENTE: elaboración propia con base en información de la Unidad de Gestión Presupuestaria y Presupuesto Plurianual del Ministerio de Economía y Finanzas Públicas.

Adquisición de bienes y servicios

Esta partida presentó en las estadísticas de las finanzas públicas un fuerte incremento. En la gestión 2005 el Estado erogó 2 394 millones de bolivianos para la compra de bienes y servicios, en la gestión 2014 este gasto alcanzó los 36 843 millones. El incremento en esta partida es atribuible principalmente al registro en las estadísticas fiscales de las operaciones de empresas públicas como YPFB por la nueva actividad de comercialización que realiza, Boliviana de Aviación, el horno de fundición de EMV y otras, que explican 90% de este incremento.

Por lo tanto, a medida que hubo un mayor fortalecimiento de las empresas estatales y la creación de otras nuevas, se registraron nuevos y mayores ingresos operativos que fueron conducentes con un mayor gasto también en insumos y servicios propios de cada una de las actividades de estas empresas públicas.

Transferencias corrientes

Las pensiones. La reforma del sistema de pensiones con la Ley núm. 1732 del 29 de noviembre de 1996 definió que todos los aportes de los trabajadores sean recaudados, individualizados y registrados en una cuenta personal a cargo de las AFP. Como consecuencia, las rentas de los trabajadores que pertenecen al Sistema de Reparto (antiguo sistema vigente hasta 1996) se constituyeron en una obligación de pago para el Estado.

Además de haber asumido la obligación de pagar estas rentas, el actual gobierno buscó mejorar estos pagos mediante la aplicación de dos medidas:

1. El incremento de las rentas de reparto en función de la variación anual del valor de la UFV.

2. La aplicación de este incremento de manera inversamente proporcional, que busca beneficiar a las rentas más bajas.

Adicionalmente, se establecieron a cargo del TGN pagos alternativos a la renta del Sistema de Reparto: el pago de renta anticipada (PRA), el pago mínimo mensual (PMM) y el pago único (PU).

En la gestión 2005, el gasto en pensiones alcanzó 2 875 millones de bolivianos;[1] de este monto, 93% correspondió al pago al Sistema de Reparto que incluye la Cossmil y 4% a compensación de cotizaciones, que es un reconocimiento a los aportes hechos con anterioridad a mayo de 1997.

En 2014 el gasto en pensiones del TGN ascendió a 6 171 millones de bolivianos, monto 115% mayor respecto a 2005. Este incremento responde principalmente al aumento en los pagos al Sistema de Reparto y el número de beneficiarios con compensación de cotizaciones.

Los pagos al Sistema de Reparto se incrementaron como consecuencia de los ajustes que se realizaron en cada gestión con base en la UFV.

Nueva Ley de Pensiones. En diciembre de 2010 se promulgó históricamente la primera Ley de Pensiones (Ley núm. 065) consensuada con los trabajadores en la sede de la Central Obrera Boliviana (COB). Esta organización sindical trabajó junto con el gobierno durante cuatro años en la redacción de la misma.

---

[1] Difiere del gasto en pensiones del SPNF, porque considera el gasto devengado extraído de las planillas del Senasir.

Para la elaboración de esta norma no se requirió la asesoría de organismos internacionales, sino del trabajo de especialistas bolivianos.

El objetivo principal de esta ley es garantizar y facilitar el acceso de los bolivianos a la seguridad social de largo plazo y se basa también en los principios de universalidad, sostenibilidad, solidaridad, equidad y eficacia.

Esta nueva ley establece la implementación del Sistema Integral de Pensiones que está compuesto por: el Régimen Contributivo que contempla una jubilación que se financia con el ahorro de los trabajadores, el Régimen No Contributivo, que comprende la Renta Dignidad; y el Régimen Semicontributivo que busca dar protección a los trabajadores con rentas bajas a través de una Pensión Solidaria.

La Ley núm. 1732 promulgada en 1996 asignó al trabajador la obligación de financiar su propia jubilación, para lo cual debía aportar hasta los 65 años (edad mínima para jubilarse). Con la nueva ley se redujo la edad de jubilación a 58 años, con condiciones más flexibles para madres de familia, que pueden reducir la edad de jubilación hasta los 55 años, un año por cada hijo nacido vivo; y para los trabajadores del sector minero, que podrán jubilarse entre los 51 y 56 años. Mientras la Ley núm. 1732 exigía que el cálculo para el monto de la jubilación se hiciera sobre las últimas 60 papeletas, la nueva norma dispone que este cálculo se haga sobre las últimas 24 boletas de pago.

Una de las principales mejoras de la nueva ley es la creación de una Pensión Solidaria que tiene por objetivo mejorar el monto de jubilación de trabajadores que perciben bajos ingresos. Este beneficio será financiado por el Fondo Solidario el cual, bajo la política de distribución de ingresos, acumulará recursos de diferentes fuentes para garantizar el pago de esta pensión. Este fondo se financia por el aporte patronal (3% del total ganado de los asegurados del sector público y privado), el aporte solidario del asegurado (0.5% sobre el total ganado), una participación de 20% sobre la recaudación de primas de riesgos provisionales y el aporte nacional solidario de personas con ingresos superiores a 13 000 bolivianos.

Con el objetivo de mejorar el monto de jubilación se restituyó el aporte patronal de 3% que quedó eliminado con la anterior ley, para que parte de las utilidades de las empresas sean compartidas con sus trabajadores. Además, en caso de que las empresas retengan los aportes de sus trabajadores, se procederá con el embargo o anotación preventiva de sus bienes. Con esta disposición, el gobierno garantiza que los empleadores no retengan o desvíen los aportes de sus trabajadores, situación que con la anterior ley generó, hasta octubre de 2010, una mora al Sistema de Pensiones de 550 millones de bolivianos, que deberán cobrar las AFP antes de dejar de operar en el país.

Asimismo, la nueva ley busca incrementar la cobertura en pensiones, haciendo posible que sectores que no contaban con este beneficio, puedan aportar como trabajadores independientes.

Otro importante logro de esta ley es la creación de la Gestora Pública de Seguridad Social de Largo Plazo que sustituirá a las AFP. Entre sus principales funciones se encuentran: administrar el Sistema Integral de Pensiones, recaudar, acreditar y administrar las contribuciones de los asegurados, generar rendimientos financieros con los recursos de los fondos administrados, mediante la conformación y administración de cartera de inversiones, y otorgar a los trabajadores los informes del estado de sus aportaciones.

Desde su implementación, la nueva ley de pensiones recaudó 27 368 millones de bolivianos [en cuatro años], monto similar al obtenido con la anterior ley, 27 420 millones de bolivianos pero durante 14 años.

Durante los 14 años de la anterior ley se jubilaron solamente 29 745 personas; con la Ley núm. 065 de Pensiones en sólo cuatro años se jubilaron 43 948 asegurados, de los cuales 36 215 se beneficiaron con la Pensión Solidaria.

Bonos y rentas

Con el objetivo de asignar recursos a sectores de la población que eran históricamente desprotegidos y mejorar los indicadores de salud y educación, el TGN destinó recursos para los Bonos Juana Azurduy, Indigencia, Discapacitados, Vacunación, Renta Dignidad y Solidaria; simultáneamente se asignaron recursos al Magisterio Fiscal.

Para el pago del Bono Juancito Pinto, el cual busca garantizar el acceso a la educación y permanencia escolar, el TGN asignó 1645 millones de bolivianos entre 2007 y 2013. En 2014 este bono fue financiado completamente con las utilidades de las empresas públicas. En el tema de asistencia y protección social se desembolsaron, entre 2012 y 2014, seis millones de bolivianos para el Bono Vacunación y 165 millones de bolivianos para el Bono Indigencia durante 2006 y 2014. Para el pago del Bono Juana Azurduy, el cual contribuye a mejorar el acceso a la salud integral y nutrición de mujeres embarazadas, y a reducir el índice de mortalidad en niñas y niños menores de dos años, se destinaron 624 millones de bolivianos entre 2009 y 2014. Por su parte, el desembolso para el pago de la Renta Dignidad que contribuye a dar una vejez digna a los adultos mayores, alcanzó a 6027 millones de bolivianos entre 2008 y 2014, y para el pago de la Renta Solidaria a favor de personas con discapacidad grave y muy grave, se destinaron 33 millones de bolivianos durante 2013 y 2014.

Los gastos sociales destinados al sector educación alcanzaron 4820 millones de bolivianos entre 2006 y 2014, de los cuales 2341 millones corresponden al pago del Bono Pro Libro y Cumplimiento, 1608 millones al pago del Bono Económico y 870 millones al Bono Permanencia. Adicionalmente, durante 2011 y 2014 se entregaron 127122 computadoras portátiles en el marco del proyecto "Una computadora por docente".

Gastos de capital

En concordancia con lo postulado por el MESCP, el liderazgo del Estado en la economía primero resultó en un aumento sustancial del gasto de capital, especialmente el referido a la formación bruta de capital fijo (FBKF), es decir, que el país paulatinamente fue construyendo a lo largo de los últimos nueve años un *stock* de capital que hoy hace posible un mayor crecimiento económico.

El gasto en capital del SPNF en 2005 apenas fue de 7833 millones de bolivianos, estos egresos fueron incrementándose año tras año hasta alcanzar, en la gestión 2014, la suma de 44277 millones de bolivianos, es decir, cerca de seis veces más de las cifras registradas en el último año del neoliberalismo en Bolivia. Más aún, esta cifra es mucho más relevante cuando se

GRÁFICA XVI.3. *Inversión pública ejecutada,*
según sector económico, 2005-2014 (en millones de dólares)

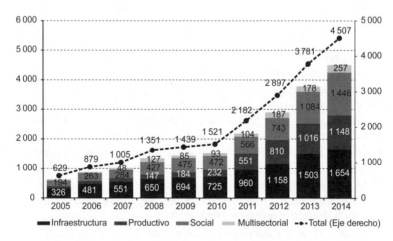

FUENTE: elaboración propia con base en información del Viceministerio de
Inversión Pública y Financiamiento Externo.

observa que el rubro más importante dentro de este gasto resulta ser precisamente la FBKF o inversión pública.

En efecto, la inversión pública muestra un marcado incremento en todo el periodo del MESCP. En 2005 la inversión pública alcanzó solamente 629 millones de dólares; con una mayor participación del Estado en la economía, esta se fue incrementando todos los años hasta alcanzar una ejecución de 4 507 millones dólares en la gestión 2014 y para 2015 se tiene programado una aplicación histórica de 6 179 millones de dólares. De esta manera, de una participación de la inversión pública respecto al PIB de 6.6%, registrada en 2005, pasamos a cerca de 14% en 2014 (gráfica XVI.3).

Esta importante expansión se debe en gran parte a la mayor ejecución de proyectos en el sector productivo, principalmente hidrocarburífero por parte de la empresa estatal YPFB. Entre los proyectos más importantes pueden mencionarse: la construcción de redes de gas domiciliario en los departamentos de La Paz, Chuquisaca, Santa Cruz, Cochabamba, Oruro y Potosí y la construcción de las Plantas Separadoras de Líquidos de Río Grande (en Santa Cruz) y Gran Chaco (en Tarija), que se encuentran operando el primero desde mayo de 2013 y el segundo desde agosto de 2015. La importancia de estas plantas radica en que gracias su operación se dejó de exportar gas rico a los países de Brasil y Argentina, así los compuestos químicos que contiene nuestro gas se quedan en Bolivia como materia prima para la industria petroquímica —que paralelamente se viene construyendo—[2] además, los mayores niveles de producción de GLP que se extraen de las plantas garantizan el autoabastecimiento del mercado interno y permiten su exportación a países vecinos. En 2014 la inversión en el sector de hidrocarburos representó 14.3% de la inversión total, frente a 0.6% de 2005.

En 2014 la inversión en el sector de infraestructura aumentó considerablemente 407% respecto a 2005 y 1 336% más que en 1990. Como parte de la política de integración caminera entre 2006 y 2014, en promedio, se invirtieron 722 millones de dólares en el sector de transportes, cuatro veces más que en el periodo neoliberal (1987-2005) en el que no se superaron los 169 millones de dólares por año. Así, el número de kilómetros de carreteras construidos durante los últimos nueve años en nuestro país alcanzó 2 494; no obstante, entre 2001 y 2005 esta cifra alcanzaba solamente 885 km. La carretera de doble vía La Paz-Oruro, la carretera Potosí-Uyuni, la carretera Potosí-Tarija, la pavimentación carretera Tupiza-Villazón y la construcción y pavimentación del Tramo Santa Bárbara-Quiquibey, entre muchas otras, forman parte de los resultados más importantes del sector.

En el marco de la nacionalización recuperamos el papel del Estado en la economía y particularmente en la planificación del sector eléctrico. Así, durante el periodo 2010-2014, luego de revertir al Estado las empresas estratégicas de generación y distribución de energía eléctrica,[3] la inversión total acumulada en el sector llegó a 707 millones de dólares, muy por encima de los 41 millones obtenidos entre 1999 y 2009, cuando se encontraba en manos privadas. La adición de potencia

---

[2] Los principales proyectos de industrialización son: la Planta de Urea y Amoníaco en Bulo Bulo (Cochabamba), Planta de Propileno y Polipropileno (producción de plásticos duros, Tarija), Planta de Etileno y Polietileno (producción de plásticos blandos, Tarija).

[3] Véase "Nacionalización del sector eléctrico", cap. XII, p. 211 de esta edición.

CUADRO XVI.3. *Inversión pública ejecutada en los principales proyectos, 2006-2014 (p)[a] (en millones de bolivianos)*

Sector	Nombre del proyecto	Inversión total
Infraestructura	Construcción doble vía La Paz-Oruro	2 095
	Construcción transporte por cable-Teleféricos La Paz-El Alto Fase I	1 712
	Construcción y pavimentación tramo Santa Bárbara-Quiquibey	1 433
	Construcción carretera Potosí-Tarija	1 083
	Construcción carretera Robore-Pto. Suárez	938
	Construcción carretera Potosí-Uyuni	759
	Construcción carretera Villa Tunari-San Ignacio de Moxos	754
	Construcción carretera El Tinto-San José	564
	Construcción carretera Paraíso-El Tinto	542
	Construcción medidas estructurales Río Grande-Pirai-Chane (Santa Cruz)	459
	Construcción y pavimentación carretera Tupiza-Villazón	445
	Construcción carretera puente Arce-La Palizada	438
Productivo	Construcción Planta de Extracción y Fraccionamiento de Licuables-Tarija	4 655
	Construcción Planta de Urea-Amoníaco de Carrasco	4 643
	Construcción redes de gas natural domiciliario[b]	4 103
	Implementación Planta Industrial San Buenaventura-La Paz	1 175
	Construcción Planta de Extracción de Licuables Río Grande	967
	Implementación Planta Gas Natural Licuado p/abastecimiento norte Bolivia	927
	Desarrollo integral salmuera del Salar de Uyuni-Plan Industrial	787
	Implementación programa exploración y equipamiento Empresa Minera Huanuni	551
	Capacitación agropecuaria y forestal en departamento Santa Cruz (Prodcaf)	313
	Construcción Planta de Fundición Ausmelt-Vinto	282

Sector	Nombre del proyecto	Inversión total
	Construcción equipamiento e instalación Planta de Acopio de Emapa San Pedro Santa Cruz	216
	Construcción y equipamiento fábrica de papel en Chapare	190
Social	Construcción Hospital Santa Cruz	759
	Construcción proyecto Misicuni II- presa y obras anexas	615
	Desarrollo Programa Nacional de Alfabetización "Yo sí puedo"	242
	Construcción Centro Médico Integral La Paz	195
	Construcción Plan de Pavimentación de Vías Multidistrital	160
	Desarrollo Programa Atención Móvil Sanitaria en Bolivia	135
	Desarrollo de agua potable sistema del río San Juan Potosí	109
	Construcción puentes trillizos	100
	Construcción sistema de agua potable y alcantarillado sanitario-Plan 3000	90
	Apoyo atención de emergencias mega deslizamiento 2011, La Paz	80
	Construcción Polideportivo Olímpico Juegos Deportivos Bolivarianos Sucre	78
	Construcción Polideportivo Olímpico El Alto	76
Multisectorial	Saneamiento de tierras y catastro legal	171
	Apoyo atención inmediata de emergencias	92
	Construcción Aeródromo Uyuni	82
	Implementación Programa, Gestión Sostenible de los Recursos Naturales cuenca Lago Poopó	71
	Saneamiento y titulación / Corredor Santa Cruz-Puerto Suárez	58

ᵃ Preliminar.

ᵇ Comprende la construcción de redes de gas, construcción de redes secundarias y primarias de gas natural domiciliario, construcción y ampliación de redes de distribución.

FUENTE: elaboración propia con base en información del Viceministerio de Inversión Pública y Financiamiento Externo del Ministerio de Planificación del Desarrollo.

de energía eléctrica generada en los últimos cinco años alcanzó 108 Mw en promedio frente a los 44 Mw del periodo 1999-2009; la transmisión de energía eléctrica bordeó los 153 km/año respecto a los 74 km/año. En este contexto, con las futuras inversiones proyectadas para los próximos años en el sector eléctrico, Bolivia se encuentra preparada para contribuir a la integración energética perfilada en América Latina.[4]

En el ámbito social sobresale la edificación de 12 875 viviendas, equipamiento y construcción de 27 establecimientos de salud pública, Hospital Santa Cruz, Hospital del Norte en El Alto, construcción del Polideportivo Olímpico Juegos Deportivos Bolivarianos Sucre, Polideportivo Olímpico El Alto, construcción y mejoramiento de 4 000 unidades educativas en todo el país, edificios para laboratorios, entre otros.

En resumen, este elevado nivel de inversión pública permitió: *1)* fortalecer la capacidad productiva de la economía, con mejores y más empresas públicas y programas de riego; *2)* conformar un importante acervo de capital; *3)* integrar el país con nuevas y mejores carreteras y puentes; *4)* conformar una mayor infraestructura social con mayor construcción de escuelas, centros de salud, hospitales, canchas deportivas y agua potable; y también *5)* ingresar a la era moderna con satélite, teleférico, nuevos sistemas de producción de energía, etcétera.

La orientación de la política fiscal continuó priorizando la inversión pública, no sólo para convertirla en la locomotora del desarrollo económico y social del país, sino también como parte de la política contracíclica aplicada, promoviendo un mayor dinamismo de la economía y fortaleciendo la capacidad productiva (cuadro XVI.3).

Este crecimiento fue de la mano con el marco del nuevo modelo económico que planteó la participación activa del Estado y, en particular, de las empresas públicas en la economía. En 2000 la participación de la inversión de empresas públicas apenas representaba 1.6% de la inversión total, en 2010 se

---

[4] Según declaraciones del secretario ejecutivo de la Organización Latinoaméricana de Energía (Olade), Fernando César Ferreira, en la presentación oficial de la XLV Reunión de Ministros en Tarija, Bolivia.

elevó a 15.9% y en 2014 representó poco más de un cuarto de la inversión total, 25.6%, equivalente a 1 154 millones de dólares.

El rasgo más característico sobre la inversión pública en el MESCP fue el cambio rotundo de las fuentes de financiamiento de esta inversión. Hacia 2005 la principal fuente de financiamiento de la inversión pública provenía del endeudamiento externo, que registraba una participación de 62.8% y el restante 37.2% correspondía al proveniente de recursos internos.

Esta situación de dependencia para la inversión pública del financiamiento externo fue revertida bajo el MESCP. En 2010 el financiamiento de inversión pública con recursos internos fue de 66.6% y el externo representó sólo 33.4%. En 2014 el financiamiento con recursos internos aumentó a 85% y el externo fue de 15%. Por consiguiente, ahora gran parte de los recursos para la inversión provienen del esfuerzo de los bolivianos, es decir, es un financiamiento interno que hace que Bolivia sea cada vez menos dependiente del financiamiento externo para la inversión pública y el crecimiento económico (gráfica XVI.4).

GRÁFICA XVI.4. *Inversión pública ejecutada, según fuente de financiamiento, 2002-2014 (en porcentaje)*

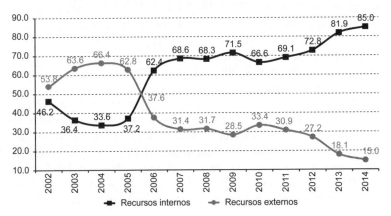

FUENTE: elaboración propia con base en información del Viceministerio de Inversión Pública y Financiamiento Externo del Ministerio de Planificación del Desarrollo.

En síntesis, desde 2006 hasta 2014 la política fiscal continuó priorizando el gasto de capital sobre el avance de los gastos corrientes.

El desempeño de las empresas públicas

Las empresas públicas se constituyeron en uno de los pilares del modelo económico vigente en Bolivia. Su participación cada vez mayor en la economía boliviana contribuyó a la expansión de la capacidad productiva, a la generación de ingresos y empleos, y al financiamiento de las políticas sociales implementadas por el gobierno en la economía boliviana. Este es un proceso que se inició con la aplicación del MESCP a partir de 2006.

El desempeño agregado de las empresas públicas ha sido favorable registrando utilidades netas[5] continuas desde la gestión 2006. En 2014 estas registraron utilidades por un valor de 7 412 millones de bolivianos, monto que representa 108 veces más que el de 2005 (69 millones) (gráfica XVI.5).

En 2014, si realizamos un análisis de las empresa públicas, tenemos que la principal empresa estratégica YPFB generó utilidades por 6 767 millones de bolivianos, resultado de la mayor producción de gas natural y de la puesta en marcha de la Planta Separadora de Líquidos Río Grande. La segunda con mayor utilidad fue ENDE con 774 millones de bolivianos, como resultado del inicio de operaciones de la primera fase de la Planta Termoeléctrica del Sur y de la puesta en marcha del Parque Qollpana-Fase I. Vienen después las empresas Comibol, BOA y la EMV con utilidades de 200 millones, 39 millones y 34 millones de bolivianos, respectivamente.

Se debe resaltar la creación de la Agencia Boliviana Espacial (ABE) en 2013, que tiene por objeto gestionar y ejecutar la implementación del Proyecto Satélite de Comunicaciones Túpac Katari y otros proyectos espaciales del Estado; y la creación de la Empresa Estatal de Transporte por Cable "Mi Teleférico" en 2014, cuya principal actividad consiste en la administración, gestión y desarrollo del sistema de transporte por cable.

---

[5] La utilidad neta de las empresas públicas se determina con base en el balance general y los estados de resultados al 31 de diciembre de cada gestión.

GRÁFICA XVI.5. *Utilidades de las empresas públicas,*
2005-2014 (en millones de bolivianos)[a]

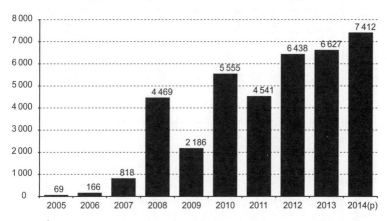

ᵃ Preliminar.
FUENTE: elaboración propia con base en información de la Dirección General de Programación y Gestión Presupuestaria del Ministerio de Economía y Finanzas Públicas.

Ingresos de las empresas públicas

En 2014 los ingresos de las empresas públicas, provenientes de su participación en el proceso productivo, alcanzaron los 68 309 millones de bolivianos, monto 63 veces mayor respecto a 2005 (1 079 millones).

El crecimiento sostenido de estos recursos se debió principalmente a los mayores ingresos por ventas del sector hidrocarburífero por parte de la estatal YPFB, que en 2014 llegaron a 52 174 millones de bolivianos, lo que representó un incremento de 8 340% respecto de la gestión 2005. Se debe destacar que, tras su nacionalización esta empresa participa activamente en la totalidad de la cadena productiva de este sector.

Por su parte, las empresas no hidrocarburíferas también incrementaron sus ingresos, pasando de 207 millones en 2005 a 7 520 millones de bolivianos en 2014, como resultado de las mayores ventas en el mercado interno por parte de Comibol, Emapa, ENDE y Boa, principalmente, y al crecimiento de las ventas al mercado externo por parte de la EMV mediante la marca registrada de la Empresa Nacional de Fundiciones (Enaf).

CUADRO XVI.4. *Ingresos consolidados de las empresas públicas, 2006-2014*
(en millones de bolivianos)

Detalle	2006	2007	2008	2009	2010	2011	2012	2013	2014(p)[a]
Total de ingresos	6279	18251	34310	30178	31760	42363	51682	62752	68309
Ingresos corrientes	6224	18110	33959	29849	31555	41186	51486	61794	66268
Venta de hidrocarburos	3957	13235	26333	25325	26393	30830	39561	47036	52174
Mercado interno	3957	8381	11521	13835	14214	14836	15919	17033	18080
Gasolina especial	1183	2443	3041	3236	3618	3897	4169	4156	4962
Gasolina premium	7	15	15	25	15	14	16	15	17
Diesel oil	2320	4258	4465	4470	4972	5131	5500	5498	6452
Kerosene doméstico	40	31	24	27	20	22	20	17	20
GLP doméstico	301	386	523	535	593	553	536	323	426
GLP industrial	1	1	1	12	1	2	1	1	1
Gas natural	106	134	152	337	2160	4282	5611	7020	6179
Otros (Up stream)	0	1112	3300	5193	2835	935	66	3	22
Mercado externo	0	4855	14812	11490	12179	15994	23642	30003	34094
Ventas de otras empresas	264	1804	2390	2336	3466	5249	5393	6398	7520
Mercado interno	211	890	1026	1106	1689	3212	3778	4663	5525

Comibol	0	634	740	757	1015	1525	1363	1431	1661
Emapa				54	259	748	569	605	768
ENDE	36	46	47	38	81	124	197	325	363
Aasana	25	15	20	26	37	133	124	156	142
Enaf	0	8	6	3	4	5	5	21	7
Otras empresas	150	187	214	228	292	676	1519	2124	2584
Mercado externo	53	914	1364	1230	1777	2037	1615	1735	1995
Enaf	0	846	1291	1143	1668	2037	1577	1730	1912
Otros	53	68	73	87	109	0	38	5	83
Transferencias corrientes	323	602	4616	1796	1378	3624	6078	6871	5404
Otros ingresos corrientes	1680	2469	620	392	318	1483	454	1490	1170
Ingresos de capital	55	141	351	329	205	1177	195	958	2041

[a] Preliminar.
FUENTE: elaboración propia con base en información de la Dirección General de Administración y Finanzas Territoriales del Ministerio de Economía y Finanzas Públicas.

CUADRO XVI.5. *Gastos consolidados de las empresas públicas, 2006-2014*
(en millones de bolivianos)

Detalle	2006	2007	2008	2009	2010	2011	2012	2013	2014(p)[a]
Total gastos	5332	18799	30382	27633	29309	39073	51814	64263	70285
Gastos corrientes	5240	17733	27994	26224	28125	35916	46585	57517	61907
Servicios personales	213	553	807	843	934	1193	1328	1446	1702
Bienes y servicios	4429	10341	15671	11658	16283	17763	21788	24761	30465
Intereses	20	27	101	83	123	357	204	134	165
Pago de tributos	63	3874	6893	7600	7098	11493	15534	19855	19618
IDH	0	3664	6644	6465	6744	8996	12111	15543	15602
Renta interna	53	190	179	1135	353	2376	3266	4192	3869
Renta aduanera	10	20	70	0	0	121	157	121	147
Regalías hidrocarburíferas	0	2222	3555	3643	3829	4726	7166	8643	8899
Transferencias corrientes	282	623	90	2082	343	348	463	817	1559
Otros gastos[b]	234	93	878	315	-484	35	102	1861	-501
Gastos de capital	92	1066	2388	1410	1184	3157	5229	6746	8378

[a] Preliminar.
[b] Incluye concesión de prestamos y otros gastos.
FUENTE: elaboración propia con base en información de la Dirección General de Administración y Finanzas Territoriales del Ministerio de Economía y Finanzas Públicas.

CUADRO XVI.6. *Relación gasto de capital de las empresas públicas respecto de la inversión pública y el gasto de capital del SPNF, 2006-2014*
(en millones de bolivianos y porcentaje)

Detalle	2006	2007	2008	2009	2010	2011	2012	2013	2014(p)[a]
Gasto de capital de las empresas públicas (millones de Bs.)	92	1066	2388	1410	1184	3157	5229	6746	8378
Inversión pública (millones de Bs)	7141	8023	10269	10033	10648	15424	19904	25936	30919
Gasto de capital del SPNF (millones de Bs)	9569	13041	15242	15638	14737	22113	25256	34455	44277
Relación gasto de capital de las empresas públicas/inversión pública (%)	1.3	13.3	23.3	14.0	11.1	20.5	26.3	26.0	27.1
Relación gasto de capital de las empresas públicas/gasto de capital SPNF (%)	1.0	8.2	15.7	9.0	8 0	14.3	20.7	19.6	18.9

[a] preliminar.
FUENTE: elaboración propia con base en información de la Dirección General de Administración y Finanzas Territoriales del Ministerio de Economía y Finanzas Públicas y del Viceministerio de Inversión Pública y Financiamiento Externo.

Gastos de las empresas públicas

Los egresos de las empresas públicas fueron aumentando desde 2007, debido a incrementos en los gastos de bienes y servicios y por los mayores pagos de tributos por parte de las empresas públicas (solamente 26 millones de bolivianos en 2005); estos se incrementaron a 19 618 millones en 2014 y representaron 30% de las recaudaciones tributarias. Estos gastos aportaron de manera significativa al financiamiento de la política fiscal mediante su distribución al gobierno central, los gobiernos subnacionales y las universidades. También las regalías hidrocarburíferas fueron muy importantes al beneficiar a las gobernaciones con 67% y al TGN con 33%. Es importante mencionar que a partir de la nacionalización de los hidrocarburos, los gastos en bienes y servicios se expandieron por las operaciones de mayoreo que realiza YPFB.

Las empresas públicas tuvieron una gran presencia en el gasto de capital a lo largo del periodo. En 2006 apenas gastaron 92 millones de bolivianos, pasando a 8 378 millones en 2014, resultado de la nacionalización, la creación de nuevas empresas y el proceso de industrialización (cuadro XVI.5). Así, haciendo una relación del gasto de capital de las empresas públicas, primero, con el gasto total de capital del SPNF, tenemos que 2006 fue de 1% y en 2014 llegó a 18.9%, esto es, 20 veces más que en 2006; segundo, respecto a la inversión pública total, en 2006 fue de 1.3% y en 2014 de 27.1%, lo que significa 21 veces más respecto a 2006. Relaciones que se muestran en el cuadro XVI.6.

DEUDA EXTERNA E INTERNA

La deuda externa

El viejo modelo neoliberal dejó al país una deuda externa de cerca de 5 000 millones de dólares estadunidenses, lo que a fines de 2005 representaba 52% del PIB de ese año. Al respecto, desde 2006 se reiniciaron y continuaron las gestiones para reducir este endeudamiento, que junto con el buen desempeño de la economía y un adecuado y responsable manejo del nuevo endeudamiento externo, este indicador llegó en octubre de 2015 a sólo 17% del PIB, otorgándole al país y a las finanzas públicas una situación muy cómoda.

En efecto, en estos últimos 10 años de gestión, Bolivia goza de un amplio margen de endeudamiento externo. La deuda en porcentaje del PIB es una de las más bajas a nivel internacional y se encuentra por debajo de los límites referenciales establecidos por varios organismos internacionales, lo que muestra los resultados de la política de endeudamiento sostenible aplicada por el gobierno de Evo Morales. Los recursos contratados fueron a financiar obras de infraestructura, proyectos productivos, energéticos, hospitales y otros. El comportamiento de la deuda pública externa boliviana con respecto al PIB se muestra en la gráfica XVI.6.

En los primeros años del gobierno de Evo Morales el saldo nominal de la deuda externa de mediano y largo plazo bajó de 4 941 millones de dólares, en 2005, a 2 208 millones en 2007, esto es una disminución de más de 50%. En los siguientes años, debido a la importancia en la ejecución de varios proyectos de inversión, el saldo de la deuda alcanzó en octubre de 2015 un monto de 6 149 millones de dólares, no obstante, en términos del PIB representa sólo 17%, significativamente menor a 52% de 2005.

El principal acreedor fue la Corporación Andina de Fomento (CAF) cuyos desembolsos se orientaron a los sectores de infraestructura y productivo, el Programa MiAgua I, II y III, el Programa Sectorial de Transporte, el Programa de Infraestructura Social y Económica en Zonas Marginadas, la construcción de diferentes carreteras como el corredor vial Santa Cruz-Puerto Suárez, la carretera Potosí-Uyuni, la doble vía La Paz-Oruro, además de la construcción de la línea de transmisión eléctrica Punutuma-Tarija y Caranavi-Trinidad, la construcción de los puentes trillizos y otros. Luego, tenemos al BID como segundo acreedor, cuyos recursos fueron a financiar el Programa de Infraestructura Vial, el Programa de Mejoramiento del tramo Santa Bárbara-Rurrenabaque, el Programa de Electrificación Rural, la línea de trasmisión eléctrica Cochabamba-La Paz, el Programa de Reformas de los Sectores de Agua y Saneamiento y de Recursos Hídricos en Bolivia, el Proyecto Hidroeléctrico de Energía Renovable Misicuni, el Pro-

GRÁFICA XVI.6. *Deuda pública externa, 1986-octubre 2015*
(en porcentaje del PIB)[a]

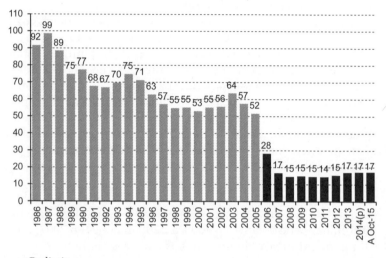

[a] Preliminar.
FUENTE: elaboración propia con base en boletines del BCB.

grama de Gestión de Riesgos de Desastres, el embovedado del río Choqueyapu, entre los más importantes.

Como tercer acreedor tenemos al Banco Mundial, y los recursos desembolsados fueron orientados al desarrollo de políticas en gestión de riesgos de desastres,[6] el proyecto Alianzas Rurales II, Proyecto de Inversión Comunitaria en Áreas Rurales, el Proyecto de Expansión de Acceso a Servicios de Salud para Disminuir las Inequidades, entre otros.

Respecto de la deuda bilateral, el principal acreedor fue la República Popular China cuyos recursos financiaron la adquisición del Sistema Satelital Tupac Katari, además de la adquisición de perforadoras para YPFB a fin de agilizar los proyectos de exploración y explotación de hidrocarburos. La deuda con Venezuela fue fundamentalmente para el sector de hidrocarburos, recursos ejecutados por YPFB que se orientaron princi-

[6] En este caso, 51% del monto desembolsado fue financiado con recursos del Banco Internacional de Reconstrucción y Fomento (BIRF), perteneciente al Banco Mundial, al cual Bolivia accedió por primera vez desde los años ochenta. Los recursos del BIRF se utilizan hoy en día para países de medianos ingresos.

palmente a la importación de *diesel oil* para abastecer el mercado interno a fin de mantener la política de subvención de este carburante. También es importante considerar la deuda con Brasil destinada a financiar el programa de mecanización del agro.

Cabe destacar que en octubre de 2012 Bolivia realizó la emisión de Bonos Soberanos en el mercado financiero internacional por 500 millones de dólares, a 10 años plazo, con una tasa de interés de 4.87% y en condiciones ventajosas. Una de las características de esta emisión fue la sobredemanda que alcanzó a 4 217 millones de dólares, ocho veces lo ofertado, en tan sólo un par de horas por parte de 267 inversionistas, esto como resultado del desempeño positivo de la economía boliviana. Con la exitosa emisión de estos bonos el país volvió a operar en el mercado internacional después de casi 100 años.

En agosto de 2013, el Ministerio de Economía y Finanzas Públicas realizó la segunda emisión de Bonos Soberanos por otros 500 millones de dólares a 10 años plazo y un cupón de 5.95%. Al igual que en 2012 el monto demandado fue mayor al ofertado, posicionando al país en el mercado internacional como una economía sólida, exitosa y solvente para la recepción de capitales internacionales.

Así, la estructura de la deuda externa se modificó, puesto que en 2006 los acreedores multilaterales representaron 87.3% y para octubre de 2015 representaban 72.8%; los acreedores bilaterales representaron, en 2006, 12.7% y hacia octubre de 2015, 11%. En 2012 apareció la deuda externa con acreedores privados extranjeros que no existía en años anteriores, y tuvo una participación de 16.3% en octubre de 2015, como resultado de las emisiones de Bonos Soberanos (cuadro XVI.7).

Cabe aclarar que a partir de 2006, si bien, los recursos por crédito externo contribuyeron a la expansión de la capacidad productiva del país, tuvieron una menor participación debido a que más de 50% de la inversión pública fue financiada con recursos internos.

El servicio de intereses de la deuda externa en el periodo 2006-2014 tuvo una tendencia a reducirse en los primeros años, resultado de las acciones emprendidas por el gobierno para obtener el alivio de la deuda externa por parte de organismos internacionales multilaterales y gobiernos extranjeros, que se

CUADRO XVI.7. *Saldo de la deuda pública externa a mediano y largo plazo por acreedor, 2006-octubre 2015 (total en millones de dólares y en porcentaje)*

Detalle	2006	2007	2008	2009	2010	2011	2012	2013	2014 p	A oct-15
Total (millones USD)	3 248.1	2 207.9	2 442.8	2 600.6	2 890.7	3 491.9	4 195.7	5 261.8	5 736.2	6 149.4
Total (I + II) (%)	100.0	100.0	100.0	100.0	100.0	100.0	100.0	100.0	100.0	100.0
1. Oficiales	100.0	100.0	100.0	100.0	100.0	100.0	88.1	81.0	82.6	83.7
a) Multilaterales	87.3	77.4	74.5	76.6	79.1	75.1	72.5	65.8	68.0	72.8
Banco Mundial	7.2	11.8	11.5	12.1	12.3	11.3	10.6	9.5	8.7	11.5
BID	49.9	20.8	18.9	20.0	21.8	21.9	22.3	22.4	25.4	27.7
CAF	26.0	38.8	38.8	39.2	40.4	37.7	36.0	31.0	30.9	30.0
BIAPE	—	—	—	—	—	—	—	—	—	—
Fonplata	0.9	1.4	1.2	1.3	1.0	1.0	0.9	0.6	0.9	1.4
OPEP	0.5	1.0	0.9	0.9	0.8	0.7	0.6	0.6	0.6	0.8
FAR	—	—	—	—	—	—	—	—	—	—
FIDA	1.3	2.0	1.8	1.8	1.6	1.3	1.1	1.0	0.8	0.8
FND	1.0	1.7	1.5	1.4	1.3	1.2	1	0.8	0.6	0.5
FMI	0.4	—	—	—	—	—	—	—	—	—
b) Bilaterales	12.7	22.6	25.5	23.4	20.9	24.9	15.6	15.2	14.6	11.0
Gobiernos	12.7	22.6	25.5	23.4	20.9	24.9	15.6	15.2	14.6	11.0
Proveedores	—	—	—	—	—	—	—	—	—	—
Deuda reservada	—	—	—	—	—	—	—	—	—	—
2. Privados	—	—	—	—	—	—	11.9	19.0	17.4	16.3
Bonos del Estado	—	—	—	—	—	—	—	—	—	—
Bonos nueva emisión	—	—	—	—	—	—	—	—	—	—
Proveedores	—	—	—	—	—	—	—	—	—	—
Bancos del exterior	—	—	—	—	—	—	—	—	—	—
Banca comercial refinanciada	—	—	—	—	—	—	—	—	—	—
Bonos Soberanos	—	—	—	—	—	—	11.9	19.0	17.4	16.3

GRÁFICA XVI.7. *Servicio de la deuda pública externa,*
capital e intereses, 2006-2014 (en millones de dólares)[a]

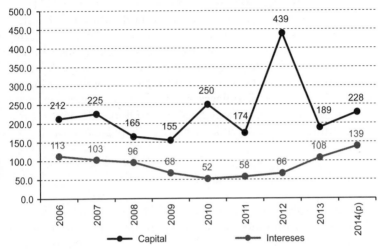

[a] Preliminar.
FUENTE: elaboración propia con base en boletines estadísticos del BCB.

materializaron en 2006 y 2007 en la condonación de la deuda
externa por un total de 1 832 millones de dólares y 1 179 millones de dólares, respectivamente.[7]

Por otro lado, el servicio de capital de deuda externa tuvo
un comportamiento relativamente descendente en el periodo
2006-2009, y se mantuvo estable hasta 2014; no obstante, en

[7] Esta reducción fue resultado de varias condonaciones de deuda como la
efectuada en enero de 2006 por el FMI, que condonó la deuda con Bolivia por
el equivalente de 233 millones de dólares. El 1 de julio de 2006 el Banco Mundial
condonó la totalidad de los préstamos con *stock* al 31 de diciembre de 2003,
por un aproximado de 1 511 millones de dólares en el marco de la Iniciativa de
Alivio de Deuda Multilateral; adicionalmente se registraron condonaciones
del BID y la CAF por 18 millones de dólares. En cuanto a los alivios de acreedores bilaterales, el 17 de febrero de 2006, en el marco de los acuerdos del Club
de París VIII, el gobierno de Japón condonó 63 millones de dólares. Esta condonación forma parte de la última etapa del endeudamiento con Japón; España
también realizó una condonación por el valor de ocho millones de dólares, haciendo un total de 1 832 millones. En 2007 el BID otorgó una condonación de
1 171 millones de dólares y España por ocho millones de dólares, lo que da un
total de 1 179 millones.

2012 se registró un pago excepcional, pues se canceló la suma de 506 millones de dólares, lo que puede llamar la atención, por lo que amerita realizar una explicación precisa: en 2012 se tuvo un incremento en el servicio de la deuda de 274 millones de dólares, especialmente por la compensación de deudas en agosto de 2012, entre PDVSA y YPFB, con las cuales se compensan las deudas de YPFB por compra de *diesel oil* y de PDVSA por compra de crudo reconstituido. Dicha compensación alcanzó 256 millones de dólares. Excluida esta compensación, el servicio de deuda externa alcanzó 250 millones de dólares, importe similar al pagado en la gestión 2011 (gráfica XVI.7).

La deuda interna

Al 31 de octubre de 2015 el saldo de la deuda interna del TGN alcanzó 4 130 millones de dólares y representó sólo 12% del PIB. En 2005, el saldo de la deuda alcanzaba 2 968 millones de dólares, sin embargo, en relación con el producto, este representaba más de 30% del PIB (gráfica XVI.8).

Desde 2006 el gobierno ha implementando una política de endeudamiento público basada en la reducción de los riesgos a los que el portafolio de la deuda pública interna estaba expuesta en 2005; es decir, riesgo cambiario por las anteriores emisiones de deuda interna en moneda extranjera; riesgo de maduración por los plazos cortos de vencimiento, heredado del neoliberalismo y gran parte agrupado en plazos menores a un año; riesgo por la alta concentración de la deuda pública interna expresada en dólares estadunidenses y UFV, riesgo por las elevadas tasas de interés que se pagaba por las emisiones de gobiernos neoliberales, especialmente por aquellos decretos supremos que obligaban a las AFP a comprar títulos del TGN para financiar sus recurrentes déficits fiscales, otorgándoles en compensación elevadas tasas de interés; riesgo por los elevados saldos de endeudamiento público interno contraído por los gobiernos neoliberales y otros riesgos relativos a la gestión de la deuda pública interna.

Para atenuar los efectos adversos mencionados en la gestión de la deuda pública interna, desde 2006 el Ministerio de Hacienda, hoy Ministerio de Economía y Finanzas Públicas

GRÁFICA XVI.8. *Deuda pública interna del TGN,*
1993-octubre 2015 (en porcentaje del PIB)[a]

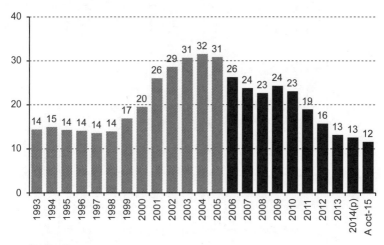

[a] Preliminar.
FUENTE: elaboración propia con base en reportes del Ministerio de Economía y Finanzas Públicas.

estableció una política de reestructuración de la cartera de títulos emitidos mediante subasta pública que se tradujo en la bolivianización de estos instrumentos; esto es, modificar la estructura hacia una mayor participación de la deuda interna en bolivianos, induciendo para tal efecto la colocación de recursos en bolivianos y ampliando el plazo de maduración de estos títulos (cuadro XVI.8).

Es importante distinguir la deuda interna del TGN y la deuda del BCB puesto que las funciones y objetivos de ambas son completamente diferentes y las necesidades de liquidez también. La deuda interna pública del TGN son necesidades de requerimiento de liquidez, y en el caso de la emisión de títulos de deuda del BCB son operaciones con fines estrictamente de regulación monetaria para la administración de la liquidez en la economía nacional. Esta última normalmente se utiliza para efectos de política monetaria.

Entre las principales medidas implementadas por la nueva política de endeudamiento para el cambio de la composición por monedas se encuentran la bolivianización de la deuda his-

CUADRO XVI.8. *Saldo de la deuda interna del TGN, por sector acreedor, 2006-octubre 2015*
(en millones de dólares y en porcentaje)

Millones de dólares

Detalle	2006	2007	2008	2009	2010	2011	2012	2013	2014	A oct-15
Total	3042.9	3239.4	3927	4247.1	4586.6	4596	4293.5	4064.3	4178.4	4129.8
Sector público financiero	798.5	841.1	1271.5	1328.8	1371.5	1426.7	1410.6	1395.4	1382.5	1442.7
Sector público no financiero	20.7	2.7	11.2	8.6	8.7	8.8	8.8	0.4	0.4	0.2
Sector privado	2223.7	2395.6	2644.3	2909.6	3206.4	3160.5	2874.1	2668.4	2795.5	2686.8

Porcentaje

Detalle	2006	2007	2008	2009	2010	2011	2012	2013	2014	A oct-15
Total	100.0	100.0	100.0	100.0	100.0	100.0	100.0	100.0	100.0	100.0
Sector público financiero	26.2	26	32.4	31.3	29.9	31.0	32.9	34.3	33.1	34.9
Sector público no financiero	0.7	0.1	0.3	0.2	0.2	0.2	0.2	0.0	0.0	0.0
Sector privado	73.1	74	67.3	68.5	69.9	68.8	66.9	65.7	66.9	65.1

FUENTE: elaboración propia con base en reportes del Ministerio de Economía y Finanzas Públicas.

tórica con el BCB, la suspensión de la oferta de Bonos del Tesoro en dólares y UFV, la bolivianización de la deuda interna por créditos de emergencia y las nuevas emisiones ofertadas únicamente en moneda nacional (cuadro XVI.9).

La acción de la política económica de un endeudamiento interno responsable se tradujo en un cambio en la composición por monedas. En este sentido, en 2005 la deuda interna pública del TGN en moneda nacional apenas alcanzaba 8.9%, en dólares 13.6%, en bolivianos con mantenimiento de valor al dólar 26.5% y en UFV 51.1%. Por las políticas implementadas, la participación de la moneda nacional fue creciente hasta llegar en octubre de 2015 a 70.6%, mientras que la deuda en dólares, en mantenimiento de valor al dólar y en UFV se redujo hasta 0.0% y 6.2% y 23.2%, respectivamente. En estas cifras se pueden observar claramente los resultados de la política de bolivianización de la deuda interna pública, lo que redujo significativamente el riesgo cambiario e inflacionario sobre ella, y contribuyó en el proceso general de bolivianización que vivió el país.

Este proceso fue muy importante porque coadyuvó a hacer que la deuda sea sostenible en el tiempo, al permitir un mejor calce de monedas del sector público debido a que sus ingresos son generados fundamentalmente en moneda nacional (cuadro XVI.10).

En cuanto al riesgo de los plazos de la deuda interna pública hacia 2005, 16% del total de la deuda interna tenía una maduración menor a un año y 17.2% una maduración de entre uno y cinco años; sin embargo, hasta octubre de 2015 prácticamente toda la deuda interna pública (99.8%) se encuentra con un vencimiento mayor a cinco años. Al respecto, cabe destacar que el 10 de abril de 2013, por primera vez, el TGN colocó en el mercado doméstico bonos a 50 años plazo, y el 15 de octubre de 2014 emitió bonos a 100 años plazo, ambas emisiones a una tasa de 4.5% en moneda nacional, constituyendo esto en un hecho histórico que demuestra la confianza de los inversionistas privados nacionales en el manejo responsable de las finanzas públicas.

Al incrementar la bolivianización de la deuda, con rendimientos más bajos y vencimientos a más largo plazo, se va generando lo que en términos financieros significa una deuda

CUADRO XVI.9. *Saldo de la deuda interna del TGN, por moneda, 2006-octubre 2015 (en porcentaje)*

Detalle	2006	2007	2008	2009	2010	2011	2012	2013	2014	A oct-15
Total	100.0	100.0	100.0	100.0	100.0	100.0	100.0	100.0	100.0	100.0
Bolivianos	1.8	30.5	5.3	20.5	51.5	52.0	56.4	59.8	66.3	70.6
Bolivianos con Mantenimiento de valor al dólar	25.8	24.3	20.0	18.5	17.1	17.1	15.9	13.1	8.8	6.2
Unidad de Fomento de Vivienda	62.1	40.0	66.4	60.5	31.2	30.7	27.6	27.2	24.9	23.2
Dólares estadunidenses	10.2	5.2	8.3	0.4	0.2	0.1	0.1	0.0	0.0	0.0

FUENTE: elaboración propia con base en reportes del Ministerio de Economía y Finanzas Públicas.

CUADRO XVI.10. *Deuda interna del TGN, por plazos de vencimiento, 2006-octubre 2015 (en porcentaje)*

Detalle	2006	2007	2008	2009	2010	2011	2012	2013	2014	Oct-15
Total	100.0	100.0	100.0	100.0	100.0	100.0	100.0	100.0	100.0	100.0
Hasta un año	5.7	5.2	5.1	4.9	0.0	0.0	0.2	0.2	0.0	0.0
Mayor a un año y hasta cinco años	18.3	14.0	10.1	10.4	6.9	1.7	1.9	0.2	0.1	0.1
Mayor a cinco años	76.0	80.8	84.8	84.7	93.1	98.3	97.8	99.6	99.8	99.8

FUENTE: elaboración propia con base en reportes del Ministerio de Economía y Finanzas Públicas.

sostenible, objetivo alcanzado acorde con la política general de endeudamiento público del gobierno nacional.

Es importante subrayar que la deuda contraída con las AFP se incrementó como resultado de los ajustes cambiarios y actualizaciones de la UFV y no por aumentos en el *stock* de deuda, ya que desde agosto de 2007 el TGN no emitió más deuda con las AFP. Por una parte, la deuda con el BCB está asociada a la deuda histórica que se arrastra de los años ochenta y, por otro lado, el crédito de emergencia otorgado al TGN en 2008, mediante el DS núm. 29453 de 22 de febrero de 2008, fue destinado al Fondo para la Reconstrucción, Seguridad Alimentaria y Apoyo Productivo, que dispuso de 600 millones de dólares para emprender las tareas de asistencia a regiones afectadas por el fenómeno climático de La Niña y frenar el alza de precios.

Cabe resaltar que el 11 de junio de 2012 se aprobó el DS núm. 1121, por el cual el Ministerio de Economía y Finanzas Públicas a través del TGN lanzó al mercado financiero nacional el bono denominado "Tesoro Directo" para redistribuir el beneficio, hasta ese momento monopólico del sistema financiero, de la compra de los bonos estatales hacia el público en general; por lo tanto, a partir de esa fecha toda persona natural puede adquirir los títulos de valor emitidos por el Tesoro General de la Nación y beneficiarse con las tasas de interés que pagan los mismos, pudiendo adquirir estos títulos de manera directa. El valor nominal de este bono es de 1 000 bolivianos cada uno y ofrece rendimientos de 5.4% para los adquiridos a cinco años, 5.1% para cuatro años, 4.8% para tres años, 4.5% para dos años y 4% para un año. Desde su lanzamiento hasta el 31 de octubre de 2015 se han emitido 204 millones de bolivianos en estos bonos.

Ahora bien, para determinar si el endeudamiento es sostenible y solvente se deben considerar los siguientes indicadores:

1. El ratio deuda/PIB, el mismo que presenta una tendencia decreciente en los últimos 10 años, ubicándose en la senda de sostenibilidad.
2. El indicador de sostenibilidad fiscal (ISF), el cual considera el superávit primario del SPNF. Durante el periodo que va de 2006 hasta 2013 el ISF mostró que las finanzas

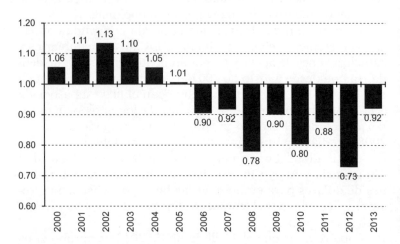

GRÁFICA XVI.9. *Indicador de sostenibilidad fiscal,*
2000-2013

FUENTE: elaboración propia con base en información de la *Memoria de la Economía Boliviana, 2013.*

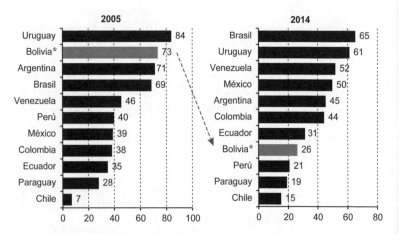

GRÁFICA XVI.10. *América Latina: deuda pública total,*
2005 y 2014
(en porcentaje del PIB)

* Información oficial. No incluye la deuda interna intrasector.
FUENTE: elaboración propia con base en el WEO de octubre de 2015 del FMI, el BCB y el Ministerio de Economía y Finanzas Públicas.

públicas son sostenibles, lo que queda en el valor inferior a la unidad,[8] como se observa en la gráfica XVI.9.

Deuda pública total

Con la aplicación del MESCP se estableció que los niveles de endeudamiento público, tanto interno como externo, debían ser sostenibles en el tiempo. En 2005 el peso total de la deuda pública heredada de los gobiernos neoliberales alcanzaba 73% del PIB, es decir, era prácticamente insostenible para el país; sin embargo, gracias a la aplicación de la nueva política de endeudamiento público sostenible, hacia 2014 esta alcanzó sólo 26% del PIB y está por debajo de los límites establecidos por organismos internacionales,[9] por lo que no existe un problema de endeudamiento público (gráfica XVI.10).

[8] Si el IFS<1 significa una situación fiscal sostenible en el tiempo, si el IFS>1 indica una insostenibilidad en el manejo fiscal.

[9] Los umbrales más importantes son de 60% para el Tratado Maastricht (Unión Europea) y 50% para la CAN (Comunidad Andina de Naciones).

XVII. POLÍTICA MONETARIA

AL TERMINAR el Acuerdo *Stand By* con el FMI, en marzo de 2006, el gobierno de Evo Morales dejó de suscribir acuerdos y cartas de intenciones con este organismo financiero internacional y, por lo tanto, dejó de subordinarse a las condicionalidades impuestas por esta institución en el pasado en el marco de la denominada "cooperación financiera internacional".

Parte de la intromisión del FMI radicaba en la definición del Programa Fiscal-Financiero que comprendía el Programa Monetario del BCB. Para que dichos programas se ejecutaran debían contar con la "bendición" de la institución citada en el marco de las numerosas cartas de intención y acuerdos que solían firmar las autoridades de los diferentes gobiernos neoliberales.

En lugar de estos acuerdos, desde 2006 el Ministerio de Economía y Finanzas Públicas, junto con todas las instituciones involucradas en la ejecución del Programa Financiero, elaboró y aplicó un Programa Fiscal-Financiero soberano donde se establecían metas anuales de las principales variables macroeconómicas, que se ponen al conocimiento del público en general a inicios de cada año, cuando se suscribe con el BCB, de manera pública, el Programa Anual.

El Programa Fiscal-Financiero permitió coordinar las políticas monetaria, cambiaria, fiscal, de comercio exterior y de balanza de pagos para alcanzar los objetivos en las variables reales y de reducción de la pobreza, fijando metas cuantitativas con una medición trimestral y, adicionalmente, mejorar y hacer transparente la interacción entre todas estas políticas. A partir de 2006 y hasta 2014 las metas del programa financiero fueron cumplidas y en algunos casos con amplios márgenes.

Es importante subrayar el nuevo papel que tiene el BCB a partir de la nueva Constitución Política del Estado, en cuya cuarta parte referida a la Estructura y Organización Económica del Estado, se establece que el Estado, a través del Órgano Ejecutivo, determinará los objetivos de la política monetaria y cambiaria del país, en coordinación con el BCB, asignándole la función de "mantener la estabilidad del poder adquisitivo interno de la moneda para contribuir al desarrollo económico y social", lo que resultó en una modificación sustancial en la función del BCB. Es decir, el BCB dejó de ser una entidad eminentemente dedicada a la estabilidad de precios y el tipo de cambio, para convertirse en un actor estatal más que debe dirigir sus esfuerzos al desarrollo económico y social.

Asimismo, se establecen como atribuciones del BCB, siempre en coordinación con la política económica determinada por el Órgano Ejecutivo:

- Determinar y ejecutar la política monetaria.
- Ejecutar la política cambiaria.
- Regular el sistema de pagos.
- Autorizar la emisión de la moneda.
- Administrar las reservas internacionales.

En ese marco y haciendo una breve evaluación de la actuación del BCB, se puede afirmar que la inflación en el periodo 2006-2014, en términos generales, fue estable, dado el contexto internacional que se vivió en esa etapa.

Entre 2007 y 2008 el país registró una presión inflacionaria que alcanzó cifras de dos dígitos. Estas variaciones tuvieron como causa principal la inflación internacional, principalmente en alimentos y combustibles, explicados en parte por la redirección de un fragmento de la producción agropecuaria a la producción de biocombustibles y al haberse introducido al juego especulativo de las bolsas de valores internacionales, particularmente sobre cereales como el trigo, el maíz y la soya, que vieron incrementados sus precios. También a nivel interno, en 2007 y 2008, contribuyeron a una mayor inflación los problemas climáticos derivados de El Niño y La Niña, y la presencia de expectativas inflacionarias que originaron conductas comerciales perversas de agio, ocultamiento, especulación y contrabando.

Superado ese periodo corto, claramente se advierte que en el país no se tuvieron problemas para contener las presiones inflacionarias, y en el resto de los años la inflación se mantuvo en niveles de un dígito. Esto es muy importante debido a que la política económica dentro del MESCP se dirigió a mantener la estabilidad económica y de precios para favorecer las condicio-

GRÁFICA XVII.1. *Inflación interanual,*
1985-2014 (en porcentaje)

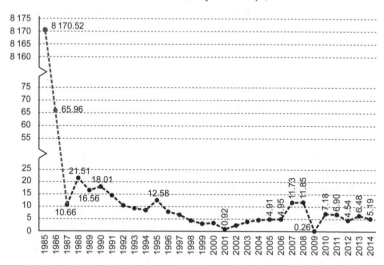

FUENTE: elaboración propia con base en información de las memorias del
BCB y el INE.

nes del aumento de la demanda interna y del desarrollo económico y social en general (gráfica XVII.1).

Adicionalmente, es necesario comprender que los niveles de inflación observados en ese periodo se dieron en un marco de crecimiento promedio anual del PIB de 5.4%, expansión del PIB per cápita de 18.2%, disminución de la tasa de desempleo abierto de 7.7% en 2007 a 4.4% en 2008, aumento sustancial de la bolivianización y un crecimiento extraordinario de las reservas internacionales (que presionaron sobre la emisión monetaria), además de los efectos de la nacionalización de los hidrocarburos y los resultados positivos en la cuenta corriente de la balanza de pagos.

En la vigencia del MESCP la política monetaria se mantuvo en un esquema de metas intermedias de cantidad, fijando límites máximos al CIN y niveles mínimos de RIN. En el primer caso, con el objetivo de que la oferta monetaria no genere presiones inflacionarias innecesarias; y, en el segundo caso, por la importancia de mantener un nivel adecuado de RIN en la economía para enfrentar cualquier contingencia internacional.

GRÁFICA XVII.2. *Reservas internacionales netas,*
1985-agosto 2015 (en millones de dólares)

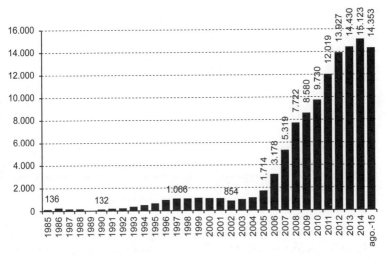

FUENTE: elaboración propia con base en información del BCB.

En este periodo el TGN no solicitó créditos de liquidez al BCB por su sólida posición fiscal, resultado de la nacionalización de los hidrocarburos en mayo de 2006, mejores recaudaciones tributarias y la prudente política en el gasto corriente. El déficit y el financiamiento interno registraron márgenes significativos, prescindiéndose inclusive de la contratación de mayor deuda pública externa.

Con la aplicación del MESCP, se registraron incrementos considerables de depósitos del SPNF en el Banco Central de Bolivia por la mayor distribución de la renta hidrocarburífera a los gobiernos subnacionales y coparticipación tributaria, contribuyendo de esta manera indirectamente a la esterilización de excedentes monetarios en la economía sin costo para el BCB.

Las metas de RIN en el Programa Fiscal-Monetario se cumplieron con amplios márgenes por el crecimiento extraordinario de las reservas, que pasaron de 1 714 millones de dólares en diciembre de 2005 a 14 353 millones en agosto de 2015 (gráfica XVII.2).

GRÁFICA XVII.3. *Emisiones del BCB,[a] enero 1995-diciembre 2014*
(en millones de unidades de la moneda de origen)

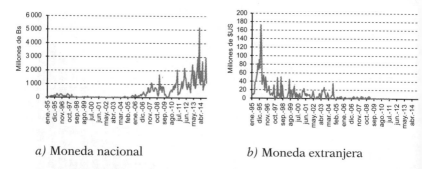

a) Moneda nacional   *b)* Moneda extranjera

[a] Las emisiones del BCB corresponden a la emisión de letras del tesoro, bonos del tesoro, certificados de depósito y colocación a particulares.

FUENTE: elaboración propia con base en información del BCB.

El crecimiento de las RIN indujo al BCB a dinamizar sus OMA y la colocación de títulos públicos para reducir la liquidez, tanto por la presión ejercida por el nivel de RIN como por aquella producida por la bolivianización de las transacciones económicas en el país y de esa manera evitar presiones inflacionarias.

Sin duda, el nivel de las reservas internacionales alcanzado, que le dio una posición cómoda al país situándolo lejos —como el primero en la relación RIN/PIB entre los países de la región—, ha contribuido para dar solvencia y solidez a nuestra moneda y ha facilitado el flujo de créditos externos hacia Bolivia (gráfica XVII.3).

Asimismo, concordante con los objetivos del MESCP, la política monetaria también se alineó al esfuerzo por bolivianizar la economía, con la emisión exclusiva de valores públicos en moneda nacional. Como se señaló líneas arriba, el TGN dejó de ofertar títulos en dólares desde diciembre de 2008 y el BCB desde octubre de 2011. También hubo una recomposición en la emisión de los títulos del BCB a mayores plazos (gráfica XVII.4).

Las OMA del BCB han respondido a las coyunturas de liquidez en la economía, es decir, ante la existencia de una mayor liquidez, el BCB dinamiza sus colocaciones con ligeros incrementos en las tasas de interés.

GRÁFICA XVII.4. *Emisiones del TGN, por moneda,*
enero 2006-diciembre 2014 (en millones de bolivianos)

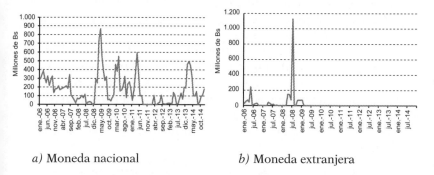

a) Moneda nacional   b) Moneda extranjera

FUENTE: elaboración propia con base en información de la Dirección General de
Crédito Público del Ministerio de Economía y Finanzas Públicas.

Tal como sucedió con los títulos del TGN, el BCB también
introdujo las ventas directas de títulos al público, lo cual benefició directamente a la población que encontró un activo financiero alternativo para incrementar su ahorro. Para este propósito, el BCB abrió una ventanilla en su oficina en la ciudad
de La Paz y a través del Banco Unión en el resto del país, esta
opción consiste en que cualquier persona natural o jurídica puede aproximarse a las mencionadas ventanillas y adquirir títulos públicos hasta un tope de 70 000 bolivianos, que posteriormente se amplió hasta 100 000 bolivianos.

En líneas generales, a la política monetaria se le dio el
papel de contribuir a las políticas contracíclicas que efectúa
el gobierno nacional para afrontar las diferentes crisis internacionales que le toca enfrentar al país.

En relación con las medidas de encaje legal, durante la aplicación del MESCP se modificó continuamente el Reglamento de
Encaje Legal orientándose este instrumento a presionar sobre
los depósitos y cartera en moneda extranjera, vale decir en dólares estadunidenses, y ofrecer mayores ventajas a las operaciones en moneda nacional, lo que significó un factor importante
para profundizar la bolivianización de las operaciones del sector
financiero.

Por otra parte, mecanismos como el Servicio Extendido de

Depósitos en moneda extranjera en el BCB dejaron de ser utilizados por el importante crecimiento de las RIN. De igual forma, el uso de instrumentos monetarios de "Reportos" se volvió cada vez más marginal debido a que el sistema financiero alcanzó elevados niveles de liquidez (gráfica XVII.5).

En marzo de 2008, el TGN solicitó al BCB, un crédito de emergencia de 600 millones de dólares para reconstruir la capacidad productiva fuertemente dañada por los problemas climáticos generados por los fenómenos de El Niño y La Niña, que afectaron en 2007 y 2008, y que adicionalmente presionaron sobre el nivel de precios de los alimentos de origen agropecuario.

GRÁFICA XVII.5. *Saldo de colocaciones netas del BCB,*
por moneda, enero 1997-diciembre 2014
(en millones de unidades de la moneda de origen)

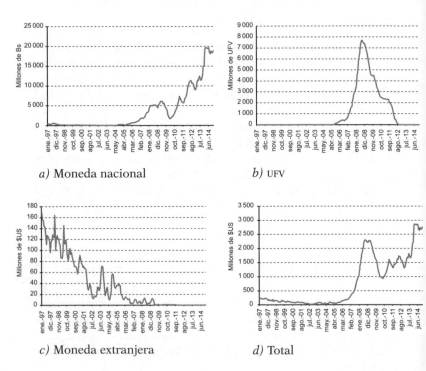

a) Moneda nacional

b) UFV

c) Moneda extranjera

d) Total

FUENTE: elaboración propia con base en información del BCB.

El saldo de colocaciones en 2008 aumentó fuertemente respecto al año anterior por la necesidad de corregir los excedentes de dinero circulante en la economía. Sin embargo, las colocaciones en el último trimestre de 2008 se fueron reduciendo como respuesta de política monetaria orientada a neutralizar las posibles consecuencias de la crisis financiera internacional que estalló en agosto de 2007 en los Estados Unidos.

En 2009 la política monetaria profundizó su orientación expansiva contribuyendo a impulsar la demanda agregada y cuidando preservar el claro proceso de bolivianización. En 2010 el sistema financiero sufrió dos minicorridas, una entre el 8 y 10 de junio, y otra el 29 de diciembre, en ambos casos por rumores infundados orientados a desestabilizar el sistema financiero y crear tensiones sociales y políticas perversas. En el primer caso, la corrida no adquirió un carácter sistémico y rápidamente se estabilizó el banco atacado; y en el segundo caso, que sí adquirió una naturaleza más generalizada, el sistema financiero enfrentó un retiro masivo de depósitos en todo el país por rumores de un supuesto "corralito bancario", acompañado de una desdolarización de depósitos y una devaluación abrupta del dólar que por supuesto no se dieron. En ambos casos, el BCB reaccionó oportunamente y con la suficiente cantidad de recursos para aplacar rápidamente estos eventos, demostrando que el tamaño y la musculatura del BCB se habían fortalecido en los últimos años, donde cada vez más el ente emisor denotó mayores grados de libertad para actuar (gráfica XVII.6).

La política monetaria, en 2011, mantuvo una orientación contractiva, debido a las presiones inflacionarias tanto de origen externo como interno. Las colocaciones de títulos continuaron hasta la primera mitad del 2012 en un contexto de elevada liquidez; no obstante, los siguientes tres meses se caracterizaron por redenciones en las OMA, en línea con el comportamiento estable de la inflación. Para el último trimestre de 2012, el BCB realizó un moderado aumento en la oferta de títulos por la liquidez estacional de fin de año.

Asimismo, en 2012 continuaron las medidas para incentivar y profundizar la bolivianización, en esa dirección se modificaron los requerimientos de encaje legal para moneda extranjera en dos ocasiones.

GRÁFICA XVII.6. *Saldo de colocaciones netas del TGN,*
por moneda, enero 1997-diciembre 2014
(en millones de unidades de la moneda de origen)

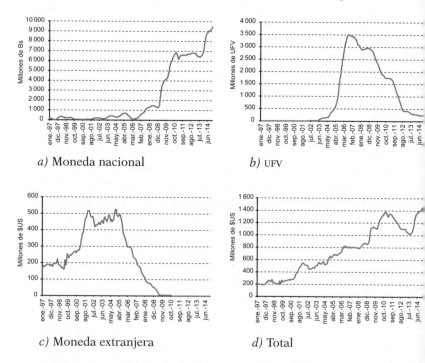

a) Moneda nacional   b) UFV

c) Moneda extranjera   d) Total

FUENTE: elaboración propia con base en información del BCB.

En un marco de menores presiones inflacionarias de origen externo, en 2013 se dio continuidad al gradual retiro de impulsos monetarios que comenzó en 2012; sin embargo, en los meses de agosto y septiembre se incrementaron las tasas de interés de los títulos del BCB, con el fin de dinamizar sus colocaciones, debido a que se presentaron choques inflacionarios de oferta en los mencionados meses.

Hasta julio de 2014 la política monetaria continuó siendo contractiva. Entre agosto y octubre se dio un giro gradual de dirección expansiva, en un entorno de bajas tasas de inflación; y, hacia los dos últimos meses del año, el BCB efectuó una nueva colocación de certificados de depósito.

Los agregados monetarios en moneda nacional continuaron creciendo debido al comportamiento de la emisión y el incremento de los depósitos en bolivianos, resultado de la mayor remonetización.

En estos años, la consolidación de la bolivianización en la colocación de títulos públicos y el alargamiento de los plazos de estas colocaciones fueron dos hechos relevantes para la política monetaria. Asimismo, como producto de la bolivianización, es muy importante hacer notar que el efecto de transmisión de la política monetaria mejoró sustancialmente, colocando al BCB en una posición cada vez más cómoda para ejercer esta política.

XVIII. POLÍTICA CAMBIARIA

En el marco de la ley neoliberal del bcb (Ley núm. 1670), este se constituía como la única autoridad monetaria y cambiaria encargada de establecer el régimen cambiario y ejecutar la política cambiaria, normando la conversión del boliviano en relación con otras monedas. La nueva Constitución Política del Estado estableció que el Estado a través del Órgano Ejecutivo determinaría los objetivos de la política monetaria y cambiaria del país, en coordinación con el bcb, institución que en este caso tenía sólo la atribución de aplicar la política monetaria y cambiaria.

Desde mediados de los años noventa, Bolivia había adoptado el régimen de tipo de cambio deslizante *(crawling peg)* en su versión activa, que consiste en pequeñas apreciaciones o depreciaciones no anunciadas del tipo de cambio nominal. Este sistema cambiario correspondía a la familia de regímenes cambiarios intermedios que presentaban un vínculo cambiario más flexible que los regímenes cambiarios rígidos, pero con activa intervención del Estado (gráfica xviii.1).

Aunque aún se encuentra vigente el régimen de tipo de cambio deslizante, los principales objetivos de la política cambiaria en el marco del mescp son: *1)* contribuir a la estabilidad macroeconómica ayudando a mantener una inflación baja y estable; *2)* mantener un tipo de cambio real competitivo en el tiempo respecto a nuestros principales socios comerciales, y *3)* contribuir a la política de bolivianización.

La orientación cambiaria en el periodo 2007-2008 estuvo dirigida a moderar las presiones inflacionarias de origen externo y atenuar las expectativas inflacionarias; asimismo, se dirigió a fomentar la bolivianización de la economía que junto con el aumento del costo para las operaciones en dólares estadunidenses lograron generar un clima adecuado para la bolivianización.

La apreciación nominal del boliviano en 2007-2008 fue moderada en comparación con los principales socios comerciales

GRÁFICA XVIII.1. *Variación cambiaria e inflación,*
enero 2005-diciembre 2014 (en porcentaje)

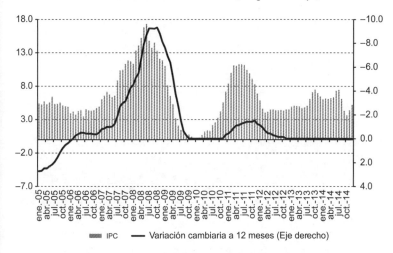

FUENTE: elaboración propia con base en información del BCB y el INE.

que habían mostrado altas fluctuaciones en sus tipos de cambio, con fuertes apreciaciones inicialmente, para luego determinar depreciaciones de sus monedas frente al dólar estadunidense, lo cual generó una gran incertidumbre y expectativas cambiarias en esos países.

La política cambiaria boliviana fue diferente a la de los países mencionados, ya que luego de una apreciación moderada del boliviano respecto al dólar estadunidense, el tipo de cambio se mantuvo estable en medio de un contexto de alta volatilidad cambiaria por la crisis financiera mundial.

En este escenario internacional la política cambiaria aplicada pudo mantener un tipo de cambio real competitivo, generando simultáneamente una estabilidad cambiaria que contribuyó a consolidar el mercado interno, la importación de insumos y bienes de capital, y mantener bajo control las expectativas cambiarias.

Por su parte, la dirección de la política cambiaria ha estado también influida por la alta oferta de dólares estadunidenses en nuestra economía, situación que terminó expresándose en el extraordinario crecimiento de las reservas internaciona-

GRÁFICA XVIII.2. *Depreciación-apreciación
de la moneda nacional, 1985-2014 (en porcentaje)*

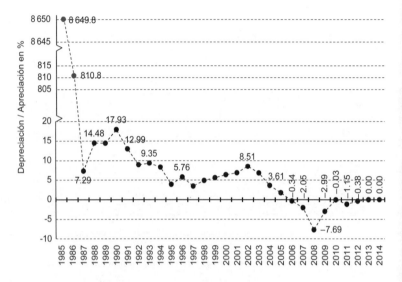

FUENTE: elaboración propia con base en información del BCB.

les del BCB. En un régimen de mayor flexibilidad cambiaria el tipo de cambio habría tenido que bajar fuertemente (apreciación) y podría haber afectado la actividad económica en la producción de bienes transables y de otros productos y, consiguientemente el empleo (gráfica XVIII.2).

En 2006 se consolidó la ampliación del diferencial entre el precio de venta y el de compra del dólar estadunidense a 10 centavos y sin ningún trauma en la economía boliviana. Esta medida estuvo orientada a apoyar el objetivo de profundizar la bolivianización, dado el alto grado de dolarización que tenía la economía boliviana. Por ejemplo, en el pasado la mayor parte de los ahorradores en el sistema financiero, no obstante que recibían sus ingresos en moneda nacional, tenían cuentas en dólares. Por lo tanto, la ampliación del diferencial cambiario hacía que los cambios de bolivianos a dólares estadunidenses y luego para el gasto en la operación inversa se encarecieran; es decir, esta medida pretendía desalentar la tenencia de dólares y contribuir a la bolivianización.

Los movimientos del tipo de cambio siguieron en la dirección señalada por sus principales determinantes, tratando siempre, en lo posible, que este instrumento contribuyera a la estabilidad económica y promoviera la remonetización de la economía, pero tomando muy en cuenta lo que sucede en el contexto internacional.

A diferencia de otros países de la región, la política cambiaria boliviana evitó movimientos bruscos del tipo de cambio que habrían afectado negativamente al sistema financiero, la asignación de recursos y la actividad económica.

La estabilidad de la paridad cambiaria ha contribuido a diluir las expectativas infundadas de una eventual depreciación, que surgieron por los incrementos dc las monedas de la región respecto al dólar estadunidense debido a la irrupción de la crisis financiera internacional.

Frente al estallido de la crisis financiera, en agosto de 2007, profundizándose aún más a mediados de 2008, en octubre de este último año el BCB aumentó la oferta diaria de dólares en el bolsín, de 15 millones a 50 millones de dólares diarios, dando una señal clara de la fortaleza de las reservas internacionales que alcanzaron niveles históricamente altos. Adicionalmente se aplicaron incrementos a las comisiones por transferencias de recursos al exterior y disminuciones a las transferencias del exterior que las entidades financieras realizaban a través del BCB.

En 2009 se mantuvo estable el tipo de cambio en un contexto internacional de fuertes perturbaciones financieras y alta volatilidad de los tipos de cambio en la región y en el mundo. La política cambiaria se orientó a preservar el proceso de bolivianización y la estabilidad financiera, respaldada por un elevado nivel de las reservas internacionales que ayudó a atenuar los efectos adversos del choque externo (gráfica XVIII.3).

La estabilidad cambiaria no generó desalineamientos en la paridad cambiaria, puesto que el índice del tipo de cambio nominal de Bolivia se ubicó sistemáticamente por encima de los principales socios comerciales de la región, con excepción de Argentina, porque estos países tuvieron un mayor ritmo de apreciación de sus monedas por la creciente afluencia de capitales desde otras economías. Bolivia ha sido el país cuyo tipo de cambio real se ha alejado menos del promedio; es decir, que

GRÁFICA XVIII.3. *Venta y compra de divisas, 2003-2014*
(en millones de dólares)

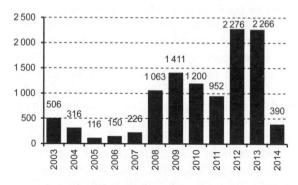

a) Venta de divisas

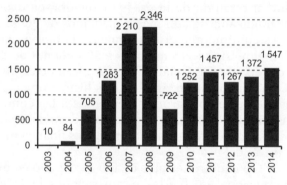

b) Compra de divisas

FUENTE: elaboración propia con base en información del BCB.

nuestro país no presenta un desalineamiento de su tipo de cambio real.

Durante 2010 continuó la estabilización del tipo de cambio, con leves apreciaciones entre noviembre y diciembre. En 2011 la moneda nacional experimentó minirrevaluaciones, ante presiones inflacionarias en los dos primeros meses de esa gestión. Las apreciaciones mencionadas junto con otras medidas antiinflacionarias permitieron revertir la tendencia creciente de los precios en abril de 2011.

Desde noviembre de 2011 el tipo de cambio se mantuvo sin modificaciones, en línea con el crecimiento económico y el elevado nivel de las reservas internacionales. La orientación de la política cambiaria permitió mantener un tipo de cambio real consistente con su tendencia de largo plazo y concordante con la establecida por sus fundamentos. Según estudios realizados por la CEPAL, Bolivia se ubica actualmente en un punto intermedio.[1]

Como resultado del régimen cambiario vigente la baja integración del mercado de capitales de corto plazo boliviano con el resto del mundo y las medidas para prevenir movimientos abruptos de divisas (comisiones a la entrada y salida de divisas y los límites a las inversiones en el exterior), en el caso boliviano no se advirtieron los efectos de los fenómenos suscitados en las economías vecinas.

[1] Véase Informe de Política Monetaria (IPM) del BCB de enero de 2013.

XIX. DESPEMPEÑO
DEL SISTEMA FINANCIERO

En el marco del mescp la estabilidad financiera fue fundamental para mantener los equilibrios macroeconómicos que contribuyeron al desarrollo económico y social del país, y facilitaron los canales para la redistribución del ingreso (gráfica XIX.1).

El sistema financiero boliviano, en el periodo que va de 2006 a julio de 2015, ha mostrado un crecimiento notable, solidez y solvencia, así como robustez de los principales indicadores financieros, como una manifestación de las favorables condiciones económicas del país, entre las que destacan: el crecimiento de la economía, el aumento del ingreso nacional, la presencia del mercado interno y el alto nivel de confianza de la población en las entidades de intermediación financiera. Los depósitos y la cartera de prestamos del sistema financiero se ubicaron en

Gráfica XIX.1. *Depósitos del público y cartera bruta del sistema financiero, 1997-julio 2015 (en millones de dólares)*

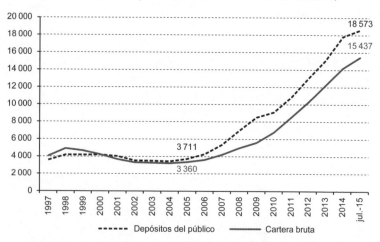

Fuente: elaboración propia con base en información de la asfi.

360

este periodo en los niveles más altos de la historia económica de Bolivia.

Ascenso de los depósitos de ahorro del público

Parecía ser cierta aquella afirmación de la década de los noventa del siglo xx, de que la capacidad del ahorro nacional en Bolivia estaba proscrita y que las necesidades de financiamiento para la inversión en la economía dependían de la disponibilidad y condiciones de prestamo para países en la categoría de subdesarrollados o pobres; ese era el tema corriente en reuniones de economistas y políticos, la idea de que una economía como la boliviana era incapaz de generar ahorro y que la benevolencia del crédito externo era la única salida posible para ir aumentando a cuentagotas nuestra capacidad instalada y productiva, ello en el mejor de los escenarios, si es que acaso dichos créditos eran utilizados para cubrir los enormes huecos fiscales y mantener a flote la desvencijada barcaza fiscal. Ese era el lúgubre destino que se le auguraba por entonces a la economía boliviana.

Sin embargo, a partir de 2006 el MESCP ha generado un dinamismo inusitado en los depósitos de ahorro en el sistema financiero boliviano. Las captaciones de ahorro —que a finales de 2005 alcanzaban los 3 711 millones de dólares— ascendieron a 18 573 millones en julio de 2015.

La explicación intuitiva de este excepcional desempeño del ahorro es el aumento significativo del flujo de ingreso personal de la mayoría de los hogares que proviene en definitiva de una mayor dinámica del mercado interno (gráfica XIX.2).

Si se compara esta tendencia con lo que ocurría con los depósitos del público en el periodo neoliberal existe una marcada diferencia. Estos depósitos se incrementaron muy levemente en el periodo neoliberal por la concentración del ingreso en pocas manos, la contención del salario, el elevado nivel de desempleo, el bajo nivel de crecimiento económico y la nula capacidad de ahorrar de la población.

En contraste con lo anterior, tras la aplicación del MESCP todos estos factores que comprimían el ahorro de las personas se revirtieron y comenzaron a generar importantes incrementos en la capacidad de ahorro de la población y, sobre todo,

GRÁFICA XIX.2. *Depósitos del público en el sistema financiero,*
por modalidad de ahorro, 2005-julio 2015
(en millones de dólares)

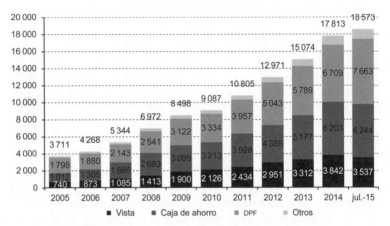

FUENTE: elaboración propia con base en información de la ASFI.

porque la redistribución del excedente económico sí llegó a las familias bolivianas, especialmente a las de bajos ingresos.

Dos elementos ratifican este hecho. Primero, hacia diciembre de 2005 la participación de los depósitos a plazo fijo (DPF) del total de depósitos del público en las instituciones financieras alcanzaba 48%, mientras los depósitos en cajas de ahorros participaban con apenas 27% del total de depósitos. Como se sabe, este último instrumento era utilizado especialmente por las personas de menos recursos, porque podían necesitar su dinero en cualquier momento, aspecto que no puede suceder con los DPF. Hacia julio de 2015 la participación de los depósitos en cajas de ahorros había subido a 34% y los DPF participaron con 41 por ciento.

Segundo, a diciembre de 2005 existían apenas 1.9 millones de cuentas abiertas en el sistema financiero; a julio de 2015 estas alcanzaron 8.3 millones, es decir, más de cuatro veces. Pero lo más interesante de este hecho es que en julio de 2015, 87% de estas cuentas pertenecía a personas que tenían depósitos con saldos menores a 3 500 bolivianos, lo que evidencia que la redistribución del ingreso llegó especialmente a aquellas personas de menores ingresos (gráfica XIX.3).

GRÁFICA XIX.3. *Número de cuentas de depósitos en el sistema financiero, por estratificación de monto, 2005-julio 2015 (en miles de cuentas)*

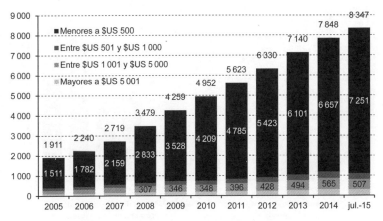

FUENTE: elaboración propia con base en información de la ASFI.

DINAMIZACIÓN DE LA CARTERA DE CRÉDITOS

El volumen de crédito colocado en la economía ha crecido de forma acelerada en estos últimos nueve años de aplicación del MESCP; el aumento entre 2005 y julio de 2015 es casi cinco veces el nivel inicial, ello se debe a que la economía boliviana es de otro tamaño y otra dinámica a partir de 2006. Cabe destacar que desde 2012 el crédito productivo se ha incrementado de manera significativa.

La dinámica en el sector del microcrédito fue importante, promoviendo el acceso al crédito de actividades productivas de pequeña escala y también la expansión de la cobertura de servicios financieros a las áreas rurales, donde el mercado financiero es aún incipiente y la banca tradicional opera muy poco.

La cartera aumentó de 3 360 millones de dólares el 31 de diciembre de 2005 a 15 437 millones a julio de 2015, es decir, 12 077 millones de dólares de crecimiento, lo que significa 359% de incremento.

Esta notable expansión de la cartera se tradujo en enormes utilidades para el sistema financiero, principalmente en

GRÁFICA XIX.4. *Cartera bruta por destino del crédito y porcentaje de mora del sistema financiero, 2005-julio 2015 (en millones de dólares y porcentaje)*

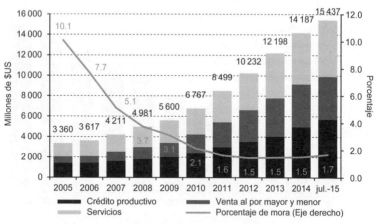

FUENTE: elaboración propia con base en información de la ASFI.

la banca privada y los fondos financieros privados; asimismo, la pesadez de la cartera, es decir, la relación de la cartera en mora respecto a la cartera vigente se redujo a los niveles históricamente más bajos, igualmente los indicadores de morosidad disminuyeron sustancialmente situándose en los más bajos, por lo menos, de los últimos 20 años. En efecto, el índice de mora alcanzó 10.1% en 2005 mientras que en julio de 2015 este registraba un valor de apenas 1.7%, siendo la mora más baja de la región (gráfica XIX.4).

La cartera de créditos destinada al sector productivo (comprende las categorías de agricultura y ganadería, caza, silvicultura y pesca, extracción de petróleo crudo y gas natural, minerales metálicos y no metálicos, industria manufacturera, producción, turismo y energía eléctrica, gas, agua y construcción)[1] alcanzó en julio de 2015 un monto de 5 183 millones dólares.

El destino de esta cartera está concentrado en el eje troncal del país (89.2%), siendo Santa Cruz el departamento más beneficiado. Las acciones que se han tomado para el incentivo

---

[1] A partir de julio de 2015, mediante Resolución ASFI/570/2015 de 27 de julio de 2015, se consideran como crédito productivo los créditos al sector turismo y a la producción intelectual.

a este tipo de créditos están logrando que otros departamentos vayan accediendo paulatinamente a una mayor participación.

Entre diciembre de 2005 y julio de 2015 el crédito a las actividades productivas se incrementó 345%. Entre las medidas que incentivaron las mayores colocaciones al sector productivo se tienen las siguientes: *1)* reducción del encaje legal en moneda nacional (MN) en proporción al crecimiento de las colocaciones en MN al sector productivo, *2)* menores previsiones para este tipo de créditos, *3)* el acuerdo con Asoban para incrementar en 70 puntos base las tasas de interés pasivas en MN para cajas de ahorros hasta un monto de 35 000 bolivianos y disminuir en 70 puntos base las tasas de interés activas en créditos en moneda nacional destinados al sector productivo y, por supuesto, la vigencia de la nueva Ley de Servicios Financieros (Ley núm. 393).

Los créditos otorgados con recursos del BCB a tasas de interés más bajas también están dentro de las políticas de incentivo a este sector. Los microempresarios fueron los más beneficiados y recibieron 52% de los créditos, le siguieron las pymes con 30 por ciento.

De igual forma, se crearon dos fondos de garantía, uno con el Banco Unión (Propyme Unión FIC y Proquinua Unión FIC), y el otro a través del BDP, los cuales otorgan garantías de hasta 50% del saldo de capital a los pequeños productores.

Se creó también el Banco Público[2] al que el TGN le dio un aporte de capital de 350 millones de bolivianos, de los cuales la mitad se destinaría a

otorgar crédito a los sectores de las micro y pequeñas empresas, artesanía, servicios, organizaciones comunitarias y cooperativas de producción, sin exclusión de otro tipo de empresas o unidades económicas, principalmente en los sectores productivos, para promover la generación de empleo y apoyar políticas estatales de desarrollo económico y social.

Asimismo, es necesario subrayar que desde que el Estado adquirió control sobre el Banco Unión y con la creación del

---

[2] El Banco Público se creó mediante Ley núm. 331 de 27 de diciembre de 2012.

BDP, el mercado financiero nacional fue modificándose paulatinamente. En efecto, la fuerte presencia estatal en el mercado financiero ocasionó que se generara una mayor competitividad en el sistema, de la cual se benefició la población en su conjunto, puesto que por vez primera se vio que todas las instituciones financieras se disputaban clientes y empezaron a comprar deuda unos a otros, ofreciendo al público mejores condiciones crediticias. El rol del BDP, pero sobre todo del Banco Unión en este escenario, fue vital para romper el viejo oligopolio con la presencia de la banca estatal.

LA BOLIVIANIZACIÓN DE LA ECONOMÍA

Uno de los objetivos paralelos del MESCP fue la bolivianización o desdolarización de la economía. El proceso de la hiperinflación de 1984 y 1985 destruyó al peso boliviano en todas sus funciones como moneda nacional y conminó a convivir al "boliviano" (la nueva unidad monetaria doméstica) con el dólar norteamericano, generando una dolarización extrema en la economía boliviana.

La alta dolarización en el periodo neoliberal (1985-2005) destruyó los ingresos de los trabajadores que recibían sus salarios en moneda nacional y que, por causa de la política devaluatoria del boliviano, sufrían continuas pérdidas, constituyéndose dicha política en una perversa redistribución del ingreso a favor de los que obtenían las divisas (empresarios, comerciantes, entre otros) frente a los que no tenían posibilidad de negociar sus salarios en términos de dólares norteamericanos.

El MESCP propuso el actual proceso de bolivianización de la economía nacional; en este sentido, como se describió en acápites anteriores, se aplicó un conjunto de políticas fiscales, monetarias y cambiarias destinadas a fortalecer el uso del boliviano como medio de pago generalizado —depósito de valor y unidad de cuenta— ampliando sus funciones como moneda nacional.

Medidas como las siguientes: *1)* la apreciación de la moneda nacional por los mejores fundamentos de la economía; *2)* la ampliación del diferencial entre el precio de venta y el de compra del dólar estadunidense a 10 centavos; *3)* la creación de un nuevo impuesto a las transacciones financieras, que grava únicamente a las operaciones en moneda extranjera; y *4)* las modificaciones a las tasas de encaje legal, favoreciendo el uso del boliviano, entre otras, resultaron en el éxito de la política de bolivianización.

La bolivianización es de importancia crucial porque permite hoy a las autoridades económicas y, en especial a la autoridad monetaria, aplicar políticas anticíclicas de manera oportuna y efectiva; en la pasada década, los grados de dolarización de la economía boliviana oscilaban entre 90 y 95% de manera tal que prácticamente no existía política monetaria en el país, paradójicamente o hasta en forma burlesca podríamos afirmar que la política monetaria de ese entonces consistía en no tener política monetaria y simplemente se circunscribía a la administración cambiaria de minidevaluaciones para apoyar al sector exportador y anclar en niveles controlables la inflación.

La decisión gubernamental de apoyar el proceso de fortalecimiento de la moneda nacional permitió que a julio de 2015, por primera vez en la historia del país, los ratios de bolivianización del sistema financiero superaran 80% de las operaciones, revirtiendo el panorama de una casi total dolarización

GRÁFICA XIX.5. *Procesos de bolivianización de depósitos y créditos del sistema financiero, 1997-julio 2015 (en porcentaje)*

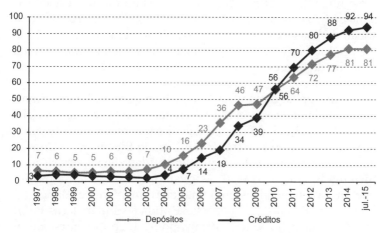

FUENTE: elaboración propia con base en información de la ASFI.

imperante a inicios de la década anterior. En efecto, el porcentaje de depósitos denominados en moneda local alcanzó 81% y el de créditos 94%. La fuerte remonetización desde 2006 a la fecha se debe a la profundización de la política de bolivianización emprendida por el gobierno nacional, que permitió no sólo revertir la redistribución perversa sobre el ingreso de las clases populares, sino también la recuperación de los instrumentos de política monetaria y cambiaria (gráfica xix.5).

La Ley de Servicios Financieros

El modelo neoliberal del pasado se regía a través de diferentes normas, una de ellas era la antigua Ley de Bancos y Entidades Financieras que protegía y beneficiaba a las entidades de intermediación financiera. En los años posteriores a 2005, las mencionadas instituciones registraron utilidades muy superiores a las que obtuvieron en el periodo neoliberal; no obstante, los servicios que ofrecían no eran los óptimos. Por lo tanto, era necesario establecer una nueva normativa, así el 21 de agosto de 2013 se promulgó la Ley núm. 393 de Servicios Financieros —enmarcada en el MESCP— que puso a las instituciones financieras al servicio de la población por primera vez en la historia.

Los ejes de esta ley son: *1)* la función del Estado en el sistema financiero; *2)* protección del consumidor de servicios financieros; *3)* estructura plural del sistema financiero y función social de los servicios financieros; *4)* atención especial al sector productivo y rural, así como al acceso de la población a la vivienda de interés social; y *5)* estabilidad y solvencia del sistema financiero.

A diferencia de la vieja Ley de Bancos y Entidades Financieras, en la que regía el libre mercado, con la Ley de Servicios Financieros el Estado recuperaba el papel rector del sistema financiero y lo ejercía a través del Órgano Ejecutivo, el Consejo de Estabilidad Financiera y la Autoridad de Supervisión del Sistema Financiero (ASFI). Asimismo, el Estado tenía participación directa en el sistema financiero mediante el Banco Público (Banco Unión), el BDP y las Entidades Financieras Públicas de Desarrollo, estas últimas podrían conformarse en un futuro.

En contraposición con la antigua Ley de Bancos, la actual Ley de Servicios Financieros protegía al consumidor financiero mediante: *1)* el establecimiento de un código de conducta que determinó principios de calidad de atención al cliente y atención de reclamos, entre otros, *2)* la implementación de la defensoría del consumidor financiero; *3)* la creación del Fondo de Protección al Ahorrista; *4)* la prohibición a las entidades financieras de cobrar comisiones, tarifas, primas de seguro u otros gastos por servicios que no hayan sido solicitados por el consumidor financiero; *5)* la aprobación y registro de contratos tipo por parte de la ASFI para evitar, por una parte, el uso de cláusulas de exceso o abuso y, por otra, la modificación de los términos y condiciones pactadas, salvo que sean en beneficio del cliente; y *6)* el establecimiento de la Central de Información Crediticia Positiva, para el registro de los prestatarios que cumplen oportunamente con sus obligaciones crediticias y, de esta forma, obtengan mayores beneficios en los servicios financieros que reciben.

La estructura plural del sistema financiero quedó constituida por: entidades financieras estatales, entidades financieras privadas y empresas de servicios financieros complementarios. A su vez, las entidades financieras privadas se integraron por: Banco de Desarrollo Privado, Banco Múltiple, Banco Pyme, Entidad Financiera de Vivienda, Institución Financiera de Desarrollo, Entidad Financiera Comunal y Cooperativas de Ahorro y Crédito. En este entorno, a través de circulares ASFI 221/2014 y ASFI 222/2014 de enero de 2014, se procedió a la adecuación de Bancos y Fondos Financieros Privados a Bancos Múltiples y Bancos Pyme; así, en julio de 2014 el FFP Prodem, S. A. y el FFP Fassil, S. A. se transformaron en Bancos Múltiples, mientras que el Fondo de la Comunidad, el FFP Eco Futuro y el Banco Los Andes Pro Credit pasaron a ser Bancos Pyme.

La función social de los servicios financieros se refiere a que dichas instituciones deben: *1)* contribuir al logro de los objetivos de desarrollo integral y a eliminar la pobreza y la exclusión social; *2)* atender a las actividades productivas de los sectores estratégicos de la economía, generadores de empleo e ingresos; *3)* cubrir con especial atención la demanda de los sectores de la micro y pequeña empresa, artesanos y organizaciones comunitarias de productores; *4)* llegar a zonas geográficas de menor densidad poblacional y menor desarrollo económico y social, especialmente en el área rural; y *5)* Atender la necesidad de financiamiento a nuevos emprendimientos productivos. En síntesis, las instituciones financieras realizarán sus actividades de intermediación favoreciendo al consumidor financiero.

Las entidades de intermediación financiera deben ser un promotor del sector productivo y también deberán contribuir a resolver el problema de acceso a la vivienda social. En este entorno, el DS núm. 1842, de 18 de diciembre de 2013, estableció límites máximos a las tasas de interés para créditos destinados a vivienda de interés social, en función a su valor comercial: *1)* 5.5%, para viviendas cuyo valor comercial sea menor o igual a UFV 255 000, *2)* 6%, para viviendas entre UFV 255 001 y UFV 380 000; y *3)* 6.5%, para viviendas con precios que oscilan entre UFV 380 001 y UFV 460 000.

Como parte de la función social de los servicios financieros, los DS núm. 2136 y núm. 2137, de 9 de octubre de 2014, establecieron la creación de dos fondos de garantía, por un lado para prestamos destinados a vivienda de interés social y, por el otro, para créditos orientados al sector productivo. El primero para garantizar el aporte propio que las entidades financieras exigen a los prestatarios y el segundo garantiza hasta 50% de operaciones de microcrédito y crédito Pyme productivo para capital de operaciones y/o de inversión. Para la constitución de cada uno de los fondos mencionados, las entidades financieras destinaron 6% de sus utilidades netas correspondientes a la gestión 2014.

Desde la aplicación de la norma hasta julio de 2015 el sistema financiero otorgó 704 millones de dólares en 18 243 créditos de vivienda de interés social. Del total de los prestamos, 555 millones de dólares (13 757 operaciones) se constituyeron en operaciones nuevas y 150 millones de dólares (4 486 operaciones) fueron operaciones renegociadas.

En cuanto al crédito productivo, mediante DS núm. 2055 de 9 de julio de 2014 se estableció que las tasas de interés máximas para créditos productivos serían de acuerdo con el tamaño de la unidad productiva: *1)* grande y mediana, 6%; *2)* pequeña, 7%; y *3)* micro, 12 por ciento.

En el mencionado decreto también se instituyó que las tasas de interés para depósitos en cuentas de cajas de ahorros debían ser mínimamente de 2% anual y para DPF las tasas de interés mínimas a otorgar por las entidades financieras serían de acuerdo con el plazo de las captaciones: 0.18% (30 días); 0.40% (de 31 a 60 días); 1.20% (de 61 a 90 días); 1.50% (de 91 a 180 días); 2.99% (de 181 a 360 días); 4% (de 361 a 720 días); 4.06% (de 721 a 1080 días) y 4.10% (mayores a 1080 días). Estos límites son válidos siempre y cuando el ahorrador posea en su cuenta un saldo que no supere los 70000 bolivianos.

De igual forma, otro de los obstáculos de acceso a créditos del sistema financiero era que la población, principalmente del área rural, no contaba con garantías reales. Mediante Circular ASFI 288/2015, de 6 de marzo de 2015, se instauró el Reglamento para el Sistema de Registro de Garantías No Convencionales. Por lo tanto, pueden constituirse como garantía de un prestamo: los fondos de garantía, el seguro agrario, la maquinaria, los contratos de compromiso de venta a futuro, las garantías de semovientes, las propiedad intelectual registrada y otras alternativas no convencionales.

Por otra parte, la ley garantizó la estabilidad y solvencia del sistema financiero a través de mayores requerimientos de capital regulatorio, es decir, las entidades de intermediación financiera deberían capitalizar sus utilidades. El Estado, a través de un decreto supremo podría exigir, asimismo, un mayor requerimiento de capital regulatorio.

TASAS DE INTERÉS FAVORABLES

El sistema financiero que en el periodo neoliberal se desarrolló en el ámbito de un mercado absolutamente liberalizado desde la emisión del DS núm. 21060, no ha tenido un funcionamiento óptimo en lo referente a las tasas de interés; si bien las tasas activas se han reducido, no lo hicieron al nivel deseado para fomentar mayor crédito, principalmente al sector productivo. Entre 1990 y 2005 el promedio de la tasa de interés activa y efectiva en moneda nacional, del sistema bancario, alcanzó más de 35%, lo que hacía prácticamente imposible el acceso de la población a los servicios financieros.

La promulgación de la Ley de Servicios Financieros que estableció, entre otros, la regulación de las tasas de interés para los sectores priorizados (pequeño ahorrador, productivo y vivienda de interés social) se constituyó en uno de los factores importantes del desmontaje del modelo neoliberal.

Los DS núm. 1842 y núm. 2055 explicados líneas arriba, establecieron pisos para las tasas de interés pasivas y techos para las tasas de interés activas orientados al sector productivo y

GRÁFICA XIX.6. *Tasas de interés activas efectivas del sistema financiero, por moneda, 2001-2014 (en porcentaje)*

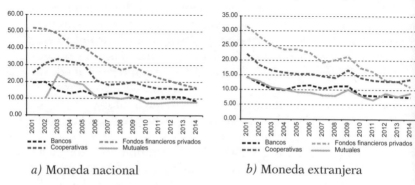

a) Moneda nacional   *b)* Moneda extranjera

FUENTE: elaboración propia con base en reportes del BCB.

GRÁFICA XIX.7. *Tasas de interés pasivas efectivas del sistema financiero, por moneda, 2001-2014 (en porcentaje)*

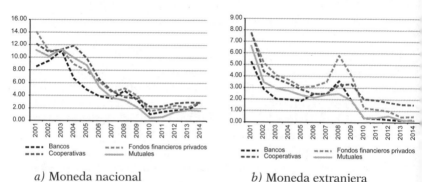

a) Moneda nacional   *b)* Moneda extranjera

FUENTE: elaboración propia con base en reportes del BCB.

a la adquisición de vivienda de interés social. Con estas y otras medidas se impulsó la canalización de recursos al sector productivo, muy diferente a lo que ocurría en el pasado en que se promovían los prestamos al comercio (gráficas XIX.6 y XIX.7).

MEJORA EN LOS INDICADORES DEL SISTEMA FINANCIERO

Otro hecho relevante de los depósitos y cartera del sistema financiero es que de un ratio por debajo de 3% del PIB en 2005, la cartera en MN a julio de 2015 alcanzó 41%; en tanto que los

GRÁFICA XIX.8. *Porcentaje de depósitos y cartera bruta, según moneda, 1997-julio 2015 (en porcentaje)*

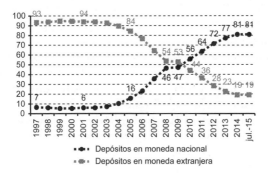

a) Depósitos

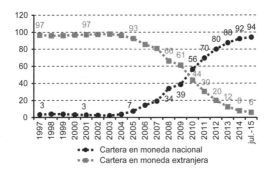

b) Cartera bruta

FUENTE: elaboración propia con base en información de la ASFI.

depósitos en bolivianos se expandieron desde 6% en 2005 hasta alcanzar el equivalente a 42% del PIB en julio de 2015.

En el sistema financiero boliviano mejoraron significativamente los indicadores de calidad de activos, liquidez y solvencia, el coeficiente de adecuación patrimonial (CAP) se ubicó por encima de 10% establecido por ley, el fondeo de recursos se asentó básicamente en las captaciones, la ampliación de plazos, principalmente en moneda nacional, ha reducido el descalce entre los vencimientos de pasivos y activos (primordialmente hipotecarios) del sistema financiero, constituyéndose en uno de los más importantes logros del sistema.

La bancarización y profundización del sistema financiero son un avance importante, porque han permitido incorporar a nuevos sectores económicos a los servicios financieros ofrecidos por el sistema. En los últimos años la realización de ferias de crédito ha contribuido sustantivamente a esta profundización financiera.

Sin duda, el cambio cualitativo más importante del desempeño del sistema financiero se refiere a la bolivianización del sector, que fue un proceso gradual y sostenido que, a pesar de algunas dificultades ocasionales, pudo consolidarse. Este proceso de bolivianización fue el resultado principalmente de medidas de política económica que se adoptaron en el gobierno central, la política cambiaria, la política monetaria y fiscal, que generaron los estímulos monetarios orientados al objetivo de la bolivianización. La velocidad de la desdolarización en Bolivia fue notablemente superior al de otras economías con altos grados de dolarización como las de Uruguay y Perú (gráfica XIX.8).

XX. MEDIDAS DE POLÍTICA SOCIAL

Como mencioné en la segunda parte del libro, uno de los fundamentos del MESCP recae en la capacidad del proceso redistributivo del ingreso para generar un desarrollo económico armónico y sostenible, a fin de resolver de esta manera la herencia neoliberal en torno a los grandes problemas sociales de exclusión, falta de empleo, marginación y pobreza. Para esto, una de las primeras medidas fue el descongelamiento del salario mínimo nacional (SMN) y los continuos incrementos salariales por encima de la tasa de inflación para no sólo mantener el poder adquisitivo del salario, sino incrementarlo en términos reales y lograr un aumento real de la demanda interna, que debe fungir como uno de los motores más importantes del crecimiento económico. También, adoptamos medidas redistribuidoras del ingreso a través de las transferencias condicionadas en efectivo a los sectores sociales más vulnerables (niños, mujeres y personas de la tercera edad).

Todas estas medidas, en combinación con la inversión pública, el crecimiento económico, la estabilidad económica, política y social y otros programas sociales, adecuadamente focalizados hacia la población más necesitada, permitieron reducir los niveles de pobreza y generar una mejor distribución del ingreso en Bolivia.

En el área de educación se tuvo el Plan Nacional de Alfabetización y la instalación de telecentros educativos comunitarios que beneficiaron fundamentalmente a la población del área rural. El plan de alfabetización "Yo sí puedo" se efectuó con la ayuda del gobierno cubano y en 2008 Bolivia fue declarada por la UNESCO como país libre de analfabetismo.

Posteriormente, se implementó el Programa Nacional de Post Alfabetización "Yo sí puedo seguir", que pretende concluir los objetivos alcanzados con el programa de alfabetización de marzo de 2006 y diciembre de 2008. Por otra parte, en 2009 el gobierno implementó el programa denominado "Educación con Revolución Tecnológica". Inicialmente este programa otorgó a los docentes una computadora personal para el ejercicio e implementación de la tecnología en el aula. En 2014 este aspecto se complementó con la dotación de computadoras portátiles a los estudiantes de las unidades educativas fiscales y de convenio, con el objetivo de mejorar la educación y fortalecer el conocimiento científico y técnico del país. También la puesta en marcha del satélite Túpac Katari significó en 2014 la implementación de telecentros educativos comunitarios, formando técnicos en administración y gestión productiva. Se cuenta con 63 puntos instalados en lugares alejados del país, para un total de 1 427 beneficiados a nivel nacional.

En el área de salud se desarrolló el Plan de Desnutrición Cero; se impulsaron programas de atención primaria en salud para personas de escasos recursos con el apoyo de Cuba, así como la Operación Milagro y el Programa de Atención Sanitaria Móvil. Cabe resaltar que en 2014, gracias al funcionamiento del satélite Túpac Katari, se creó el Programa Telesalud, que consiste en fortalecer el sistema de salud incrementando el acceso mediante el uso de las tecnologías de información y comunicación para proveer servicios de salud a distancia, así como educación en salud, gerencia, epidemiología e investigación, en beneficio de 269 municipios en todo el país.

En el área de vivienda se llevó adelante el Programa Nacional de Vivienda Social y Solidaria dirigida a personas de escasos recursos, a la ley de regularización del derecho propietario y en la Ley de Servicios Financieros se le dio al sistema financiero la labor de hacer prestamos para la compra y ampliación de viviendas de interés social.

En cuanto a políticas de protección social, una de las medidas más importantes, sin duda, fue la implantación de un nuevo sistema de pensiones que eliminó el viejo sistema de contribución obligatoria, más conocido como el de las AFP que implantó el régimen neoliberal. Desde 2006 el Ministerio de Hacienda de esa época, hoy Ministerio de Economía y Finanzas Públicas, conjuntamente con la Central Obrera Boliviana acordaron la Nueva Ley de Pensiones, aprobada en diciembre de 2010, hecho histórico sin precedentes en nuestro país.

En 2010 se inició el programa Mi Primer Empleo Digno para capacitación a jóvenes entre 16 y 29 años de edad, que tuvo una cobertura de más de 2 500 jóvenes beneficiados; fue financiado en más de 90% con recursos de donación externa de la Agencia Española de Cooperación Internacional para el Desarrollo (AECID) y el Banco Mundial. También el Programa de Apoyo al Empleo (PAE), otra iniciativa del actual gobierno, que inició en 2012 con el objetivo de incrementar las oportunidades de inserción laboral bajo la premisa "el país se construye con los jóvenes", principalmente busca mejorar las condiciones de empleo, el reconocimiento de la experiencia laboral y las capacidades de ingreso al mercado laboral de los jóvenes profesionales. Entre septiembre de 2012 y diciembre de 2014 el PAE benefició a 8 814 personas, de este total 79.4% fue capacitado en microempresas, 10.5% en pequeñas empresas, 5.4% en empresas medianas y el 4.7% en empresas grandes.

Asimismo, se implementó el Programa de Alianzas Rurales (PAR) que tiene como objetivo fomentar la conformación de alianzas estratégicas entre pequeños productores organizados, pueblos indígenas y originarios, comunidades campesinas y mujeres, con compradores o transformadores.

En 2011, bajo el DS núm. 831 de 30 de marzo de 2011, se creó el programa "Más inversión para el agua-MiAgua", con la finalidad de suministrar este elemento básico para el consumo humano y el riego, teniendo como principales objetivos contribuir con la soberanía alimentaria del país y la reducción de la pobreza a través del incremento de la producción y la productividad agrícola, además de mejorar las condiciones de vida de la población mediante inversiones en los sectores de riego, agua potable y saneamiento básico.

Este programa cuenta con tres fases, MiAgua I, II y III. Los recursos destinados a financiar la ejecución del programa Más inversión para el agua-MiAgua I, provinieron de la suscripción de un contrato de prestamo por 93.5 millones de dólares con la CAF. El programa de MiAgua II fue aprobado por la Asamblea Plurinacional de Bolivia, con un monto total de 115 millones de dólares provenientes de un contrato de prestamo con la CAF, que contempla la inversión en proyectos de riego, agua potable y saneamiento, y gastos operativos de inversión. Para el caso del programa MiAgua III, aprobado en noviembre de 2013, se financia con el resto del prestamo otorgado por la CAF en MiAgua II y recursos del TGN.

Hasta diciembre de 2014, en el marco de MiAgua i, se invirtieron 720 millones de bolivianos, en MiAgua ii se aplicaron 814 millones de bolivianos y en MiAgua iii el monto alcanzó los 1074 millones de bolivianos. Del total de proyectos financiados con los programas de MiAgua en sus tres fases, 62.4% fueron proyectos de agua potable y 37.6% proyectos de riego. Se instalaron 176144 conexiones domiciliarias, 7957 piletas públicas y 43035 hectáreas con acceso a riego, favoreciendo a un total de 359013 familias en el territorio nacional.

Asimismo, desde 2014 se dio inicio al programa Más inversión para el Riego-MiRiego, con la finalidad de beneficiar de una manera sustentable a familias bolivianas a través de un incremento en la superficie agrícola bajo riego y un mejoramiento de la eficiencia en el uso y distribución del agua para fines agropecuarios.

El mencionado programa se estructura en dos grandes ejes: el desarrollo de infraestructura de riego y la asistencia técnica para la transferencia de conocimiento y tecnología.

Entre enero de 2014 y julio de 2015 se realizaron proyectos de MiRiego en cinco departamentos de Bolivia (Chuquisaca, Cochabamba, Oruro, Potosí y Tarija), teniendo un total de 168 proyectos, de los cuales ocho son proyectos concluidos, 85 en ejecución, 23 en licitación/contratación y 52 en evaluación. El monto utilizado para dichos proyectos asciende a 151.7 millones de dólares, que fueron financiados por la CAF y por otros organismos internacionales.

BONOS SOCIALES Y RENTA DIGNIDAD

Una de las medidas transcendentales para la reducción de la pobreza fueron las transferencias condicionadas en efectivo (Bono Juancito Pinto, Bono Juana Azurduy y Renta Dignidad) dirigidas a la población más vulnerable. Bolívar y Ugarte (2015: 45) demuestran que la implementación de estos programas redujo la incidencia de la pobreza moderada en Bolivia en 8.2 pp y la pobreza extrema en 9.6 pp.

En efecto, a diciembre de 2014, 4.6 millones de bolivianos y bolivianas se beneficiaron con estas transferencias condicionadas que representan 42% de la población total, es decir,

42 de cada 100 personas se beneficiaron con al menos alguna de esas transferencias condicionadas. De este universo, 20 de cada 100 fueron niños y niñas que recibieron el Bono Juancito Pinto, 10 de cada 100 eran adultos mayores que se beneficiaron con la Renta Dignidad y 12 de cada 100 eran madres, niños y niñas que se favorecieron con el Bono Juana Azurduy.

Como se conoce, el Bono Juancito Pinto (creado mediante el DS núm. 28899 de 26 de octubre de 2006) es la transferencia en efectivo de 200 bolivianos en forma anual; inicialmente se aplicó a estudiantes de primaria de las unidades educativas públicas y de convenio, de educación especial y educación juvenil alternativa —condicionado a la matriculación y asistencia regular a los respectivos establecimientos—, que posteriormente a 2014 se amplió hasta sexto de secundaria. En 2006 benefició a 1 084 967 alumnos de primero a quinto años de primaria y fue financiado en su totalidad con recursos transferidos por YPFB al TGN; en 2007 se amplió el número de beneficiarios hasta el sexto de primaria y se benefició a 1 324 005 alumnos habiendo sido financiado con recursos de YPFB, Comibol y TGN; en 2008 se amplió la cobertura del bono hasta octavo de primaria alcanzando un total de 1 677 660 alumnos beneficiados, y se financió íntegramente con recursos del TGN. En 2014 la cobertura del bono se extendió nuevamente abarcando todos los grados del nivel primario y secundario de las unidades educativas públicas y de convenio en todo el país, por lo que el número de beneficiados ascendió a 2 132 393 estudiantes y fue financiado en su totalidad por empresas públicas.

Esta medida no solamente tuvo un componente redistributivo, sino que simultáneamente pretendía reducir la tasa de deserción escolar. En efecto, hacia 2005 la tasa de deserción escolar en nuestro país era de 5.81%, mientras que en 2014 se registró una disminución de este indicador a 2.88 por ciento.

Otra política de transferencia condicionada en efectivo fue la Renta Dignidad de Vejez que fue promulgada mediante Ley núm. 3791, de noviembre de 2007, para beneficiar a todos los adultos mayores de 60 años que hayan o no contribuido al sistema de pensiones, con una renta mínima que permita dignificar al adulto mayor. Por lo tanto, además de contribuir con el objetivo redistributivo del ingreso, esta medida buscaba mejorar la calidad de vida de los abuelos y abuelas de nuestro país, generándoles un ingreso mensual que en muchos casos les permitió recuperar el sitial en la familia.

En 2008 el pago de la Renta Dignidad consistió en 150 bolivianos mensuales a rentistas (personas que reciben una pensión por jubilación) y 200 bolivianos mensuales a no rentistas, equivalente a un monto anual de 1 800 y 2 400 bolivianos, respectivamente, y benefició a 752 538 personas de la tercera edad que corresponde a 7.5% de la población total del país de los cuales 84% pertenece a la población que no recibe una renta del Sistema de Seguridad Social y 16% a la población que si percibe una renta del Sistema de Seguridad Social de Largo Plazo.

Posteriormente, en 2013 mediante Ley núm. 378, de 16 de mayo de 2013, se determinó el incremento de la Renta Dignidad en 50 bolivianos, alcanzando 200 bolivianos para rentistas y 250 para no rentistas, logrando de esta manera un pago anual de 2 400 y 3 000 bolivianos, respectivamente.

En 2014, en el marco de la Ley núm. 562, de 5 de septiembre de 2014, se estableció otorgar por primera vez el pago del aguinaldo a los beneficiarios de la Renta Dignidad, consistente en un pago mensual adicional. Así, el monto anual de este beneficio para los rentistas se incrementó de 2 400 a 2 600 bolivianos y para los no rentistas de 3 000 a 3 250 bolivianos. Hasta 2014 los beneficiarios alcanzaron los 1 091 966 adultos mayores, habiendo representado la erogación de 13 337 millones de bolivianos.

Por otro lado, el Bono Juana Azurduy fue creado con el DS núm. 066, de abril de 2009, y se iniciaron los pagos en mayo de 2009. Esta transferencia condicionada tiene como objetivo, además de contribuir al proceso redistributivo del ingreso, incentivar la utilización de servicios de salud y mejorar la alimentación de las mujeres embarazadas y de los niños y niñas hasta los dos años de edad, a fin de disminuir los elevados niveles de desnutrición y mortalidad materno-infantil que se registraban en Bolivia y promover de esta manera, el desarrollo de las funciones cognoscitivas de niños, su capacidad de aprendizaje y su productividad.

CUADRO XX.1. *Transferencias condicionadas en efectivo,*
2006-2014 (en miles de beneficiarios y el monto
en millones de pesos bolivianos)

| Gestión | Bono Juancito Pinto | | Bono Juana Azurduy | | Renta Dignidad | | | |
| | Beneficiarios | Monto entregado | Beneficiarios | Monto entregado | Beneficiarios | | | Monto entregado |
					Total	Rentistas	No rentistas	
2006	1085	217						
2007	1324	265						
2008	1678	336			753	124	629	1617
2009	1671	334	289	20	780	122	658	1686
2010	1648	330	204	81	802	126	676	1740
2011	1623	325	212	119	824	132	692	1789
2012	1750	352	166	95	856	136	719	1851
2013	1888	378	200	143	887	140	747	2260
2014	2132	438	230	157	912	146	766	2724
Monto acumulado 2006-2014	14799	2973	1302	614	5812	926	4887	13669

FUENTE: elaboración propia con base en datos del Ministerio de Educación, Unidad Ejecutora del "Bono Juancito Pinto", Ministerio de Salud, Autoridad de Fiscalización y Control de Pensiones y Seguros.

El beneficio es otorgado a mujeres en periodo de gestación y posparto, y a todo niño-niña recién nacido(a) hasta que cumpla dos años de edad y que no dispongan de seguro social de corto plazo. Consiste en la transferencia de hasta 1 820 bolivianos pagaderos en un periodo de 33 meses; considera 17 pagos, cuatro de 50 bolivianos en cada uno de los controles prenatales a los que debe asistir la madre, uno de 120 bolivianos por el parto institucional y 12 pagos de 125 bolivianos por cada control bimestral integral de salud de los niños. Los pagos se realizan luego de la verificación del cumplimiento de los controles.

El bono benefició en 2009 a 289 247 personas entre mujeres y niños. Las fuentes de financiamiento para el pago de este bono provienen principalmente del TGN y recursos propios del Ministerio de Salud, entre otros. Hacia 2014 el total de mujeres y niños beneficiados fue de 229 666, y si se toma en cuenta a todas las madres y niños que recibieron apoyos desde 2009 hasta la gestión 2014, estamos hablando de 1 301 643 madres y niños bolivianos que disfrutaron de este beneficio. Consecuentemente, se logró cumplir el objetivo de reducir la tasa de mortalidad materno-infantil, que en 2003 se colocaba en 54 por 1 000 nacimientos; en la gestión 2008 este indicador disminuyó a 50 por 1 000 nacimientos y el dato estimado para 2015 es de 39.3 por cada 1 000 nacimientos (cuadro xx.1).

PROGRAMA "BOLIVIA CAMBIA, EVO CUMPLE"

El programa "Bolivia cambia, Evo cumple" impulsado por el presidente Evo Morales, tiene por objeto financiar proyectos de infraestructura y equipamiento en las áreas de salud, educación, deporte, microrriego, saneamiento básico, equipamiento comunal, productivos e infraestructura vial. El programa consiste en la entrega directa de recursos, dando respuesta inmediata a las necesidades de las comunidades a través de sus municipios. Para su ejecución, se realiza una evaluación técnica de los proyectos que son presentados por los municipios y una vez aprobados los proyectos se efectúan tres desembolsos de recursos: 40% en la fase inicial, 40% en la superior y 20% antes de finalizar la ejecución del proyecto.

CUADRO XX.2. *Programa "Bolivia cambia,*
Evo cumple", 2007-2014 (en millones
de bolivianos y en número de proyectos)

Acumulado 2007-2014 (p)[a]	Monto desembolsado	Proyectos
Total	4 587	5 809
Educación	1 612	2 414
Deporte	1 330	1 423
Equipamiento comunal	517	575
Productivos	494	358
Salud	193	310
Saneamiento básico	181	364
Infraestructura vial	146	110
Riego	115	255

[a] Preliminar.
FUENTE: elaboración propia con base en Información de la Unidad de Proyectos Especiales del Ministerio de la Presidencia.

El programa se inició en 2007 con la cooperación de la República de Venezuela y a partir de 2011, mediante el DS núm. 913 de junio de 2011, este empezó a financiarse con recursos provenientes del TGN. Con este programa el gobierno nacional trabajó con todos los municipios del país, habiendo financiado desde 2007 hasta 2014 a 5 809 proyectos con una inversión de recursos de 4 587 millones de bolivianos durante este periodo.

SALARIO MÍNIMO NACIONAL

Para todo el sector asalariado, sin duda alguna (SMN), el SMN es un referente vital. Durante los gobiernos neoliberales el salario fue la variable de ajuste para permitir mayores excedentes económicos (ganancias) para el sector empresarial y artificialmente crear una actividad privada competitiva en la lógica del viejo modelo neoliberal. Así, el SMN se mantuvo sin cambio entre 2003-2005 (gráfica XX.1).

GRÁFICA XX.1. *Salario mínimo nacional,*
1986-2015 (en bolivianos)

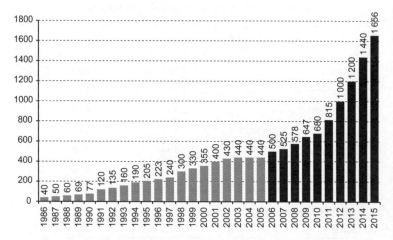

FUENTE: elaboración propia con base en datos del Ministerio de Economía y Finanzas Públicas.

Fue recién a partir de la gestión 2006, con la entrada en vigor del MESCP, que el SMN empezó a incrementarse sustancialmente. En efecto, en 2005 el SMN era de 440 bolivianos y luego de sucesivos y permanentes incrementos este alcanzó los 1 656 bolivianos en 2015, registrando un incremento acumulado de 143.3%. En términos reales[1] se evidencia un incremento acumulado de 79.4 por ciento.

---

[1] Para el cálculo del incremento acumulado del SMN en términos reales se consideró el incremento del SMN menos la tasa de inflación de un periodo anterior.

XXI. RESULTADOS SOCIALES

TASA DE DESEMPLEO

El MESCP también se preocupó del salario cero, es decir del desempleo. Como se señaló líneas arriba, la nueva Bolivia industrializada requiere la conformación de sectores que generen ingresos y empleo para los bolivianos (gráfica XXI.1).

La tasa de desempleo abierto urbano en Bolivia disminuyó considerablemente, de 8.1% en 2005 a una tasa de desempleo de 3.5% en 2014, ubicando al país como aquel que tiene la tasa de desempleo más baja de la región. Inclusive si se compara con estadísticas no oficiales de desempleo (como las que publica el Centro de Estudios para el Desarrollo Laboral y Agrario), la tendencia a la disminución es muy clara y evidente;

GRÁFICA XXI.1. *Tasa de desempleo abierto urbano,*
1999-2014 (p)ᵃ (en porcentaje)

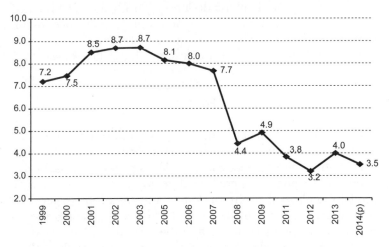

ᵃ Preliminar.
FUENTE: elaboración propia con base en datos de la Unidad de Análisis de Políticas Económicas y Sociales, Encuesta de Hogares del INE.

GRÁFICA XXI.2. *América del Sur: tasa de desempleo abierto urbano, 2005 y 2014 (en porcentaje)*

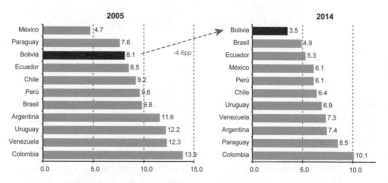

FUENTE: elaboración propia con base en datos de la CEPAL.

aspecto que ha contribuido al aumento de la demanda interna y, por lo tanto, al dinamismo de la economía nacional.

La tasa de desempleo decreciente en Bolivia, en términos comparativos respecto al funcionamiento de otros mercados laborales de América Latina, es también motivo de admiración, si consideramos que entre un grupo de 11 economías relevantes por su tamaño de mercado laboral, Bolivia en 2014 ocupó la primera posición más baja de desempleo, un avance importantísimo si tomamos en cuenta que en 2005 era la tercera economía con la tasa más baja de desempleo (gráfica XXI.2).

POBREZA

Bolivia arrastró estructuralmente gravísimas condiciones de pobreza, siendo uno de los países más pobres de América latina, el más pobre de Sudamérica y uno de los países con mayor distribución desigual del ingreso de la región y del mundo. El viejo modelo neoliberal profundizó más aún los problemas en los indicadores sociales, evidenciando claramente que por ese camino no solucionaríamos esta problemática (gráfica XXI.3).

Gracias a la política económica y la política social aplicadas por el gobierno del presidente Evo Morales, entre 2006 y 2014 se han reducido los niveles de pobreza moderada y la

Gráfica XXI.3. *Pobreza moderada y extrema, 1996-2014 (p)*[a] *(en porcentaje)*[b]

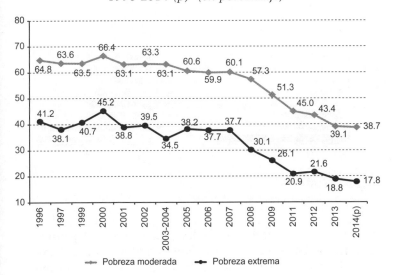

—◆— Pobreza moderada   —●— Pobreza extrema

[a] Preliminar.

[b] No existe dato para 2010, debido a que en dicho año el INE no realizó la Encuesta de Hogares.

FUENTE: elaboración propia con base en datos de la Unidad de Análisis de Políticas Económicas y Sociales, Encuesta de Hogares del INE.

pobreza extrema en Bolivia, en proporciones mayores al promedio de América Latina y con una velocidad mayor que el resto de los países de la región, aunque todavía falta para superar este problema estructural. Sin embargo, desde el nivel central ya se ha planteado una agenda nacional hasta 2025, en la que una de las metas principales es la eliminación total de la pobreza extrema para ese año.

En 2005 teníamos una pobreza moderada de 60.6 y 38.2% de pobreza extrema, estos indicadores para 2014 registraron 38.7 y 17.8%, respectivamente, es decir 21.9% de reducción de pobreza moderada y 20.4% en pobreza extrema. Con estos resultados, más de dos millones de bolivianos y bolivianas han salido de la categoría de pobres.

El MESCP ha mostrado su gran potencial para luchar contra la pobreza. Si nos situamos en 2005, como ya es sabido, Bolivia era el país con mayor pobreza extrema en Sudamérica.

GRÁFICA XXI.4. *América del Sur: pobreza extrema,*
2005 y 2013 (en porcentaje)

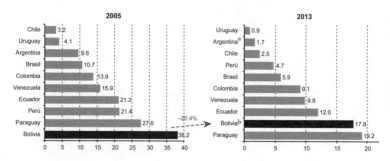

ª Dato de 2012.
ᵇ Dato de 2014.
FUENTE: elaboración propia con base en datos de la CEPAL.

Con la aplicación del MESCP y las políticas sociales emprendidas desde 2006, y de acuerdo con estadísticas de la CEPAL, ya desde la gestión 2011 Bolivia dejó de ser el país con mayor pobreza extrema y en 2014 esta cifra siguió descendiendo.

Lo interesante de la gráfica XXI.4 es que si bien todos los países de América del Sur han emprendido políticas para mitigar la pobreza extrema, Bolivia la redujo con mayor rapidez con la aplicación del MESCP. Así, por ejemplo, Paraguay emprendió la tarea de reducir la pobreza extrema de 27.6% en 2005 a 19.2% en 2013. Sin embargo, en similar periodo de tiempo Bolivia logró aminorar la pobreza extrema más rápidamente, pasando de 38.2% en 2005 a 17.8% en 2014.

REDISTRIBUCIÓN DEL INGRESO

Respecto a la distribución del ingreso, igualmente en el lapso de 10 años del gobierno de Evo Morales se ha registrado una mejora significativa en la materia y el país ha abandonado los últimos lugares en América Latina sobre distribución desigual del ingreso.

En 2005 el quintil más rico recibía 63.3% del total del ingreso en Bolivia y el quintil más pobre, apenas 1.5%. Eso significaba que, por ejemplo, de cada 100 bolivianos en moneda, el quintil más rico de la población se apropiaba de 63 bolivianos y el más pobre solamente 1.5 bolivianos. Esto significaba que el ingreso del quintil más rico era 42.2 veces mayor con respecto al ingreso del quintil más pobre, tal era la diferencia de ingresos entre los más ricos y los más pobres.

Esta distribución desigual del ingreso que había en el país, con las políticas económicas y sociales aplicadas desde 2006, ha registrado una mejora significativa. Así, en 2013 los coeficientes estimados muestran que el quintil más rico recibió 51.8% y el quintil más pobre el 3.2%; es decir, el quintil más rico ha disminuido en 18.2% la concentración del ingreso y el quintil más pobre ha mejorado en 53.1%, ahora el quintil más rico es cerca de 16 veces mayor al quintil más pobre; esto significa que en este periodo la relación disminuyó de 42 a 16 veces (cuadro XXI.1).

CUADRO XXI.1. *Participación del ingreso del hogar per cápita por quintiles, 2000-2013 (en porcentaje)*

Gestión	Quintil 1 (más pobre)	Quintil 2	Quintil 3	Quintil 4	Quintil 5 (más rico)
2000	1.0	4.9	10.7	19.5	63.9
2001	1.6	6.1	11.0	19.0	62.3
2002	1.6	5.9	10.8	19.0	62.7
2003-2004	2.8	7.6	12.2	19.6	57.8
2005	1.5	5.7	10.4	19.1	63.3
2006	1.9	5.8	10.5	19.2	62.6
2007	2.3	6.4	11.5	19.6	60.3
2008	2.8	7.8	13.1	20.9	55.5
2009	2.7	8.3	13.7	21.4	53.9
2011	3.4	9.1	14.5	22.3	50.8
2012[a]	3.0	8.8	14.6	22.8	50.9
2013[a]	3.2	8.7	14.2	22.1	51.8

[a] Información que contempla las proyecciones de población con base en el Censo de Población y Vivienda, 2012.

FUENTE: elaboración propia con base en datos de la Unidad de Análisis de Políticas Económicas y Sociales, Encuesta de Hogares del INE.

CUADRO XXI.2. *Participación del ingreso del hogar per cápita por quintiles, área urbana, 2000-2013 (en porcentaje)*

Gestión	Quintil 1 (más pobre)	Quintil 2	Quintil 3	Quintil 4	Quintil 5 (más rico)
2000	3.4	7.5	12.1	19.4	57.6
2001	3.5	7.6	11.8	18.9	58.2
2002	3.6	7.4	11.4	18.6	59.0
2003-2004	4.5	8.4	12.5	18.9	55.6
2005	3.6	7.1	11.2	19.2	59.0
2006	3.7	7.2	11.6	19.1	58.3
2007	4.1	7.8	12.4	19.4	56.3
2008	4.5	9.1	13.5	20.8	52.0
2009	4.7	9.4	14.2	20.6	51.0
2011	5.5	10.4	14.9	21.9	47.2
2012[a]	5.1	10.2	15.1	22.0	47.6
2013[a]	5.2	10.2	14.8	21.9	47.8

[a] Información que contempla las proyecciones de población con base en el Censo de Población y Vivienda, 2012.

FUENTE: elaboración propia con base en datos de la Unidad de Análisis de Políticas Económicas y Sociales, Encuesta de Hogares del INE.

En la revisión de la distribución del ingreso en el área urbana y rural, los datos muestran la misma tendencia, una disminución del ingreso del quintil más rico respecto del quintil más pobre y un mejoramiento del ingreso en los quintiles inferiores. Como se observa el efecto más sobresaliente de las políticas sociales dirigidas a mejorar la distribución del ingreso se dio en el área rural (cuadros XXI.2 y XXI.3).

Por otro lado, un indicador de uso internacional para medir la desigualdad del ingreso en los países es el índice de Gini. Cuando este se encuentra cercano a 0 indica que existe una muy buena distribución del ingreso, y cuando este indicador tiende a 1 significa que hay una alta concentración del ingreso en pocas manos, es decir, una mala distribución del ingreso.

Para Bolivia el índice de Gini era de 0.60 en 2005; a partir de 2006 disminuyó de forma significativa llegando a un valor

Cuadro XXI.3. *Participación del ingreso del hogar per cápita por quintiles, área rural, 2000-2013 (en porcentaje)*

Gestión	Quintil 1 (más pobre)	Quintil 2	Quintil 3	Quintil 4	Quintil 5 (más rico)
2000	0.9	2.9	7.6	17.4	71.1
2001	1.2	4.5	9.8	18.2	66.3
2002	1.1	4.7	10.4	19.0	64.8
2003-2004	2.6	6.8	12.5	20.9	57.3
2005	1.3	3.7	8.1	17.9	69
2006	1.5	4.7	8.9	17.3	67.6
2007	4.1	7.8	12.4	19.4	56.3
2008	1.9	6.6	12.5	21.4	57.7
2009	1.9	6.4	13.6	22.7	55.4
2011	2.4	6.8	12.4	21.3	57.1
2012[a]	1.7	6.4	12.7	22.3	56.9
2013[a]	2.3	7.4	12.7	21.6	56.0

[a] Información que contempla las proyecciones de población con base en el Censo de Población y Vivienda, 2012.

Fuente: elaboración propia con base en datos de la Unidad de Análisis de Políticas Económicas y Sociales, Encuesta de Hogares del INE.

de 0.47 para 2012, esto significa una mejora en la distribución de ingresos de 0.13, cifra que posiciona a Bolivia como el primer país con mayor progreso de América Latina y el Caribe. En el área rural la mejora es aún más alta, habiendo pasado este índice de 0.62 en 2005 a 0.54 en 2012, y en el área urbana pasó de 0.54 a 0.42 en el mismo periodo (gráfica XXI.5).

Asimismo, si retrocedemos hasta 2005, Bolivia junto con Brasil tenían los índices de Gini más altos de la región: 0.60 y 0.61, respectivamente; sin embargo, como producto de la aplicación del MESCP y sus resultados positivos, el índice de Gini en Bolivia en la gestión 2012 registró 0.47, pasando de ser uno de los peores países en distribución del ingreso a ocupar el quinto lugar, seguido de Ecuador, con una mejor distribución del ingreso entre la población; es decir, ya no existe una alta

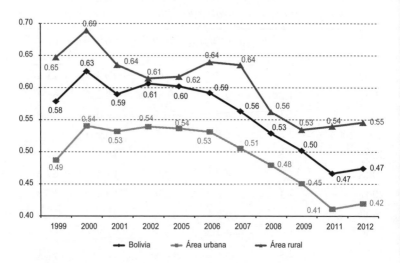

GRÁFICA XXI.5. *Índice de Gini, 1999-2012*
(en porcentaje)

FUENTE: elaboración propia con base en datos del INE.

GRÁFICA XXI.6. *América Latina y el Caribe, índice de Gini,*
2005 y 2012 (en valores entre 0 y 1)

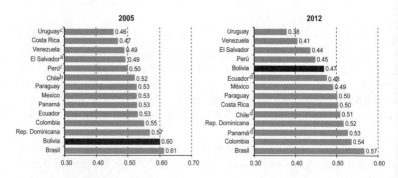

[a] Dato de 2004.
[b] Dato de 2006.
[c] Dato de 2007.
[d] Dato de 2013.
FUENTE: elaboración propia con base en datos del INE y de la CEPAL.

concentración del ingreso en pocas manos en Bolivia como ocurrió en el pasado (gráfica XXI.6).

Medidas como la apropiación por parte del Estado de los excedentes generados en sectores estratégicos de la economía boliviana (hidrocarburos, minería y telecomunicaciones), la política salarial, la política de subvenciones, los bonos sociales (Juancito Pinto, Juana Azurduy y Renta Dignidad), las políticas dirigidas al fortalecimiento de los sectores productivos, el fuerte incremento de la inversión pública, entre otras que se adoptaron en el gobierno del presidente Evo Morales, permitieron que en la actualidad tengamos una distribución más igualitaria, cumpliéndose uno de los objetivos del MESCP.

Si se compara el decil más rico contra el decil más pobre del país, en la gestión 2005 dicha diferencia era de 128 veces; hacia la gestión 2013 esta diferencia se redujo sustancialmente a sólo 42 veces. En otras palabras, las variaciones entre ricos y pobres poco a poco se acortan, y este resultado se logra no haciendo pobres a los ricos, sino con políticas sociales y económicas que hacen más ricos a los pobres, como puede observarse en la gráfica XXI.7.

GRÁFICA XXI.7. *Relación de ingresos entre el 10% más rico y el 10% más pobre, 2005-2013 (en número de veces)*

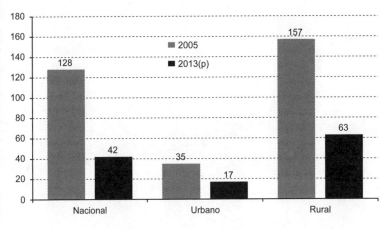

FUENTE: elaboración propia con base en datos de la Unidad de Análisis de Políticas Económicas y Sociales, INE, Encuesta de Hogares.

Mortalidad materno infantil

Los resultados de las políticas sociales se visualizan también en el incremento de la esperanza de vida de la población. La mortalidad infantil bajó 43% en 26 años, según una proyección realizada por la Organización Mundial de la Salud (OMS).

En 1989 la mortalidad infantil afectaba a 82 de cada 1 000 nacidos vivos; en 2003 fue de 54 y para el 2015 la proyección estimada fue de 39 por cada 1 000 nacidos vivos. Estos datos muestran una evidente reducción de este indicador social (gráfica XXI.8).

En cuanto a salud materna, de acuerdo con estimaciones disponibles, de una tasa de mortalidad materna de 404 por 100 000 nacidos vivos en 1989, se redujo a 295 en 2006 y la proyección para el 2012 era de 190. Al igual que otros indicadores sociales en el periodo de la aplicación del MESCP, es evidente la mejoría, fundamentalmente en los últimos cuatro años (gráfica XXI.9).

GRÁFICA XXI.8. *Tasa de mortalidad infantil,*
1989-2015 (por mil nacimientos vivos)

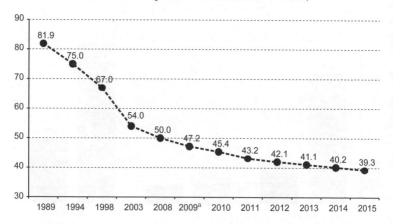

[a] Los datos a partir de 2009 son proyecciones realizadas por el INE.
FUENTE: elaboración propia con base en datos del INE, Encuesta Nacional de Demografía y Salud (Endsa).

Gráfica XXI.9. *Razón de mortalidad materna, 1989-2015 (por mil nacimientos vivos)*

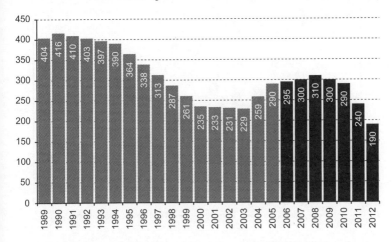

FUENTE: elaboración propia con base en datos del INE, Endsa, OMS, UNICEF, PNUD. Estimaciones realizadas por Marie Le-brou, Centre d'Etudes et Recherche sur le Développement International.

ANALFABETISMO

El 20 de diciembre de 2008, Bolivia se declaró "Territorio libre de analfabetismo" reconocido por la UNESCO, lo que implica que 96% de la población boliviana mayor de 15 años sabe leer y escribir. Una de las medidas importantes para el logro de este objetivo fue el Programa Nacional de Alfabetización denominado "Yo sí puedo", que se desarrolló durante 33 meses con el apoyo de los gobiernos de Cuba y Venezuela.

Bolivia es el tercer país en América Latina, después de Cuba y Venezuela, en vencer el analfabetismo, un factor de discriminación y exclusión social estructural que fue superado. Más de 70% de los alfabetizados en el programa fueron mujeres y también un alto porcentaje de participantes aprendió a leer y escribir en su idioma nativo, en aymara y en quechua. A partir de 2009 continúa el programa como un plan de posalfabetización denominado "Yo sí puedo seguir".

Otro avance importante en materia de educación fue la disminución en la deserción escolar, con una incidencia, sin duda,

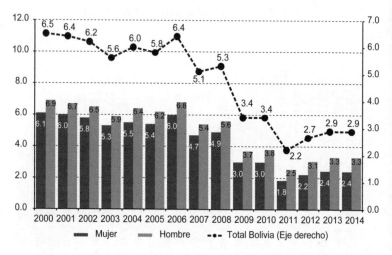

GRÁFICA XXI.10. *Tasa de abandono en educación regular,*
según el género, 2000-2014 (en porcentaje)

FUENTE: elaboración propia con base en datos del INE, y el Ministerio de Educación.

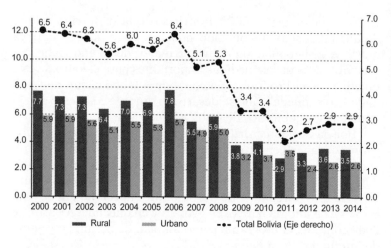

GRÁFICA XXI.11. *Tasa de abandono en educación regular,*
según área, 2000-2014 (en porcentaje)

FUENTE: elaboración propia con base en datos del INE, y el Ministerio de Educación.

significativa del Bono Juancito Pinto. En efecto, en 2005 la tasa de abandono en educación regular a nivel nacional fue de 5.8% —para mujeres fue 5.4% y para hombres 6.2%—, este indicador disminuyó sustancialmente en 2014, alcanzando un porcentaje nacional de 2.9%, el de mujeres 2.4% y el de hombres 3.3% (gráfica XXI.10).

Igualmente, observando la tasa de abandono en educación regular por área, entre 2005 y 2014 la disminución en el área urbana fue de 5.3 a 2.6% y en el área rural de 6.9 a 3.5%. La disminución de la deserción escolar ha sido fuertemente influida por la mejora de las condiciones económicas de la población e incuestionablemente por la aplicación del Bono Juancito Pinto en el gobierno del presidente Evo Morales (gráfica XXI.11).

XXII. CONCLUSIONES

El MESCP aplicado en Bolivia desde enero de 2006, fecha en la que asume el gobierno Evo Morales, emerge de un planteamiento realizado por profesionales bolivianos acorde con la realidad económica, social, política y cultural del país, que fundamentalmente recoge las aspiraciones y demandas de los movimientos sociales. Por lo tanto, este modelo rompe con la lógica de importación de modelos económicos que se aplicaron en nuestro país a lo largo de la historia, como el modelo neoliberal.

El éxito del MESCP, reconocido internacionalmente, radica principalmente en el potenciamiento de la demanda interna a través de históricos niveles de inversión pública, políticas de redistribución del ingreso, y un papel protagónico del Estado en la economía. Así, entre 2006 y 2014 el país registró un crecimiento sostenido del PIB a pesar de los embates de la crisis financiera internacional y del descenso de los precios mundiales de las materias primas, registrando el primer lugar en crecimiento económico de la región en 2009, 2014 y, según las proyecciones de organismos internacionales, también en 2015; también aumentó sustancialmente el PIB nominal y el PIB per cápita en más de tres veces cada uno; con superávits fiscales consecutivos, reducidos niveles de endeudamiento público, posición de inversión internacional acreedora, alto nivel de reservas internacionales en relación con el producto, solidez del sistema financiero, bolivianización de la economía, diversificación productiva, entre otros cambios positivos.

Pero los efectos más importantes del MESCP se observan en los resultados sociales, como la reducción de la pobreza y la extrema pobreza, disminución de la tasa de desempleo, descenso de los niveles de desigualdad y, en general, una mejoría sustancial de las condiciones de vida de la población, y mayor y mejor consumo de servicios básicos (electricidad, luz y agua), mayores compras de bienes y servicios en restaurantes y supermercados, crecientes niveles de venta de pasajes aéreos, productos de línea blanca, automóviles y otros.

Los resultados del MESCP son claros y han derrotado al estigma de que la izquierda no sabe manejar la economía y ha propiciado una innegable estabilidad económica, política y social en el país, la cual ha sido reconocida principalmente por la población boliviana, así como por organismos internacionales, y muchos centros académicos y medios de comunicación en Bolivia y en el mundo.

BIBLIOGRAFÍA

Aguirre, Á., C. Arze, H. Larrazábal, G. Montaño y R. Moscoso (1992). *La intencionalidad del ajuste en Bolivia*. Bolivia: CEDLA Editores (Series Programa de Ajuste Estructural. Estudios e Investigaciones 3).

Albarracín, J. (1994). Ideología, errores y malas intenciones. En J. Albarracín, *La larga noche neoliberal: políticas económicas de los ochenta*. España: Instituto Sindical de Estudios.

Almaraz Paz, S. (1985). *Requiem para una república*. Bolivia: Los Amigos del Libro.

Amin, S. (2010). *Escritos para la transición*. Bolivia: Vicepresidencia del Estado Plurinacional de Bolivia.

_____ (2011). *La ley del valor mundializada*. España: El Viejo Topo.

_____ (2012). *El capitalismo contemporáneo*. España: El Viejo Topo.

Arce Catacora, L. A. (1990). *El papel de la política cambiaria en la nueva política económica* (tesis de grado). Bolivia: Universidad Mayor de San Andrés.

_____ (1995). Liberación financiera y concentración en el sistema bancario. *Dinámica Económica, 2*(4): 34-38.

_____ (1997). *Currency substitution in Bolivia* (tesis de maestría). Inglaterra: The University of Warwick.

_____ (2001a). Incertidumbre y dolarización en Bolivia. *Revista de Análisis, 4*(2): 31-56.

_____ (2001b). Contribución al debate sobre la dolarización. *Umbrales, 10*(agosto): 63-76.

_____ (2003a). La demanda por dinero en Bolivia 1990-2002. *Dinámica Económica, 10*(12): 107-119.

_____ (2003b). ¿Es adecuado el mecanismo del bolsín? Breve evaluación del régimen cambiario boliviano. *Dinámica Económica, 10*(12): 97-105.

_____ (2011). El nuevo modelo económico, social, comunitario y productivo. *Economía Plural, 1*(1): 1-12.

Arce Catacora, L. A. (2012). *Memoria de la economía boliviana.* Bolivia: Ministerio de Economía y Finanzas Públicas.

_____ (2016). *El nuevo modelo económico, social, comunitario, productivo boliviano.* La Paz: edición independiente.

Arnold, V. (1992), *Ordinary differential equations.* Alemania: Springer-Verlag.

BCB (Banco Central de Bolivia) (1985). *Diagnóstico de la economía boliviana y programa de ajuste propuesto.* Bolivia: BCB.

_____ (1985-2014). *Memoria anual.* Bolivia: BCB.

_____ (1994-2014). *Boletines estadísticos.* Bolivia: BCB.

_____ (2005). *Historia monetaria contemporánea de Bolivia.* Bolivia: BCB.

_____ (2006-2014). *Informes de política monetaria.* Bolivia: BCB.

_____ (2007-2014). *Informes de estabilidad financiera.* Bolivia: BCB.

Baran, P., y P. Sweezy (1988). *El capital monopolista*: ensayo sobre el orden económico y social de Estados Unidos. México: Siglo XXI Editores.

Barja, G., L. C. Jemio y E. Antelo (2000). *Quince años de reformas estructurales en Bolivia: sus impactos sobre inversión, crecimiento y equidad.* Bolivia: ONU/ CEPAL/ Universidad Católica Boliviana.

Basu, K. (2013). *Más allá de la mano invisible: fundamentos para una nueva economía.* México: Fondo de Cultura Económica.

Bautista, R. (2010). *Hacia una constitución del sentido significativo del "Vivir Bien".* Bolivia: Rincón Ediciones.

_____ (2011). ¿Qué significa el Estado plurinacional? En *Descolonización, Estado plurinacional, economía comunitaria, socialismo comunitario: debate sobre el cambio.* Bolivia: Vicepresidencia del Estado Plurinacional de Bolivia/Fundación Boliviana para la Democracia Multipartita.

Bedregal, G. (1987). *Dialéctica de la hiperinflación en Bolivia.* Bolivia: Juventud.

_____ (1999). *Víctor Paz Estenssoro, el político.* México: Fondo de Cultura Económica.

Beinstein, J. (2009). *El largo crepúsculo del capitalismo.* Argentina: Cartago.

Bellamy Foster, J., y F. Magdoff (2009). *La gran crisis financiera: causas y consecuencias.* México: Fondo de Cultura Económica.

Bhaduri, A. (2011). *Repensar la economía política: en busca del desarrollo con equidad.* Argentina: Manantial.

Bloem, A., R. Dippelsman y N. Maehle (2001). *Quarterly national accounts manual: Concepts, data sources, and compilation.* Washington, D. C.: FMI.

Boccara, N. (2010). *Modeling complex systems.* Alemania: Springer Science Business Media.

Bolívar, O., y D. Ugarte (2015). Demanda interna motor del crecimiento económico en Bolivia. *Cuadernos de Investigación Económica Boliviana, 1*(1): 7-44.

Boukal, D., y V. Krivan (1999). Lyapunov functions for Lotka-Volterra predator-prey models with optimal foraging behavior. *Journal of Mathematical Biology, 39*(6): 493-517.

Bouloiseau, M. (1980). *La república jacobina.* Barcelona: Ariel.

Bourdieu, P. (1998). L'essence du néolibéralisme. *Le Monde Diplomatique,* marzo (1998): 3.

Boyce, W. E., y R. C. Di Prima (2001). *Elementary differential equations and boundary value problems.* Nueva Jersey: Wiley Press.

Cariaga, J. L. (1997). *Estabilización y desarrollo.* Bolivia: Los Amigos del Libro/Fondo de Cultura Económica.

CEDLA (1990). *NPE: Recesión económica.* Bolivia: CEDLA.

_____ (1992). *Economía mundial y organismos multilaterales.* Bolivia: CEDLA.

Chauvet, E., J. E. Paullet, J. P. Previte y Z. Walls (2002). A Lokta-Volterra three-species food chain. *Mathematics Magazine, 75*(4): 243-255.

Comboni, J. (1994). *La política cambiaria en Bolivia en el periodo septiembre 1985-octubre 1994.* Bolivia: CEMLA.

Comisión Episcopal de Pastoral Social Caritas Bolivia (2004). Ricos y pobres: la brecha se ensancha. *Revista de Análisis Económico, 19:* 100-126.

Cuevas Ramírez, R. (2012). *Estafa del siglo: quiebras de bancos.* Bolivia: Gráfica Singular Editores.

Delgadillo Cortez, J. (1992). *La crisis de la deuda externa y sus soluciones: la experiencia boliviana.* Bolivia: BCB.

Díaz Cassou, J. (2004). *La crisis boliviana y la caída del gobierno de Sánchez de Lozada.* Bolivia. Fundación CILAE.

Doria Medina, S. (1986). *La economía informal en Bolivia.* Bolivia: Edobol.

Dornbusch, R. (1980). *La macroeconomía de una economía abierta*. España: Bosch Antoni Ediciones.

Dussel, E. (2010). *El pueblo, lo popular y el populismo* (ponencia presentada en el 1er. Ciclo de Seminarios Internacionales Pensando el Mundo desde Bolivia). Bolivia: Vicepresidencia del Estado Plurinacional de Bolivia.

Entel (2013). *5 años de nacionalización*. Bolivia: Entel.

―――― (2014). *Informe de gestión*. Bolivia: Entel.

FAO (2009). *Cómo alimentar al mundo en 2050*. Italia: ONU.

Fuente, M. de la (2000). *La guerra por el agua en Cochabamba. Crónica de una dolorosa victoria*. Bolivia: Universidad Mayor de San Simón.

Fundación Milenio (1996-2014). *Informe de Milenio sobre la economía boliviana*. Bolivia: Fundación Milenio.

Gandolfo, G. (1976). *Métodos y modelos matemáticos de la dinámica económica*. España: Tecnos.

García Linera, A. (2004). *La sublevación indígena popular en Bolivia*. México: Neus Espresate.

―――― (2008). *Del Estado neoliberal al Estado plurinacional, autonómico y productivo* (conferencia del 11 de diciembre). Santa Cruz: Universidad de Santo Domingo Savio.

―――― (2008a). El nuevo modelo económico nacional productivo (entrevista). *El Pueblo es Noticia*, 8 de junio.

―――― (2008b). Del liberalismo al modelo nacional productivo (entrevista). *El Pueblo es Noticia*, 22 de junio.

―――― (2009a). *El Estado plurinacional* (discurso en la Sesión de Honor de la Asamblea Legislativa Plurinacional por el 189 aniversario de independencia de Bolivia). Bolivia: Vicepresidencia del Estado Plurinacional de Bolivia.

―――― (2009b). El papel del Estado en el modelo nacional productivo (ponencia presentada en el Seminario Organización Económica en la Nueva Constitución Política del Estado). Bolivia.

―――― (2010a). Del Estado aparente al Estado integral (discurso). Bolivia: Discursos y ponencias del vicepresidente del Estado Plurinacional de Bolivia. Disponible en: <http://blogs.ffyh.unc.edu.ar/garcialinera/files/2015/10/Conferencia-UNC.pdf>.

―――― (2010b). *Socialismo comunitario. Un horizonte de época*. Bolivia: Vicepresidencia del Estado Plurinacional de Bolivia.

García Linera, A. (2011). *El "Oenegismo", enfermedad infantil del derechismo. O cómo la "reconducción" del proceso de cambio es la restauración neoliberal.* Bolivia: Vicepresidencia del Estado Plurinacional.

_____ (2012). *Las empresas del Estado. Patrimonio colectivo del pueblo boliviano* (entrevista). Bolivia.

_____ (2015). *La potencia plebeya.* Buenos Aires: Clacso.

García Linera, A., R. Gutiérrez, R. Prada y L. Tapia (2001). *El retorno de la Bolivia plebeya.* Bolivia: Muela del Diablo.

Gill, L. (2002). *Fundamentos y límites del capitalismo.* Madrid: Trotta.

Grebe López, H. (1983). *El excedente sin acumulación. La génesis de la crisis económica actual, en "Bolivia, hoy".* México: Siglo XXI Editores.

Guillén Romo, H. (1997). *La contrarrevolución neoliberal.* México: Era.

Hamilton, J. (1994). *Time series analysis.* Princeton: Princeton University Press.

Harvey, D. (2012). *El enigma del capital y las crisis del capitalismo.* Madrid: Akal.

Hayeck, F. A. (1944). *Camino a la servidumbre.* Madrid: Alianza Editorial.

Holling, C. S. (1959). Some characteristics of simple types of predation and parasitism. *The Canadian Entomologist, XCI*(7): 385-398.

Hotelling, H. (1931). The economic of exhaustable resources. *Journal of Political Economy, 39*(2): 137-175.

Huanca, E. (2004). *Economía boliviana: evaluación del 2003 y perspectivas para el 2004* (documento de trabajo 32). Bolivia: CEDLA.

ILDIS (1994). *Balance de indicadores sociales.* Bolivia: CEDLA.

_____ (1995). *Diez años de ajuste estructural.* Bolivia: CEDLA.

INE (1990-2014). *Resúmenes estadísticos mensuales.* Bolivia. INE.

Jemio, L. C., R. Ferrufino, G. Aponte y J. C. Urioste (2008). *Pensiones y jubilaciones en Bolivia.* Bolivia: Fundación Milenio.

Kalecki, M. (1956). *Teoría de la dinámica económica: ensayo sobre los movimientos cíclicos y a largo plazo de la economía capitalista.* México: Fondo de Cultura Económica.

Keynes, J. M. (2001). *Teoría general de la ocupación, el interés y el dinero.* México: Fondo de Cultura Económica.

Krivan, V. (2011). On the Gause predator-prey model with a refuge. A fresh look at the history. *Journal of Theoretical Biology, 274*(1): 67-73.

Krugman, P., J. Stiglitz y P. Samuelson (eds.) (2008). *La crisis económica mundial.* Colombia: Quintero Editores.

Lotka, A. J. (1925). *Elements of physical biology.* Michigan: Williams & Wilkins Co. Editors.

Magdoff, H., y P. Sweezy (1988). *Estancamiento y explosión financiera en Estados Unidos.* España: Siglo XXI Editores.

Mamani Ramírez, P. (2003). La guerra del gas en Bolivia. *OSAL, IV*(12).

Mao Tse Tung (1971). La Revolución china y el Partido Comunista de China. En *Obras escogidas,* t. II. Pekín: Ediciones en Lenguas Extranjeras.

Marx, C. (1978). *La guerra civil en Francia.* Pekín: Ediciones en Lenguas Extranjeras.

MAS-IPSP (2005). *Programa de Gobierno (2005). Bolivia digna, soberana y productiva para vivir bien.* Bolivia: MAS/IPSP.

Méndez, A. (2008). La inflación en Bolivia en el periodo 1985-2008, un análisis del proceso inflacionario y sus efectos sociopolíticos. En *Opiniones y análisis.* Bolivia: Fundemos.

Ministerio de Desarrollo Rural y Tierras (2011). *Plan del sector, desarrollo agropecuario.* Bolivia: Ministerio de Desarrollo Rural y Tierras.

_____ (2012). *Las empresas estatales en el nuevo modelo económico de Bolivia.* Bolivia: Ministerio de Desarrollo Rural y Tierras.

Ministerio de Economía y Finanzas Públicas (2010-2014). *Memorias de la economía boliviana.* Bolivia: Ministerio de Economía y Finanzas Públicas.

Ministerio de Hacienda (2006-2009). *Memorias fiscales.* Bolivia: Ministerio de Hacienda.

Ministerio de Planificación del Desarrollo (2006). *Plan Nacional de Desarrollo.* Bolivia: Prensa Escrita Diaria de Bolivia (2007-2008).

Minsky, H. P. (2008). *Stabilizing an unstable economy.* Estados Unidos: McGraw Hill.

Montes, P. (1993). El internacionalismo neoliberal. En D. Anisi *et al., La larga noche neoliberal* (2ª ed.). Barcelona: Instituto Sindical de Estudios.

Moore, S. (1974). *Crítica de la democracia capitalista*. Buenos Aires: Siglo XXI Editores.

Morales, J. A. (2002). *Informe escrito de un economista boliviano*. Bolivia: BCB.

_____ (2012). *La política económica boliviana 1982-2010*. Bolivia: Universidad Católica Boliviana y Plural.

Múnera Ruiz, L. (2003). Estado, política y democracia en el neoliberalismo. En D. Restrepo (ed.), *La falacia neoliberal; crítica y alternativas*. Colombia: Universidad Nacional de Colombia.

OCDE y FAO (2012). *Perspectivas agrícolas 2012-2021*. México: Universidad Autónoma de Chapingo.

ONU (2003). *Informe mundial sobre el desarrollo de los recursos hídricos. Agua para todos, agua para la vida*. Japón: ONU.

_____ (2015). *Decenio internacional para la acción. El agua fuente de vida 2005-2015*. Estados Unidos: ONU.

Ornelas, R. (2003). *La guerra del gas: cuarenta y cinco días de resistencia y un triunfo popular*. Bolivia: Clacso.

PS-1 (Partido Socialista Uno) (2012). *Balance del proceso de cambio*. Bolivia: PS-1.

PS-1 y M. Quiroga Santa Cruz (2010). *Tesis política del Partido Socialista Uno*. Bolivia: Dirección Colegiada del SEN/Bolpress.

Pérez, J. A., C. Balderrama y A. Badillo (2008). *Análisis de las políticas, conflictos y relaciones de poder sobre la tenencia de tierra en Bolivia* (estudio encomendado por la ASDI). Bolivia: Fundación Tierra.

Quiroga, J. (1992). *Programa de reforma estructural*. Bolivia: ILDIS.

Quiroga Santa Cruz, M. (1971). *Análisis de la sociedad boliviana y sus clases*. Bolivia.

_____ (1973). *El saqueo de Bolivia*. Bolivia: Puerta del Sol.

_____ (1982). *Juicio a la dictadura*. Bolivia: Ediciones MEP.

_____ (1984). *Hablemos de los que mueren*. Bolivia: Tierra del Fuego.

Quiroz Sillo, D., y L. A. Arce Catacora (2015). Formalización matemática del modelo económico social comunitario productivo. *Cuadernos de Investigación Económica Boliviana*, *1*(1): 103-119.

Ramonet, I. (2012). Tramposos banqueros. *Le Monde Diplomatique*, 205.

Ramos Sánchez, P. (1980). *Siete años de economía boliviana*. Bolivia: Ediciones Puerta del Sol.

Rapoport, M., y N. Brenta (2011). *Las grandes crisis del capitalismo contemporáneo*. Argentina: Le Monde Diplomatique.

Requena, J., R. Mendoza, O. Lora y F. Escobar (2001). *La política monetaria en Bolivia*. Bolivia: BCB.

Restrepo Botero, D. (2003). *La falacia neoliberal crítica y alternativas*. Colombia: Universidad Nacional de Colombia.

Salinas, H. (1991). *El cambio estructural dentro de la nueva política económica*. Bolivia: ILDIS.

Sandoval Landivar, C. (2006). *Contra la reforma del sistema de pensiones y la Ley 1732*. Bolivia.

Seleme Antelo, S. (2007). *Poder y élites en Santa Cruz*. Bolivia: Cedure/ Cordaid/ El País.

Shakespeare, W. (1990). *Macbeth y otras obras*. México, Porrúa.

Soboul, A. (1987). *La Revolución francesa*. Barcelona: Crítica.

Solíz Rada, A. (2003). *Las langostas de la capitalización*. Bolivia: Bolpress.

Sousa Santos, B. de (2008). *Pensar el Estado y la sociedad: desafíos actuales*. Argentina: Waldhuter Editores.

———— (2011). *Refundación del Estado en América Latina, perspectivas desde una epistemología del sur*. Argentina: Antropofagia.

Tapia, L. (2009). *La coyuntura de la autonomía relativa del Estado*. Bolivia: Clacso/Muela del Diablo.

———— (2010). El Estado en condición de abigarramiento. En A. García Linera, R. Prada, L. Tapia y O. Vega, *El Estado: Campo de lucha*. Bolivia: Muela del Diablo/Comuna/ Clacso.

Thiele, R. (2001). *El impacto social del ajuste estructural en Bolivia*. Bolivia: Instituto de Investigaciones Socioeconómicas, Universidad Católica de Bolivia.

Toranzo Roca, C. (1988). *Reproducción de capital y política*. Bolivia: Universitaria.

Toro, G. (1992). Políticas y sector agropecuario. En *Estudios e Investigaciones*. Bolivia. CEDLA.

Ugarte, D., y O. Bolívar (2015a). El efecto de la redistribución del ingreso sobre la reducción de la pobreza en Bolivia. *Cuadernos de Investigación Económica Boliviana CIEB*, *1*(1): 45-80.

Ugarte, D., y O. Bolívar (2015b). La relación precio del petróleo y crecimiento económico en Bolivia: el rol de la política económica (presentación en el Octavo Encuentro de Economistas de Bolivia). Bolivia: BCB.

Valenzuela Feijóo, J. (1996). *El neoliberalismo en América Latina: crisis y alternativas*. Bolivia: Umbrales/CIDES.

Vicepresidencia del Estado Plurinacional (2009). *Informe conclusivo-terrorismo separatista en Bolivia*. Bolivia: Comisión Especial Multipartidaria de la Cámara de Diputados.

Villegas Quiroga, C. (2001). *La deuda externa de Bolivia, 125 años de negociaciones y ¿Cuantos más?: La negociación de la deuda externa en el último tercio del siglo XX*. Bolivia: CEDLA.

Villegas Quiroga, C., y A. Aguirre Badani (1989). *Excedente y acumulación en Bolivia*. Bolivia: CEDLA.

Volterra, V. (1926). Fluctuations in the abundance of a species considered mathematically. *Nature*, 118: 558-560.

Williamson, J. (1990). *Latin American adjustment: How much has happened?* Estados Unidos: Institute for International Economics.

YPFB (2012). *75 años de aporte al país*. Bolivia. YPFB Corporation.

_____ (2013). *Informe especial de nacionalización: desarrollo para el pueblo*. Bolivia: YPFB.

Zavaleta Mercado, R. (1967). *El desarrollo de la conciencia nacional*. Bolivia: Diálogo.

Zufiaur, J. M. (1994). "Presentación". En J. Albarracín, *La larga noche neoliberal: políticas económicas de los ochenta*. España: Editorial Instituto Sindical de Estudios.

ÍNDICE GENERAL

Tercera parte
PRINCIPALES RESULTADOS ECONÓMICOS
Y SOCIALES DEL MESCP

Un modelo económico justo y exitoso. La economía boliviana, 2006-2019, de Luis Alberto Arce Catacora, se terminó de imprimir y encuadernar en julio de 2023 en la Editorial del Estado Plurinacional de Bolivia (EEPB), ciudad de El Alto, Bolivia. La composición tipográfica es New Aster LT de 8, 9, 10 y 12 puntos. La edición estuvo al cuidado de Agustín Herrera Reyes. El tiraje fue de 1 000 ejemplares.